rororo sport
Herausgegeben von
Bernd Gottwald

Bernd Gimbel / Edwin Kalkbrenner

Handbuch KörperManagement

Training gegen Alltagsstreß

ro
ro
ro

Rowohlt

Veröffentlicht im Rowohlt Taschenbuch Verlag GmbH,
Reinbek bei Hamburg, Mai 1994

Umschlaggestaltung Peter Wippermann / Jürgen Kaffer
(Foto: Sportpressephoto BONGARTS)
Gesamtherstellung Clausen & Bosse, Leck
Printed in Germany
2490-ISBN 3 499 19410 4

Vorwort

Der Titel des Buches mag zunächst überraschen. Aber ebenso wie ein gutes Management Grundlage für das Gedeihen einer Firma oder eines Konzerns darstellt, benötigt auch die Erhaltung der Gesundheit eines Menschen überlegtes Handeln.

Die schnelle Wandlung der Lebensweise im heutigen Berufsleben, aber auch im privaten Bereich, läßt dem modernen Menschen kaum Zeit zur Anpassung. Noch vor kurzem benötigte körperliche und psychische Eigenschaften sind plötzlich nicht mehr von Bedeutung, andere dagegen werden gefordert.

Wandlungen und Umweltbedingungen, die früher während eines Menschenlebens stattfanden, ereignen sich heute innerhalb weniger Jahre. Hinzu kommt die Notwendigkeit der Mobilität. Dies bedeutet allerdings nicht Fortbewegung durch eigene Kraft, sondern durch Maschinen.

Ist dies alles für den jungen Menschen problemarm, so vermindert sich die Toleranz der Anpassung gegenüber den sich rasch verändernden Umweltbedingungen im dritten Jahrzehnt des Lebens deutlich. Wie stark dies geschieht, hängt entscheidend vom Trainingszustand ab. Gute körperliche und geistige Leistungsfähigkeit bedeutet gute Anpassungsfähigkeit.

Die im mittleren Lebensabschnitt bemerkte und als unabänderliche Alterserscheinung angemessene Einbuße der körperlichen Leistungsfähigkeit kann durch sportliche Betätigung deutlich positiv beeinflußt werden. Nur die Funktionen unseres Organismus, die wir regelmäßig fordern, entwickeln sich oder bleiben auf einem hohen Niveau erhalten. Der Leistungszustand bezieht sich aber keineswegs nur auf das Herz-Kreislauf-System und die Muskulatur, sondern umfaßt alle Organe unseres Körpers, einschließlich des Gehirns. Körpertraining ist deshalb immer Ganzheitstraining und schließt den körperlichen, psychischen und sozialen Bereich mit ein. Um dieses Ziel zu erreichen, muß das sportliche Training sinnvoll geplant und durchgeführt werden. Dies gilt es besonders zu beachten, wenn die Verletzungsrisiken, die sich mit steigendem Alter erhöhen, gering gehalten werden sollen.

Die Autoren haben die theoretischen Grundlagen und die Praxis der Sportausübung unter dem Gesichtspunkt der Gesunderhaltung in diesem vorliegenden Buch beschrieben. Es ist ihnen gelungen, wissenschaftlich schwierig zu erklärende Zusammenhänge für den interessierten Laien verständlich darzustellen.

Dr. Bernd Gimbel und Edwin Kalkbrenner haben langjährige Erfahrungen in der Trainingsplanung und Umsetzung in die Praxis. Zahlreiche erfolgreiche Seminare und Veranstaltungen mit renommierten Unternehmen und bekannten Industriemanagern bestätigen den Weg der Autoren. Dies begründet auch den besonderen Wert dieses Buches. Anweisungen zu einem sinnvollen Trainingsaufbau sind gut nachvollziehbar. Die konsequente Anwendung der Ratschläge wird zu einem optimalen Trainingserfolg führen.

Dem Buch ist eine weite Verbreitung, nicht nur bei gesundheitsbewußten Managern, zu wünschen. Auch Übungsleiter, Sportlehrer, Physiotherapeuten, Krankengymnasten und Ärzte werden das Buch mit großem Gewinn lesen.

Prof. Dr. D. Böhmer

Ärztlicher Direktor des Sportmedizinischen Instituts,
Frankfurt/Main e.V.
Professur für Sportmedizin an der Johann Wolfgang von Goethe Universität in Frankfurt
1. Vorsitzender der Landesärztekammer Hessen

Die methodisch-didaktische Konzeption der KörperManagement-Seminare von Herrn Dr. Gimbel und Herrn Kalkbrenner hat im Hause der Deutschen BP AG großen Anklang gefunden. Es ist unser Anliegen, den Mitarbeitern Wege aufzuzeigen, sich körperlich fit zu halten. Die Teilnehmer erhalten nach einer leistungsdiagnostischen Untersuchung wertvolle Trainings- und Ernährungshinweise. Die Seminare sind zu einem festen Bestandteil unserer Fortbildungsveranstaltungen geworden.

Die spielerischen Elemente in den Seminaren helfen dabei, evtl. vorhandene Barrieren zwischen Kolleginnen und/oder Kollegen abzubauen, und fördern Kooperation sowie Verständigung im Berufsalltag. Alles in allem eine professionelle Veranstaltung, die sowohl jedem einzelnen Teilnehmer als auch dem Unternehmen selbst zugute kommt.

Die Autoren des vorliegenden Buches vermitteln dem Leser u. a. die Lehrinhalte der Seminare. Es ist den Autoren gelungen, ihre praktischen Erfahrungen in gut verständlicher und anschaulicher Weise zusammenzufassen. Der interessierte Leser erhält wertvolle Hinweise, wie er seine sportlichen Übungen gemäß moderner Erkenntnisse durchführen kann. Die Autoren versuchen, die Freude an der körperlichen Betätigung, weniger den Drang zur körperlichen Höchstleistung zu wecken.

Ich hoffe, daß das Buch in der Sportpraxis eine möglichst große Verbreitung findet.

Dr. Rolf Stomberg

Chief Executive Officer
BP OIL EUROPE

Anmerkungen der Autoren

Es sollte ursprünglich eine kurze Broschüre mit den wichtigsten Informationen aus den KörperManagement-Seminaren zum Nachlesen für die Teilnehmer nach Seminarende werden. Aus diesem Gedanken heraus ist jetzt das vorliegende Buch entstanden.

Erfahrungen von mittlerweile einem Jahrzehnt intensiver Seminartätigkeit sind darin enthalten. Unzählige Gespräche mit Seminarteilnehmern, Diskussionen mit Experten aus den Bereichen der Medizin, Ernährung, Physiotherapie und des Sports sowie der Meinungsaustausch mit Vertretern von Institutionen aus der Gesundheitsszene und verschiedenen Zweigen der Industrie haben letztlich in vielfältiger Form die Gestaltung und die Texte beeinflußt. Stellvertretend dafür sei hier Herr Michael Winkler von der Deutschen BP — Abteilung „Mitarbeiter Aus- und Weiterbildung" — in Hamburg genannt. Aber auch all den anderen Personen sei an dieser Stelle gedankt.

Unser besonderer Dank gilt jedoch den Personen und Firmen, die dieses Werk sowohl finanziell als auch mit Equipement tatkräftig unterstützt haben. In alphabetischer Reihenfolge sind hier zu nennen:

Herr Drexler, Fa. Adidas in Herzogenaurach
Herr und Frau Feierabend, Fa. Polar in Groß-Gerau
Herr Gembrys, Fa. Carle in Bad Mergentheim
Herr Grywatz, Fa. FriKifrisch in Essen
Herr Kastl, Fa. Keiper Dynavit in Kaiserslautern
Herr Koch, Fa. Grundig in Fürth
Herr Reichert-Schüller, Fa. Boehringer Mannheim
Herr Rösch, Fa. FriKifrisch in Essen
Herr Wehrmann, Fa. Sedus in Waldshut

Unser Dank gilt weiterhin Frau Kinast, die engagiert an der Herstellung des Buches gearbeitet hat, sowie Herrn Frank für seine konstruktive photographische Mitarbeit.

Nicht zuletzt möchten wir uns hier auch bei dem gesamten Team des Instituts für Trainingsberatung recht herzlich dafür bedanken, daß jeder auf seinem Gebiet mit seinem Wissen und Können zum erfolgreichen Ablauf der Seminare und damit zur Zufriedenheit unserer Kunden beiträgt.

Die Autoren

Dr. Bernd Gimbel, Jahrgang 1948 – Studium von Sport und Biologie an der TH Darmstadt – Promotion an der Universität Bremen über Fragen der Trainingslehre in den Sportspielen – ehemaliger wissenschaftlicher Mitarbeiter des Bundesausschusses zur Förderung des Leistungssports im Deutschen Sportbund, unter anderem Berater der Deutschen Wasserball-Nationalmannschaft bei den Olympischen Spielen 1976 in Montreal – zahlreiche Veröffentlichungen zu Fragen der Trainingslehre. 1981 Gründer und seither fachlicher Leiter des Instituts für Trainingsberatung in Reinheim.

Edwin Kalkbrenner, Jahrgang 1943 – Ausbildung in der gesamten Physiotherapie zum Masseur und medizinischen Bademeister in Boppard – leitender Physiotherapeut in einem Rehabilitationszentrum bei Hamburg – während dieser Zeit Betreuer zahlreicher Leistungssportler – später Spezialisierung auf dem Gebiet der Sport-Physiotherapie – seit 1973 eigene Praxis in Langen bei Frankfurt. Seit 1981 verantwortlicher Sporttherapeut im Institut für Trainingsberatung in Reinheim.

Als Sportmediziner hat **Dr. med. Kurt-Reiner Geiß** den Autoren bei der Entwicklung dieses Buches wertvolle Hinweise und Anregungen gegeben. Bei den „Medizinischen Betrachtungen" hat er selbst mitgearbeitet und seine medizinische Fachkompetenz eingebracht. Sein Wissen und seine Erfahrung auf dem Gebiet der Sportmedizin hat er als Autor des im Behr's...Verlag erschienenen Handbuch Sportler-Ernährung bereits vorgestellt.

Quellenverzeichnis

Fa. ADIDAS, Tab. 19 (152) • ASSMANN, G. (Hrsg.): Fettstoffwechselstörungen und koronare Herzkrankheit, MMV Medizin Verlag München 1988, Tab. 3 (31) • ASSMANN, G.; GLEICHMANN, U.: Stufenmodell zur Erkennung von Hochrisikopatienten für den Herzinfarkt, Deutsches Ärzteblatt, Heft 38, Köln 1989, Abb. 12 (44) • BLÖDORN, M.; SCHMIDT, P.: Trablaufen, Rowohlt Taschenbuchverlag, Reinbek 1977, Abb. 36 (78) • BOEHRINGER, Mannheim, mit freundlicher Genehmigung, Abb. 11 (41) • BROWNELL, K. D., STUNKARD, A. J.: Physical activity in the development and control of obesity, in: Obesity, Edited by A. J. STUNKARD, Philadelphia, W. B. Saunders, 1980, pp 300 – 324, Tab. 9 (79) • COURNAND bei NÖCKER, 1971, Tab. 5 (60) • DIEM, C. J.; HESS; H.: Der Laufschuh-Ratgeber, Sportinform Verlag, Oberhaching 1986, Abb. 65 (150) • FINDEISEN, D. G. R., u. a. (Hrsg.): Grundlagen der Sportmedizin, Johann Ambrosius Barth Verlag, Leipzig 1980, Abb. 18 (57), 44 (94) • FRISCH, H.: Programmierte Untersuchungen des Bewegungsapparats, Springer Verlag, Berlin, Heidelberg, New York 1989, Abb. 41 (89) • GEISS, K. -R. , HAMM, M.: Handbuch Sportler-Ernährung, Behr's Verlag, Hamburg 1990, Abb. 4 (28), 24 (64), 27 (67), 30 (71), 31 (72), 32/33 (73), 34 (75), 35 (76) • HAUSER-BISCHOF, C. u. a.: VITA-Rückenschule, Birkhäuser Verlag, Basel 1989, Abb. 42 (90) • HEYDEN, S.: Risikofaktoren für das Herz, Boehringer Studienreihe, Mannheim 1974, Risikotest S. 42 • JAKOWLEW: Die Ernährung des Sportlers, Sportverlag, Berlin 1958, Abb. 14 (51), 15 (52), 16 (53) • JANDA bei FRISCH 1989, Abb. 41 (89), 42 (90) • JANSSEN, P.: Ausdauertraining, Beiträge zur Sportmedizin, Bd. 34, perimed Fachbuch-Verlagsgesellschaft, Erlangen 1989, Abb. 83 (189) • JUNGERMANN, K.; MÖHLER, H.: Biochemie, Springer Verlag, Berlin, Heidelberg, New York 1980, Abb. 26 (67) • KARPANDJI, J. A.: Funktionelle Anatomie der Gelenke, Bücherei des Orthopäden, Bd. 40/47/48, Enke Verlag, Stuttgart 1984/1985, Abb. 53 (114), 54 (116) • KEIPER DYNAVIT, Kaiserslautern, mit freundlicher Genehmigung, Abb. 36 (78), 81 (185, 186), 82 (188), Tab. 26 (187) • KIMPFLER, G. , psycho media Haus, Staudach Streßtest, S. 39/40 • KNEBEL, K. P.: Funktionsgymnastik, Rowohlt Taschenbuch Verlag, Reinbek 1987, Tab. 11 (98) • LAGERSTRØM, D.: Fit durch Schwimmen, perimed Fachbuch-Verlagsgesellschaft, Erlangen 1983, Abb. 93 (206) • LEHRL, S.; FISCHER, B.: Selber denken macht fit, Vless-Verlag, Ebersberg 1986, Abb. 10 (38) • de MARÉES, H.: Sportphysiologie, Medizin von heute Bd. 10, Tropon Werke, Hannover 1981, mit freundl. Genehmigung, Abb. 22 (61), 25 (65), 29 (69), 51 (112), 58 (129), 79 (181), Tab. 17 (133) • MARGARINE-INSTITUT für gesunde Ernährung, Hamburg 1991, Abb. 6 (34) • MARKWORTH, P.: Sportmedizin, Rowohlt Taschenbuch Verlag, Reinbek 1983, Abb. 43 (93), 63 (144) • MEER, C. L.; DICKEY, TH. (Red.): Der gesunde Körper – Ausdauertraining, time-life-Bücher, Amsterdam 1987, Tab. 1 (27) • MIRAM, W.: Informationsverarbeitung, Schroedel Schulbuchverlag GmbH, Hannover 1978, Abb. 9 (37) • NENTWIG, CH. G. (Hrsg.): Die Rückenschule, Enke Verlag, Stuttgart 1990, Abb. 61 (131) • PARIZKOVA, Prag, 1977, Tab. 2 (30) • POLAR GmbH, Groß Gerau, mit freundlicher Genehmigung, Abb. 37 (83), 38 (84), 66 (154), 69/70 (159), 75/76 (172), 77 (173), 84/85 (193), 92 (205) • REINDEL, H.; ROSKAMM, H.: Herzkrankheiten, Springer 1977, Tab. 7 (74) • ROST, R.; HECK, H.; HOLLMANN, W.: Die Fahrradergometrie in der Praxis, Broschüre der Bayer Werke, Leverkusen 1991, Tab. 28 (190) • SCHONERT, S.; FETT, M.: Streß nach Maß, Zeitschrift Management Wissen 9/86, 78–83, Abb. 8 (36) • SKINNER, S. A. (Hrsg.): Rezepte für Sport- und Bewegungstherapie, Deutscher Ärzteverlag, Köln 1989, Abb. 19 (58), Tab. 4 (33), 6 (70), 9 (79) • SPITZ, L.; SCHNELL, J.: Muskeln Sie sich, Bd. 1 und 2, Fa. E. Spitz, Egelsbach 1983, Abb. 1 (19), 2 (20), Tab. 23 (183), 24/25 (184) • THEWS; MUTSCHLER; VAUPEL: Anatomie, Physiologie, Patophysiologie des Menschen, Wissenschaftliche Verlagsgesellschaft, Stuttgart 1989, Abb. 21 (59), 23 (63) • WASSERMANN, K.; WHIPP, B. J.: Exercise physiology in health and disease, Am. Rev. Respir. Dis. , 112: 219, 1975, Abb. 19 (58) • WEINECK, J.: Sportanatomie, perimed Fachbuch-Verlagsgesellschaft, Erlangen 1986 (a), Abb. 20 (59), 45 (97), 46 (100), 49 (110), 50 (111), 52 (113), 54 (116), 55 (117) • WEINECK, J.: Optimales Training, Beiträge zur Sportmedizin, Bd. 10, perimed Fachbuch-Verlagsgesellschaft, Erlangen 1986 (b), Abb. 17 (55) • WESSINGHAGE, TH.: Laufen, BLV Verlag, München 1987, Tab. 8 (77) • WÖLZENMÜLLER, F.: Richtig Radfahren, BLV Verlag, München, Wien, Zürich 1987 (b), Abb. 73 (166), Tab. 23 (174).

Inhaltsverzeichnis

Einleitung

Sport hat in unserer Gesellschaft einen hohen Stellenwert. Trotzdem entfaltet er bei vielen Personen seine Faszination eher beim passiven Zuschauen als beim aktiven Betreiben. Das Argument, wegen hoher beruflicher Beanspruchung keine Zeit für körperliche Aktivitäten aufbringen zu können, ist eine der meistgenannten Ausreden. Auf den ersten Blick klingt diese Argumentation sogar verständlich, denn anfänglich hinterläßt Bewegungsmangel keine sichtbaren Spuren, so daß die kostbare Zeit in den Augen der Betroffenen sinnvoller genutzt werden kann. Auch erste körperliche Warnsignale finden keine Beachtung, werden verdrängt oder mit Medikamenten bekämpft. Der Weg zur Apotheke ist einfacher als das Hinterfragen der Ursachen, zumal die Überzeugung „Mir kann nichts passieren“ die Vernunft besiegt. So nimmt der gesundheitsmißachtende Alltagstrott weiter seinen Lauf.

Spätestens jetzt beginnt die Harmonie zwischen den drei Bereichen des menschlichen Seins – Körper, Geist und Seele – zu zerbrechen.

Der Geist wird nach wie vor intensiv beansprucht, der seelische Ausgleich fehlt, und der Körper..., der wird's schon machen.

Erst wenn die steile Kurve der Karriere aus gesundheitlichen Gründen ernsthaft einen Knick zu bekommen droht, ist plötzlich Zeit vorhanden, um über frühere Versäumnisse nachzudenken.

Aus Angst vor einem Scheitern des beruflichen Erfolgs ergreift die Faszination sportlicher Ereignisse den bislang trägen Körper. Das Image der Sportlichkeit in unserer Gesellschaft, mit seinen Eigenschaften jung, dynamisch, erfolgreich, unterstützt den Entschluß, den Körper nicht mehr länger zu schonen. Von heute auf morgen übernimmt die sportliche Begeisterung das Nichtstun. Jetzt wird beim Waldlauf versucht, der Leistungsfähigkeit aus der Jugend von vor 20 Jahren nachzueifern. Auf dem Tennisplatz bekommt der Gegner die Härte und Kompromißlosigkeit bis zum eigenen Umfallen zu spüren. Der Sport bis zur Erschöpfung ersetzt die körperliche Inaktivität früherer Zeiten. Die Freude und der Stolz darüber, nun endlich den müden Körper besiegt zu haben, verdrängen jede kritische Reflexion über die getroffene Entscheidung.

Tatsächlich aber wird weder das eine noch das andere Extrem dem Bedürfnis des Körpers bei hoher beruflicher Belastung gerecht. Jede sportliche Tätigkeit – auch die des Managers – muß auf der momentanen persönlichen Leistungsfähigkeit zielgerichtet aufbauen und kann nur innerhalb eines speziellen Umfeldes realisiert werden. Sie verlangt deshalb eine nach den Erkenntnissen der Sportmedizin und Trainingslehre entwickelte systematische Planung, um die für das Körpertraining verfügbare Zeit möglichst effizient zu nutzen. In diesem Sinne ist KörperManagement zu verstehen als systematische Planung und Durchführung eines Trainingsprozesses mit dem Ziel der Verbesserung von Körperfunktionen, um die berufliche Belastung bewußt besser bewältigen zu können.

Das Buch ist konzipiert nach dem Informationsbedürfnis der Teilnehmer an KörperManagement-Seminaren, welche die Autoren mit Führungskräften aus der Industrie seit Jahren durchführen. Es liefert im ersten Kapitel eine kritische Betrachtung der

momentanen Situation beruflich stark engagierter Zielgruppen und gestattet durch spezielle Tests eine persönliche Bestandsaufnahme.
Derjenige, der aus der Erkenntnis seiner unterentwickelten körperlichen Leistungsfähigkeit dagegen eine bewußte Strategie aufbauen möchte, findet als theoretischen Hintergrund im zweiten Kapitel wichtige biologische, sportmedizinische und trainingswissenschaftliche Grundlagen der körperlichen Leistungsfähigkeit.
Derjenige, der allerdings sofort nach dem Lesen des ersten Kapitels den Wunsch nach Körpertraining verspürt, kann das zweite Kapitel anfangs überschlagen.
Im dritten Kapitel folgen nützliche Handlungsanweisungen zur Planung und Durchführung des Körpertrainings. Für diejenigen, die sich bereits sportlich betätigen, bietet sich die Gelegenheit, ihre Bewegungsaktivitäten kritisch auf Funktionalität zu hinterfragen und gegebenenfalls traditionelle, zum Teil vielleicht sogar ritualisierte Inhalte und Methoden zu korrigieren. Die Erfahrung lehrt, daß sich körperliche Bewegung nicht bedingungslos gesundheitsfördernd auswirkt.
Anmerkungen verweisen zwischen den Trainingsprogrammen und Rahmentrainingsplänen auf deren theoretische Begründung im zweiten Kapitel hin, so daß der Zusammenhang zwischen den Theorieinhalten des zweiten und den Praxisinhalten des dritten Kapitels ständig nachvollziehbar bleibt.

Dr. Bernd Gimbel
Edwin Kalkbrenner

Früher Jäger – heute Hase
– Bestandsaufnahme –

1 Über die Degeneration des Körpers

2 Medizinische Betrachtungen der Gesundheitsschädigungen

1 Über die Degeneration des Körpers

Das menschliche Sein wird seit jeher von zwei Faktoren bestimmt: Erbmaterial und Umweltbedingungen. Ähnlich einem Bildhauer, der seinen Rohling bearbeitet, stellt die Erbmasse die Grobform dessen dar, was durch Umwelteinflüsse die spätere Gestalt jeder Persönlichkeit ausmacht.
Im Verlauf der menschlichen Geschichte haben sich Erbmaterial und vorgeburtliche Entwicklung nicht verändert. Auch die Entwicklung der ersten Lebensmonate ist gleich geblieben. Heute wie vor Tausenden von Jahren tastet das Kleinkind nach interessanten Gegenständen, dreht sich von der Rücken- in die Bauchlage, versucht, sich aufzurichten oder erste Schritte zu gehen. Alle Bewegungen sind für die Ausbildung des Körpers ein natürliches, aus innerem Antrieb betriebenes Training.
Zu früheren Zeiten war die körperliche Betätigung für die Sicherung der Existenz lebensnotwendig. Die Sammler und Jäger der Steinzeit (vor ca. 10.000 Jahren) verfügten über ausgeprägte körperliche Fähigkeiten und Fertigkeiten, um innerhalb ihres Lebensbereiches von 1.000 Hektar Land Tiere zu verfolgen und zu erlegen oder vor hungrigen Tieren zu fliehen. Auch die Pflanzer, Hirten und Ackerbauer der Bronze- und Eisenzeit (vor ca. 3.000–5.000 Jahren) benötigten gut ausgebildete körperliche Eigenschaften, um zu überleben. Die Herstellung und Handhabung der primitiven Werkzeuge zur Bewirtschaftung ihrer ca. 100 Hektar Land forderten Ausdauer, Kraft und Geschicklichkeit.
Auch die Menschen des Mittelalters konnten auf diese Fähigkeiten nicht verzichten, als sie in den Bauern- und Religionskriegen mit Lanze und Schwert ihr Land und Leben verteidigen mußten.
Sogar unsere Großväter kannten noch das natürliche Körpertraining, das uns in der heutigen Zeit immer fremder wird. Um die Jahrhundertwende schmiedeten sie das Eisen noch mit dem Hammer, fällten die Bäume mit der Axt, mähten die Wiese mit der Sense und holten das Brennholz mit dem Karren aus dem Wald.
Die Industrialisierung und Technisierung der Gesellschaft hat die Umweltbedingungen des modernen Menschen drastisch verändert. Autos, Aufzüge, Rolltreppen, Computer etc. nehmen uns das natürliche Körpertraining ab.
Gleichzeitig hat die gesellschaftliche Entwicklung zu einer Wandlung der Ziel- und Wertvorstellungen geführt. Das Streben nach materiellen Gütern und gesellschaftlichem Prestige dominiert und ist bei vielen mittlerweile wichtiger geworden als die einst hochgeschätzte familiäre Geborgenheit. Die Verwirklichung dieser neuen Lebensphilosophie ist meist mit einer hohen zeitlichen Berufsbelastung verbunden. 50–60 Arbeitsstunden im Durchschnitt pro Woche sind keine Seltenheit. Der Berufsalltag wird zur Sklaverei unter dem Tyrann Zeitdruck.

Der Lebensrhythmus unserer Gegenwart und Zukunft ist programmiert: Früh aufstehen, mit den Gedanken schon im Büro, ins Bad, Frühstück mit Kaffee, erste Zigarette. Schnelles Verabschieden von der Familie, ins Auto, Straßen verstopft, Ampeln rot, Ankunft im Büro. In den Aufzug, an den Schreibtisch. Sekretärin informiert über Neuigkeiten, Konferenz. Diskussionen, Probleme, Ärger. Kurze Pause, Kaffee, Zigarette. Plötzlich Telefon: Die Konzernleitung benötigt dringend Unterlagen für eine Vor-

standssitzung. Die Verantwortung wird bewußt. Das Mittagessen fällt aus oder wird in Hektik runtergeschlungen. Nachmittag: Die Sekretärin fühlt sich nicht wohl, meldet sich krank. Unterlagen werden gesucht, aber nicht auf Anhieb gefunden. Zigarette! Kurzer Blick aus dem Fenster: Strahlender Sonnenschein. Wie toll! Aber was nützt's. Blick zur Uhr, nächster Termin, fast zu spät, in den Aufzug. Endlich Feierabend — für die anderen. Telefon zum Lebenspartner: Komme später, weiß nicht wann, grüß' die Kinder! Tschüß!

Nach einem solchen streßgeplagten Tag — und der ist meist nicht die Ausnahme — beginnt die Monotonie der Abende. Entweder ist die Aktentasche noch mit unerledigten Arbeiten angefüllt, oder der Fernseher rettet die Müdigkeit über die nächsten Stunden. Zwischendurch wird der Hunger reichlich gestillt. Ein guter Tropfen darf dabei nicht fehlen. Das Kommunikationsbedürfnis ist gering, zumal die Probleme des Tages — scheinbar bewältigt — immer noch durch den Kopf gehen bis tief in die Nacht, und dementsprechend ist der Schlaf. Freizeit — wenn überhaupt — bleibt auf das Wochenende begrenzt und ist ausgefüllt mit Treffen mit Freunden (Essen und Trinken), Theater-, Kino-, Konzertbesuchen (Sitzen), Tennis (bedingt geeignet) oder mit Spaziergängen (ein guter Ansatz in die richtige Richtung).

Das Umfeld der beruflichen Karriere birgt viele Gefahren, die bei unkritischer Akzeptanz der Alltagssituation über einen längeren Zeitraum mindestens zum Karriere- oder Partnerschaftskiller, wenn nicht sogar zum programmierten Selbstmord führen können.

Kontakte zu Freunden lassen nach. Die sich auf die Familie konzentrierende Beziehung geht in die Brüche, weil deren Interessen in einen nicht zu vereinbarenden Konflikt mit den eigenen geraten. Der ausgleichende seelische Pol zur beruflichen Belastung zerbricht. Ein berufliches Kürzertreten ist kaum realisierbar, da die Attraktivität des Jobs, die Macht, das Ansehen und das Geld nicht nur zur eigenen Droge werden, sondern auch ehrgeizige Konkurrenten anlocken. Nur durch optimalen Einsatz und unter dem psychischen Druck, ständig die richtigen Entscheidungen treffen und jegliche Fehler vermeiden zu müssen, lassen sich derartige Angriffe abwehren. Die Angst, bei der Delegation von Aufgaben könnten Fehler anderer zur Beendigung der eigenen Karriere führen, münden in die Fehleinschätzung, immer alles selbst tun zu müssen und für das Unternehmen unersetzlich zu sein. Der Verzicht auf Urlaub und Freizeit zur notwendigen Regeneration ist die logische Folgerung.

Geschäftsreisen bringen eine willkommene zeitweilige Veränderung des beruflichen Tagesrhythmus'. Die Verpflichtung, dabei mit den Geschäftspartnern reichlich essen zu müssen — auch das Trinken kommt selten zu kurz —, führt in der Bilanz mit der mangelnden körperlichen Bewegung zu dem bekannten Phänomen der von Jahr zu Jahr steigenden Konfektionsgröße.

Der Mensch hat sich im Laufe kurzer Zeit bei konstantem Gen-Pool, aber veränderten Umweltbedingungen vom Muskel- zum Nervenwesen umfunktioniert. Dies ist verständlich, denn die Technisierung und Automatisierung des Berufs- und Alltagslebens hat zwangsläufig dazu geführt, daß die Verrichtung der heutigen Arbeit nur noch in geringem Umfang aus körperlichen Tätigkeiten besteht. In entsprechendem Maße hat die geistige Belastung zugenommen.

Im Grunde sieht niemand ein, warum er sich körperlich betätigen soll, denn die Folgen körperlicher Untätigkeit tun anfangs weder weh noch sind sie sonstwie lästig. Es entwickelt sich eine ständig wachsende Disharmonie zwischen den drei Bereichen des menschlichen Seins. Verstärkt wird diese Disharmonie dadurch, daß der einstige Ausgleich zwischen Belastungs- und Erholungsphasen, als Voraussetzung zur Erbringung optimaler Leistungen, nicht mehr gegeben ist (Abb. 1 und 2).
Leistung wird zunehmend unökonomisch, unter Einsatz eines hohen Energieverbrauchs und bei erhöhter Herzfrequenz erbracht. Der Körper zehrt von seinen begrenzten Reserven. Am Ende steht der körperliche Zusammenbruch – die Erschöpfung – als Folge dieser Überbeanspruchung. Jetzt genügen keine Stunden mehr zur Regeneration des heruntergewirtschafteten Körpers. Tage bis Wochen sind erforderlich, um sich von dem Erschöpfungszustand zu erholen. Höchste Zeit zum Umdenken!

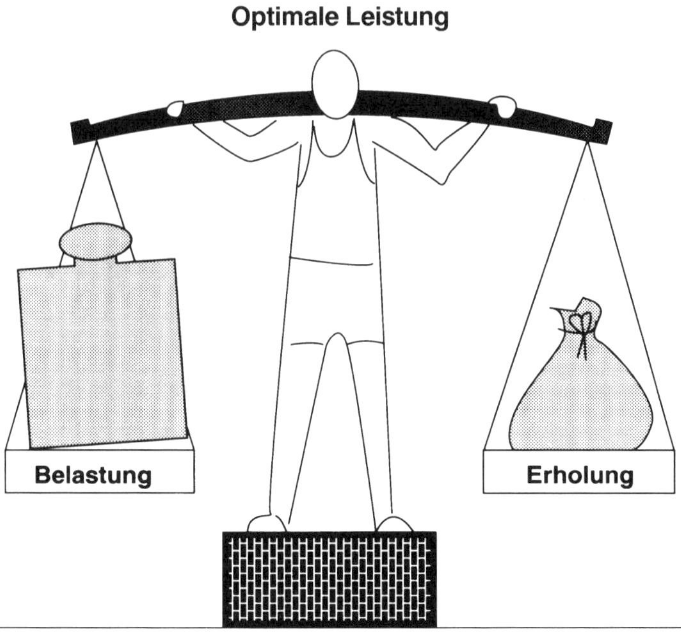

Abb. 1 Waagemodell
Optimale Leistung bei Balance zwischen Belastung und Erholung
(*SPITZ/SCHNELL* 1983, 58)

Für jeglichen Luxus steht Geld zur Verfügung. Das Auto wird mehr gepflegt als der eigene Körper. Wie und wie lange der Körper dieses Spiel wohl (noch) mitspielt? Sind womöglich bereits Aufputschpillen im Spiel, um den Körper „fit" zu halten? Werden Tabletten zur Regulation bestimmter Körperfunktionen benötigt? Wie klappt es mit der Verdauung? Gibt es Probleme mit dem Magen? Schmerzt bei längerem Sitzen der Rücken? Tritt ab und zu ein Stechen in der Herzgegend auf? Wie hat sich die einstige Figur des jugendlichen, dynamischen Liebhabers verändert? Apropos Liebhaber! Wie steht's denn damit?
Die sich ständig vergrößernde Disharmonie führt zu den bekannten Zivilisationskrankheiten. Die Karriere fordert ihren Preis!

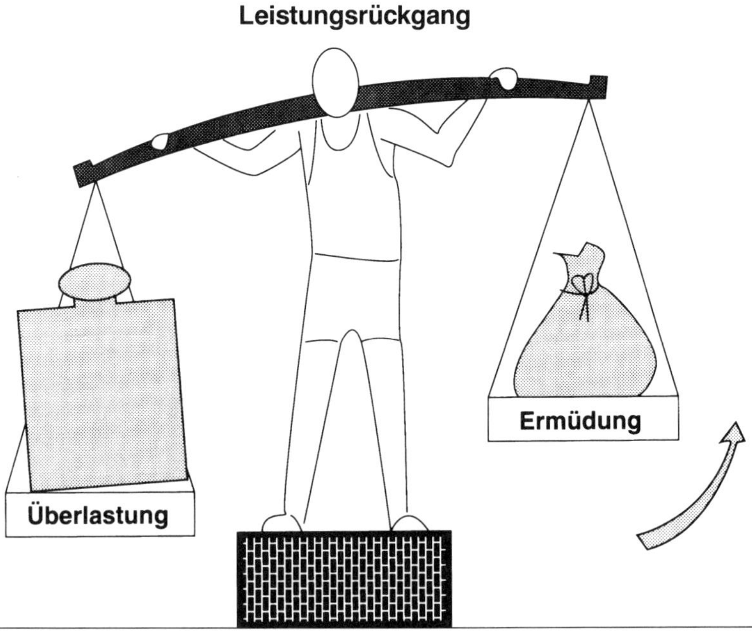

Abb. 2 Waagemodell
Leistungsrückgang bei Überlastung und Ermüdung
(*SPITZ/SCHNELL* 1983, 58)

2 Medizinische Betrachtungen der Gesundheitsschädigungen

Gesundheit, so formuliert die Weltgesundheitsorganisation anspruchsvoll, ist ein Zustand vollkommenen körperlichen, psychischen und sozialen Wohlbefindens, nicht nur definiert durch Abwesenheit von Krankheit und Gebrechen.
Gesundheit und Wohlbefinden sind somit als ganzheitliche Begriffe zu verstehen. Sie beziehen sich auf die Zusammenhänge und Wechselbeziehungen zwischen körperlichen, geistigen, seelischen und auch sozialen Vorgängen, die es als harmonisches Gleichgewicht anzustreben gilt. Dieser Idealzustand ist labil, durch Umweltbedingungen veränderbar, doch jederzeit eine lohnende Aufgabe, die der Mensch im kreativen Prozeß nach eigenen Vorstellungen individuell lösen kann.
Seelische Belastungen, Krisen und Konflikte stören dieses Gleichgewicht und können in Folge der Disharmonie als körperliche Krankheit in Erscheinung treten, wenn Ausmaß und Dauer der Belastungen nicht mehr zu kontrollieren sind.
Mit der gesellschaftlichen Wandlung korrespondiert das Krankheitspanorama. So haben die wechselnden Person-Umwelt-Verhältnisse zu einer Änderung der Todesursachen geführt. Während früher – und heutzutage noch in den Entwicklungsländern – Infektionskrankheiten als Hauptursache galten, sterben in den Industrienationen ca. 50 % der Bürger an koronaren Herzkrankheiten. Auch nehmen psychosomatische Krankheiten ständig zu.
Der neue Lebensstil wirkt sich auf unsere Gesundheit nachweislich negativ, also krankmachend aus.
Bei der Betrachtung der Veränderungen fallen im wesentlichen drei Faktoren auf, die unsere körperliche und geistige Leistungsfähigkeit ungünstig beeinflussen:

- Bewegungsmangel
- Fehlernährung
- Streß

2.1 Bewegungsmangel

Die ständig zunehmende Technisierung bedingt, daß wir uns nicht annähernd soviel bewegen wie früher, als die körperliche Arbeit ein wesentlicher Bestandteil unseres Erwerbslebens war. Vielmehr verrichten wir heute unsere berufliche Tätigkeit vorwiegend sitzend, und dieser Bewegungsmangel findet sich dann auch noch in unserer Freizeit, die wir ja hauptsächlich passiv gestalten. Von dieser Tatsache ausgehend lassen sich eine Reihe negativer Einflüsse auf die verschiedenen Organsysteme unseres Körpers ableiten.

2.1.1 Folgen am Bewegungsapparat

Die unter diesem Begriff zusammengefaßten Strukturen, nämlich Muskulatur, Sehnen, Bänder, Gelenke und Knochen, verlieren durch die chronische Minderbeanspruchung ihre Funktionsfähigkeit.
Die Muskulatur atrophiert. Diese morphologische und funktionelle Rückbildung führt zunächst zu einem deutlichen Kraftverlust, später dann auch zu einer geringeren Stabilisierung der Knochen und Gelenkstrukturen, was sich in einer erhöhten Verletzungsgefahr bei bereits geringsten Beanspruchungen erkennen läßt.
Darüber hinaus stellen diese degenerativen Prozesse die Hauptursache für chronisch rezidivierende Schmerzen im Lendenwirbelsäulenbereich dar, unter denen mittlerweile 80 % der Bevölkerung über 35 Jahren leiden.
Die unzureichende Bewegung bedingt bei Sehnen und Bändern eine drastische Abnahme der Elastizität und bei den Knochen aufgrund der Demineralisierung eine Verminderung der Stabilität.
Zusammengefaßt läßt sich erkennen, daß ein ständiger Bewegungsmangel die Ursache für die Degeneration unseres Bewegungsapparates ist und die Leistungsfähigkeit dieses gesamten Organsystems soweit herabsetzt, daß Verletzungen und chronische Schmerzzustände unabdingbare Folgen sind.
Wie sich der langjährige Bewegungsmangel bereits auf die körperliche Leistungsfähigkeit ausgewirkt hat, läßt sich mit einfachen Funktionsüberprüfungen (beispielsweise während des allmorgendlichen Ablaufs) feststellen:

Überprüfung der Leistungsfähigkeit des Bewegungsapparates mit verschiedenen Funktionstests

Testanleitung:

Führen Sie die einfachen Funktionsprüfungen durch und kontrollieren Sie, in welchen Körperregionen eventuelle Defizite vorliegen.

Beweglichkeit im Schultergelenk

Können Sie mit gestreckten Armen ein ca. 1 m langes Handtuch über die Horizontale hinter den Körper führen? Überschreiten Sie bei der Bewegungsausführung nicht die Schmerzgrenze (Luxationsgefahr!).

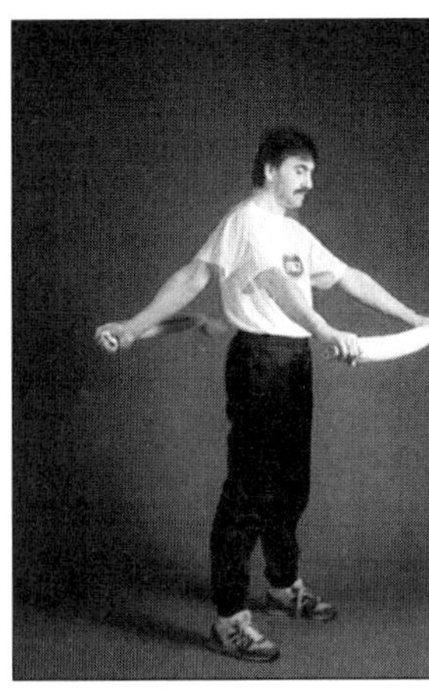

ja / nein

Beweglichkeit im Hüftgelenk

Können Sie Ihre Schuhe mit geschlossenen und gestreckten Beinen binden?

ja / nein

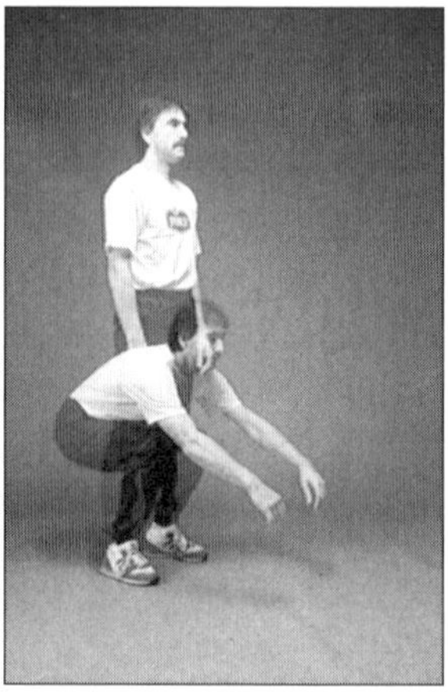

Dehnfähigkeit der Wadenmuskulatur

Können Sie aus dem leichten Grätschstand ohne Anheben der Fersen so weit in die Hocke gehen, daß das Gesäß tiefer liegt als die Knie? Stabilisieren Sie Ihr Gleichgewicht beispielsweise an einer Stuhllehne.

ja / nein

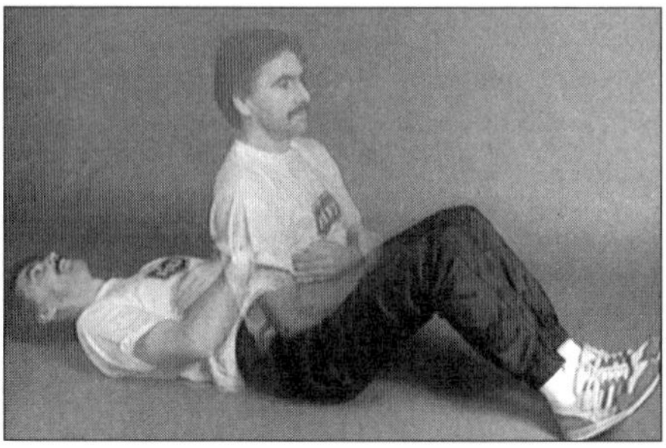

Kraft der Bauchmuskulatur und der Hüftbeuger

Können Sie sich aus der Rückenlage bei angewinkelten Beinen in den Sitz aufrichten? Die Arme sind vor der Brust überkreuzt. Das Kinn zeigt zur Brust.

ja / nein

Kraft der Hüftstrecker

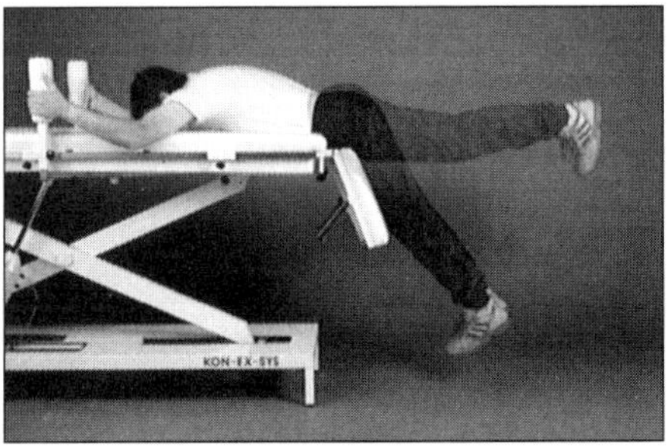

Können Sie aus der erhöhten Bauchlage die gestreckten Beine ohne Abstoß mit den Füßen vom Boden bis in die Waagerechte anheben und 15 sec. in dieser Position halten? Die Arme suchen einen Halt zur Stabilisierung des Oberkörpers. Legen Sie ein zusammengerolltes Handtuch oder Kissen unter den Bauch.

ja / nein

Weiterführende Aussagen zur Bestimmung Ihrer persönlichen Leistungsfähigkeit erhalten Sie ab Seite 365.

2.1.2 Folgen am Herz-Kreislauf-System

Das Herz-Kreislauf-System ist für den Blutfluß in unserem Körper und somit für die kontinuierliche Versorgung aller Zellen mit Energie verantwortlich. Als Energielieferanten sind die chemisch definierten Nährstoffe Kohlenhydrate, Fette und Eiweiße bekannt, die zusammen mit dem durch die Atmung aufgenommenen Sauerstoff zu energiearmen Stoffwechselprodukten abgebaut werden. Dieser als Oxidation bezeichnete Vorgang läuft ständig in allen Körperzellen ab. Während die Zellen die Nährstoffe in einem großen Umfang speichern können (sogenannte Resorptionsphase nach dem Essen), trifft dies für den Sauerstoff jedoch nicht zu. Hieraus erklärt sich, warum wir auf die kontinuierliche Versorgung mit Sauerstoff angewiesen sind.
Unter körperlichen Anstrengungen steigt der Energie- und Sauerstoffbedarf direkt proportional zur Belastungsintensität an. Um diesen Mehrbedarf abdecken zu können, ist daher auch eine Steigerung der Herzarbeit notwendig, d. h. der Herzmuskel muß mehr Blut durch den Körper pumpen.
Unter dem Aspekt „Bewegungsmangel" ergeben sich bei dieser Anforderung zwei maßgebliche Nachteile:

- der körperlich Inaktive kann seine Pumpleistung ausgehend vom Ruhewert auf das maximal 3,5fache steigern. Demgegenüber sind ausdauertrainierte Personen in der Lage, einen Anstieg ihrer Blutdurchflußrate auf das 5–6fache zu erzielen;
- für Personen mit chronischem Bewegungsmangel stellt eine körperliche Belastung eine völlig ungewohnte Beanspruchung dar. Ihr Organismus beantwortet eine solche Situation mit einer Streßreaktion. Dabei werden die Streßhormone Adrenalin und Noradrenalin in höchster Konzentration ins Blut abgegeben. Dies führt zu einer überschießenden Reaktion des Herzens. Blutdruck und vor allem Herzfrequenz steigen absolut inadäquat zur eigentlichen Belastungsintensität an und bedingen dann eine rasch eintretende Erschöpfung.

Die bewegungsmangelbedingten Auswirkungen am Herz-Kreislauf-System zeigen sich also in einem vergleichbar geringen Anstieg der Pumpleistung des Herzens und somit einer unzureichenden Sauerstoff(= Energie)versorgung der Zellen. Dies wiederum schränkt die körperliche Leistungsfähigkeit erheblich ein.
Aufgrund der Streßreaktion arbeitet das Herz völlig unökonomisch, so daß die Belastung frühzeitig abgebrochen werden muß.
Darüberhinaus treten weitere ungünstige Veränderungen auf, die sich als Folge der oben genannten Reaktionen dann im Kreislauf zeigen:
Durch die mangelnde Beanspruchung verlieren die arteriellen Gefäße (Arterien) ihre Elastizität. Dies führt über Jahre hinweg zur Entwicklung eines Bluthochdruckes (arterielle Hypertonie).
Bei sportlich inaktiven Personen finden sich deutlich weniger Kapillare, also kleinste Gefäße, die das Zellgewebe wie ein feines Netz überziehen. Eine unzureichende Ausbildung dieses Kapillarsystems führt zu einer Minderversorgung der Zellen und darüber hinaus zu einem ungenügenden Abtransport der Stoffwechselendprodukte. Unter Belastung kommt es daher in den Muskelzellen zu einem rasch einsetzenden Energiemangel und einem Anstieg der Abbaustoffe. Beides bedingt einen unmittelbaren Funktionsverlust.
Abschließend sei noch die ungünstige Auswirkung der mangelnden Bewegung auf das Blut erwähnt. Zum einen verschlechtert sich die Fließeigenschaft, da das Blut häufig zu dickflüssig ist; zum anderen verlieren die roten Blutkörperchen ihre Fähigkeit, sich zu verformen, so daß der Durchfluß in den kleinsten Kapillaren erschwert wird. Inwieweit diese Veränderungen einen negativen Effekt auf die Leistungsfähigkeit aufweisen, ist derzeit jedoch nur unzureichend geklärt.

Überprüfung der Leistungsfähigkeit des Herz-Kreislauf-Systems mit dem Stufentest

Testanleitung:

Stellen Sie sich vor eine Treppenstufe und üben Sie den Ablauf, in dem Sie zwei Auf-Auf—Ab-Ab-Bewegungen (siehe Abb. 3) innerhalb von 5 sec durchführen.

Nach einer Ruhepause von einigen Minuten steigen Sie genau 3 Minuten lang wie zuvor geübt auf und ab.

Anschließend ruhen Sie sich 30 sec lang sitzend aus und zählen dann über 15 sec Ihre Herzfrequenz (vgl. Seite 81—84). Multiplizieren Sie den Wert mit dem Faktor 4 und tragen Sie ihn in den Auswertungsbogen ein.

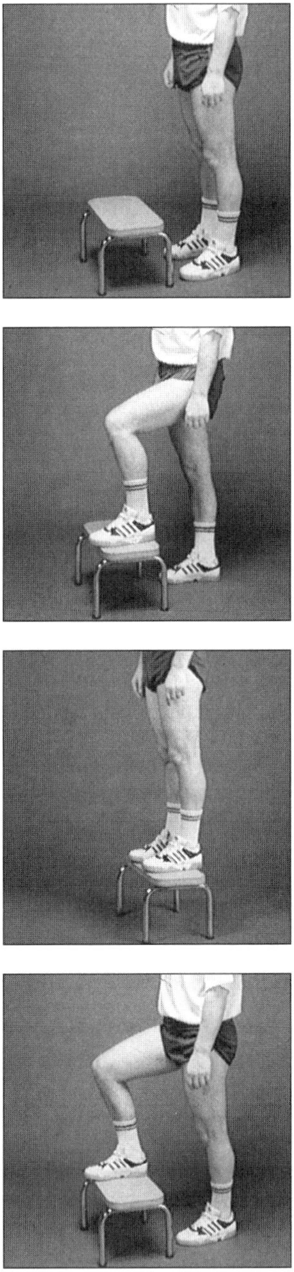

Abb. 3 Bewegungsablauf des Stufentests

Testauswertung:

Tab. 1 Bewertung des Stufentests
(nach *MEER/DICKEY* 1987, 21)

Das Ergebnis des Stufentests

Klassifizierung	**Alter**			
	20 – 29	30 – 39	40 – 49	50 und älter
Männer	**Herzschläge (min)**			
Sehr gut	68 – 72	70 – 76	74 – 78	74 – 80
Gut	74 – 80	78 – 82	80 – 84	82 – 86
Durchschnittlich	82 – 84	84 – 86	86 – 88	88 – 90
Befriedigend	86 – 94	88 – 94	90 – 98	92 – 98
Schlecht	96 – 118	96 – 118	100 – 120	100 – 124
Frauen	**Herzschläge (min)**			
Sehr gut	78 – 82	78 – 84	82 – 86	82 – 88
Gut	86 – 88	86 – 90	88 – 90	90 – 94
Durchschnittlich	90 – 92	92 – 94	92 – 94	96 – 98
Befriedigend	94 – 104	96 – 106	96 – 108	100 – 110
Schlecht	106 – 132	108 – 132	110 – 134	112 – 134

2.1.3 Folgen am Stoffwechsel

Unser Organismus besteht aus einem Verband von Zellen, die, zusammengeschlossen zu funktionellen Einheiten, verschiedene Arbeiten verrichten. So ist es z. B. Aufgabe einer Nervenzelle, einen Impuls an eine Muskelzelle zu leiten, die sich daraufhin zusammenzieht.
Je nach Funktion haben die einzelnen Zellen unterschiedliche Organellen und weisen im Verband verschiedene Strukturen bzw. Anordnungen auf. Nur durch eine koordinierte Zusammenarbeit der Zellverbände ist es uns möglich zu leben.
Damit die Zellen ihren mannigfaltigen Aufgaben nachkommen können, benötigen sie Energie. Diese Energie muß der Mensch durch die Nahrung aufnehmen. Alle chemischen Substanzen, die der Mensch braucht, sind in den natürlichen Lebensmitteln (pflanzlicher und tierischer Herkunft) enthalten.
Die Zellen unseres Körpers sind daher so entwickelt, daß sie die zugeführte chemische Energie über zahlreiche Stoffwechselprozesse in die sogenannte biologische Energie umwandeln können. Diese Transformation wird als „Energiestoffwechsel“ bezeichnet. Das hierbei gebildete Produkt ist das Adenosin-Triphosphat (ATP). Die

Herstellung des ATP ist mit einem höheren Aktivitätsniveau der Zelle verbunden, das uns letztendlich ermöglicht, bestimmte Leistungen zu vollbringen. Zu den allgemeinen Leistungen gehören Aufbau und Erhaltung der Zell- und Organstrukturen. Hinzu kommen dann noch die spezifischen Funktionen, z. B. das Verrichten einer körperlichen Tätigkeit. Sowohl die allgemeinen als auch die speziellen Leistungen der Zellen werden dem „Leistungsstoffwechsel“ zugeordnet (Abb. 4).

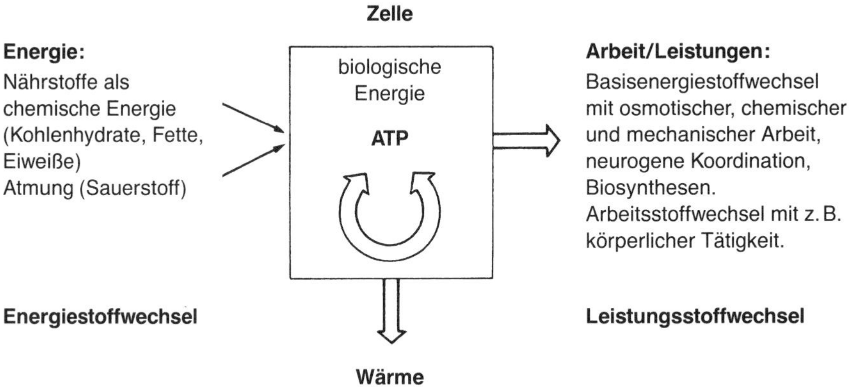

Abb. 4 Energie- und Leistungsstoffwechsel
(*GEISS/HAMM* 1990, 15)

Anhand dieser kurzen Beschreibung der verschiedenen Stoffwechselprozesse wird leicht erkennbar, daß sich mangelnde Bewegung vorrangig auf den Leistungsstoffwechsel negativ auswirkt. Es gelingt der Zelle nämlich nicht, das Aktivitätsniveau bei höheren Belastungen entsprechend zu steigern. Der hierzu notwendige Energieumsatz in der Zelle ist zu gering, d. h. sie ist nicht in der Lage, die erforderliche Menge an biologischer Energie (ATP) zu bilden.
Der unzureichende Energieumsatz in der Zelle stellt somit den maßgeblich leistungslimitierenden Faktor dar. Obwohl das Herz-Kreislauf-System auf niedrigen Belastungsstufen noch genügend Sauerstoff anliefern kann, sind die energiegewinnenden Stoffwechselorgane in der Zelle einer untrainierten Person derart unzureichend ausgebildet, daß die Belastung bereits nach kürzester Zeit abgebrochen werden muß.

2.2 Fehlernährung

Im vorherigen Kapitel wurde bereits geschildert, daß der Mensch auf die zugeführte Nahrung als Energielieferant angewiesen ist. Die Anzahl der natürlichen Lebensmittel ist zwar sehr groß, sie bestehen jedoch alle nur aus drei chemisch definierten Hauptnährstoffen: Kohlenhydrate, Fette und Eiweiße.

Bei einer gemischten Kost werden dem Körper zusammen mit diesen Hauptnährstoffen die Vitamine, Mineralstoffe und Spurenelemente (zusammengefaßt als die sogenannten Nebennährstoffe) zugeführt.
Alle unsere Zellen können die aufgenommene chemische Energie durch Stoffwechselprozesse in biologische Energie umwandeln, die dann die schon erwähnten Arbeitsleistungen ermöglicht.
Bis vor einigen Jahrzehnten war eine natürliche Ernährung, d. h. eine bedarfsangepaßte, gemischte Kost allgemein verbreitet.
In letzter Zeit haben sich jedoch unsere Eß- und Lebensgewohnheiten deutlich geändert:

- wir essen zu viel, zu fett, zu süß und zu wenig Ballaststoffe;
- wir bewegen uns aufgrund der Technisierung nicht annähernd so viel wie früher.

Eine hyperkalorische, fett- und zuckerreiche Ernährung mindert jedoch nicht nur unsere Leistungsfähigkeit, sondern kann längerfristig auch zu gesundheitlichen Schäden führen. Hier sind in erster Linie die „Zivilisationskrankheiten" zu nennen, deren Entstehung und Auswirkungen hier kurz erläutert werden sollen.
Zunächst muß man sich jedoch vergegenwärtigen, daß ein Fehler in der Ernährung nicht sofort eine Erkrankung hervorruft. Unser Organismus „toleriert" nämlich über einen gewissen Zeitraum das diskrepante Eßverhalten. Ausmaß und Dauer der Fehlernährung bestimmen jedoch, wann diese Toleranzgrenze überschritten wird und die Kompensationsmechanismen unseres Körpers zwangsläufig versagen. Spätestens dann werden die Auswirkungen auch sichtbar: z. B. bei Übergewicht oder anhand von Blutuntersuchungen.
Die nachfolgend gelisteten, sicht- oder meßbaren Auswirkungen einer falschen Ernährung stellen die eigentlichen Risikofaktoren dar, die unbehandelt „Zivilisationskrankheiten" zur Folge haben!

2.2.1 Risikofaktoren

In den folgenden Abschnitten wird auf die exogene Steuerung bzw. Beeinflussung der Risikofaktoren (unter besonderer Berücksichtigung der ernährungsphysiologischen Aspekte) eingegangen. Bestimmte Risikofaktoren, in erster Linie der Cholesterinspiegel und der Blutdruck, unterliegen zudem aber auch einer endogenen, ernährungsunabhängigen Steuerung. Auf diese Beeinflussung wird im nächsten Kapitel genauer eingegangen.

2.2.1.1 Übergewicht (Adipositas)

Eine falsche Ernährung, d. h. eine Kost, die unserem Bedarf nicht entspricht, führt zu einer Entgleisung der Stoffwechselprozesse. Ein einfaches Beispiel soll dies verdeutlichen. Unser Körper verbrennt Kohlenhydrate und Fette in einem bestimmten Verhältnis zueinander. Genau in dieser Relation sollten die Nährstoffe auch wieder zugeführt

werden. Idealerweise würde dann der tägliche Energiebedarf zu etwa 55—60 % durch Kohlenhydrate, ca. 25—30 % durch Fett und durchschnittlich durch 10—15 % Eiweiß abgedeckt werden. In Wirklichkeit sieht die Nährstoffrelation in den westlichen Ländern jedoch folgendermaßen aus: 40 % Kohlenhydrate, 40 % Fett und 20 % Eiweiß. Dieses Mißverhältnis zwischen Bedarf und Zufuhr, das hauptsächlich eine zu hohe Fettzufuhr aufweist, führt nun im Rahmen der Stoffwechselentgleisung zu einer vermehrten Abspeicherung des Fettes im Körper, vorwiegend im Unterhautfettgewebe. Die Folge der kontinuierlichen Gewichtszunahme ist das Übergewicht (Adipositas). Diese Gewichtszunahme wird noch beschleunigt, wenn insgesamt mehr Energie bzw. Nahrung zugeführt wird, als der Körper wirklich benötigt. Übergewicht ist also das Resultat aus „zuviel von allem und vor allem zuviel Fett!".
Der eigentliche Risikofaktor ist aber nicht das Übergewicht, sondern der Fettanteil im Körpergewebe.
Mit der bioelektrischen Impedanzanalyse kann die Zusammensetzung eines menschlichen Körpers gemessen werden. Die Impedanz bzw. der Widerstand des Körpers auf einen nicht zu empfindenden elektrischen Impuls ist je nach Struktur und Form des Körpers verschieden. Besonders das Fettgewebe leitet den elektrischen Strom sehr schlecht. Darum haben zu fette Körper einen höheren Widerstand.
Körperflüssigkeiten, welche Elektrolyte (Salze) enthalten, zeichnen sich dagegen durch eine bessere Leitfähigkeit aus. Gerade die Muskeln haben einen hohen Flüssigkeitsanteil. So hat ein muskulöser Mensch einen niedrigeren Widerstand. Natürlich beeinflußt auch die Form und die Kompaktheit des Körpers diese physikalische Messung. Darum haben Frauen andere Werte als Männer. Wenn Männer mit etwa 15 % Körperfettanteil im Normalbereich liegen, so gilt für Frauen ein Körperfettanteil von 25 % ihres Gewichts als durchschnittlich. Mittels der Analysedaten Körperfett, Muskelmasse und Wasseranteil können individuelle Trainings- und Ernährungsempfehlungen gegeben werden.

Tab. 2 Normwerte für die Körperfettanteile in Abhängigkeit von Alter und Geschlecht (*PARIZKOVA* 1977)

Alter	0 – 30	31 – 40	41 – 50	51 – 60	61 und älter
Männer	12 % – 18 %	13 % – 19 %	14 % – 20 %	16 % – 20 %	17 % – 21 %
Frauen	20 % – 26 %	21 % – 27 %	22 % – 28 %	22 % – 30 %	22 % – 31 %

2.2.1.2 Blutfettwerterhöhung (Hypercholesterin- und Hypertriglyceridaemie)

In den Nahrungsmitteln kommen tierische und pflanzliche Fette vor. Es würde an dieser Stelle den Rahmen sprengen, auf die unterschiedliche Bedeutung der verschiedenen Fette im Detail einzugehen. Es soll deshalb lediglich auf die wichtigsten Erkenntnisse hingewiesen werden. Die tierischen Fette, wie sie vorwiegend in Wurst, Fleisch und auch Molkereiprodukten vorkommen, bestehen vorwiegend aus den ungesättigten Fettsäuren und enthalten darüber hinaus in der Regel reichlich Cholesterin. Eine übermäßige Zufuhr tierischer Nahrungsfette und auch Nahrungsmittel, bei denen das Fett nicht sichtbar ist (verstecktes Fett wie in Erdnüssen, Chips etc.), die ebenfalls einen hohen Gehalt an gesättigten Fettsäuren und Cholesterin haben, führen rasch zu einer permanenten Erhöhung der Blutfettwerte. Demgegenüber weisen vor allem Lebensmittel pflanzlicher Herkunft einen deutlich geringeren Gesamtfettwert als tierische Produkte auf und enthalten darüber hinaus einen hohen Anteil ungesättigter Fettsäuren und kein Cholesterin. Den ungesättigten Fettsäuren kommt ernährungsphysiologisch eine besondere Bedeutung zu. Sie haben nämlich eine Reihe günstiger Eigenschaften, wobei folgende Wirkungen als gesichert angesehen werden können:

- Senkung des Cholesterinspiegels
- Senkung der Triglyceride
- Verbesserung der Fließeigenschaften des Blutes
- Senkung des Blutdruckes
- Beeinflussung der Stoffwechselorgane mit positiver Auswirkung auf die Ausbildung atherosklerotischer Gefäßveränderungen und Zellalterung.

In einer gesunden Ernährung sollte also auf ein ausgewogenes Verhältnis von ungesättigten zu gesättigten Fettsäuren von etwa 2 : 1 und einer möglichst cholesterinarmen Kost geachtet werden. In der täglichen Praxis bedeutet das, „sichtbares" Fett zu meiden, pflanzliche Fette und insgesamt fettarme Lebensmittel zu bevorzugen.
Es sei an dieser Stelle bereits darauf hingewiesen, daß ein erhöhter Cholesterinspiegel für die Entstehung der Arterienverkalkung (Atherosklerose) und somit für das Auftreten der Herz-Kreislauferkrankungen hauptsächlich verantwortlich ist (Tab. 3)!

Tab. 3 Zielwerte für Blutfette zum Ausschluß einer Hyperlipidämie
(*ASSMANN* 1988, 155)

Blutfett	Zielwert (mg/dl)
Triglyceride	< 200
Cholesterin	< 200
LDL-Cholesterin	< 155 (ohne weiteren Risikofaktor) < 135 (mit weiteren Risikofaktoren)
HDL-Cholesterin	> 35 (bei Männern) > 45 (bei Frauen)

2.2.1.3 Harnsäureerhöhung (Hyperuricaemie)

Lebensmittel tierischer Herkunft, vor allem Wurst- und Fleischwaren (ähnlich wie beim Fett), haben einen sehr hohen Gehalt an Purinen. Bei übermäßiger Zufuhr kann das Stoffwechselendprodukt, die Harnsäure, nicht mehr ausreichend über die Nieren ausgeschieden werden. Es kommt zwangsläufig zu einer Harnsäureerhöhung im Blut,

was wiederum einen Gichtanfall hervorrufen kann, da die Harnsäure in Form von Kristallen in den Gelenken abgelagert wird.
Es ist kein gänzlicher Verzicht auf Wurst und Fleisch erforderlich, um eine Hyperuricaemie zu vermeiden. Meist genügt es darauf zu achten, daß Wurst- und Fleischprodukte nicht täglich auf dem Speiseplan erscheinen.

2.2.1.4 Bluthochdruck (Hypertonie)

Der Bluthochdruck nimmt bei der Betrachtung der Risikofaktoren eine besondere Stellung ein. Dies liegt daran, daß er zum einen bereits eine Erkrankung an sich darstellt, zum anderen aber auch zu weiteren Veränderungen in unserem Körper führt, die dann wiederum das Entstehen neuer Krankheiten hervorrufen. So ist die Gefahr, z. B. einen Schlaganfall (Apoplex) zu erleiden, bei normalem Blutdruck extrem gering, bei länger bestehender Hypertonie dagegen um ein Vielfaches erhöht.
Es gibt eine Reihe von Ursachen, die einen Bluthochdruck begünstigen. Neben den genetischen Voraussetzungen („Erbanlagen") spielen die Lebensgewohnheiten jedoch die entscheidende Rolle. Übergewicht, Blutfettwerte, Bewegungsmangel, Alkoholkonsum, Nikotinabusus und vor allem zu viel Salz in unseren Speisen sind wohl die wichtigsten Faktoren, die eine Erhöhung des Blutdruckes zur Folge haben.
Eine Umstellung der Eß- und Lebensgewohnheiten kann daher die Krankheit bzw. den Risikofaktor „Hypertonie" verhindern.

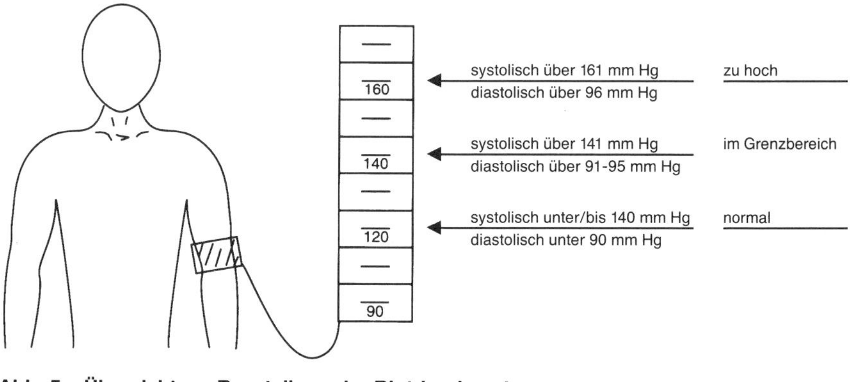

Abb. 5 Übersicht zur Beurteilung der Blutdruckwerte

2.2.1.5 Zuckerkrankheit (Diabetes mellitus)

Auch bei erhöhtem Blutzucker handelt es sich um eine Stoffwechselerkrankung, die längerfristig eine Reihe von Krankheiten bedingt und somit gleichermaßen als eigenständige Erkrankung und als Risikofaktor gesehen werden muß.

Es kann davon ausgegangen werden, daß einer genetischen Disposition bei der Entstehung des Diabetes mellitus eine gewisse Bedeutung zukommt. Vorrangig ist jedoch auch hier das alimentäre Fehlverhalten als wichtigster Faktor anzusehen. Die schier maßlose Zufuhr von Zucker erschöpft auf Dauer die Insulinproduktion der Bauchspeicheldrüse. Neuere Erkenntnisse deuten außerdem darauf hin, daß die Wirksamkeit des Insulins mit der Zeit abnimmt, da sich die Zellrezeptoren an den ständig erhöhten Insulinspiegel „gewöhnt" haben. Beides zusammen mündet letztlich in einem permanent erhöhten Blutzuckerspiegel, der ausgeprägte Veränderungen hauptsächlich am Gefäßsystem verursacht, wobei vor allem die Kapillaren davon betroffen sind.
Auch hier schützt eine vernünftige, bedarfsgerechte Ernährung vor Ausbruch dieser Erkrankung (Tab. 4).

Tab. 4 Vergleich der Normalwerte des Blutzuckers (mg/dl)
(*SKINNER* 1989, 155)

Messung	Blutzuckerkonzentration im Kapillarblut (mg/dl)
Nüchtern	60 – 100
Nach Mahlzeiten	
1 h	190
2 h	150
3 h	110

2.2.2 Zivilisationskrankheiten

Die zuvor aufgeführten Risikofaktoren (Übergewicht, Blutfettwert- und Harnsäureerhöhung) sowie die bereits als Erkrankung einzustufenden Leiden Bluthochdruck und Diabetes mellitus begünstigen nun, wenn sie unbehandelt bleiben, Veränderungen, die sich vor allem am Gefäßsystem negativ auswirken. Es kommt zur Ausbildung einer Gefäßverkalkung, der sogenannten Atherosklerose. Mit Fortschreiten dieser Veränderungen wird das Lumen der Gefäße immer mehr eingeengt, und es treten dann bald die ersten Zeichen von Durchblutungsstörungen auf. In der Folge kommt es dann zu den eigentlichen Zivilisationskrankheiten, dem Herz(Myokard)infarkt, dem Schlaganfall (Apoplex) und den Gefäßverschlüssen an den Beinen (arterielle Verschlußkrankheit), also Herz-Kreislauferkrankungen, an denen jährlich etwa 400.000 Bundesbürger sterben (Abb. 6).

2.3 Streß

Wie bereits erwähnt hat eine zunehmende Technisierung und Industrialisierung eine erhebliche Änderung unserer Lebensweise bewirkt. Darüber hinaus werden durch

Entwicklung der Atherosklerose

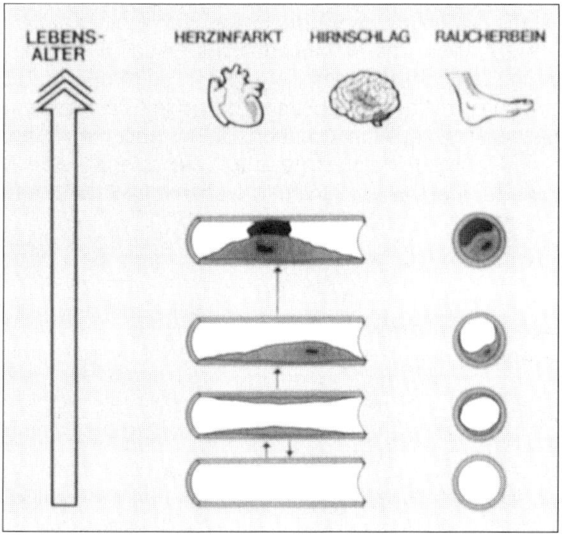

Abb. 6 Herz-Kreislauf-Erkrankungen durch atherosklerotische Verengung der Gefäße

den Einsatz neuer Datenverarbeitungs- und Kommunikationstechniken die psychischen Anforderungen unter leistungsorientierten Aspekten wie Zeitdruck, Verantwortung und Erfolgszwang immer höher geschraubt.
Diese Situation bezeichnen wir als Streß.
Dabei kann das richtige Maß an Streß motivieren bzw. beflügeln, also unsere Leistungsfähigkeit sogar erhöhen. Wir sprechen dann von „Eustreß".
Ein Zuwenig an Anregung wirkt sich dabei genauso schädlich aus wie ein Zuviel an Aufregung. Gesundheit und optimale Leistungsfähigkeit erwachsen nur aus einem abgestimmten Wechsel zwischen Anspannung und Entspannung. Dies entspricht einer idealen Balance zwischen Streßreizen (den sogenannten Stressoren) und der Möglichkeit, diese auch angemessen bewältigen zu können.
Dies gelingt uns jedoch nur sehr selten in ausreichendem Umfang. Dagegen führt eine ständige Überlastung sozio-emotionaler und psycho-mentaler Art über kurz oder lang zu einem Erschöpfungszustand, der in das „Distreßsyndrom" mündet (Abb. 8). Diese unzureichende psychische Adaption unseres Organismus an die Anforderungen des „modernen" Lebens bedingt nun Veränderungen, die zu einer ernährungsunabhängigen (!) Zunahme der bereits oben erwähnten Risikofaktoren führen. Es sind dies der Blutdruck und vor allem der Cholesterinspiegel, die einer endogenen Beeinflussung unterliegen. Dabei löst eine unzureichende Streßbewältigung, welche dem Betroffenen häufig nicht bewußt wird, in unserem Körper verschiedene hormonelle Reaktionsmuster aus (Abb. 7).

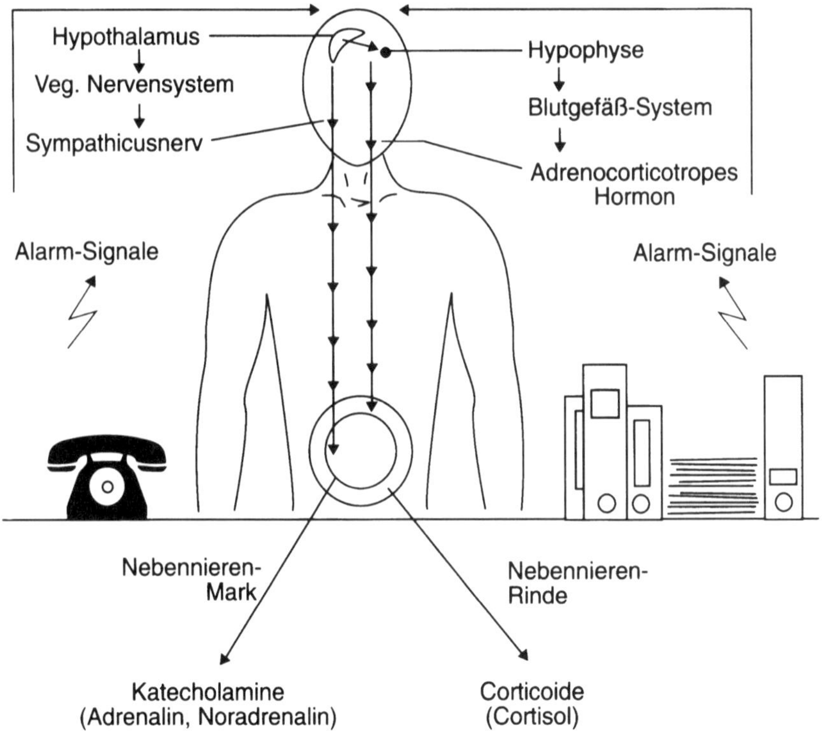

- beschleunigen Herzschlag
- erhöhen Blutdruck
- aktivieren Zucker u. Fettreserven
- erweitern Bronchien
- vertiefen Atmung

- hemmen Verdauungs- und Sexualfunktionen
- fördern Eiweißabbau und Zuckerbereitstellung
- unterdrücken Entzündungen

Abb. 7 Funktionszusammenhang der biologischen Streßreaktion (vereinfacht)

Es ließ sich wissenschaftlich eindeutig der enge Zusammenhang zwischen streßbedingtem Cortisolanstieg, erhöhtem Cholesterinspiegel und dem Schweregrad der Herzkranzgefäßverkalkung (Koronaratherosklerose) nachweisen.
Doch nicht nur das Herz-Kreislauf-System, sondern auch alle anderen Organe des menschlichen Organismus können von den Stressoren angegriffen werden (Abb. 9).

Fest steht, daß ein derartig überlasteter Mensch sein Maximum an physischer und psychischer Leistungsfähigkeit nicht erreicht. Er arbeitet nur mit „halbem Geist", das Gedächtnis funktioniert unvollkommen und wenig zuverlässig. Die Fehlerquote steigt, die Unsicherheit wächst, weil sich aus dem Gedächtnis nur das Alltägliche abrufen läßt.
Ausschließlich ein mittleres Aktivierungsniveau, gleichgültig ob psychisch oder physisch, garantiert eine hohe Leistungsfähigkeit von Geist und Gedächtnis und ist zudem noch mit einem angenehmen begleitenden Gefühl verbunden (vgl. Abb. 10; vgl. *LEHR/FISCHER* 1986).
Die Streßwirkung läßt sich demzufolge auf allen Ebenen des menschlichen Seins nachweisen.
Auf der **motorischen Ebene** führt Streß zu einer „allgemeinen Verspannung", das heißt zu einer muskulären Anspannung, die alle Bereiche des Körpers betreffen kann, ohne daß Sie das bewußt wahrnehmen müssen. Auf dieser Ebene entstehen bei Streß beispielsweise die sogenannten „Spannungskopfschmerzen".
Auf der **vegetativen Ebene** reagiert das gesamte Nervensystem, und die daran angeschlossenen Organe (Kreislauf, Atmung, Magen, Verdauung, Schweißdrüsen) steigern ihre Funktion.
Auf der **emotional-affektiven Ebene** stellen sich gestörte Gefühlsempfindungen ein. Sie fühlen sich entweder peinlich berührt, unwohl, unsicher und nervös oder entwickeln Abscheu bis hin zu panischer Angst.
Die durch Stressoren beeinflußten biologischen Prozesse äußern sich je nach Streßtyp in u. a. übermäßiger Aggressivität, erhöhtem Zigarettenkonsum, übermäßiger Nahrungsaufnahme und/oder Alkoholgenuß, ständiger Unzufriedenheit und gehäuften zwischenmenschlichen Konflikten.

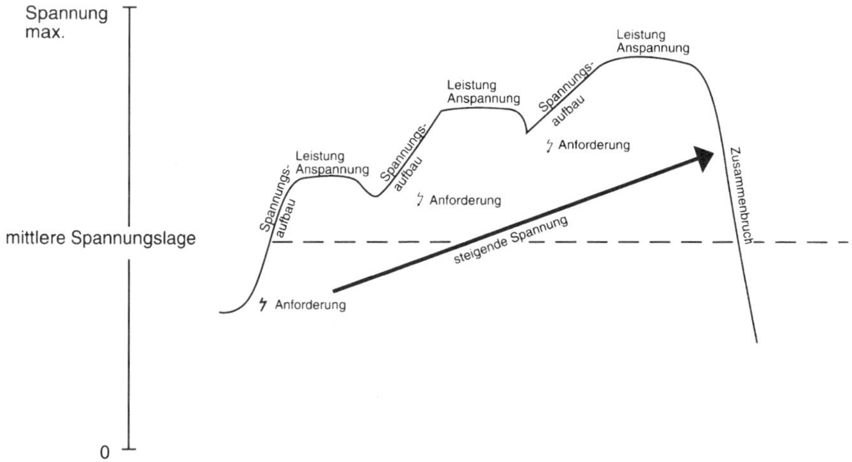

Abb. 8 Gestörter Rhythmus von Anspannung und Entspannung (Distreßprozeß)
(*SCHONERT/FETT* 1986, 81)

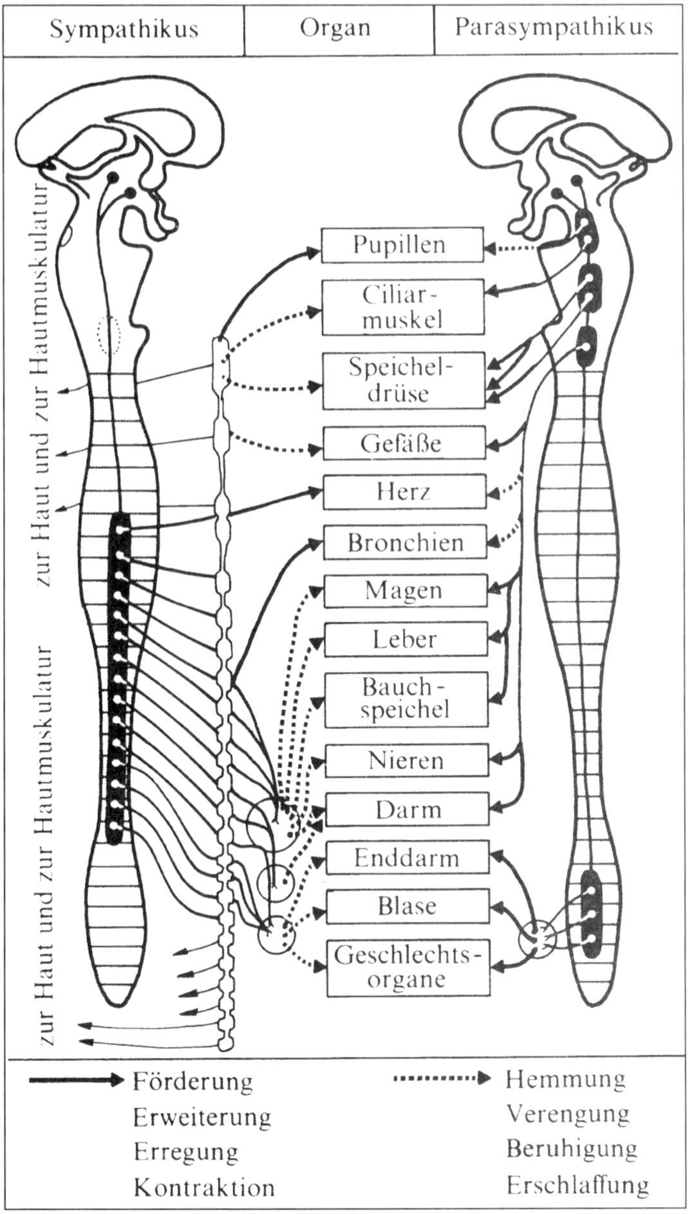

Abb. 9 Aufbau und Innervation des vegetativen Nervensystems
(© *MIRAM* 1978, S. 80)

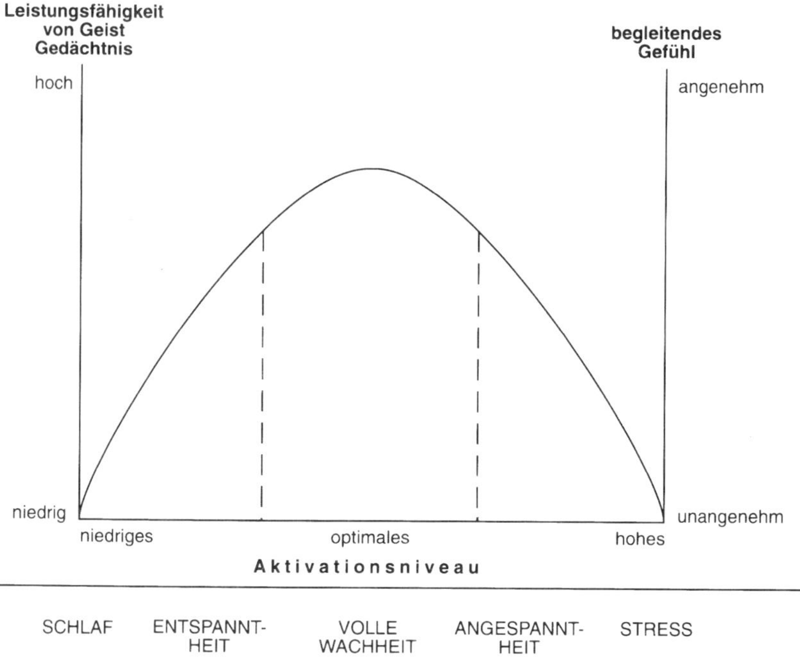

Abb. 10 Zusammenhang zwischen Aktivationsniveau (= nervöses Erregungsniveau) und Leistungsfähigkeit von Geist und Gedächtnis
(*LEHRL/FISCHER* 1986, 157)

Auf welcher der drei Ebenen die Stressoren am meisten Einfluß nehmen, ist letztlich von vielen Faktoren abhängig und individuell verschieden. Dennoch lassen sich anhand der Reaktionen zwei Grund-Streßtypen (*VESTER* 1976) ableiten.
Beim Sympathicotoniker überwiegt der Sympathicus. Sein Charakter ist gekennzeichnet durch leichte Erregbarkeit, Nervosität, Agilität, Unbeherrschtheit und Temperament. Er neigt zu Herzklopfen, Kopfschmerzen und Bluthochdruck.
Dem gegenüber steht der Vagotoniker, dessen vegetative Reaktionen überwiegend durch das parasympathische Nervensystem gekennzeichnet sind. Er zeichnet sich durch äußerliche Ruhe und scheinbare Ausgeglichenheit aus, frißt Ärger und Kummer in sich hinein und klagt häufig über Magenbeschwerden und niedrigen Blutdruck.
Beim selteneren ausgeglichenen Typ halten sich Sympathicus und Parasympathicus im vegetativen Nervensystem die Waage.
Bei der Bekämpfung von Streßsymptomen muß die Wirkung der Stressoren bekannt sein. Fest steht, daß sie immer die schwächste Stelle im Organismus angreifen. Der nachfolgende Test gibt Aufschluß über Ihren persönlichen Bereich der größten Streßanfälligkeit.

Streß-symptome	Reaktionen	Häufigkeitsgrad				Stärkegrad				Punkte
		①	②	③	④	❶	❷	❸	❹	
1	Empfindlicher Magen, Völlegefühl, Magendrücken									
2	Angstgefühle, ohne daß ein konkreter Grund vorliegt									
3	Muskelkrämpfe, auch ohne körperliche Anstrengung									
4	Konzentrationsstörungen, Gedanken reißen ab									
5	Kalte Hände oder Füße ohne äußere Einflüsse									
6	Stotteransätze in bestimmten kritischen Situationen									
7	Müdigkeit, obwohl lange genug und fest geschlafen									
8	Ideenflucht – vom Hundertsten ins Tausendste kommen									
9	Frösteln oder Hitzewallung unabhängig von Temperatur									
10	Unruhe oder Zucken in bestimmten Muskeln									
11	Nachfragen trotz akustischer Verständlichkeit									
12	Sich körperlich nicht richtig entspannen können									
13	Schmerzende Füße, auch ohne längeres Stehen									
14	Das Gefühl „es wächst mir alles über den Kopf“									
15	Empfindlichkeit gegen Helligkeit und Lärm									

Streß-symptome	Reaktionen	Häufigkeitsgrad				Stärkegrad				Punkte
		①	②	③	④	❶	❷	❸	❹	
16	Etwas vergessen, verlegen, sich verwählen, verhören									
17	Schmerzen in Nacken und Schultergegend									
18	Hin- und Herüberlegen vor wichtigen Entscheidungen									
19	Übermäßiges Schwitzen ohne einen äußeren Grund									
20	Eine der Situation nicht angemessene Traurigkeit									
21	Neigung zum Zittern beim Heben normaler Lasten									
22	Von einer Person aus der Fassung gebracht werden									
23	Kribbeln und Taubheit von Armen und Beinen									
24	Nicht so, wie man möchte, die Meinung sagen können									
25	Das Gefühl, körperlich schnell erschöpft zu sein									
26	Das Gefühl, „mir bleibt beim Atmen die Luft weg“									
27	Mehr als acht Stunden pro Nacht Schlaf brauchen									
28	Bei bestimmten Gelegenheiten rot werden									
29	Kreuz- oder Rückenschmerzen, Verkrampfung									
30	Das Gefühl von Verspannung im Brustbereich									

① nie, selten; ② manchmal; ③ häufig; ④ sehr oft ❶ null; ❷ kaum; ❸ mäßig; ❹ stark

Streßtest

Testanleitung:

Überlegen Sie bei jedem Symptom genau, wie oft und wie stark Sie diese Reaktion in der letzten Zeit an sich bemerkt haben, und machen Sie je ein Kreuz in die Spalten „Häufigkeitsgrad“ und „Stärkegrad“. Zählen Sie anschließend die beiden Werte hinter jedem der 30 Symptome zusammen, und tragen Sie das Ergebnis in der Punkte-Spalte ein.

Testauswertung:

Jetzt erfolgt die Auswertung. Übertragen Sie die Ergebnisse in die freien Kästchen hinter der entsprechenden Symptomziffer, und addieren Sie die Punkte getrennt nach den drei Ebenen.

Emotional-affektive Ebene

20—30 Punkte: Gratulation! Ihr Kopf blockt jeden Streßreiz ab und sorgt für ein „dickes Fell“. Selbst in echten Streßsituationen haben Sie Ihre Gefühle im Griff.

31—40 Punkte: Der Streß zeigt erste Folgen im Gefühlsleben. Vorsicht vor weiteren Belastungen.

ab 41 Punkte: Der Streßwert ist erhöht: Versuchen Sie herauszufinden, wer oder was Sie gefühlsmäßig belastet. Stärken Sie Ihre Widerstandskraft gegen Streßreize, die unabänderlich sind.

2	
4	
8	
11	
14	
16	
18	
20	
22	
24	

Vegetative Ebene

20—30 Punkte: Ihnen schlägt so leicht nichts auf den Magen. Beschwerden wie „vegetative Dystonie“ sind Ihnen unbekannt.

31—40 Punkte: Der Streß zeigt erste Folgen im Inneren Ihres Körpers. Vorsicht vor weiteren Belastungen.

ab 41 Punkte: Sie schlucken zu viel Ärger in sich hinein. Aus Unsicherheit oder Überempfindlichkeit?

1	
5	
7	
9	
15	
19	
23	
26	
27	
28	

Motorische Ebene

20—30 Punkte: Bislang sind Sie dem Streß „problemlos davongelaufen“. Ihre Muskeln sind weder verspannt noch verkrampft.

31—40 Punkte: Der Streß zeigt erste Folgen im muskulären Bereich. Vorsicht vor weiteren Belastungen.

ab 41 Punkte: Was immer Sie bedrückt, steigen Sie statt vor Wut auf die Barrikaden zum Beispiel auf den nächsten Berg.

3	
6	
10	
12	
13	
17	
21	
25	
29	
30	

2.4 Risiko-Tests

Die Ausführungen verdeutlichen eindrucksvoll, wie sehr unser von Bewegungsmangel, Fehlernährung und Streß geprägter Lebensstil die Degenerationsprozesse und Risikofaktoren fördert, damit unsere physische und psychische Leistungsfähigkeit drastisch mindert und letztlich die Entstehung von 70 % aller Krankheiten bedingt! In diesem Zusammenhang ist erwähnenswert, daß seit dem 1.10.1989 die Krankenkassen erstmals vorbeugende Gesundheitsuntersuchungen finanzieren.

> Gesundheitsuntersuchungen (§ 25 Sozialgesetzbuch V)
> (1) Versicherte, die das 35. Lebensjahr vollendet haben, haben jedes zweite Jahr Anspruch auf eine ärztliche Gesundheitsuntersuchung zur Früherkennung von Krankheiten, insbesondere zur Früherkennung von Herz-, Kreislauf- und Nierenerkrankungen sowie der Zuckerkrankheit.

Schnell und zuverlässig lassen sich beispielsweise alle risikorelevanten Blutwerte beim Arzt z. B. mit Hilfe des Reflotrongerätes in kürzester Zeit ermitteln und das persönliche KHK-Risiko berechnen (Abb. 11).

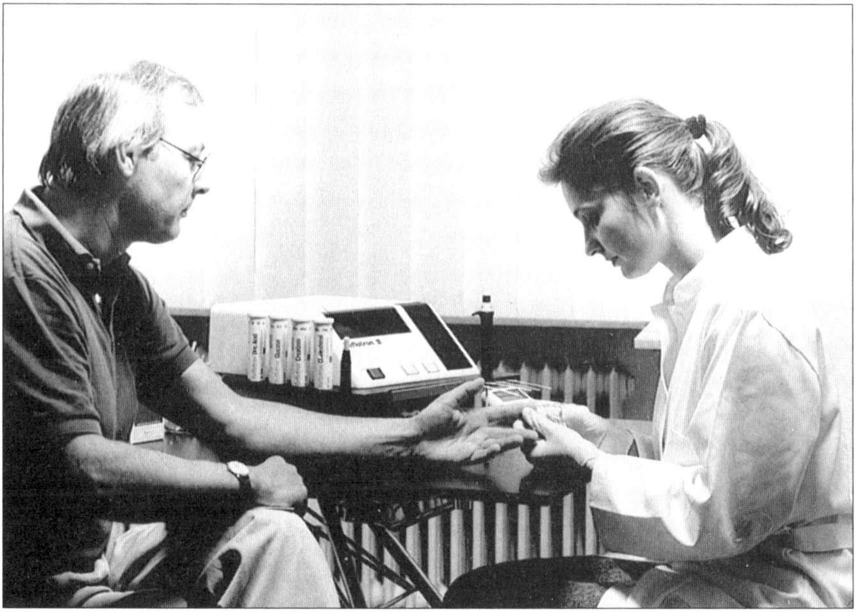

Abb. 11 Gesundheits-Check-up

Risikofaktoren des Herzinfarkts: Wie stark bin ich gefährdet?

1	**Raucher**	Nie-Raucher **0**	Ex-Raucher oder Zigarre oder Pfeife (nicht inhalieren) **1**	weniger als 10 Zigaretten **2**	10–20 Zigaretten **8**	21–30 Zigaretten **9**	31–40 Zigaretten **10**
2	**Blut-cholesterin (in mg %)**	unter 180 **0**	181–200 **1**	201–220 **2**	221–249 **7**	250–280 **9**	281–300 **10**
3	**Oberer Blutdruckwert (in mm Hg)** (= systolisch)	110–119 **0**	120–130 **1**	131–140 **2**	141–160 **6**	161–180 **9**	180 und mehr **10**
4	**Blutzucker (in mg %)**	nüchtern unter 80 **0**	Zuckerkranke in der Familie **1**	nüchtern 100, 1 Std. nach Mahlzeit 130 **2**	nüchtern 120, 1 Std. nach Mahlzeit 160 **5**	behandlungsbedürftige Zuckerkrankheit **6**	schlecht eingestellte Zuckerkrankheit **10**
5	**Vererbung**	keine atheroskler. Herzkrankheiten in der Familie **0**	ein Elternteil **über** 60 mit atheroskler. Herzkrankheit **1**	beide Eltern **über** 60 mit atheroskler. Herzkrankheit **2**	ein Elternteil **unter** 60 mit atheroskler. Herzkrankheit **3**	beide Eltern **unter** 60 mit atheroskler. Herzkrankheit **7**	Eltern und Geschwister der Eltern unter 60 mit atherosklerotischer Herzkrankheit **8**
6	**Körper-gewicht**	mehr als 5 kg unter Normalgewicht **0**	± 5 kg Normalgewicht **1**	6–10 kg Übergewicht **2**	11–19 kg Übergewicht **3**	20–25 kg Übergewicht **7**	26 kg und mehr Übergewicht **8**
7	**Körperliches Training**	intensive berufliche und sportliche Bewegung **0**	mäßige berufliche und sportliche Bewegung **1**	sitzende Arbeitsweise und intensiver Sport **2**	sitzende Arbeitsweise und mäßiger Sport **3**	sitzende Arbeitsweise und wenig Sport **4**	körperliche Inaktivität **6**
8	**Geschlecht und Alter**	**weiblich** unter 40 **0**	**weiblich** 40–50 **0**	**weiblich** nach den Wechseljahren **2**	jüngere Frauen mit entfernten Eierstöcken **3**	Geschwister mit Herzinfarkt **5**	Frauen mit Zuckerkrankheit **6**
		männlich und weiblich 20–30 **0**	männlich 31–40 **1**	männlich 41–45 **2**	männlich 46–50 **3**	männlich 51–60 **4**	männlich 61–70 und darüber **6**

Michigan Heart Association, bearbeitet und ergänzt von Prof. Dr. S. Heyden

Der Test nach *HEYDEN* (siehe Seite 42) erlaubt im Groben den Grad der Infarktgefährdung festzustellen.

Testanleitung:

Jedes Feld des Tests stellt einen bestimmten Grad der Infarktgefährdung dar. Abhängig von bestimmten meßbaren Voraussetzungen und dem körperlichen Zustand sind in jeder Reihe von links nach rechts ansteigende Werte genannt. Suchen Sie bei jedem Risikofaktor das für Sie zutreffende Kästchen und kreisen Sie die darin enthaltene Zahl ein. Nachdem Sie so alle 9 Reihen durchgegangen sind, zählen Sie die eingekreisten Zahlen zusammen.

Testauswertung:

Nach Addition der eingekreisten Punktzahlen können Sie Ihr Risiko selbst abschätzen:

1– 8 Punkte:	Bei jährlichen Nachuntersuchungen mit gleicher Punktzahl praktisch vor Infarkt geschützt (gilt nur, wenn Punktzahl aus den ersten drei Kolonnen – senkrecht – stammt)
9–17 Punkte:	Kein erhöhtes Risiko (gilt nur, wenn Punktzahl aus den ersten drei Kolonnen – senkrecht – stammt)
18–40 Punkte:	Mäßig erhöhtes Risiko
41–59 Punkte:	Höchste Zeit, den Arzt regelmäßig zu konsultieren
60–67 Punkte:	Erheblich erhöhtes Risiko
68 Punkte:	Maximale Gefährdung

Der einfache Test berücksichtigt leider nur den Gesamtcholesterinwert. Bei einer Konzentration von über 200 mg/dl müssen weitere Diagnoseschritte folgen (Abb. 12).
In einem solchen Fall ist es ratsamer, das KHK-Risiko – wenn möglich – mit dem Herzinfarkt-Risikorechner SPIRIT® zu ermitteln, der in Zusammenarbeit zwischen dem Institut für Atheroskleroseforschung in Münster und der Firma Boehringer in Mannheim für den Arzt entwickelt wurde und mit dem viele Ärzte in ihrer Praxis täglich arbeiten.
Auf der Basis der PROCAM-Studie werden die Risikofaktoren (vgl. Seite 46) erhoben, die in unserer Bevölkerung eindeutig mit der Herzinfarkthäufigkeit korrelieren. Die einzelnen beim Probanden beobachteten und gemessenen Faktoren werden in ihrer individuellen Ausprägung und der jeweiligen Kombination verknüpft, gewichtet und hieraus das individuelle Risiko abgeleitet, innerhalb der nächsten 4 Jahre einen Herzinfarkt zu erleiden. In einem zweiten Schritt vergleicht der Rechner das aktuelle Risiko des Betroffenen mit dem durchschnittlichen Infarkt-Risiko aus derselben Altersgruppe. Durch Eingabe von Zielwerten kann der Arzt anschaulich den Sinn einer folgenden Therapie demonstrieren und mit dem Patienten gemeinsam die richtige Strategie vereinbaren!

Tragen Sie nun alle Ergebnisse der bislang durchgeführten Tests in den folgenden Bogen unter Eigenanalyse ein und lassen Sie die fehlenden Daten durch Ihren Arzt ergänzen.

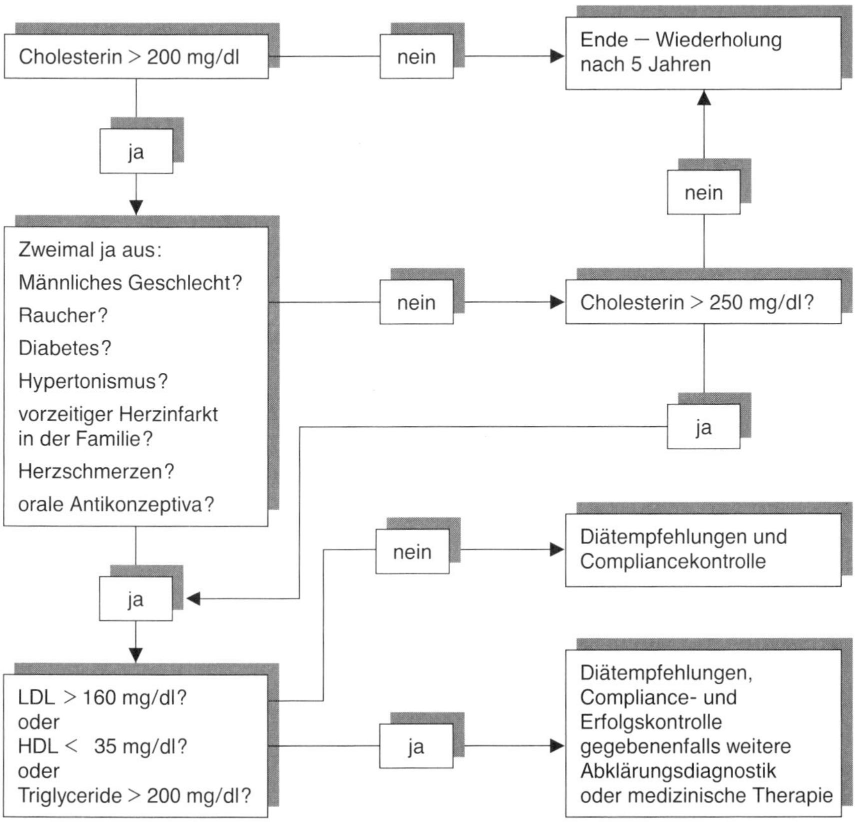

Abb. 12 Flußdiagramm mit Handlungsanweisungen zum Diagnose- und Therapieverhalten nach Cholesterinuntersuchungen
(*ASSMANN/GLEICHMANN* 1989)

Persönliche Gesundheitsanalyse

Datum: ______________________

Name: ______________________________ Geb.-Datum: ________________

☐ männlich	☐ Raucher	☐ Größe (cm)
☐ weiblich	☐ Nichtraucher	☐ Gewicht (kg)

Eigenanalyse

Streßtest-Punktzahlen

☐ emotional-affektive Ebene

☐ vegetative Ebene

☐ motorische Ebene

Stufentest-Bewertung

☐ sehr gut

☐ gut

☐ durchschnittlich

☐ befriedigend

☐ schlecht

Funktionstest-Bewertung

ja	nein	
☐	☐	Beweglichkeit im Schultergelenk
☐	☐	Beweglichkeit im Hüftgelenk
☐	☐	Dehnfähigkeit der Wadenmuskulatur
☐	☐	Kraft der Bauchmuskulatur und Hüftbeuger
☐	☐	Kraft der Hüftstrecker

Arztanalyse

Parameter	Zielwert	Meßwert
Körperfettanteil (%)	vgl. Tab. 2	
Blutdruck (mm Hg) systolisch diastolisch	 < 140 < 90	
Blutzucker (mg/dl) nüchtern	 < 100	
Triglyceride (mg/dl)	< 200	
Cholesterin (mg/dl)	< 200	
LDL-Cholesterin (mg/dl) ohne weiteren Risikofaktor mit weiteren Risikofaktoren	 < 155 < 135	
HDL-Cholesterin (mg/dl) männlich weiblich	 > 35 > 45	
Harnsäure (mg/dl) männlich weiblich	 < 7 < 6	

Weitere Risikofaktoren

	ja	nein
Diabetes	☐	☐
Angina pectoris	☐	☐
Herzinfarkt in der Familie	☐	☐

Risikotest-Punktzahl

☐ oder

Infarktrisiko

☐ Wahrscheinlichkeit (%), innerhalb von 4 Jahren Herzinfarkt zu erleiden

☐ mal erhöhtes Risiko im Vergleich zu Gleichaltrigen

EKG-Bewertung unter Belastung:
(vom Arzt hinzuzufügen)

Mit theoretischen Kenntnissen zum bewußten und erfolgreichen Training

3 Biologische Gesetzmäßigkeiten

Wer glaubt, langfristig auf Kosten seines Körpers im Beruf erfolgreich sein und Karriere machen zu können, widerspricht den biologischen Gesetzmäßigkeiten, denen wir alle unterworfen sind.

Sogar der hochtrainierte Sportler, der im Wettkampf auf die Stunde genau Höchstleistungen vollbringen will, benötigt nach intensiven Trainingsbelastungen Regenerationsphasen. Im Zustand des Übertrainings sind keine Rekorde möglich! Der Manager dagegen soll trotz seiner enormen beruflichen Belastungen jederzeit zu Spitzenleistungen fähig sein. Herrschen beim Sport und im Management andere Gesetze?

Der Vergleich zwischen Sportler und Manager mag im ersten Augenblick verblüffen, doch er ist insofern interessant, als beide Gruppen in ihrem Alltag durch zwei zentrale Begriffe unseres Gesellschaftssystems miteinander verbunden sind. Ohne Leistung und Erfolg ist bei beiden eine Karriere nicht denkbar (Abb. 13).

Zweifellos liegen die Karrierebedingungen beider Personengruppen auf verschiedenen Ebenen. Während der Manager hauptsächlich sein geistiges Potential einsetzt, um erfolgreich zu sein, trainiert der Sportler vorrangig seinen Körper, um die Mitmenschen von seiner Leistung zu überzeugen.

Trotzdem kommt weder der eine noch der andere allein mit den Fähig- und Fertigkeiten der einen Handlungsebene aus, wenn er Karriere machen will, denn jede Einseitigkeit verhindert die vollen Entfaltungsmöglichkeiten menschlichen Handelns. Ein Fußballspieler beispielsweise wird nur dann eine Top-Leistung erzielen, wenn er unter Einsatz seiner geistigen Qualitäten fähig ist, taktische Handlungsmuster im Spiel umzusetzen. Ebenso wird der Erfolg des Managers nur andauern, solange das hoch entwickelte geistige Potential durch einen gesunden Körper präsentiert werden kann. Ein seelischer Ausgleich und ein stimmiges soziales Umfeld sind zudem weitere Voraussetzungen für die Karriere beider Personengruppen.

Begrenzen wir unsere Betrachtung auf den körperlichen Bereich, so stoßen wir auf zwei konträre Phänomene: Bewegungsmangel und seine Folgen stehen unvorstellbaren körperlichen Höchstleistungen gegenüber.

Beide Erscheinungen sind auf biologische Gesetzmäßigkeiten zurückzuführen, denn Struktur und Leistungsfähigkeit der Organe werden neben den Erbanlagen von der Qualität und Quantität ihrer Belastungen bestimmt.

Anschaulich läßt sich dieses Gesetz an zwei verschiedenen Sportarten – dem Gewichtheben und dem Marathonlauf – demonstrieren. Der Gewichtheber zeichnet sich durch seine Muskelpakete aus. Durch gezielte Belastungen vergrößert er den Muskelquerschnitt, so daß er im Laufe der Zeit mehr Kraft entfalten und dadurch größere Gewichte heben kann. Beim Marathonläufer fallen die feingliedrige Muskelstruktur und die kaum sichtbaren Fettpolster auf. Im Unterschied zum Gewichtheber hat er im Training die Funktionen seines Herz-Kreislauf-Systems verbessert, um die Marathonstrecke schneller zurücklegen zu können.

Und Sie? Im Spiegel erkennen die meisten die mit steigendem Alter wachsenden Fettpolster und das schlaffe Bindegewebe, das immer mehr an Spannkraft verliert. Viele vernachlässigen ihren Körper, vergrößern weder den Muskelquerschnitt noch ver-

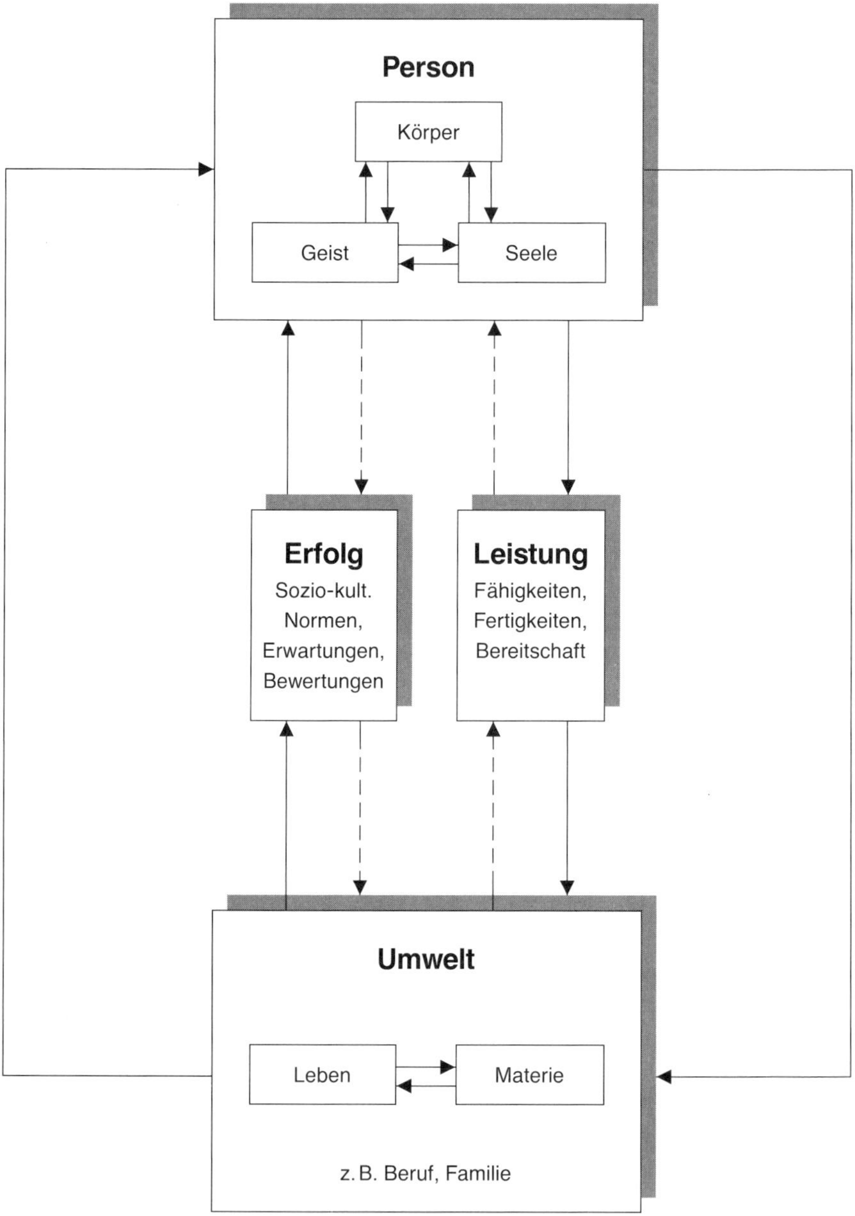

Abb. 13 Leistung und Erfolg in Wechselbeziehung zwischen der Person und ihrer Umwelt

bessern sie die Funktionen ihres Herz-Kreislauf-Systems. Die körperliche Leistungsfähigkeit nimmt als Folge in dem Maße der Minderbeanspruchung ab.
Ein zweites biologisches Gesetz ergänzt die Beobachtungen dahingehend, als es die gesetzmäßigen Beziehungen zwischen den Belastungsgrößen und den Reaktionen im Organismus präzisiert. Demnach sind Reize von 20—30 % der derzeitigen persönlichen körperlichen Leistungsfähigkeit notwendig, um den Funktionszustand des Organismus auf dem momentanen Niveau zu erhalten. Unterschwellige Reize haben Degenerationsprozesse zur Folge. Überschwellige Reize dagegen führen, je nach Belastungsdosierung, zu körperlichen Anpassungsreaktionen. Die heutzutage meist unterschwelligen Reize des Alltags sind es demzufolge, die unsere Organe verkümmern lassen.

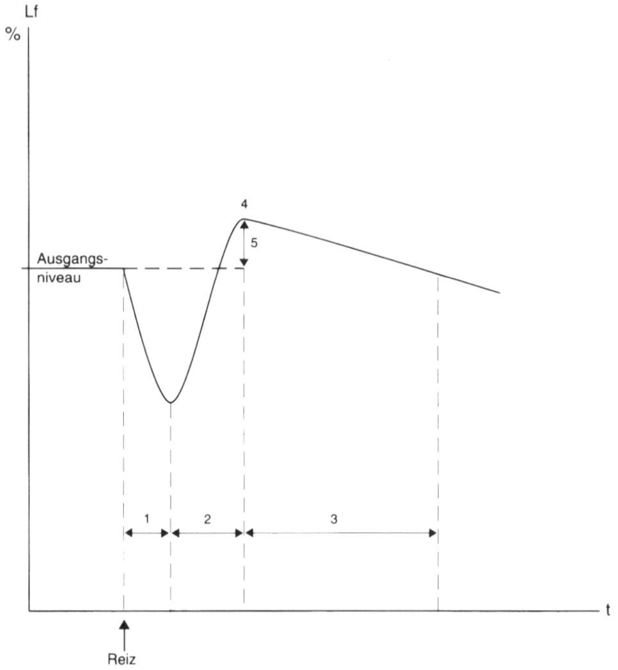

1 Phase der Belastung
2 Phase der Erholung
3 Phase der Rückbildung
4 Phase der Überkompensation: Günstigster Zeitpunkt für das nächste Training
5 Leistungssteigerung
Lf Leistungsfähigkeit
t Zeit

Abb. 14 Prinzip der Überkompensation
(*JAKOWLEW* 1967)

Eine dritte biologische Gesetzmäßigkeit besagt, daß eine Leistungssteigerung nur bei einem zielgerichteten Wechsel von Belastungs- und Erholungsphasen möglich ist. Die Ursache dafür liegt in dem vom Körper stets angestrebten Gleichgewichtszustand zwischen Umwelteinflüssen und innerem Milieu begründet. Im Ruhezustand besitzt der Organismus ausreichende Energiepotentiale und Reservekapazitäten, die auf äußere Reize schnell verfügbar sind.
Belastungen folgen körperliche Reaktionen. Stoffwechselprozesse sorgen für die nötige Energie. Mit zunehmender Belastungsdauer sinkt das Niveau der Energiepotentiale. Ermüdung und Minderung der Leistungsfähigkeit sind die Folgen. Der Körper benötigt eine Erholungsphase. In dieser Zeit passen sich die Organe den vorausgegangenen Belastungen an und regenerieren über das ursprüngliche Maß hinaus. Dies bedeutet, daß am Ende der Erholungszeit die Leistungsfähigkeit über dem Niveau vor der Belastungsphase (Überkompensation) liegt (Abb. 14, Seite 51).

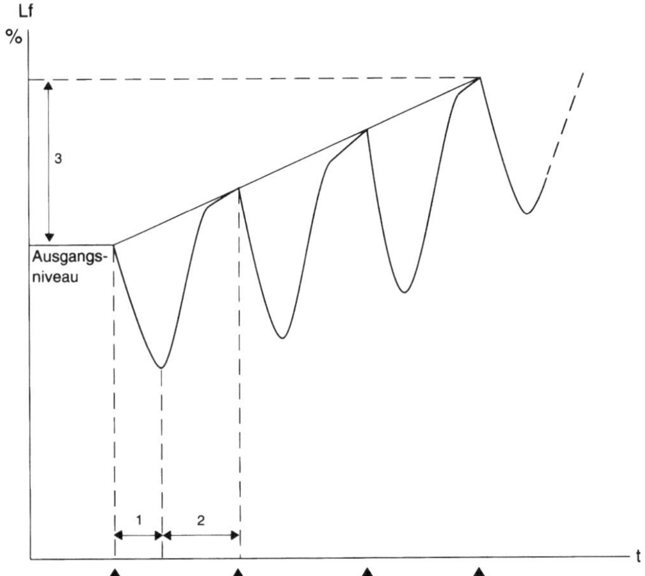

1 Phase der Belastung
2 Phase der Erholung
3 Leistungszuwachs nach vier Trainingsreizen unter Anwendung des Überkompensationsprinzips
Lf Leistungsfähigkeit
t Zeit

Abb. 15 Langfristige Steigerung der Leistungsfähigkeit durch Belastungen unter Beachtung der Überkompensation
(*JAKOWLEW* 1967)

Wird eine hohe Effizienz der Leistungssteigerung angestrebt, so muß in dieser Phase der Überkompensation die nächste Belastung folgen (Abb. 15). Zu früh angesetzte Belastungsreize unterbrechen die notwendige Erholung und führen auf Dauer zu einer Leistungsminderung (Abb. 16). Belastungen nach der Überkompensationsphase nutzen die Anpassungsprozesse des Organismus nicht in vollem Maße aus oder kommen zu selten, um eine Leistungssteigerung zu bewirken.
Für die Planung des Trainings entwickelt sich daraus die Frage, wie lang der zeitliche Abstand zwischen den Belastungseinheiten sein darf, um den Zeitpunkt der Überkompensation exakt zu treffen. Da detaillierte Angaben von der Art, Intensität und dem Umfang der Belastungen abhängen, kommen wir später darauf zurück. Allerdings wollen wir festhalten, daß ein Körpertraining – gleich ob im Gesundheits- oder Leistungssport – sich an den biologischen Gesetzmäßigkeiten orientieren muß, wenn es den Anspruch erhebt, erfolgreich zu sein.

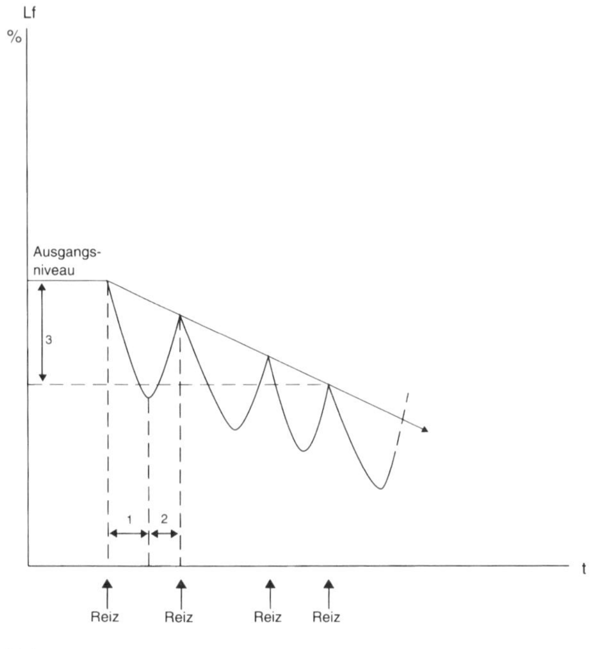

1 Phase der Belastung
2 Phase der Erholung
3 Leistungsminderung nach vier Trainingsreizen wegen zu kurzer Erholungsphasen
Lf Leistungsfähigkeit
t Zeit

Abb. 16 Rückgang der Leistungsfähigkeit infolge unzureichender Erholungsphasen (*JAKOWLEW* 1967)

4 Trainingsprozeß

KörperManagement ist zu begreifen als ein die biologischen Gesetze beachtendes Belasten des Körpers mit dem Ziel, die einseitigen beruflichen Beanspruchungen zu kompensieren und dabei Anpassungsprozesse im Organismus zu bewirken, welche die Handlungs- und Leistungskompetenz erhöhen.
Aus dieser Vorstellung heraus leiten sich organisatorische und inhaltliche Grundsätze ab. Vor Beginn des eigentlichen Trainingsprozesses ist

- eine grundlegende Bestandsaufnahme des Trainierenden (Festlegung des Ist-Zustandes)
- die Formulierung der persönlichen Zielsetzung (Festlegung des Soll-Zustandes) und
- eine Absteckung der Rahmenbedingungen, unter denen das Körpertraining nach realistischer Einschätzung durchgeführt werden kann,

notwendig.
Die **Bestandsaufnahme** beinhaltet die Erhebung einer gesundheitlichen und sportlichen Anamnese sowie die Durchführung einer Leistungsdiagnose. Die Anamnese hat festzustellen, ob die körperliche Leistungsfähigkeit durch Krankheiten momentan eingeschränkt ist, wie das subjektive Wohlbefinden eingeschätzt wird, ob Medikamente oder andere Faktoren eine Belastung beeinträchtigen, welche Sportdisziplinen in welchem Umfang und welcher Intensität bei welcher Häufigkeit möglicherweise betrieben wurden oder noch betrieben werden. Darüber hinaus ist die berufliche Belastung zu charakterisieren.
Die Diagnose dient zur Ermittlung der zu diesem Zeitpunkt real existierenden Leistungsfähigkeit. Jedem, der längere Zeit absolut sportabstinent lebte oder zu den Einsteigern zählt und das 35. Lebensjahr überschritten hat, ist zu seiner eigenen Sicherheit zu raten, die Aufnahme des Ist-Zustandes als sportmedizinische Untersuchung durchzuführen. Alle anderen sind auf spezielle Testverfahren angewiesen, deren Ergebnisse möglichst konkrete Aussagen über die Leistungsfähigkeit des Herz-Kreislauf-Systems und des Bewegungsapparates liefern.
Im nächsten Schritt bedarf es der **Formulierung persönlicher Zielsetzungen**. Hier ist ein breites Spektrum vorstellbar. Im Sinne der Definition von KörperManagement gilt es vorrangig:

- Bewegungsmangel auszugleichen
- Streßbelastungen abzubauen
- Risikofaktoren zu mindern
- Herz-Kreislauffunktionen zu ökonomisieren
- Verschleißerscheinungen vorzubeugen
- Bewegungseinschränkungen und
- Fehlhaltungen zu korrigieren
- Körperbewußtsein zu entwickeln oder wieder zu entdecken
- Spaß an körperlicher Bewegung zu finden.

Daraufhin sind die Rahmenbedingungen des Trainingsprozesses abzustecken. Wieviel Zeit steht für das Training zur Verfügung? Gibt es eine Vorliebe für einzelne Sportdisziplinen? Welche Sportstätten und welches Material sind vorhanden oder können dafür zur Verfügung gestellt werden?
Erst jetzt ist es sinnvoll, die **Frage nach geeigneten Trainingsinhalten** zur Erreichung o. g. Ziele zu beantworten. In Betracht kommen theoretisch alle körperlichen Fähig- und Fertigkeiten wie

– Ausdauer, Kraft, Schnelligkeit (konditionelle Eigenschaften) (Abb. 17)

sowie

– Beweglichkeit und Gewandheit (koordinative Eigenschaften),

die wir unter dem Begriff Kondition (lat. conditio – Bedingung für etwas) verstehen. Da nach der Definition von KörperManagement jene körperlichen Eigenschaften zu verbessern sind, die dem Trainierenden gestatten, mit hoher Wahrscheinlichkeit eine optimale berufliche Leistung ohne gesundheitliche Schädigungen zu erzielen, stellt sich die Frage nach den Eigenschaften, die das Konditionstraining des Managers sinnvollerweise verbessern soll.
Die Forderung, Berufsbelastungen zu kompensieren, aber gleichzeitig Anpassungsreaktionen auszulösen, bedeutet, daß das Training nicht nur körperlich belastend, sondern auch psychisch entspannend sein muß.
Unter diesem Gesichtspunkt entfallen alle konditionellen Eigenschaften, die mit Schnelligkeit in Verbindung stehen, da diese Fähigkeit eine hohe Beanspruchung des Nervensystems und Muskelapparats bedeutet. Außerdem nimmt die Schnelligkeit ohnehin mit zunehmendem Alter frühzeitig stark ab und stellt zudem für die alternden Muskeln und Sehnen ein erhöhtes Verletzungsrisiko dar.

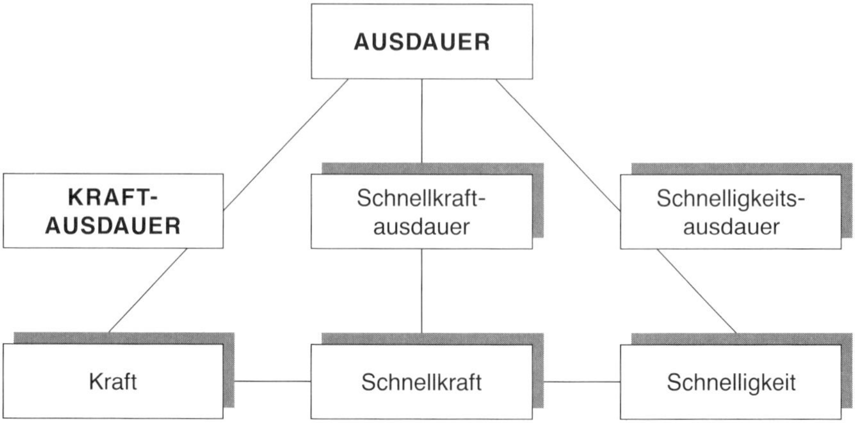

Abb. 17 Beziehungen zwischen den konditionellen Eigenschaften des Körpers
(*WEINECK* 1986 (b), 65)

Auch Maximalkraftübungen (wie z. B. Bodybuilding) eignen sich nicht. Sie bedingen eine exakte technische Ausführung. Andernfalls können Verletzungen an der Wirbelsäule und in den Gelenken auftreten.

Für das Körpertraining aller beruflich stark psychisch belasteten Zielgruppen ist somit die Verbesserung der

- Ausdauer und
- Kraftausdauer

von besonderer Bedeutung.

Aus dem Bereich der koordinativen Eigenschaften kommt die Erhaltung oder Verbesserung der Beweglichkeit hinzu. Ebenso sind spielerische Elemente, die bei vielen von uns den eigentlichen Spaß an der Bewegung bringen, aber zum Teil schon frühzeitig und mit zunehmendem Alter immer mehr an Bedeutung verlieren, im Trainingsprozeß zu berücksichtigen.

Mit Klärung der Inhalte sind nun alle wichtigen Voraussetzungen zur **Erstellung eines Trainingsplans** gegeben. Er umfaßt die ausgewählten Sportdisziplinen, geeignete Methoden und Übungen mit den entsprechend dem momentanen körperlichen Leistungsniveau festgelegten Belastungsdosierungen sowie Handlungsanweisungen zur Durchführung einer Trainingseinheit und ihre Verteilung über einen bestimmten Zeitraum unter Beachtung der gegebenen Rahmenbedingungen.

Unter Erfüllung dieser Voraussetzungen kann jeder sein persönliches Körpertraining aufnehmen, es sei denn

- akute Infektionen oder Entzündungen
- angeborene oder erworbene Herzfehler und -schäden
- Herzrhythmusstörungen, die durch Belastung ausgelöst oder intensiviert werden
- unbehandelter erhöhter Blutdruck (systolisch über 200, diastolisch über 110 mm Hg)
- unbehandelte Schilddrüsenüberfunktion
- chronische oder dekompensierte Leber- und Nierenschäden
- chronisch fortschreitende bösartige Geschwulste oder
- fortgeschrittene Lungenerkrankungen und Cor pulmonale *(HÜLLEMANN, HOLLMANN/HETTINGER, MELLEROWICZ/FRANZ* bei *WEINECK* 1986)

stehen als Kontraindikationen entgegen.

Den Zeitpunkt des Trainings stellen Sie am besten nach Ihrer inneren Uhr ein, ohne Diktat durch die Terminplanung. Zu bedenken ist allerdings, daß die Leistungsfähigkeit tageszeitlichen Schwankungen unterliegt (Abb. 18).

„Morgenmenschen" werden demnach ihr Training vor Dienstbeginn, „Abendmenschen" am besten nach Dienstschluß durchführen, auch wenn der Zeitpunkt nicht unbedingt deckungsgleich mit den leistungsphysiologischen Höhepunkten liegt. Auch während des Tages im Büro, im Hotel oder anderen Orts läßt sich trainieren.

Mit dem Training aussetzen sollten Sie, außer bei Kontraindikationen, nur

- direkt im Anschluß an Mahlzeiten
- nach unmittelbarer Ankunft in einer Höhe über 2.000 m
- bei Temperaturen von über 28 Grad Celsius im Schatten und
- bei mehr als 80 % relativer Luftfeuchtigkeit.

Ansonsten sollte jeder von uns jetzt wollen, was er muß, zumal dem Können – mit wenigen Ausnahmen – nichts im Wege steht.

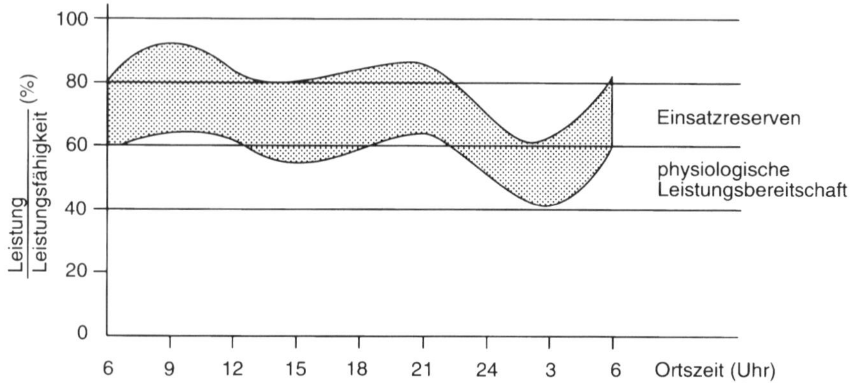

Abb. 18 Tagesperiodik der Leistungsbereitschaft
(*GRAF* bei *FINDEISEN* 1980, 240)

5 Theorie des Trainings

5.1 Mit Ausdauer zu besseren Herz-Kreislauffunktionen

Als körperliche Eigenschaft ist die Ausdauer auf verschiedenen Ebenen des menschlichen Handelns bedeutsam. Verallgemeinert läßt sie sich definieren als Verlängerung der Arbeitsfähigkeit des Menschen und „erhöhte Widerstandsfähigkeit des Organismus gegen Ermüdung bei der Arbeit" (SIMKIN).
Deswegen ist die Verbesserung der Ausdauer nicht nur beim Sport, sondern auch im Berufsleben ein erstrebenswertes Ziel.
Je besser

- Ventilation und Gasaustausch in der Lunge
- Transportleistung des Kreislaufs und Sauerstoff-Transportkapazität des Blutes
- Blutversorgung und Gasaustausch in der Muskulatur
- Energiebereitstellung in der Muskelzelle

funktionieren, desto ausdauernder ist der Organismus (Abb. 19).

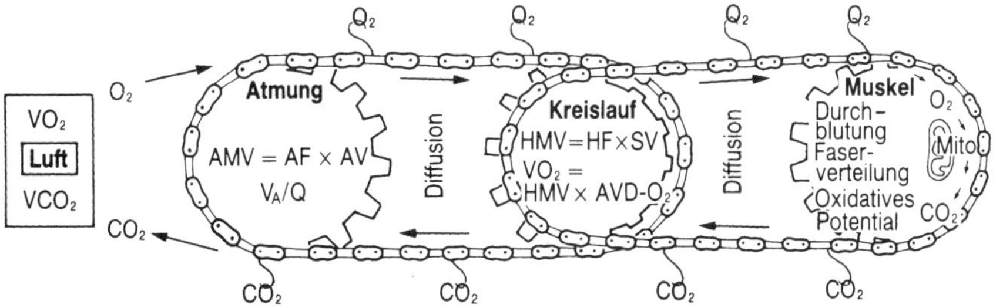

VO_2 – Sauerstoffaufnahme
VCO_2 – Kohlendioxidabgabe
AMV – Atemminutenvolumen
AF – Atemfrequenz
AV – Atemvolumen
HMV – Herzminutenvolumen
HF – Herzfrequenz
SV – Schlagvolumen
AVD-O_2 – arteriovenöse Sauerstoffdifferenz
Mito – Mitochondrium

Abb. 19 Sauerstofftransport von der Außenluft zur arbeitenden Muskulatur (*WASSERMANN* und *WHIPP* bei *SKINNER* 1989, 21)

5.1.1 Sauerstoffaufnahme

Wenn Sie in den Körperzellen Sauerstoff verbrauchen und Kohlendioxid erzeugen (Gewebsatmung), muß in der Lunge das entstandene Kohlendioxid abgegeben und neuer Sauerstoff aufgenommen werden (Lungenatmung). Dabei wird umso mehr Sauerstoff aufgenommen, desto sauerstoffentladener das venöse Blut aus den arbeitenden Muskeln zur Lunge zurückkehrt.
Das Einatmen stellt in diesem Zusammenhang einen aktiven Vorgang dar, bei dem das Zwerchfell und die Atemhilfsmuskeln kontrahieren.
Die Kontraktion der Zwischenrippenmuskulatur hebt den Brustkorb (Brustatmung). Gleichzeitig zieht sich das Zwerchfell zusammen und verlagert sich in Richtung Bauchhöhle (Zwerchfellatmung). Als Folge davon vergrößert sich der Innenraum des Brustkorbs (Einatmungsstellung). Der entstandene Unterdruck saugt die Atemluft in die Lunge. Die Ausatmung erfolgt passiv, indem die nunmehr gedehnte Lunge infolge ihrer Elastizität wieder in den Ausgangszustand zurückstrebt (Abb. 20).
Bei einem Atemzug in Ruhe gelangen ca. 500 ml Atemluft in die Lunge bzw. aus der Lunge nach außen. Da der Erwachsene in der Minute in Abhängigkeit von Alter, Geschlecht, Umgebungstemperatur, körperlicher Verfassung ca. 12–20mal atmet, ergibt sich aus dem Produkt von Atemzugvolumen und Atemfrequenz ein Atemminutenvolumen von 6–10 l in unbelastetem Zustand. Bei Anstrengung lassen sich zusätzliche Ein- und Ausatmungsreserven von ca. 3.100 ml bzw. 1.200 ml mobilisieren. Darüber hinaus verbleibt ein Restvolumen an Luft in der Lunge, das selbst bei tiefster Ausatmung nicht entweichen kann (Abb. 21).
Auf diese Art und Weise läßt sich das Atemminutenvolumen bei Belastung durch Erhöhung sowohl der Atemfrequenz als auch des Atemvolumens auf ca. 50–60 l/min über einen längeren Zeitraum anheben, wobei die nicht übertriebene Steigerung des Atem-

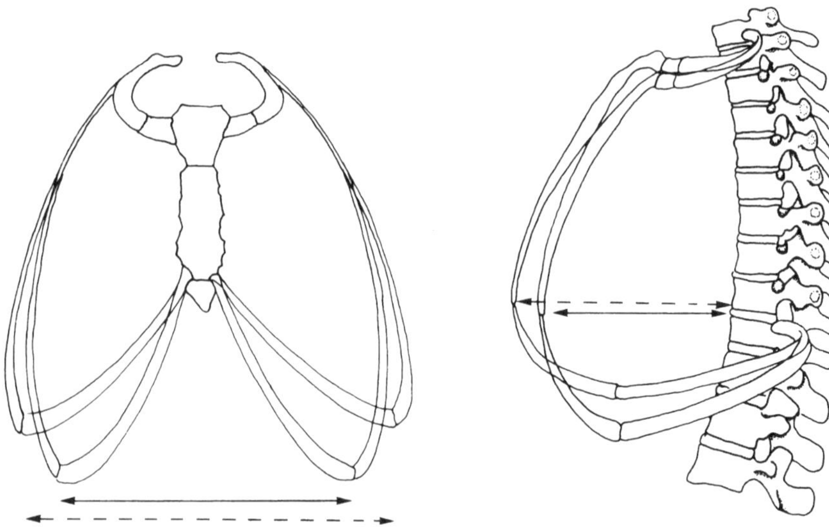

Abb. 20 Vorder- (a) und Seitenansicht (b) des Brustkorbs bei Ein- und Ausatmung
(*WEINECK* 198a, 66)

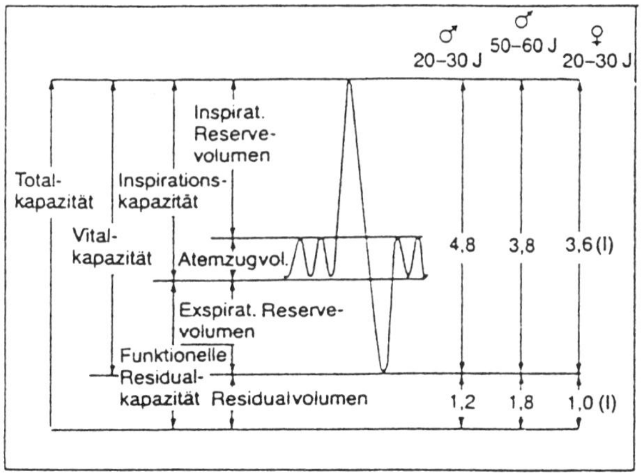

Abb. 21 Lungenvolumina und -kapazitäten. Die angegebenen Werte für die Vitalkapazität und das Residualvolumen (rechts) sollen die Abhängigkeit der Größen von Alter und Geschlecht verdeutlichen
(*THEWS* u.a. 1989, 223)

Tab. 5 Nomogramm zur Bestimmung der Vitalkapazität in Abhängigkeit von Alter, Größe und Geschlecht
(*COURNAND* bei *NÖCKER* 1971, 185)

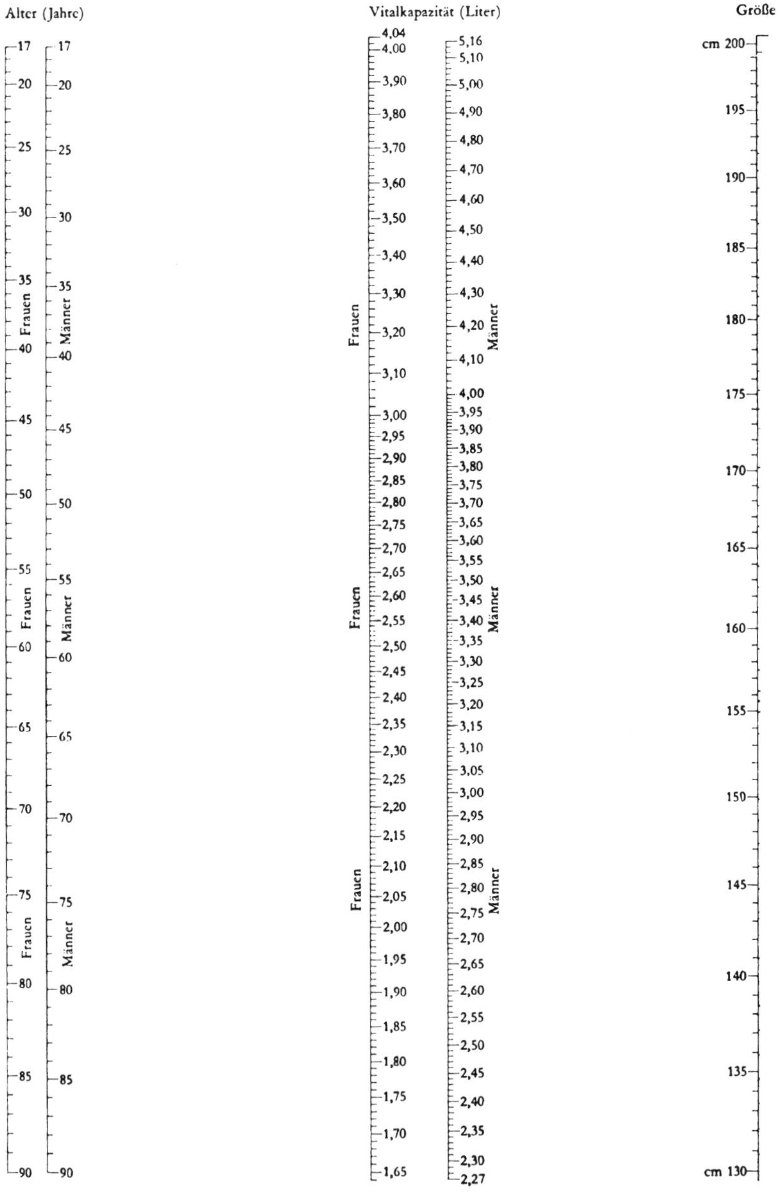

volumens Vorrang haben soll. Zum einen verbessert sich in diesem Fall das Mischungsverhältnis von eingeatmeter Frischluft und verbrauchter Luft in der Lunge, zum anderen gelangt das venöse Körperblut wegen des entstehenden Unterdrucks im Brustraum besser in die rechte Herzvorkammer zurück.
Eine Aussage über den Funktionszustand des Atmungssystems liefert die Vitalkapazität. Darunter verstehen wir diejenige Luftmenge, die nach tiefer Einatmung maximal ausgeatmet werden kann. Der Wert erfaßt die Größen Atemvolumen, Einatmungs- und Ausatmungsreservevolumen sowie indirekt den Trainingszustand der Atemmuskulatur.
Die Normwerte liegen bei 3.500–5.000 ml. Mit Hilfe eines Nomogramms (Tab. 5) können Sie Ihre Durchschnittswerte in Abhängigkeit von Alter, Größe und Geschlecht ermitteln. Verbinden Sie Alter und Körpergröße durch eine Gerade, so gibt der Schnittpunkt dieser Geraden mit der mittleren Skala Ihre Vitalkapazität in Litern an.
Die Vitalkapazität ist trainierbar. Allerdings ist die mögliche Steigerung der Werte mit 15–30 % relativ gering.

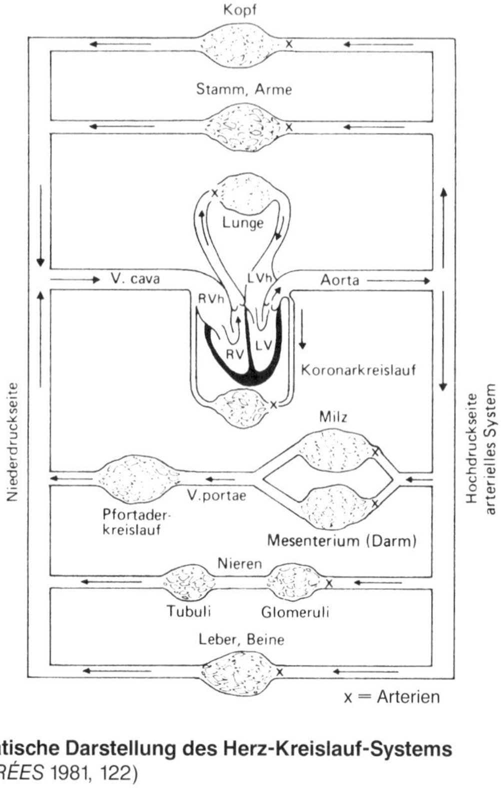

Abb. 22 Schematische Darstellung des Herz-Kreislauf-Systems
(*de MARÉES* 1981, 122)

5.1.2 Sauerstofftransport

Die Aufgabe des Sauerstofftransports im Blut übernimmt der rote Blutfarbstoff, das Hämoglobin. Er ist zu etwa 32 % am Aufbau der roten Blutkörperchen (Erythrozyten) beteiligt. Ihre Anzahl im Blut ist demzufolge die entscheidende Größe für die Transportkapazität des Sauerstoffs.
In der gesamten Blutmenge von normalerweise ca. 5–6 l sind etwa 25 Billionen Erythrozyten enthalten, die auf einer Oberfläche von etwa 3.500 m^2 (halbes Fußballfeld) die Sauerstoffbindung ermöglichen.
Aus der Lunge fließt das sauerstoffbeladene Blut über die Lungenvene in die linke Herzvorkammer und von dort in die linke Herzkammer. Bei Kontraktion des Herzmuskels gelangt es aus der linken Herzkammer über die größte Körperarterie, die Aorta, bis hin zu den Körperzellen. Zuvor teilen sich allerdings die Arterien in kleine Gefäße, die Arteriolen und Kapillaren auf. Dort kommt es dann zur Sauerstoffabgabe und Kohlendioxidaufnahme zwischen dem Blutgefäßsystem und den energieverbrauchenden Körperzellen. Das sauerstoffarme, venöse Blut fließt jetzt aus den Kapillaren in Venolen zusammen, die sich ihrerseits zu Körpervenen vereinen und in die rechte Herzvorkammer münden. Von dort aus gelangt das Blut in die rechte Herzkammer und bei Kontraktion des Herzmuskels über die Lungenarterie in die Lunge, wo es erneut mit Sauerstoff beladen wird. Der Blutkreislauf stellt damit ein geschlossenes Röhrensystem dar, in dem das Blut zirkuliert.
Im Mittelpunkt dieses Systems steht das Herz. Es ist ein Hohlmuskel, der wie eine Druck- und Saugpumpe arbeitet. Durch eine mittlere Scheidewand sind die linke und rechte Herzhälfte voneinander getrennt. Beide Hälften sind nochmals in Vor- und Hauptkammer unterteilt.
Das gesamte Kreislaufsystem stellt dadurch zwei ineinandergreifende Blutkreisläufe dar. Der kleine Lungenkreislauf umfaßt die Adern von der rechten Herzkammer zur Lunge und zur linken Herzvorkammer zurück. Der große Körperkreislauf schließt sich direkt daran an und führt das Blut von der linken Herzkammer durch die verschiedenen Körpergewebe wieder zurück zur rechten Herzvorkammer. Ein in den Körperkreislauf integriertes System ist die Pfortader. Diese von Magen, Darm, Milz und Bauchspeicheldrüse abführende Vene sorgt dafür, daß das Blut zunächst zur Leber geleitet wird, um es dort von den im Magen-Darm-Trakt mit den Nährstoffen aufgenommenen Giftstoffen zu befreien und die Nährstoffe zu verarbeiten, zu speichern oder an die betreffenden Organe weiterzuleiten (Abb. 22).
Die Sauerstoffversorgung des Herzens ist über die Herzkranzgefäße gesichert. Sie führen dem Herzen ständig frisch arterialisiertes Blut zu. Laut Übereinkunft sind alle Adern, die vom Herzen wegführen, als Arterien, und die zum Herzen hinführen, als Venen zu definieren. Da sauerstoffreiches auch als arterielles Blut und sauerstoffarmes als venöses Blut bezeichnet wird, führen im Lungenkreislauf die Lungenarterien venöses und die Lungenvenen arterielles Blut.
Beim Herzrhythmus wechseln sich zwei Phasen kontinuierlich ab. In der Systole kontrahieren die Hauptkammern, und das Blut wird aus dem Herzen in den Körper und die Lunge getrieben. In der Diastole ist das Herz erschlafft, der Blutstrom füllt die Vorkammern, und durch deren Kontraktion wird erneut Blut in die Herzkammern gepumpt.

Durch die beiden unterschiedlichen Herzaktionen verändern sich die Blutdruckwerte. Sie werden bestimmt von

- der Blutmenge, die pro Zeiteinheit ausgeworfen wird (Herzminutenvolumen)
- der Elastizität der Blutgefäßwände, die das Herz in der Funktion, das Blut in Fluß zu halten, unterstützen (Windkesselfunktion) und
- von der Einstellung der vom Herzen entfernten Gefäße, gegen die es seine Kraft entfalten muß (peripherer Widerstand).

Bei Belastung steigt das Herzminutenvolumen mehr an, als der periphere Gefäßwiderstand abnimmt, d. h. es wird mehr Blut vom Herzen ausgeschüttet, als von den Gefäßen verkraftet werden kann. Somit steigt der systolische Blutdruckwert an, während der diastolische nahezu unverändert bleibt oder sogar leicht absinkt (Abb. 23).

Die Automatie der Herztätigkeit untersteht dem vegetativen Nervensystem. Unter Einfluß des Sympathicus wird das gesamte Herz-Kreislauf-System angeregt. Der Parasympathicus wirkt dagegen auf das Herz-Kreislauf-System beruhigend. Die elektrischen Erregungsvorgänge des Herzmuskels sind die Grundlage für die Entstehung des EKGs.
Die Größe des Herzens ist abhängig vom Alter, Geschlecht und Trainingszustand. Beim untrainierten Mann wiegt es etwa 300–350 g und hat ein Volumen von ca. 700 cm^3. Untrainierte Frauen besitzen dagegen ein um ca. 10 % leichteres Herz mit einem um etwa 100 cm^3 geringeren Volumen.

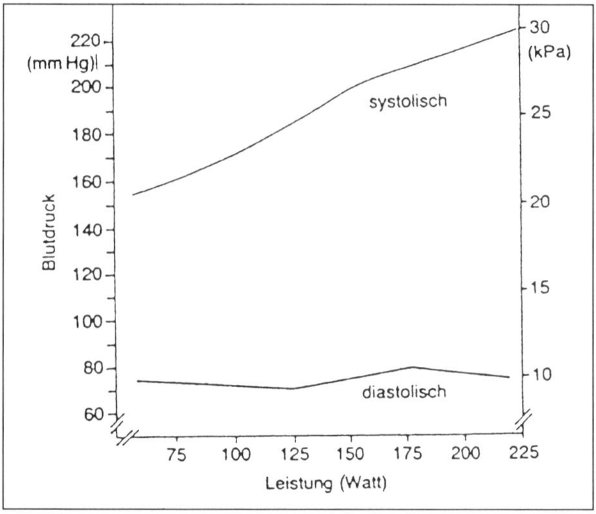

Abb. 23 Abhängigkeit des systolischen und des diastolischen Blutdrucks von der Intensität einer körperlichen Belastung
(*THEWS* u. a. 1989, 184)

Das Schlagvolumen ist erheblich von der Größe des Herzmuskels abhängig. Bei dessen Zunahme erhöht sich die Reserve, die bei Belastung sofort zu einer Steigerung des Schlagvolumens führt.
Die Herzfrequenz variiert in Abhängigkeit von Lebensalter, Körpertemperatur, körperlicher und seelischer Belastung, Trainingszustand, Kaffeegenuß, Medikamenteneinnahme (ß-Blocker etc.). Beim Erwachsenen liegt sie in Ruhe normalerweise bei 60—80 Schlägen in der Minute. Tagsüber läßt sie sich wegen der nicht standardisierbaren alltäglichen Belastungen nur ungenau nach vorangehender 5-minütiger körperlicher Ruhe bestimmen. Deshalb liefert eine Messung morgens vor dem Aufstehen genauere Ergebnisse.
Bei einem Herzschlag wirft das untrainierte Herz etwa 70 ml Blut aus dem linken Ventrikel aus. Bei einem Ruhepuls von 70 Schlägen pro Minute befördert das Herz also jede Minute ca. 5 l Blut durch den Kreislauf.
Unter Einbeziehung der Herzfrequenz läßt sich aus dem Produkt mit dem Schlagvolumen die Blutmenge errechnen, die das Herz pro Minute zu fördern vermag (Herzminutenvolumen).

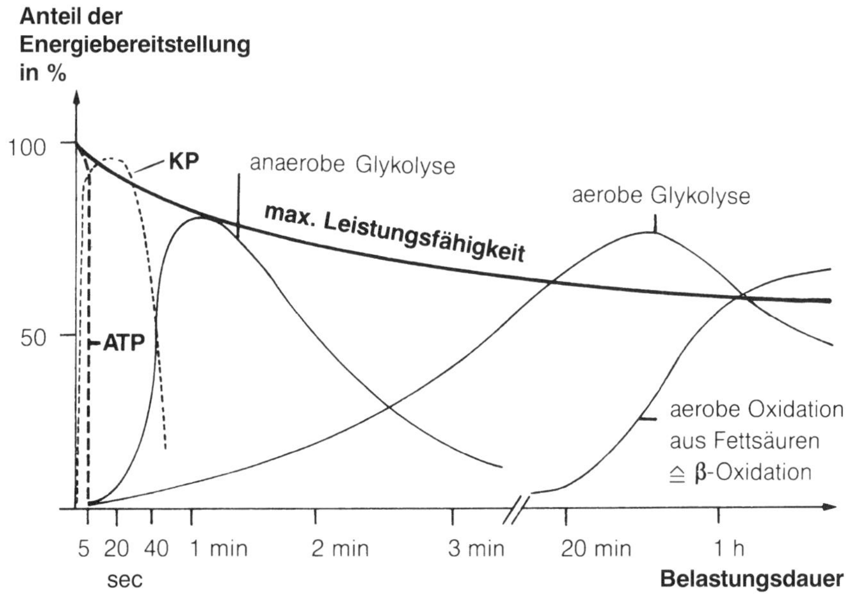

Abb. 24 Anteil der Energieliefernden Substanzen bei körperlicher Belastung mit unterschiedlicher Dauer sowie die jeweils maximale Leistungsfähigkeit
(*GEISS/HAMM* 1990, 61)

5.1.3 Sauerstoffverbrauch

Um die in den energiereichen Stoffen Kohlenhydrate, Fette und Eiweiße enthaltene Energie für den Ablauf von Lebensvorgängen nutzbar zu machen, ist ihre Oxidation in den Körperzellen erforderlich. Da die Energienachlieferung über die Oxidation der Nährstoffe zu langsam ist um den anfänglichen Energiebedarf zu decken, geht der Organismus ein Sauerstoffdefizit ein, das in Abhängigkeit zur Belastungsintensität unterschiedlich hoch ist. In dieser Zeit liefert der Zerfall energiereicher Phosphatverbindungen die notwendige Energie (Abb. 24).
Die gesamte Energiemenge, die in den beiden Phosphatspeichern steckt, reicht etwa für 30 maximale Muskelkontraktionen oder ca. 10 sec Arbeit.
Für die Resynthese der energiereichen Phosphate benötigt der Körper dann allerdings die Energie aus der biologischen Oxidation der Nährstoffe. Hiervon stehen genügend zur Verfügung. Die Kohlenhydratspeicher in der Leber und in den Muskelzellen – bei trainierten Sportlern etwa 700–800 g – reichen aus, um 60–90 min intensive Belastungen durchzuhalten. Die Fettreserven unter der Haut betragen bei vielen Sportlern sogar noch 10–15 kg, eine Energiemenge, die 15.000 min Wandern oder 4.000 min Marathonlauf ermöglicht (vgl. *JANSSEN* 1989).
Die Eiweiße werden nur zu einem geringen Anteil am Leistungsstoffwechsel beteiligt.

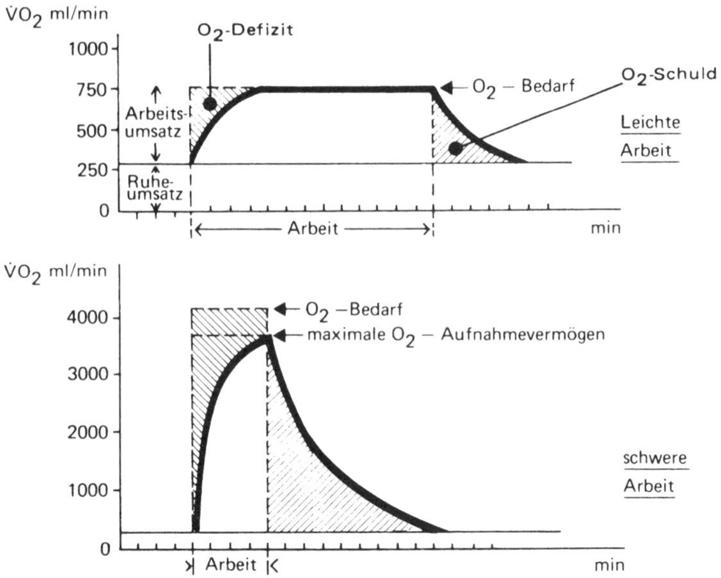

Abb. 25 Sauerstoffaufnahme bei unterschiedlicher Belastung
(*de MARÉES* 1981, 446)

Problematisch erweist sich bei der Oxidation der Nährstoffe, daß unser Körper den Sauerstoff nicht zu speichern vermag. Mit dem Myoglobin in der Muskulatur verfügt er zwar über ein unerhebliches Depot, dessen Sauerstoffvorrat aber nur für maximal 10 sec Arbeit ausreicht. Für längerfristige Belastungen stehen zwei weitere Wege der Energiebereitstellung zur Verfügung:

— die aerobe Oxidation, d. h. der Abbau der energiereichen Nährstoffe mit Sauerstoff
— die anaerobe Oxidation, d. h. der Abbau der energiereichen Nährstoffe ohne Sauerstoff (Abb. 24, vgl. GEISS, HAMM 1990).

Dabei ist von Bedeutung, daß die Glucose beide Stoffwechselwege geht, die Fettsäuren jedoch nur aerob oxidiert werden können und dabei ca. 15 % mehr Sauerstoff verbrauchen als die Glucose.

Der Weg, den der Organismus beschreitet, ist abhängig von der Belastung, die auf ihn einwirkt.

Bei leichter Arbeit stellt sich alsbald ein dynamisches Gleichgewicht zwischen dem Sauerstoffbedarf der Muskulatur und seinem Nachschub über Lunge und Herz-Kreislauf-System ein (steady state) (Abb. 25, oben). Je länger die Belastung dauert, desto größer wird der Anteil der Fettsäureoxidation. Von anfänglich 20—30 % deckt die Oxidation der Fettsäuren bei sehr lang dauernden körperlichen Belastungen später zu 50—70 % den Energiebedarf.

Die aeroben Oxidationsprozesse finden in den Mitochondrien statt, nachdem das im Cytoplasma aus Glucose gebildete Pyruvat (Brenztraubensäure) dorthin transportiert wurde. Hier entsteht das Acetyl-Coenzym A, eine Substanz, zu der auch Fett- und Aminosäuren abgebaut werden, wenn sie an der aeroben Energiebereitstellung beteiligt sind. Dieses von allen Energieträgern gemeinsame Stoffwechselzwischenprodukt gelangt nun in den Citratzyklus (Zitronensäure). Dort entsteht durch oxidative Decarboxylierung und Substratdehydrierung das Kohlendioxid. Der freiwerdende Wasserstoff und die Elektronen werden auf das Substrat Nicotinsäure Amid Dinucleotid (NAD +) übertragen.

Die Energie kann in Form von Guanosintriphosphat (GTP entspricht ATP) festgelegt werden. Das gebildete NADH/H+ gibt in der anschließenden Atmungskette seine Elektronen über ein Multienzymsystem und unter Bildung von Wasser an den eingeatmeten Sauerstoff ab. Diese stark exergonische Reaktion ist mit der Bildung von ATP verbunden. Die gesamte aerobe Oxidation liefert 38 mol ATP pro mol Glucose, wobei allein 36 mol ATP in den Mitochondrien gebildet werden (vgl. Abb. 26).

Bei intensiver Arbeit läßt sich der Energiebedarf nicht mehr allein aerob decken (Abb. 25, unten), da irgendwann die Enzymsysteme der Atmungskette in den Mitochondrien ihre maximale Kapazität erreicht haben. Jetzt beginnt die Zelle auch auf anaerobem Weg den erforderlichen Energiebedarf zu decken, indem sie im Cytoplasma Pyruvat unter Verwendung von NADH/H+ zu Lactat (Milchsäure) oxidiert (vgl. Abb. 27). Es muß an dieser Stelle darauf hingewiesen werden, daß nicht das mangelnde Sauerstoffangebot, sondern die begrenzte Umsatzrate der Enzymsysteme die Zelle zwingt, den anaeroben Oxidationsweg zu gehen.

Dem Vorteil, kurzfristig Arbeit mit hohen Intensitäten verrichten zu können, stehen einige Nachteile gegenüber. Zum einen ist dies die geringe Energieausbeute. Während die aerobe Glycolyse 38 mol ATP pro mol Glucose herstellt, werden hier nur 2 mol

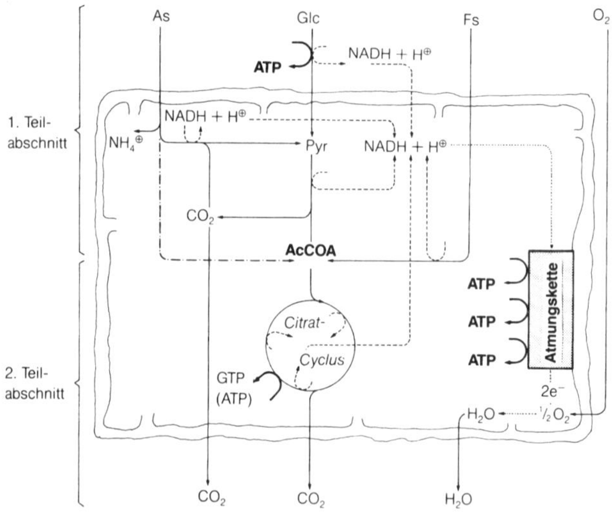

AcCoA als erstes gemeinsames Stoffwechselzwischenprodukt aus dem Nährstoffabbau
——— ATP – energieliefernde Prozesse
------- NADH – liefernde Prozesse
·········· NADH – abbauende Prozesse
AS: Aminosäuren, Glc: Glukose, FS: Fettsäuren, CO_2: Kohlendioxid

Abb. 26 Schematische Darstellung der energieliefernden Prozesse in der Zelle
(*JUNGERMANN/MÖHLER* bei *GEISS/HAMM* 1990, 57)

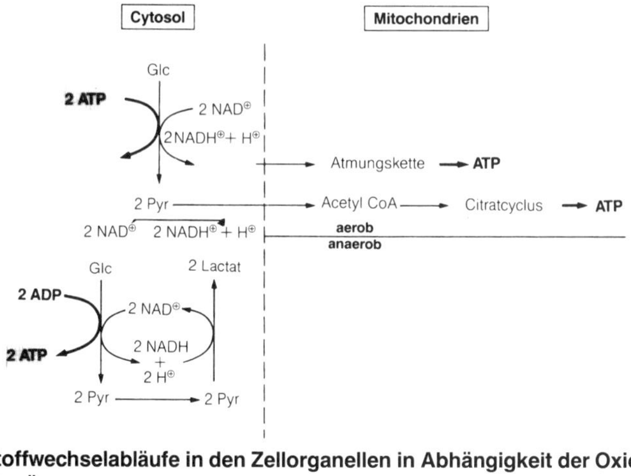

Abb. 27 Stoffwechselabläufe in den Zellorganellen in Abhängigkeit der Oxidationsvorgänge
(GEISS/HAMM 1990, 59)

ATP gebildet. Zum anderen sind längerfristige intensive Belastungen mit einem hohen Glucoseverbrauch verbunden. Dies ist insofern nachteilig, als für die Aufrechterhaltung unserer Gehirnfunktionen nur Glucose als Energiequelle verwendet werden kann. Außerdem ist die anaerobe Oxidation mit der Bildung von Lactat verbunden. In der Folge kommt es zu einer Übersäuerung (Acidose) in der Muskelzelle.
Früher glaubte man, daß die Milchsäure für den Muskelkater verantwortlich sei. Diese Vorstellung ist heute nicht mehr haltbar, da die Lactatkonzentration direkt nach der Belastung am höchsten ist und anschließend rasch abnimmt, während sich der Muskelkater oft erst nach Stunden oder Tagen einstellt. Mittlerweile hat die Sportmedizin erkannt, daß die Schmerzen von Mikroverletzungen der Muskelfasern stammen, die hauptsächlich bei Bremsbewegungen (exzentrischen Muskelkontraktionen) auftreten. Bei dieser Belastungsstruktur wird der Druck in der Muskelfaser enorm hoch. Aus den kleinen Rissen tritt 24 Stunden später Flüssigkeit aus. Es entsteht ein Ödem, dessen erhöhte Spannung im Gewebe sich als Schmerzgefühl bemerkbar macht.
Bei intensiver Arbeit gelangt das Lactat aus der Muskelzelle in das Blutgefäßsystem. Zwar können Herz und Leber dieses Substrat zur Deckung ihres Energiebedarfs mitverwenden, doch nicht in dem Maße, wie es bei längerfristiger, intensiver körperlicher Belastung anfällt. In diesem Fall steigt die Lactatkonzentration im Blut an und erlaubt damit einen Rückschluß auf den individuellen Grad der Belastung.

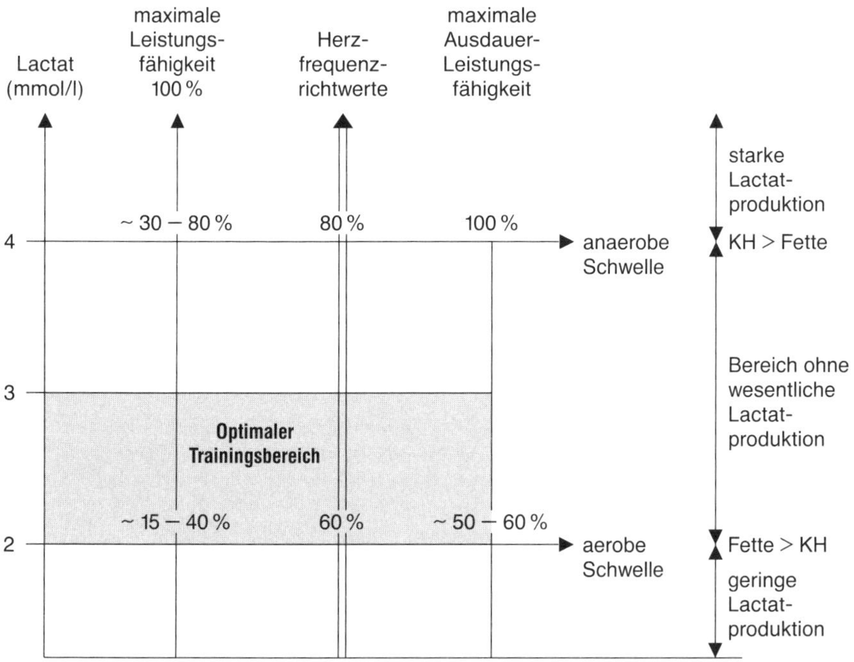

Abb. 28 Abhängigkeit zwischen Belastungsintensitäten und Lactatproduktion

Ein Blut-Lactatspiegel von 2 mmol/l gibt die aerobe Schwelle an. In diesem Bereich werden mit zunehmender Dauer neben der Glucose die Fettsäuren oxidiert, um die Energie für die körperliche Belastung bereitzustellen.
Bis zu 4 mmol Lactat liegt die Belastungsintensität noch im aeroben Bereich. Diesen Grenzwert bezeichnen wir als die anaerobe Schwelle. Sie ist durch eine überwiegende Glucoseverbrennung gekennzeichnet. Steigt die Belastungsintensität weiter an, wird die Glucose zunehmend anaerob oxidiert, und die Lactatkonzentration nimmt sprunghaft zu.
Da sowohl ein Über- als auch Unterschreiten der 2- bis 4-mmol/l-Grenzen keine optimalen intrazellulären Anpassungsprozesse zulassen, bietet die Leistungsdiagnose mit Lactatmessungen ein sensibles Instrument zur Ermittlung der Belastungsparameter für den Trainingsprozeß.
Für länger andauernde Belastungen gilt demzufolge, daß der Organismus in einem dynamischen Gleichgewichtszustand (steady state) zwischen dem Sauerstoffverbrauch in der arbeitenden Muskulatur und der Sauerstoffzufuhr über Lunge und Herz-Kreislauf-System arbeiten muß. Andernfalls zwingt die zunehmende Lactatproduktion zum Abbruch der Leistung.

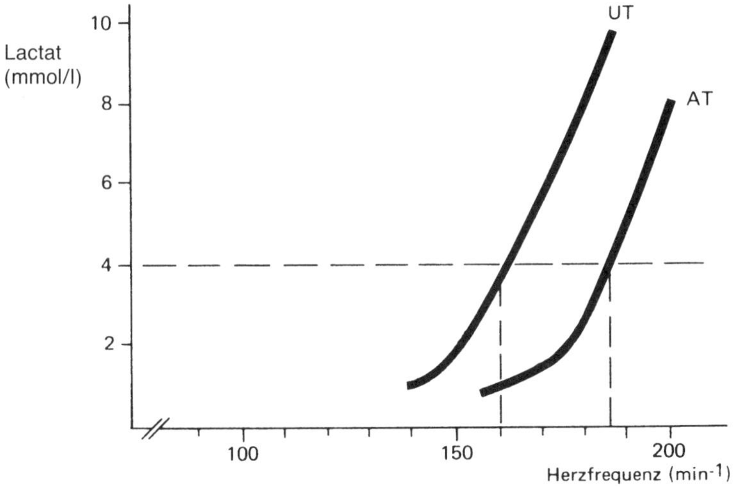

Abb. 29 Lage der aerob-anaeroben Schwelle beim Untrainierten (UT) und Ausdauertrainierten (AT)
(*de MARÉES* 1981, 453)

5.1.4 Mit Ausdauer zu besseren Herz-Kreislauffunktionen

Wir wollen im weiteren Verlauf die maximale individuelle körperliche Leistungsfähigkeit mit der maximalen persönlichen Sauerstoffaufnahmekapazität gleichsetzen (vgl. Tab. 6) und die anaerobe Schwelle bei 4 mmol Lactat/l Blut als maximale Ausdauerleistungsfähigkeit definieren, um Belastungsintensitäten exakt zuordnen zu können. Da es sich bei den Ausdauersportarten wie Laufen, Schwimmen, Skilanglauf, Radfahren etc. um Bewegungsabläufe handelt, die über einen längeren Zeitraum (teilweise bis zu Stunden) kontinuierlich ausgeübt werden, liegt die Belastungsintensität bei diesen Sportarten relativ niedrig. So kann z. B. ein Untrainierter, der 20 Minuten joggt, möglicherweise nur 30 % seiner maximalen körperlichen Leistungsfähigkeit erbringen und läuft dabei mit einer Geschwindigkeit von etwa 2 m/sec. Ein Marathonläufer ist demgegenüber in der Lage, eine Geschwindigkeit von 5,1 m/sec über eine Dauer von mehr als 2 Stunden aufrechtzuerhalten, und erreicht somit 80 % seiner maximalen Leistungsfähigkeit. Wie bei keinen anderen Sportarten zeigt sich daher im Ausdauerbereich der leistungsbegrenzende Faktor seitens des Energiehaushaltes und der Sauerstoffaufnahme am deutlichsten: Energiebedarf und -gewinnung müssen sich nämlich in einem ständigen Gleichgewicht befinden.
Durch regelmäßiges Training kommt es im Organismus zu einer Reihe von Adaptationsvorgängen. Die Verbesserung der Herz-Kreislaufverhältnisse und ein gesteigerter Leistungsstoffwechsel stellen die beiden wichtigsten Komponenten dar, die zu einem Anstieg der körperlichen Leistungsfähigkeit führen. Sie sollen daher im folgenden näher betrachtet werden.

Tab. 6 Werte für die maximale Sauerstoffaufnahmefähigkeit für Männer und Frauen verschiedener Altersgruppen (bei den hier angegebenen „Normalwerten" handelt es sich um anzustrebende Soll-, nicht um Durchschnittswerte) (*WILMORE/COSTILL* 1987 bei *SKINNER* 1989, 64)

Gruppe	VO_{2max} (ml × kg^{-1} × min^{-1})	
	Männer	Frauen
Altersabhängige Normwerte (Alter in Jahren)		
10 – 14	47 – 51	47 – 51
15 – 19	49 – 56	44 – 52
20 – 29	43 – 52	37 – 46
30 – 39	39 – 48	33 – 42
40 – 49	36 – 44	30 – 38
50 – 59	34 – 41	28 – 35
60 und älter	31 – 38	25 – 32

5.1.4.1 Adaptationsprozesse am Herz-Kreislauf-System und in der Zelle

Es wurde im Kapitel 2.1.3 bereits kurz erläutert, daß es im Organismus beim Verrichten einer körperlichen Tätigkeit zu einem Anstieg des Energieumsatzes kommt. Dies ist gleichbedeutend mit einem höheren Verbrauch an Sauerstoff und Nährstoffen. Hier findet sich eine feste Relation zwischen der körperlichen Arbeit bzw. Leistung, die in Watt angegeben wird, und dem Mehrbedarf an Sauerstoff: 1 Watt Leistung erfordert einen Mehrbedarf von 12 ml Sauerstoff, d. h. der Sauerstoffbedarf und der Energieumsatz steigen demnach linear zu der Belastungsintensität an. Eine gesunde, junge, jedoch untrainierte Person hat eine maximale Sauerstoffaufnahme (VO_2 max.) von 3 l/min und leistet dabei maximal ca. 225 Watt. Der trainierte Sportler kann demgegenüber bis zu 6 l/min Sauerstoff aufnehmen und so ca. 450 Watt Leistung erbringen (Abb. 30).

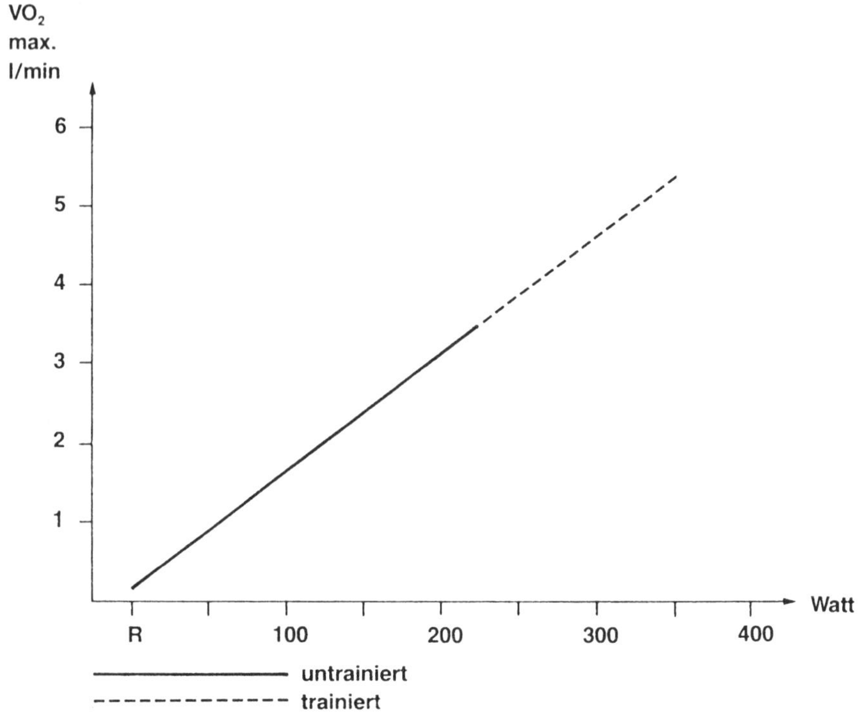

Abb. 30 Zusammenhang zwischen Energieumsatz und Belastungsintensität bei trainierten und untrainierten Testpersonen
(*GEISS/HAMM* 1990, 31)

Dieser erhöhte Sauerstofftransport setzt eine Adaptation der Pumpleistung des Herzens voraus, d. h. auch die Förderleistung des Herz-Kreislauf-Systems steigt linear mit der Belastungsintensität und dem Energieverbrauch an. Als meßbarer Parameter für die Förderleistung des Herzens ist das Herzminutenvolumen definiert als die Menge Blut, die pro Minute durch den Körper gepumpt wird. Das Herzminutenvolumen (HMV) errechnet sich aus dem Produkt von Herzfrequenz (HF) und Schlagvolumen (SV). Das Schlagvolumen ist die Menge Blut, die pro Herzschlag ausgeworfen wird. Es ergibt sich also folgende Berechnungsformel:

$$HMV = HF \times SV \text{ (l/min)}$$

Da der Sauerstofftransport von dem Herzminutenvolumen abhängig ist, ergeben sich auch hier deutliche Unterschiede zwischen untrainierten und trainierten Personen. So kann das Herzminutenvolumen bei Untrainierten von ca. 5 l/min in Ruhe nur auf 20 l/min unter maximaler Belastung, beim trainierten Sportler jedoch bis auf über 30 l/min gesteigert werden (Abb. 31).

Die Herzfrequenz steigt dabei linear zur Belastungsintensität an. Das Schlagvolumen nimmt ebenfalls unter Belastung zu, um dann ab einer bestimmten Belastungsintensität weitgehend konstant zu bleiben (Abb. 32 und 33).

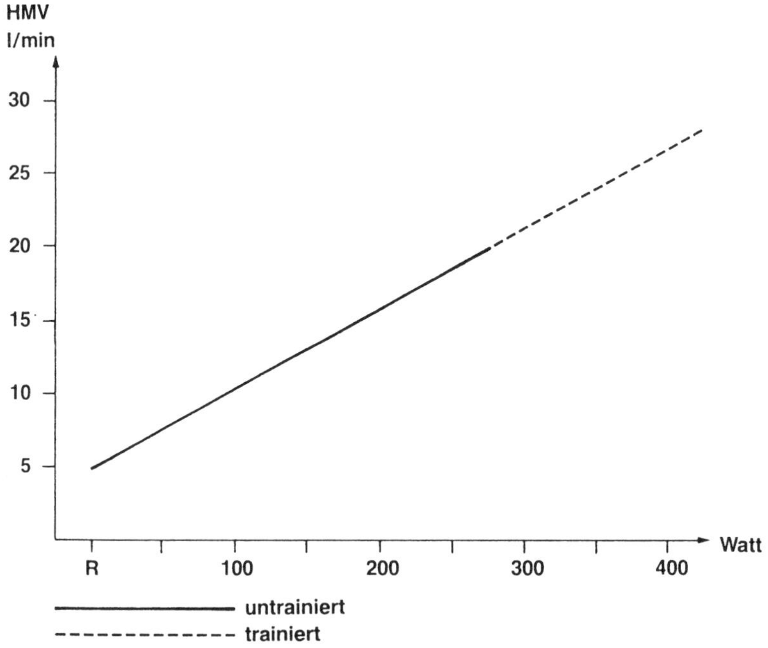

Abb. 31 Unterschiede in der Energiebereitstellung und Kreislaufanpassung von trainierten und untrainierten Testpersonen
(*GEISS/HAMM* 1990, 33)

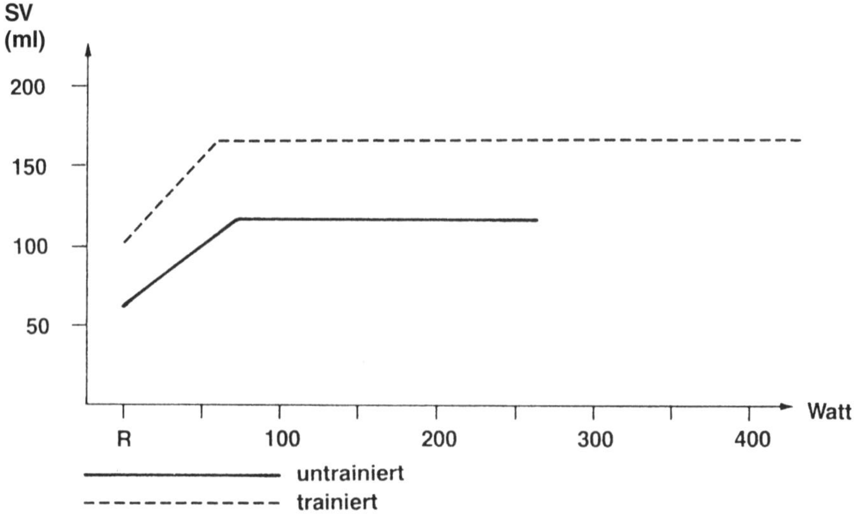

Abb. 32 **Unterschiede im Schlagvolumen von trainierten und untrainierten Testpersonen**
(*GEISS/HAMM* 1990, 34)

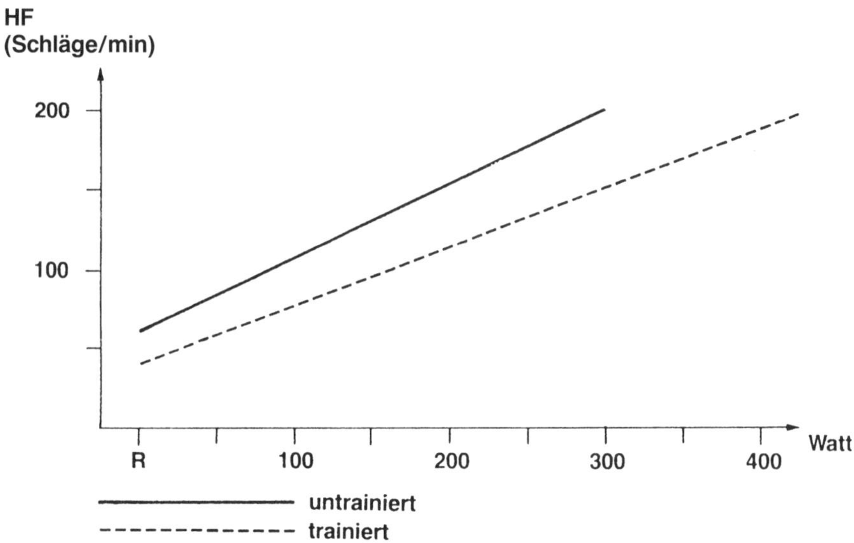

Abb. 33 **Unterschiede in der Herzfrequenz von trainierten und untrainierten Testpersonen**
(*GEISS/HAMM* 1990, 35)

Die maximale Herzfrequenz eines Menschen ist eine biologisch festgelegte Größe, die lediglich vom Alter beeinflußt wird. Mit zunehmendem Alter nimmt die maximale Herzfrequenz ab. Geschlecht und Training üben jedoch keinen Einfluß auf die maximal erreichbare Herzfrequenz aus.
Bei erneuter Betrachtung der Formel HMV = HF × SV wird nun deutlich, daß das maximale Herzminutenvolumen nur durch den Parameter Schlagvolumen verändert werden kann. Da der trainierte Sportler ein höheres Schlagvolumen aufweist, kommt er bei gleicher Belastungsintensität mit einer niedrigeren Herzfrequenz gegenüber dem Untrainierten aus, oder er kann bei vergleichbarer maximaler Herzfrequenz deutlich mehr Sauerstoff transportieren und mithin höhere körperliche Leistungen vollbringen als der Inaktive.

Ein Beispiel soll dies verdeutlichen:
Zwei Testpersonen erreichen unter Belastung eine maximale Herzfrequenz von 180 Schlägen/min. Der Trainierte kann jedoch vergleichbar mehr leisten (425 Watt), da er aufgrund seines höheren Schlagvolumens eine deutlich höhere Förderleistung aufweist (29,7 l/min) und somit eine größere maximale Sauerstoffaufnahme (5,4 l/min) besitzt (Tab. 7).

Tab. 7 Vergleich der Meßdaten einer untrainierten gegenüber einer trainierten Person
(*GEISS, K.-R.*, Berechnung nach dem Calorymetic-System spo-med Ag, Ch)

	Ruhe		Belastung (200 W)		Maximalwerte			
	HF	SV	HF	SV	HF	Watt	HMV	O_2
untrainiert	70	80	162	120	180	250	21,6	3,7
trainiert	60	120	130	165	180	425	29,7	5,4

HF = Herzfrequenz/min, SV = Schlagvolumen in Milliliter, HMV = Herzminutenvolumen in Liter/min, O_2 = maximale Sauerstoffaufnahme in Liter/min.

Abschließend soll noch kurz auf die wichtigsten Adaptationen am Gefäßsystem hingewiesen werden. Hier führt die körperliche Beanspruchung zu einer vermehrten Ausbildung der die Muskulatur durchziehenden Gefäße, also zu einer Zunahme der Kapillarisierung. Darüber hinaus bleiben die Arterien elastisch und weitgehend frei von atherosklerotischen Wandveränderungen (Gefäßsklerose). Beide Effekte spiegeln sich in einer deutlich verbesserten Durchblutung wider.
Zusammengefaßt läßt sich folgende Erkenntnis ableiten: durch regelmäßiges Training verbessern sich die Herz-Kreislaufverhältnisse, wobei das Schlagvolumen letztendlich der entscheidende Parameter ist, der das maximale Herzminutenvolumen und somit die maximal angelieferte Menge Sauerstoff bestimmt. In Abb. 34 ist die Zunahme des Schlagvolumens in Abhängigkeit von regelmäßig ausgeübten Trainingseinheiten dargestellt. Es wird deutlich, daß sich eine relevante Änderung des Schlagvolumens und mithin eine Steigerung der cardio-vasculären Leistungsfähigkeit

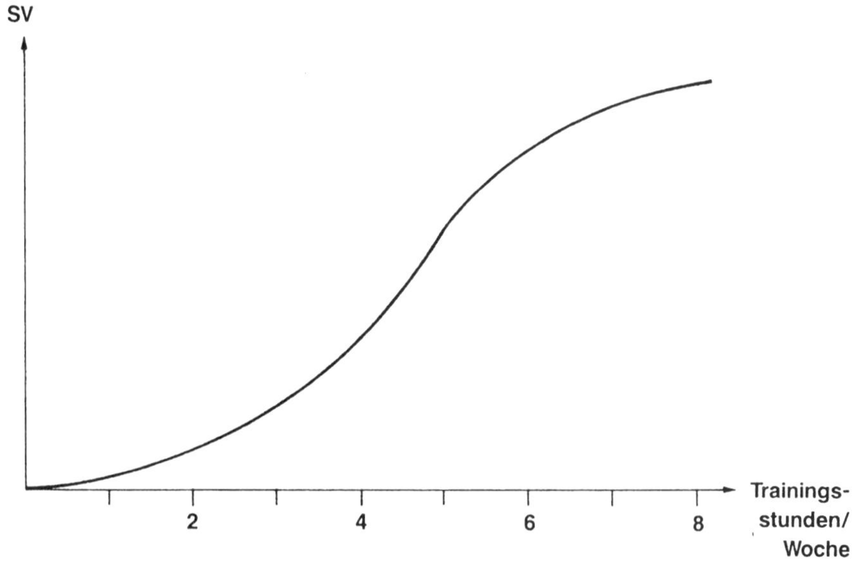

Abb. 34 Zunahme des Schlagvolumens in Abhängigkeit von den regelmäßig ausgeführten Trainingseinheiten pro Woche
(*GEISS/HAMM* 1990, 36)

nur mit hohen Trainingsumfängen erzielen läßt! Als präventiver bzw. prophylaktischer Aspekt ist sicherlich die verbesserte Durchblutungssituation zu sehen, die durch sportliche Betätigung bis ins hohe Alter aufrecht erhalten werden kann.
In der Zelle kommt es gleichzeitig zu einer Steigerung des Leistungsstoffwechsels, die maßgeblich durch eine höhere Substratumsetzung der Enzymsysteme hervorgerufen wird.
Beide Adaptationsvorgänge führen letztendlich zu einem Anstieg der körperlichen Leistungsfähigkeit. Das Ausmaß dieser Steigerung wird in beiden Fällen durch den adäquaten Trainingsumfang bestimmt.

Exkursion: Zusammenhang zwischen Trainingsumfang und Adaptationsvorgängen

Im vorangegangenen Kapitel wurden in den Abb. 32, 33 und 34 die durch regelmäßig ausgeführtes Training bedingten Veränderungen am Herz-Kreislauf-System und in der Zelle aufgezeigt. Es wurde festgestellt, daß sich eine Steigerung der kardialen Leistungsfähigkeit (Anstieg des Schlagvolumens) nur mit hohem Trainingsumfang merklich erzielen läßt.
Demgegenüber wird jedoch jeder „Sportanfänger", selbst wenn er nur 1—2 Stunden pro Woche körperlich aktiv ist, rasch feststellen, daß seine Leistungsfähigkeit zu-

nimmt. Folgende Veränderungen ermöglichen diese Leistungssteigerung trotz eines sehr geringen Zeitaufwandes:

1. Das Sauerstoffangebot wird von der Zelle aufgrund einer früh einsetzenden Erhöhung der Substratumsetzung besser ausgenutzt. Als meßbarer Parameter gilt die arterio-venöse Sauerstoffdifferenz, die bereits bei einem geringen Trainingsumfang zunimmt.
2. Durch die ständige Wiederholung der Bewegungsabläufe verbessert sich die neuro-muskuläre Koordinationsfähigkeit. Es werden zunehmend nur noch die Muskeln eingesetzt, die für die Ausführung der Bewegung wirklich erforderlich sind. Diese Ökonomisierung der Muskelarbeit spart viel Energie.
3. Der Körper gewöhnt sich mit der Zeit an die sich wiederholende Belastung. Sie stellt dann keine ungewohnte Beanspruchung mehr dar. Dadurch wird eine überschießende Streßreaktion vermieden, und die Hormone Adrenalin und Noradrenalin werden „belastungsadäquat" ins Blut abgegeben.

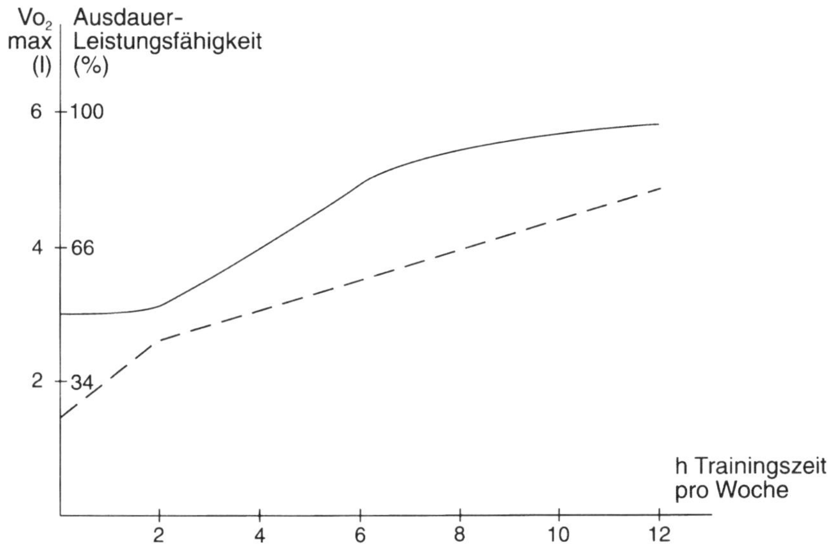

Person:	Anfänger	Hobbyjogger	Marathonläufer
Vo_2 max:	2,8 l	2,9 l	5,8 l
SV:	100 ml	105 ml	165 ml
Ausdauerleistungsfähigkeit über 30 min:	25 %	45 %	82,5 %

Abb. 35 Zusammenhang zwischen Trainingsumfang und Steigerung der Parameter Vo_2 max (bzw. SV) und Ausdauerleistungsfähigkeit
(*GEISS, K.-R.,* Berechnung nach dem Calorymetic-System spo-med Ag, Ch)

Diese Veränderungen, die bereits bei einem Trainingsumfang von 1–2 Stunden pro Woche eintreten, bedingen mithin eine spürbare Steigerung der körperlichen Leistungsfähigkeit. Abb. 35 zeigt diesen Trainingseffekt beispielhaft bei einer Person, die über einen Zeitraum von einem halben Jahr 3x pro Woche jeweils 30 Minuten joggte. Vor Trainingsbeginn lag bei dem Probanden die maximale Sauerstoffaufnahme bei 2,8 l pro Minute, das Schlagvolumen unter Belastung bei etwa 100 ml. Die Person konnte in dem untrainierten Zustand jedoch nur 25 % ihrer maximalen Leistungsfähigkeit über die Dauer von 30 Minuten aufrechterhalten. Nach der Trainingsperiode von einem halben Jahr fand sich zwar keine wesentliche Änderung der maximalen Sauerstoffaufnahme (2,9 l) und des Schlagvolumens (105 ml). Der Proband konnte nun jedoch eine Belastungsintensität entsprechend 45 % seiner maximalen Leistungsfähigkeit über 30 Minuten problemlos durchhalten.
Erst ab einem Trainingsumfang von mehr als 2–3 Stunden pro Woche steigt die maximale Sauerstoffaufnahme und das Schlagvolumen, also die kardiale Leistungsfähigkeit, signifikant an. Gleichzeitig kommt es auch zu einer weiteren Steigerung der Belastungsfähigkeit.
Es sei an dieser Stelle erwähnt, daß aus leistungsphysiologischer Sicht sicherlich noch nicht alle trainingsbedingten Adaptationsvorgänge am Herzen und in der Zelle bis ins Detail geklärt sind. Die vorliegende Abbildung stellt aber sicherlich eine geeignete Arbeitshypothese für weitere Forschungsprojekte auf dem Sektor „Trainingssteuerung" dar.

Tab. 8 Anpassungseffekte an Ausdauertraining
(*STIPPING/BERG/KEUL* bei *WESSINGHAGE* 1987, 34)

Dämpfender Einfluß des vegetativen Nervensystems	+
Ausschüttung von Streßhormonen	–
„Dünnflüssigkeit" des Blutes (Thromboseschutz durch verstärkte fibrinolytische Aktivität)	+
Herzfrequenz	–
Blutdruck	–
Sauerstoffverbrauch des Herzmuskels	–
Schlagvolumen des Herzens	+
Aerobe Kapazität	+
Sauerstoffausnutzung in der Muskelzelle	+
Wirksamkeit von Insulin	+
Wirksamkeit von Leistungshormonen	+
Milchsäureproduktion und Übersäuerung	–
Fettsäureverbrennung	+
Blutspiegel von Cholesterin und Triglyceriden	–
Verhältnis von HDL/LDL-Fetten im Blut (Atheroskleroseschutz)	+

Zeichenerklärung: + = steigt, nimmt zu – = fällt, nimmt ab

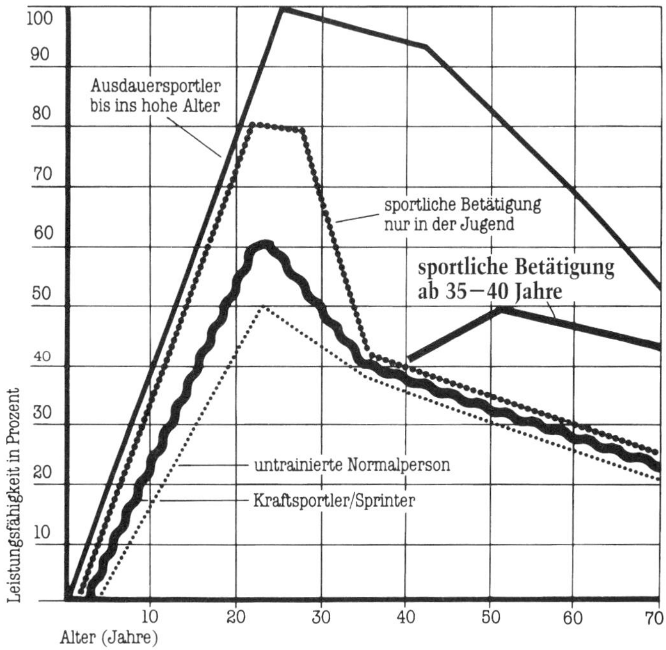

Abb. 36 Körperliche Leistungsfähigkeit in Abhängigkeit zum Lebensalter und unterschiedlicher sportlicher Betätigung
(*BLÖDORN/SCHMIDT* 1977)

5.1.5 Belastungsstruktur

Anpassungsprozesse entwickeln sich nach den biologischen Gesetzen nur dann, wenn bestimmte Trainingsbelastungen wirken. Gefordert ist für das Ausdauertraining, daß

- 1/6 bis 1/7 der gesamten Körpermuskulatur
- mit mindestens 50 % der momentanen maximalen Ausdauerleistungsfähigkeit
- über mindestens 10 Minuten
- dynamisch bewegt werden.

Ist die Belastung geringer oder höher, kürzer, bzw. sind weniger Muskelpartien mit dazu noch statischer Haltearbeit daran beteiligt, stellen sich andere Anpassungsprozesse ein als zuvor genannt. Deshalb ist eine bestimmte Art der Belastung mit exakter Dosierung notwendig, wenn wir zielgerichtet bestimmte Adaptationen anstreben.
Die erste und letzte Forderung ist bei den typischen Ausdauerdisziplinen Laufen, Radfahren, Schwimmen, Skilanglauf und Rudern erfüllt. Bei der Belastungsdosierung sind die Beziehungen zwischen Umfang, Intensität und Häufigkeit des Trainings zu beachten. Allgemein gilt, je geringer die Intensität der Belastung, desto höher kann der

Umfang sein und desto häufiger kann das Training ohne Gefahr einer Überbeanspruchung des Organismus stattfinden. Mit steigender Intensität der Belastung muß der Umfang und die Häufigkeit abnehmen, da die Ermüdung früher einsetzt und die Regeneration mehr Zeit in Anspruch nimmt.
Bezüglich der Intensität sind 50–60 % der maximalen Ausdauerleistungsfähigkeit ideal, um Adaptationsprozesse zu bewirken. Diese Intensität entspricht einem Lactatwert von ca. 2–2,5 mmol/l Blut. Eine Ruhepulssenkung ist dann bereits nach einigen Trainingswochen zu erwarten.
Dieser extensive Intensitätsbereich gilt als das optimale Maß der Belastung. Er ist deshalb gerade für die Zielgruppe des Managers besonders geeignet. In höheren Intensitätsbereichen (intensive Ausdauerbelastungen) erhöht sich der Lactatspiegel auf 3–4 mmol/l Blut, und die Gefahr einer Übersäuerung der Muskulatur sowie einer Schädigung der intrazellulären Enzymsysteme steigt.
Neben der Belastungsintensität spielt das Verhältnis von Belastungsumfang und -häufigkeit eine wichtige Rolle. Als optimal sehen viele namhafte Sportmediziner (*FINDEISEN* 1980; *HOLLMANN* 1990 u. a.) 3–4 Trainingseinheiten pro Woche von 30–40 Minuten Dauer an. Bei dieser Belastung stehen Aufwand und Ertrag in einem angemessenen Verhältnis. Mehr Trainingsaufwand bringt offenbar keinen zusätzlichen gesundheitlichen, sondern nur noch einen Leistungsgewinn (*HOLLMANN* 1990).
Wer sein Gewicht reduzieren möchte, der sollte häufiger und länger im Bereich der aeroben Schwelle trainieren, um mehr Kalorien zu verbrennen. Allerdings ist die Gewichtsabnahme rein über eine sportliche Betätigung sehr müßig, denn der Kalorienverbrauch ist meist niedriger, als angenommen wird (Tab. 9). Hier hilft nur die Kombination mit einer bewußten Ernährung.

Tab. 9 Kalorienverbrauch für jeweils 10 min verschiedener Tätigkeiten
(Es handelt sich nur um Richtwerte, die im Einzelfall von der Intensität der Durchführung und der Bewegungstechnik abhängen. Innerhalb der Tabelle kann auf das jeweilige Gewicht interpoliert werden.)
(*BROWNELL* und *STUNKARD* bei *SKINNER* 1989, 204)

Tätigkeit	Gewicht (in kg)				
	55–60	65–70	80	90	110–115
Sitzen	10	12	14	16	20
Treppensteigen abwärts	56	67	78	88	111
Treppensteigen aufwärts	146	175	202	229	288
Gehen (3 km/h)	29	35	40	46	58
Gehen (6 km/h)	52	62	72	81	102
Joggen (10 km/h)	90	108	125	142	178
Laufen (12 km/h)	118	141	164	187	232
Radfahren (10 km/h)	42	50	58	67	83
Radfahren (21 km/h)	89	107	124	142	178
Golf	33	40	48	55	68
Skilanglauf	98	117	138	158	194
Schwimmen (Kraul, langsam)	40	48	56	63	80

Mehr Zeit für das Training muß auch derjenige investieren, der sich auf Wettkämpfe vorbereiten möchte.
Der minimale Trainingsumfang, der bei Personen mit geringer körperlicher Leistungsfähigkeit noch Anpassungsprozesse bewirkt, liegt bei zwei Trainingseinheiten von ca. 10 Minuten Dauer.
Bei der Trainingsplanung ist zu beachten, daß die Häufigkeit des Trainings einen größeren Einfluß auf die Entwicklung der körperlichen Leistungsfähigkeit ausübt als die Dauer. Durch ihre Verlängerung läßt sich eine geringe Häufigkeit nicht kompensieren (*FREY* 1981). Zwar treten auch bei einer einmaligen wöchentlichen Belastung Trainingseffekte auf, jedoch sind diese geringer als bei mehrmaligen Belastungen pro Woche. Also: besser 3 x 30 Minuten als 1 x 90 Minuten wöchentlich trainieren!
Die Häufigkeit des Trainings ist abhängig von der Belastungsintensität und der damit verbundenen Regenerationszeit der beanspruchten Systeme. Extensive Ausdauerbelastungen können täglich erfolgen, da das Nervensystem nur ca. 24 Stunden zur Regeneration braucht. Intensive Ausdauerbelastungen dagegen erfordern eine 48—72-stündige Pause, da die Glykogenvorräte erst nach dieser Zeit regeneriert sind und die folgende Belastung bekanntlich in der Überkompensationsphase liegen soll (vgl. Abb. 14/15). Ein Marathonläufer beispielsweise, der sich mit 90—100 % seiner maximalen Ausdauerleistungsfähigkeit belastet, benötigt 4—6 Wochen Regenerationszeit, bevor er wieder zur gleichen Leistung fähig ist. Gezielte Regenerations- in Verbindung mit geeigneten Ernährungsmaßnahmen verkürzen die Regenerationszeiten.
Bei Beachtung der beschriebenen Belastungsstruktur eines Körpertrainings stellen sich Veränderungen im Herz-Kreislauf-System in Abhängigkeit von der Trainingshäufigkeit erst nach Monaten ein, sind aber bei einem einmaligen Training pro Woche nicht zu erwarten (*FREY* 1981).
Für den untrainierten Einsteiger ergeben sich aus den trainingswissenschaftlichen und sportmedizinischen Erkenntnissen folgende Konsequenzen für die Praxis:
Zu Beginn des Ausdauertrainings ist eine Belastung mit 50 % der momentanen Ausdauerleistungsfähigkeit über ca. 10—15 Minuten sinnvoll. In dieser Zeit kann der zeitliche Gesamtumfang in Intervalle mit dazwischen liegenden Erholungsphasen aufgeteilt sein. Das Ziel heißt jedoch, die Zeit ohne Pausen als Dauerleistung durchzustehen. In der ersten Phase des Trainings ist auf die Schulung des technischen Bewegungsablaufs der gewählten Ausdauerdisziplin und die Wiedergewinnung der Bewegungserfahrung zu achten.
Allmählich ist der Belastungsumfang pro Trainingseinheit, später die Anzahl der Trainingseinheiten pro Woche bis auf möglichst 3—4 x 30—40 Minuten zu steigern. Behutsam kann in dieser Phase die Intensität auf 60 bis höchstens 70 % der persönlichen Ausdauerleistungsfähigkeit erhöht werden.

5.1.6 Leistungsdiagnose

Gezielte Anpassungsreaktionen durch körperliches Training erfordern exakt dosierte Belastungen. Subjektive Anweisungen wie:

- Belasten Sie sich so, daß Sie nach dem Training das Gefühl haben, etwas für Ihren Körper getan zu haben, aber dennoch nicht ermüdet sind.
- Dosieren Sie die Intensität so, daß Sie sich während der Belastung mit einem Partner unterhalten können (Laufen ohne zu schnaufen).
- Sind Sie allein, dann sollten Sie einen Satz von 10–12 Wörtern laut und ohne Stocken vor sich hinsagen können.

erfüllen diese Notwendigkeit allein nicht. Hierzu sind leistungsdiagnostische Verfahren unverzichtbar! Diese Forderung erhält Unterstützung aus der Erfahrung, die lehrt, daß viele Führungskräfte die Eigenschaften aus ihrem Berufsleben wie z. B. ehrgeizig, siegeswillig, kämpferisch etc. auf das Körpertraining übertragen. Nach deren Meinung ist ein Training, das einen ohne Muskelkater nicht so richtig geschafft hat, sinnlos. Der Sprint am Berg, Zwischen- und Endspurts gehören zum ständigen Programm und veranlassen am Ziel keuchend, aber glücklich, zum eigenen Schulterklopfen. Die Begeisterung über die scheinbar noch vorhandene Leistungsfähigkeit ist grenzenlos.
Tatsache ist, daß diese Einstellung zur sportlichen Betätigung dem Körper mehr schadet als nützt, da falsch dosierte Belastungen zu Störungen des Hormonhaushaltes und zu einer Schwächung des Immunsystems führen. In der Folge verzögert sich die Erholungsfähigkeit des Organismus, und es treten vermehrt Infektionen und Verletzungen auf.
Die genaue Dosierung und Kontrolle der Belastungsintensität im Training dagegen schließt sowohl eine Über- als auch eine Unterforderung aus und gewährleistet eine genaue Rückmeldung über die Wirkung der Beanspruchung auf den Organismus.
Trotz alledem spielen das subjektive Empfinden und der Spaß an der Bewegung eine nicht zu unterschätzende Rolle, denn die berufliche Belastung hinterläßt täglich unterschiedliche Spuren, und Ihr Wohlbefinden hängt von vielen Faktoren ab. Ein stures Belasten nach rein objektiven Parametern könnte sich schädlich auswirken, wenn beispielsweise Krankheitserreger Ihren Körper schwächen oder Sie einfach nur nach getaner Arbeit durch körperliche Bewegung zur psychischen Entspannung kommen wollen. Eine Kombination aus subjektiven und objektiven Parametern ist deshalb die einzige sinnvolle Methode bei der Findung der richtigen Belastungsintensität.
Ein jedem leicht zugänglicher Wert ist die Herzfrequenz. Ihre Messung erfordert lediglich etwas Übung. Dazu legen Sie Zeige-, Mittel- und Ringfinger unter leichtem Druck auf die große Pulsader oberhalb des Daumens an die Innenseite des linken Handgelenkknochens und fühlen mit den Fingerkuppen die Pulswellenbewegung. Eine Messung an der Halsarterie kann womöglich zu niedrig ausfallen, wenn Sie auf den für die interne Blutdruckregelung vorhandenen Rezeptorenpunkt treffen. Sollte die Bestimmung am Handgelenk Schwierigkeiten bereiten, so können Sie notfalls die Herzfrequenz mit der gesamten flachen Hand unter leichtem Druck direkt auf der linken Brustseite fühlen. Auf diese Weise messen Sie die Schläge pro Minute.
Den Ruhepuls bestimmen Sie morgens vor dem Aufstehen liegend im Bett über volle 60 sec. Normalerweise liegt er bei Erwachsenen zwischen 60–80 Schlägen pro Minute. Höhere Werte weisen auf einen schlechten Trainingszustand hin. Durch richtig dosierte Trainingsbelastungen und die dadurch bedingten vegetativen Umstellungen im Organismus sinkt der Ruhepuls. Über einen längeren Zeitraum regelmäßig regi-

striert, gibt er Auskunft darüber, ob Sie richtig trainiert haben. Steigt die Herzfrequenzkurve an, so könnte die Schwankung auf ein zu intensives Training hinweisen, oder es liegen andere körperliche Störgrößen vor. Grundsätzlich sollte dann – wenn überhaupt – extensives Ausdauertraining betrieben werden (vgl. Abb. 28).
In derselben Weise bestimmen Sie die Herzfrequenz direkt vor einer Belastung. Es genügt allerdings, wenn Sie die Messung über 15 sec durchführen und den Wert mit Faktor 4 multiplizieren. Der Belastungspuls wird im Anschluß an die Belastung über 10 sec gezählt und nach Multiplikation des Wertes mit Faktor 6 Herzfrequenz pro Minute registriert. Sie gibt die körperliche Reaktion auf die Trainingsbelastung an. Die Messung muß sich unmittelbar an die Belastung anschließen, um durch das Abfallen der Herzfrequenz nach Belastungsende möglichst exakte Daten zu erhalten.
Mit zunehmender Belastung steigt der Sauerstoffbedarf und damit die Herzfrequenz. Die Relation zwischen der Belastungsintensität und dem Herzfrequenzverhalten gibt Aufschluß über die körperliche Leistungsfähigkeit, denn je höher die Belastung und je geringer dabei der Herzfrequenzanstieg, desto besser ist die Belastbarkeit des Herz-Kreislauf-Systems. Ist der Trainingszustand dagegen schlecht, steigt die Herzfrequenz bereits bei geringen Belastungen stark an.
Die Erholungspulsmessung findet 1, 2, 3 und 5 Minuten nach Belastung über 15 sec statt und wird nach Multiplikation des Wertes mit Faktor 4 als Erholungspuls in der Minute festgestellt. Je schneller sich der Wert wieder dem Ausgangsniveau vor der Belastung nähert, desto besser ist die Regenerationsfähigkeit des Organismus. Als Richtlinie besagt die Messung 2 Minuten nach einer submaximalen Belastung:

Erholungspuls geringer als Belastungspuls in %	Ergebnis
10 %	schlecht
20 %	gut
30 %	sehr gut

Nach 3 bis 5 Minuten kehrt die Erholungspulsfrequenz wieder zum Ausgangswert zurück (*FINDEISEN* 1980).
Der Vorteil der Herzfrequenzkontrolle liegt darin, daß jedermann die Wirkung der Trainingsbelastung selbständig überprüfen kann. Als Nachteil ist zu nennen, daß es sich bei den Herzfrequenzvorgaben lediglich um Richtwerte handeln kann, denn das Herzfrequenzverhalten ist außer vom Trainingszustand von anderen Faktoren wie Alter, Geschlecht, Witterungseinflüssen, genetischen Anlagen etc. abhängig. So haben Kinder höhere Herzfrequenzen als Erwachsene. Bei Männern wiederum liegen die Herzfrequenzwerte in bezug auf einen bestimmten Prozentsatz der maximalen Sauerstoffaufnahme unterhalb derer ihrer weiblichen Trainingspartner.
Personen, die Digitalispräparate einnehmen, müssen bei der Belastung bedenken, daß derartige Medikamente je nach Dosierung die Herzfrequenz in Ruhe und bei Belastung um etwa 8 bis 12 Schläge pro Minute senken *(BRINGMANN 1985).*
Bei der Belastungsdosierung spielt die Wahl der Ausdauerdisziplin eine wichtige Rolle, denn identische Herzfrequenzwerte einer Person lassen bei verschiedenen Ausdauerbelastungen nicht auf die gleichen Intensitätsbereiche schließen. Bei einer

gegebenen Herzfrequenz ist die Intensität beim Radfahren höher als beim Laufen. Beim Laufen liegt mit gleicher Intensität die Herzfrequenz um 12 bis 18 Schläge/min höher als beim Radfahren *(BRINGMANN 1985)*. Beim Schwimmen ergeben sich wegen des Tauchreflexes und der physikalischen Eigenschaften des Wassers außerdem niedrigere Herzfrequenzen als bei den Disziplinen an Land.
Diese Unterschiede verdeutlichen, daß die Belastungsdosierung über Herzfrequenzen beim Ausdauertraining nur in Form von Richtwerten erfolgen kann (vgl. Abb. 28, Seite 68). Bei der Berechnung der Herzfrequenzvorgaben gehen wir beim Laufen von der Formel 220 Herzschläge/min minus halbes Lebensalter, beim Radfahren von 220 Herzschlägen/min minus Lebensalter und beim Schwimmen von 205 Herzschlägen/min minus Lebensalter aus und multiplizieren die Differenz mit 60, 70 oder 80 %, je nachdem, ob wir extensiv oder intensiv trainieren möchten. Diese Richtwerte dienen ausschließlich als Orientierungshilfe für untrainierte männliche Personen mit einem Ruhepuls bis 80 Schläge/min. Frauen und alle Personen mit höheren Ruhepulswerten dürfen sich jeweils mit 5–10 Schlägen/min mehr belasten.
Die Werte sind den Belastungstabellen aus den Kapiteln der betreffenden Ausdauerdisziplinen zu entnehmen.
Exaktere Ergebnisse der Puls- bzw. Herzfrequenzen liefern elektronische Meßgeräte. Sie sind im Bereich der Sporttherapie sogar eine zwingende Voraussetzung, um den Trainierenden vor Überlastung zu schützen.
Die besten Sport-Tester arbeiten nach dem EKG-Prinzip, indem die Aktionsspannungen des Herzens mittels Brustwandelektroden ermittelt werden.
Die gemessenen Signale übernimmt ein Sensor und sendet sie drahtlos auf den Empfänger – die Herzfrequenzmeßuhr (Abb. 37).

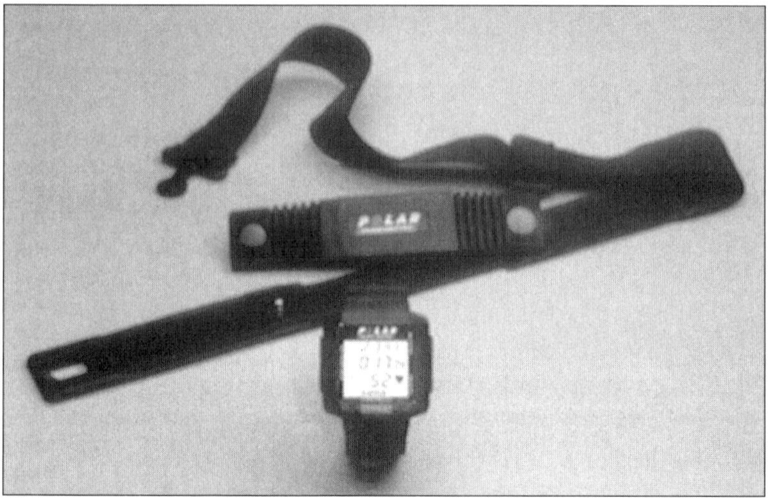

Abb. 37 Herzfrequenzmeßuhr und Zubehör

Hier können zuvor die optimalen Herzfrequenzen für verschiedene Ausdauerdisziplinen entsprechend dem Trainingsziel und/oder der persönlichen Leistungsfähigkeit programmiert werden.
Akustische Signale warnen vor einer Überforderung oder weisen auf eine zu geringe Trainingsintensität hin.
Spitzenmodelle besitzen sogar einen Speicher, der die Meßwerte je nach Bedarf alle 5, 15 oder 60 sec festhält. In Abhängigkeit von diesen Intervallen beträgt die Speicherkapazität zwischen 2 h 40 min und 33 h. Die erhobenen Daten können später nach Trainingsende direkt über das Display der Uhr sichtbar gemacht oder über ein Interface auf einen IBM-kompatiblen PC übertragen werden (Abb. 38).
Mit Hilfe einer Software läßt sich das Training analysieren und dokumentieren, woraus sich eine exakte Trainingssteuerung für alle Ausdauerdisziplinen (sogar beim Schwimmen) aufbauen läßt.
All diejenigen, die ihre Ausdauer systematischer trainieren und sich nicht nur nach allgemeinen Herzfrequenz-Richtwerten orientieren wollen, empfehlen wir die Durchführung von Lactatmessungen.

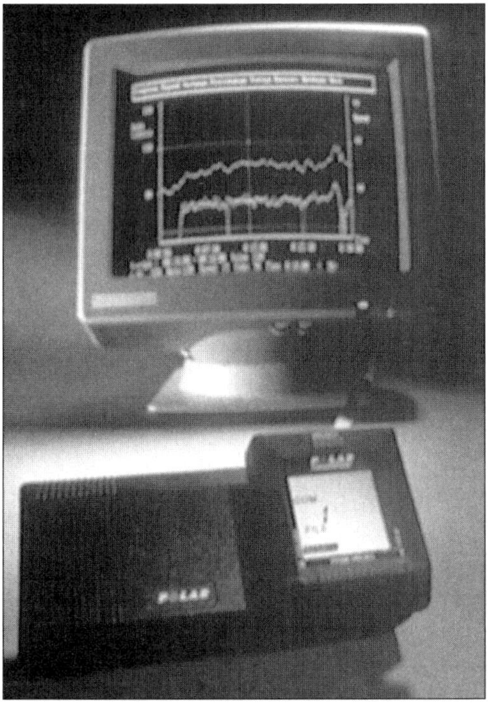

Abb. 38 Trainingssteuerung über die Herzfrequenz mit Hilfe der EDV

Dazu ist allerdings eine leistungsphysiologische Untersuchung erforderlich, bei der durch stufenweise Erhöhung der Belastungsintensität die Herzfrequenz und Lactatkonzentration im Blut aus dem hyperämisierten Ohrläppchen ermittelt wird. Mit dieser Methode läßt sich zur Trainingssteuerung exakt die Herzfrequenz des aeroben Trainingsbereichs und der anaeroben Schwelle feststellen. Genauere Beschreibungen dazu finden Sie in den Kapiteln 8.1.3 und 8.3.1.
Auf die Beschreibung des aus der Literatur bekannten Conconi-Tests, mit dem sich unblutig die anaerobe Schwelle bestimmen läßt, verzichten wir, da eigene Erfahrungen mit dieser Methode zu keinen zuverlässigen Ergebnissen führten.

5.2 Mit Kraftausdauer zu einem stabileren Bewegungsapparat

Bevor wir über gezielte Trainingsmaßnahmen und ihre körperlichen Anpassungsprozesse am Bewegungsapparat sprechen, sollten wir uns bewußt werden, daß neben der Minderbeanspruchung die andauernde Fehlbelastung bei alltäglichen Handlungen oft die Ursache von Beschwerden ist. Ständiges falsches Sitzen, Aufstehen, Stehen, Tragen und Heben belastet den Körper derart, daß er ab einem bestimmten Zeitpunkt zu streiken beginnt. Durch den entwicklungsgeschichtlich bedingten aufrechten Gang ist unsere Wirbelsäule ohnehin hohen Belastungen ausgesetzt.
Das stundenlange Sitzen in gekrümmter Haltung am Schreibtisch oder hinter dem Steuer strapaziert unseren Rücken zusätzlich. Nach einiger Zeit kann er der Fehlbelastung nicht mehr standhalten. Die Muskulatur ermüdet, verkrampft und übersäuert. Der Körper sackt im Bereich der Lendenwirbelsäule durch.
Eine hilfreiche Unterstützung bietet eine von der Lendengegend bis zum Beckenrand reichende Stütze. Sie ermöglicht ein aufrechtes, unverkrampftes und somit wirbelsäulenschonendes Sitzen.

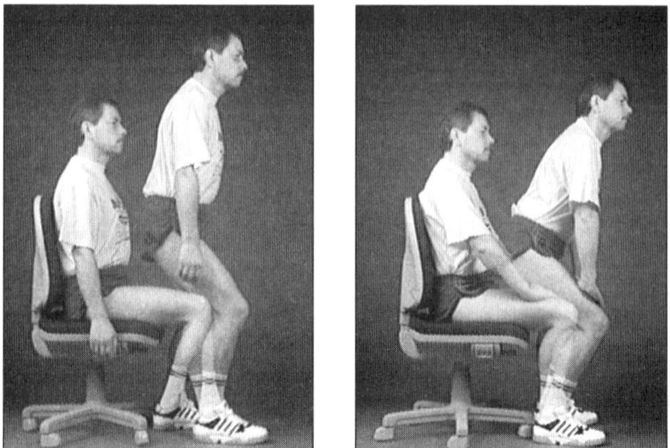

Abb. 39 Wirbelsäulenschonendes (links) und wirbelsäulenbelastendes (rechts) Erheben aus der Sitzposition

Auch falsches Erheben aus dem Sitz führt zu unnötiger Fehlbeanspruchung des Lendenwirbelsäulenbereichs. Beim richtigen Aufstehen setzen wir einen Fuß unter die Sitzfläche, stabilisieren die Wirbelsäule durch Aufrichten des Beckens und strecken anschließend die Hüften durch Aktivierung der Gesäßmuskeln. Bei dieser Technik bleibt der Körperschwerpunkt möglichst über den Füßen und verhindert die Einnahme einer Hohlkreuzposition (Abb. 39, Seite 85).

Auch längeres Stehen birgt die Gefahr, in die Hohlkreuzhaltung zu fallen. Sie wird vermieden, wenn ein Bein leicht hochgestellt wird.

Richtiges Tragen und Heben will gelernt sein. Besonders beim Heben schwerer Gewichte entstehen hohe Belastungen im Bereich des 5. Lendenwirbels und der darunter liegenden Bandscheibe. Je weiter wir uns beim Heben nach vorne beugen, desto höher steigt die Druckbelastung an. Wer allerdings mit möglichst geradem Rükken schwere Lasten schleppt und beim Heben, anstatt den Oberkörper zum Boden zu neigen, in die Hocke geht, schont die empfindlichen Bandscheiben und beugt Rückenschmerzen vor. Gerade beim Heben mit geradem Rücken läßt sich die Zugbelastung des Lendenwirbelsäulenbereichs erheblich reduzieren.

Fazit: Die alltäglichen Fehlbelastungen führen im Bewegungsapparat zu Disharmonien und Schäden. Zeigen Sie in Zukunft mehr Haltung und Rückgrat (Abb. 40)!

Doch nicht nur durch die einseitigen und dauerhaften Fehlbelastungen, sondern auch durch muskuläre Minderbeanspruchung kommt es — meist im Zusammenhang mit einer Zunahme des Körpergewichts — zu Dissonanzen zwischen dem aktiven und passiven Bewegungsapparat. Es entwickelt sich schleichend, aber stetig, eine Störung der normalerweise ausgewogenen Kräfteverteilung zwischen Muskeln, Knochen und Bändern. Die passiven Teile sind einer erhöhten Belastung ausgesetzt, da die aktiven Mechanismen zunehmend an Funktion verlieren. Das statische Gefüge gerät aus der Balance und äußert sich in den typischen Fehlhaltungen:

- das Becken kippt
- der Bauch wölbt sich nach vorne
- ein Hohlkreuz bildet sich aus und
- es entwickelt sich ein Rundrücken mit nach vorne geschobenem Hals und überstreckten Kopfgelenken.

Die Beobachtungen gehen mit Veränderungen im Inneren des Bewegungsapparats einher. Muskeln verkümmern, durch mangelnde Durchblutung reichern sich Stoffwechselprodukte an, Gelenke verkalken, Gelenkknorpel degenerieren, Sehnen und Bänder verlieren ihre Elastizität und Knochen werden spröde. Unter Umständen entstehen im Laufe eines Lebens über eine Kausalkette von einfachen, degenerativen Veränderungen langfristig schwerwiegende Erkrankungen des Bewegungsapparats.

Häufig äußern sich die ersten Warnsignale in Form von Kopfschmerzen, Verspannungsgefühlen im Schulter-Nackenbereich, stechenden Kreuzschmerzen mit Ausstrahlungen in die Beine, Taubheitsgefühlen in den Extremitäten sowie in kalten Händen und Füßen. Bei langjähriger Mißachtung der warnenden Symptome besteht die große Gefahr einer dauerhaften, irreversiblen Schädigung des Bewegungsapparates. Darum helfen nur präventive Maßnahmen.

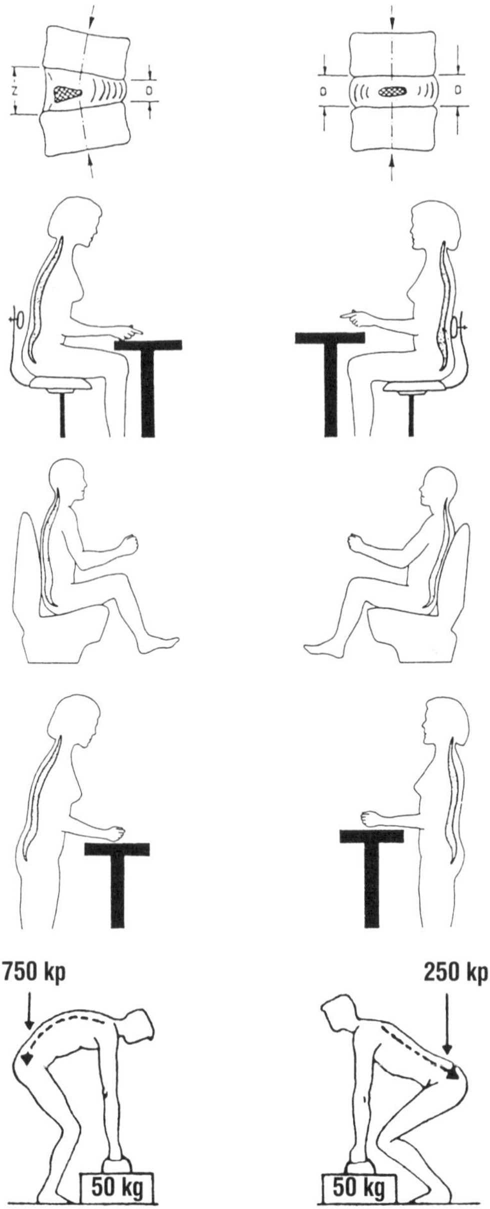

Abb. 40 Zug- (Z) und Druckbelastung (D) auf die Bandscheiben bei falsch (links) und richtig (rechts) ausgeführten Alltagshandlungen

Dies bedeutet: die körperliche Strategie gegen die beruflichen Belastungen darf nicht auf den Bereich des Herz-Kreislauf-Systems eingeschränkt, sondern muß auf den aktiven und passiven Bewegungsapparat mit dem Ziel der Erhaltung seines physiologischen Gleichgewichts ausgedehnt werden, wenn mit dem Körpertraining eine ganzheitliche Wirkung erzielt werden soll.
Der entscheidende Ansatzpunkt für präventive Maßnahmen ist der Funktionszustand der Muskulatur. Oft liegt den Störungen ein typisches Muster von unausgewogenen Funktionsabstimmungen zwischen den Muskelgruppen zugrunde. Die Ursache besteht darin, daß unser aktiver Bewegungsapparat Muskeln aufweist, von denen einige häufig abgeschwächt, andere dagegen eher verspannt sind. Zu den Muskelgruppen, die zur Abschwächung neigen, zählen u. a.

- Halsbeuger (M. sternocleidomastoideus)
- untere Schulterblattfixatoren (aufsteigender und querverlaufender Anteil des M. trapezius, M. serratus anterior)
- langer Rückenmuskel (M. longissimus dorsi)
- gerade und schräge Anteile der Bauchmuskulatur (M. rectus abdominis)
- großer Gesäßmuskel (M. glutaeus maximus)
- mittlerer, innerer und äußerer Kopf des vierköpfigen Oberschenkelmuskels (M. quadriceps femoris).

Demgegenüber sind die zur Verkürzung neigenden Muskeln vergleichsweise zu kräftig. Verspannungen und sogar bindegewebliche Veränderungen können die Folge sein. Das gilt in der Regel besonders für folgende Muskeln (vgl. Abb. 40, Seite 87):

- Nackenmuskulatur (Muskeln, die die Schulterblätter vom Kopf her fixieren, wie die absteigenden Anteile des M. trapezius und M. levator scapulae)
- großer Brustmuskel (M. pectoralis major)
- Rückenstrecker im Lendenbereich der Wirbelsäule (M. erector spinae)
- Lendendarmbeinmuskel (M. iliopsoas)
- zweigelenkige Muskeln, die an der Rückseite des Oberschenkels verlaufen, die Hüfte strecken und das Knie beugen (ischiocrurale Gruppe)
- eingelenkige Anzieher (Adduktoren) des Hüftgelenks
- dreiköpfiger Wadenmuskel (M. gastrocnemius, M. soleus).

An zwei charakteristischen Beispielen läßt sich diese disharmonische Entwicklung im Bewegungsapparat darstellen.
Andauernde Schreibtischtätigkeit oder häufiges Sitzen hinter dem Steuer verursacht oftmals den bereits erwähnten Rundrücken. Die ständig nach vorne gedrückten Arme und Schultern führen dazu, daß die Brustmuskulatur verkürzt, während die Rückenmuskeln geschwächt werden.
Entsprechend verhält es sich beim Hohlkreuz. Als Ursache liegt häufig eine schlaffe Bauchmuskulatur sowie eine Verkürzung der Rückenmuskulatur im Lendenwirbelsäulenbereich und der Hüftbeugemuskeln vor. Als Folge können Schmerzzustände auftreten; zumindest aber ist die Bewegungsfreiheit eingeschränkt.
Die kompensatorische Aufgabe des Körpertrainings besteht nun darin, durch gezieltes Dehnen der verkürzten und Kräftigen der geschwächten Muskelgruppen das im Berufsalltag verlorene Muskelgleichgewicht wieder herzustellen.

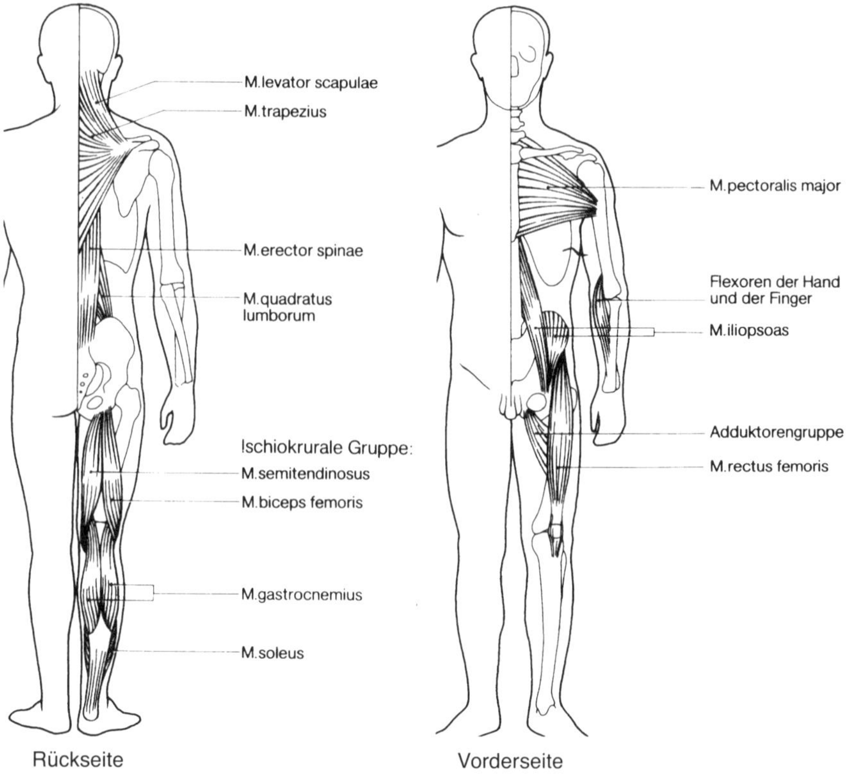

Abb. 41 Zur Verkürzung neigende tonische Muskulatur
(*JANDA* bei *FRISCH* 1989, 40)

Zur Bewältigung dieser Aufgabe dient das Kraft- und Beweglichkeitstraining (Abb. 42). Fälschlicherweise wird der Begriff Krafttraining oft mißverstanden und mit dem Bewegen hoher Gewichte verbunden. Diese Vorstellung ist einseitig. Wir verstehen unter **Krafttraining** eine planmäßige, wiederholte Ausführung von Bewegungsabläufen ohne und mit Fremdgewichten. Nach dieser Definition reicht die Spannbreite des Krafttrainings von der Krankengymnastik bis hin zum Bodybuilding.
Die beim Sport im Management anzustrebende Verbesserung der Kraftausdauer bedeutet die Fähigkeit des Organismus, andauernden Kraftleistungen einen hohen Ermüdungswiderstand entgegenzusetzen.
Unter **Beweglichkeit** dagegen verstehen wir die Fähigkeit und Eigenschaft des Menschen, Bewegungen mit großer Bewegungsamplitude selbst oder unter dem Einfluß äußerer Kräfte ausführen zu können. Während sich die Kraftausdauer allein auf die Funktionsfähigkeit der Muskulatur bezieht, ist die Beweglichkeit sowohl von der Struk-

tur der Gelenke (Gelenkigkeit) als auch von den Eigenschaften der Muskeln, Sehnen, Bänder und des Kapselapparats abhängig (Dehnfähigkeit). Daß beide Eigenschaften im Gesundheitstraining einen breiten Raum einnehmen sollen, hat folgende Gründe:

– Das Kraftausdauertraining mit seinen Anpassungsreaktionen in der belasteten Muskulatur und dem gesamten Bewegungsapparat (vgl. 5.2.2) bietet eine optimale Ergänzung zu den funktionellen Verbesserungen am Herz-Kreislauf- und Atmungssystem durch das Ausdauertraining. Es besitzt demzufolge auch einen hohen gesundheitlichen Nutzen.
– Der verhältnismäßig geringe materiell-technische Aufwand ermöglicht die Durchführung eines Trainingsprogramms an vielen Orten.
– Die Belastungsdosierung mit vielen Wiederholungen und geringer Intensität des Gewichts (Körpergewicht oder leichte Fremdgewichte; vgl. 5.2.3) verhindert eine Überlastung und ermöglicht auch älteren Personen den Einstieg in den Trainingsprozeß.
– Beweglichkeitstraining bringt bessere Entfaltungsmöglichkeiten aller, auch der Alltagsbewegungen und
– dient der Vorbeugung von Verletzungen.

Und letztlich das Hauptargument:

– Der Stoffwechsel in unseren Muskelzellen (22–23 Billionen beim Mann; 16–20 Billionen bei der Frau) hat einen wesentlichen Einfluß auf die geistigen Prozesse in unserem Gehirn, d. h. wie Sie sich fühlen, ist maßgeblich vom Funktionszustand Ihrer Muskelzellen abhängig.

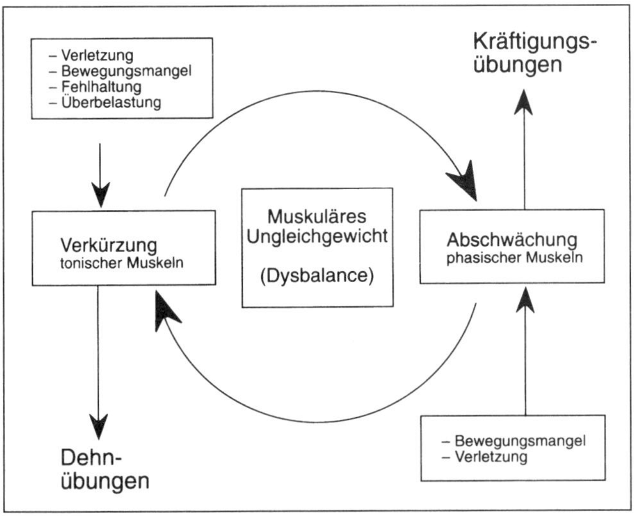

Abb. 42 Ursache und Korrekturmöglichkeiten von muskulären Dysbalancen (*JANDA* bei *HAUSER-BISCHOF* u. a. 1989, 35)

5.2.1 Aktiver und passiver Bewegungsapparat

Die Verbesserung der motorischen Eigenschaften Kraftausdauer und Beweglichkeit bezieht sich auf Veränderungen im aktiven und passiven Bewegungsapparat.

Der passive Teil besteht aus dem Skelett mit seinen etwa 200 Knochen und Knorpeln. Den aktiven Teil bilden ca. 500 Skelettmuskeln. Verschiedene Hilfseinrichtungen unterstützen den Bewegungsablauf.

Die chemischen Eigenschaften der Knochen und ihre Anordnung zu einem Gliedersystem im Skelett erfüllen die besten Voraussetzungen zur Bildung eines stabilen, widerstandsfähigen Gerüsts, das zugleich auch dynamische Funktionen ausübt. Je nach seiner Beanspruchung wirken ruhende oder Beschleunigungskräfte, denen es ohne Schädigung widerstehen muß. Die chemische Zusammensetzung der Knochensubstanz aus organischen und anorganischen Teilen trägt zu dieser Aufgabe bei.

Die Kombination der beiden Bestandteile entspricht dem Verbundprinzip des Stahlbetons und verleiht dem Knochengerüst seine optimale Widerstandsfähigkeit gegenüber den herrschenden Krafteinwirkungen.

Die chemische Zusammensetzung ist weder bei allen Knochen eines Menschen noch bei den entsprechenden Knochen verschiedener Menschen gleich. Sie ist abhängig vom Entwicklungsstand, von der Ernährung und seiner Belastung. Mit zunehmendem Alter erhöht sich der anorganische Anteil stark, pflanzliche Ernährung steigert die organischen Bestandteile, und hochbelastete Knochen (wie z. B. Wirbel, Oberschenkelknochen u. a.) besitzen einen höheren Kalkanteil, ohne allerdings dabei ihre Elastizität einzubüßen.

Die Beanspruchung auf das Skelett wirkt sich auch auf die Form und den Aufbau eines Knochens aus. Bei minderbeanspruchten Körperteilen setzt rasch eine Knochenmaterialresorption ein. Dieses Phänomen führte bei den ersten Raumfahrten zu medizinischen Problemen, denn in schwerelosem Zustand war der Abbau an Calciumsalzen so groß, daß er die Nierenfunktionen beeinträchtigte. Mittlerweile gehört deshalb ein gezieltes Gymnastikprogramm zum täglichen Ablauf der Astronauten.

Die Muskeln stellen den aktiven Teil des Bewegungsapparates dar. Über das motorische Nervensystem laufen Erregungsimpulse vom Gehirn durch das Rückenmark hin zur Skelettmuskulatur. Die elektrischen Impulse lösen Muskelkontraktionen aus und/ oder versetzen bestimmte Muskelgruppen in einen Spannungszustand. Auf diese Art und Weise sind wir mit den Skelettmuskeln — im Unterschied zu den Muskeln der inneren Organe (glatte Muskulatur) und des Herzmuskels — in der Lage, willkürliche Kontraktionen auszulösen und damit bewußte Bewegungen auszuführen sowie uns im aufrechten Gang zu bewegen.

Unabhängig von der vielfältigen Form haben alle Skelettmuskeln denselben Aufbau. Wegen ihrer mikroskopischen Struktur werden sie als quergestreifte Muskeln bezeichnet. Jeden Muskel überzieht eine Bindegewebshülle, die Muskelhaut. Im Inneren verlaufen ebenfalls von einer elastischen Hülle eingeschlossene Muskelfaserbündel, die aus einzelnen, fadendicken Muskelfasern bestehen. Sie sind von Bindegewebe umhüllt, in dem Blutgefäße für die Ernährung und Nervenfasern für die Erregungsleitung verlaufen.

Jede Muskelfaser besteht wiederum aus vielen kleineren Myofibrillen, die durch ihren besonderen Aufbau die Querstreifung verursachen. Sie enthalten zwei Eiweiße, die eigentlichen kontraktilen Elemente der Muskulatur (Abb. 43).
Die einzelne Muskelfaser kontrahiert bei Erregung über das Nervensystem bei überschwelligen Reizen stets nach dem Alles-oder-Nichts-Gesetz vollständig. Wenn alle Muskelfasern eines Muskels vollkommen zusammengezogen sind, entfaltet er seine größte Kraft.
Jede Nervenfaser teilt sich im Muskel auf, und ihre Endungen erregen gleichzeitig mehrere Fasern. Beide Teile zusammen bilden eine neuromuskuläre Einheit. Diese Einheiten sind unterschiedlich groß. Durch Innervation einiger oder vieler, großer oder kleiner ist die Kraftentfaltung dosierbar. Auch lassen sich auf dieser anatomischen Grundlage die feingliedrigen Bewegungen eines Klavierspielers und grobgliedrigen Aktionen eines Holzfällers mit kleinen neuromuskulären Einheiten in den Fingern und großen in den Armen erklären.
Jeder Muskel besitzt neben seiner Fähigkeit, Bewegungsarbeit zu verrichten, eine bestimmte Spannungslage. Diese Aktivität ist im Bereich der Rumpfmuskulatur besonders groß, da sie für die Erhaltung der aufrechten Körperposition notwendig ist. Aber auch die Extremitätenmuskulatur, deren Bedeutung mehr auf der Durchführung der Bewegungen liegt, steht unter einem andauernden **Muskeltonus.** Diese Muskelgrundspannung ist ständigen Schwankungen ausgesetzt:

Tonuserhöhend wirken

- Kräftigungsübungen
- Kälteeinwirkung (besonders auf die Beugemuskulatur) und
- psychische Belastungen (z. B. Streß).

Tonussenkend wirken

- Dehn- und
- Entspannungsübungen.

Die Kontraktionsleistungen der Muskeln stehen in Abhängigkeit von den äußeren Bedingungen. Ist der äußere Widerstand größer als die Kontraktionskraft, behält der Muskel seine Ausgangslänge bei. Bewegung findet nicht statt **(statische Haltearbeit)**. Dadurch, daß sich die kontraktilen Elemente dennoch zusammenziehen, werden die elastischen Sehnenenden gedehnt sowie die Spannung im Muskel erhöht **(isometrische Kontraktion)**.
Die **isotonische Kontraktion** ist mit Verkürzung des Muskels bei gleichbleibender Spannung verbunden, d. h. die kontraktilen Elemente werden verkürzt, die elastischen Elemente verändern ihre Länge nicht. Diese Form der Muskelkontraktion hat mehr modellhaften Charakter und dient eher zur Veranschaulichung der im Alltag und Sport eigentlich vorkommenden **auxotonischen Kontraktionen.** Hier sind beide Kontraktionsformen, die isometrische und die isotonische, vereint. Durch die andauernd wechselnden Kraft-Last- und Geschwindigkeitsveränderungen bei Bewegungen schaltet das Nerv-Muskel-System ständig neuromuskuläre Einheiten zu und ab und paßt den Muskel dabei den Umweltbedingungen an (Abb. 44).

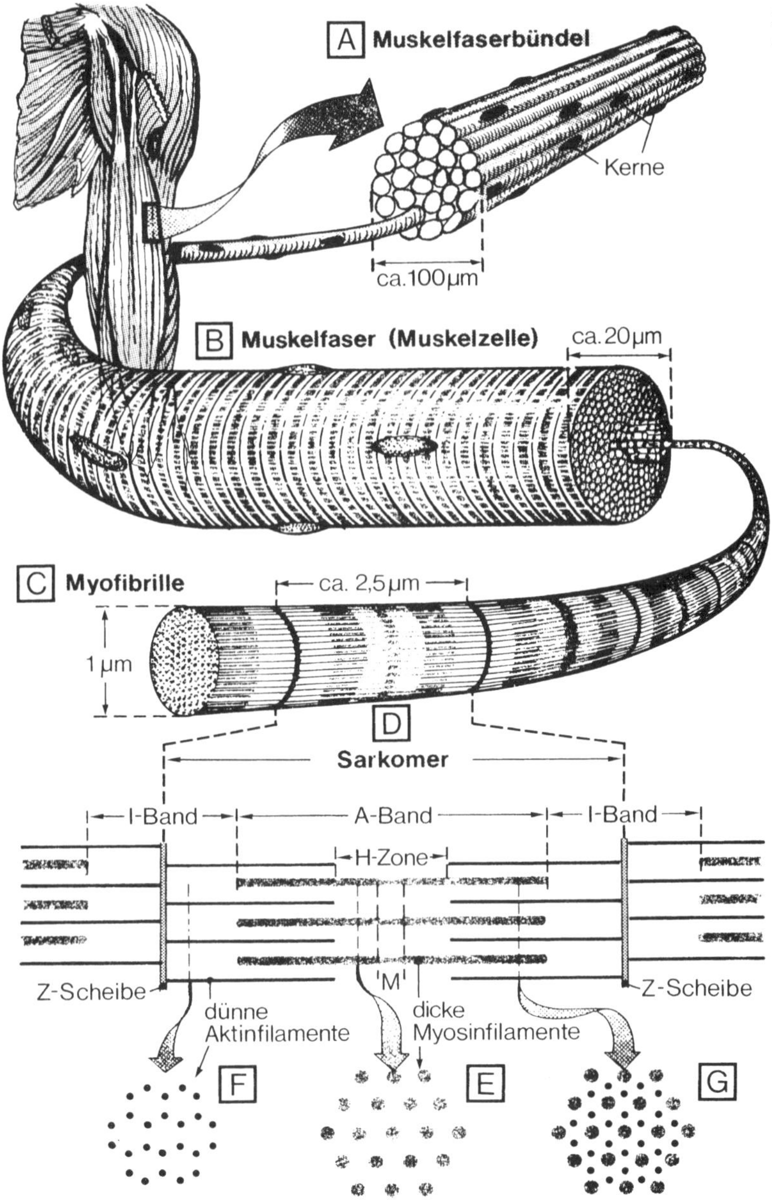

Abb. 43 Feinstruktur des quergestreiften Muskels
(*MARKWORTH* 1983, 29)

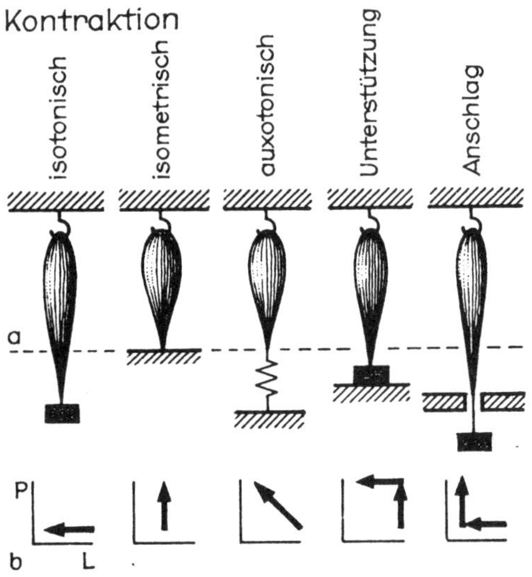

Abb. 44 Kontraktionsformen des Muskels unter unterschiedlichen Arbeitsbedingungen
a verschiedene Arbeitsbedingungen; die unterbrochene waagerechte Gerade gibt die Länge des ruhenden unbelasteten Muskels an
b zugehörige Längen-Spannungs-Diagramme (*FINDEISEN* 1980, 51)

Auxotonische Muskelkontraktionen führen zu **dynamischer Muskelarbeit**. Diese, auch als Bewegungsarbeit bezeichnet, kann überwindend **(konzentrisch)**, wenn das eigene Körpergewicht, Fremdgewichte bzw. Widerstände zu bewältigen sind, oder aber nachgebend **(exzentrisch)** sein, wenn beispielsweise das Körpergewicht bei der Landung nach einem Sprung abgefangen werden muß.
Sowohl das statische als auch das dynamische Krafttraining bringt für den Bereich KörperManagement Vor- und Nachteile. Als **Vorteile des statischen Trainings** können wir anführen:

- Der Wechsel von muskulärer An- und Entspannung vermittelt nach längerer Zeit der Sportabstinenz die Fähigkeit, seinen Körper wieder kennenzulernen.
- Es handelt sich um eine zeitersparende Trainingsmethode mit einfacher Durchführung.
- Ihre Anwendung ist auch dann möglich, wenn die Bewegungsfähigkeit eingeschränkt ist.
- Sie führt in Kombination mit Dehnübungen zu einer Vorbereitung der Muskulatur auf das Training und
- erhöht den Erfolg des Beweglichkeitstrainings.

Als **Nachteile** wirken sich aus:

- Der Kraftzuwachs ist nur innerhalb der Winkelstellung wirksam, in der trainiert wird.

- Die fehlende Bewegung ermöglicht nicht die Verbesserung des Muskelzusammenspiels.
- Die maximale Spannungsentwicklung sorgt zwar für eine rasche Querschnittszunahme des Muskels, aber eine bessere Kapillarisierung bleibt aus.
- Haltearbeit ist monoton und
- führt leicht zur Preßatmung.

Demgegenüber stehen folgende **Vorteile beim dynamischen Krafttraining**:

- Der gesamte Bewegungsradius der Gelenke wird ausgeschöpft.
- Die Koordination der Bewegungen steigt.
- Es ist leicht verfügbar und kann praktisch überall durchgeführt werden.
- Die Gestaltung des Trainings ist durch die Vielzahl der Übungen, durch Variationen der Belastung und Einbeziehung von Partnern sowie Geräten abwechslungsreich zu gestalten.
- Es läßt sich quantitativ gut beschreiben und dokumentieren.

Als **Nachteile** sind zu nennen:

- Es besteht keine Möglichkeit, die Kraftleistung ohne Maschinen gleichmäßig auf den gesamten Bewegungsradius zu verteilen.
- Bei Ermüdung steigt die Verletzungsgefahr.
- In der exzentrischen Phase ist die Gefahr von Mikroverletzungen (Muskelkater) gegeben.
- Falls es in der Rehabilitation zu früh eingesetzt wird, besteht die Möglichkeit einer erneuten Verletzung.

Als Folgerung daraus empfehlen wir für die Strategie gegen die beruflichen Belastungen hauptsächlich das dynamische Krafttraining. Die isometrischen Kontraktionen haben ihre Bedeutung lediglich in Verbindung mit verschiedenen Entspannungs- und Dehntechniken, in der Einführungsphase zum Krafttraining, beim Training der Haltemuskulatur des Rumpfes oder im Bereich der Rehabilitation. Sonst ist das dynamische Krafttraining zu bevorzugen, nicht zuletzt deshalb, weil der Abbau von Bewegungsmangel mit zum erklärten Ziel der körperlichen Strategie zählt.

Eine wichtige Aufgabe innerhalb des Bewegungsapparats übernehmen die **Sehnen**. Sie stellen die eigentliche Verbindung zwischen den Knochen und Muskeln her, indem sie an Knochenvorsprüngen oder besonders dafür ausgebildeten Rauhigkeiten angreifen. Bei Kontraktion der Muskulatur üben sie einen Zug auf die Knochen aus und bewegen sie dadurch gegeneinander. Dort, wo Sehnen über die Knochen gleiten, bilden sich Schleimbeutel, die Flüssigkeit abgeben und dadurch die Gleitfähigkeit verbessern. Laufen Sehnen eine größere Strecke über Knochen, dann sind sie meist von Sehnenscheiden umhüllt, die – da sie auch flüssigkeitsgefüllt sind – ebenfalls die Reibung mit dem umgebenden Gewebe vermindern.

Die Elemente des aktiven Bewegungsapparats besitzen wichtige mechanische Eigenschaften. Neben der Elastizität und Plastizität, die Sehnen, Bänder und Muskeln gemeinsam auszeichnen, kommt der Muskulatur noch die Kontraktilität zu. Nach vorangegangener Dehnung kehren weder Bänder, Sehnen noch Muskulatur vollständig in ihre Ausgangsposition zurück. Der verbleibende Dehnungsrückstand steigert die

Kontraktionseigenschaften des Muskels. Andererseits verharrt der Muskel nach Kontraktion in einem verkürzten Zustand, der bei hohen Belastungen auf Dauer zu einer Einschränkung der Beweglichkeit führt, wenn er nicht nach der Beanspruchung durch Dehnung wieder in seine Ausgangslänge gebracht wird.
Während Muskeln in hohem Maße dehnfähig sind (150–200 % ihrer Ausgangslänge), besitzen Sehnen nur einen geringen Dehnungsbereich (ca. 5 %). Das Erreichen einer größeren funktionellen Gelenkbeweglichkeit ist deshalb hauptsächlich über eine qualitative Verbesserung der elastischen Eigenschaften der Muskeln und weniger über die der Sehnen und Bänder möglich *(KNEBEL 1987).*
Jede Längen- und Spannungsveränderung im Muskel wird reflektorisch über das Rückenmark kontrolliert. Dazu dienen spezielle, in die Muskulatur und Sehnen eingelagerte Sinneszellen, wie beispielsweise die Muskelspindeln. Ihre Aufgabe ist es, Dehnungszustände der Muskulatur über Nervenfasern an das zentrale Nervensystem weiterzuleiten. Bei starker Dehnung kontrahiert der Muskel, um sich vor Überbeanspruchung zu schützen. Da die Muskelspindelerregung allerdings nicht nur von der Längenzunahme, sondern auch von der Dehnungsgeschwindigkeit abhängt, führen schnell ausgeführte federnde, wippende Bewegungen über den beschriebenen Dehnungsreflex zu schnellen Kontraktionen des Muskels, der eigentlich gedehnt werden soll. Statt ihn dehnfähiger zu machen, führen solche Bewegungen langfristig eher zum Gegenteil: der Muskel verkürzt sich!
Jede Bewegung ist ein Zusammenspiel mehrerer Muskeln. Zieht sich der eine Muskel (Muskelgruppe) zusammen, muß der entgegenwirkende Muskel (Muskelgruppe) erschlaffen und wird gedehnt. Deshalb bilden Kräftigungs- und Dehnübungen stets eine Einheit.
Bei einer Bewegung gleichsinnig arbeitende Muskeln bezeichnen wir als Synergisten, gegensinnig arbeitende als Antagonisten. Bei verschiedenen Bewegungen können ehemalige Antagonisten zu Synergisten werden und umgekehrt. Das Prinzip der Zusammenarbeit entgegenwirkender Muskeln bei der Ausführung kontrollierter Bewegungen nennen wir auch Muskelantagonismus.
Im Mittelpunkt der Bewegungen stehen die **Gelenke**. Die beiden das Gelenk bildenden Knochen sind am Ende mit einer Knorpelschicht überzogen, die entweder eben, konvex oder konkav gewölbt sein kann. Der konvexe Gelenkkörper formt den Kopf, der konkave die Gelenkpfanne. Beide Teile sind mit einer Knorpelschicht überzogen. Dazwischen bleibt eine Lücke – der Gelenkspalt, der dem Knochen eine bestimmte Beweglichkeit ermöglicht. Eine Inkongruenz zwischen Gelenkkopf und -pfanne wird meist von knorpeligen Gelenkscheiben (Menisken, Disken) ausgeglichen. Sie bestehen aus elastischem, druckfestem Gewebe. Die Aufgabe der Knorpelelemente liegt zum einen darin, zwischen den Gelenkflächen relativ glatte Oberflächen herzustellen, um ihre Reibung zu vermindern, und zum anderen, durch ihre Elastizität die Druckbelastung auf die Gelenkenden relativ gleichmäßig zu verteilen. Eine bindegewebige Hülle – die Gelenkkapsel – schließt die Gelenkhöhle luftdicht ab. Die innere Schicht wird als Synovialhaut bezeichnet und ist für die Produktion der Gelenkschmiere verantwortlich. Schleimbeutel unterstützen sie in dieser Funktion. Der Kapsel aufgelagert sind Gelenkbänder, die das Gelenk stabilisieren, Bewegungsart und -ausmaß mitbestimmen, aber gleichzeitig die Gelenkbeweglichkeit einschränken.

Die Muskeln ziehen über ein oder mehrere Gelenke hinweg. Der Teil des Muskels, der sich als Ausgangspunkt von Bewegungen am fixierten Skeletteil befindet, heißt Muskelursprung (Punctum fixum), den bewegten Teil nennen wir Muskelansatz (Punctum mobile). Beide Teile können trotz gleichbleibender Gelenkmechanik vertauscht werden.

Grundsätzlich sind in jeder Ebene des Raumes zwei Bewegungen durchführbar. Bei drei Raumdimensionen ergeben sich daraus sechs Hauptbewegungen:

- Beugung (Flexion)
- Streckung (Extension)
- Anziehung (Adduktion)
- Abspreizung (Abduktion)
- Auswärtsrollung (Exorotation)
- Einwärtsrollung (Endorotation)

Zu ergänzen ist die Umführbewegung (Zirkumduktion) der Extremitäten, die aufeinanderfolgend Flexion, Abduktion, Extension und Adduktion verbindet. Dabei beschreibt der Arm oder das Bein einen Kegel.

Je nach Gelenktyp sind von diesen Möglichkeiten nur ganz bestimmte Bewegungen durchführbar. Die Struktur der Knochen, die Führung der Bänder sowie Ursprung, Ansatz und Faserverlauf der auf das Gelenk wirkenden Muskeln bestimmen die Bewegungsrichtungen und -amplituden jedes Gelenks. In einer Übersicht sind die wichtigsten Gelenke mit ihren Bewegungsrichtungen dargestellt (Abb. 45; Tab. 10).

Der gesamte Bewegungsapparat gliedert sich in funktionelle Teilsysteme auf, die zwar eine gewisse Eigenständigkeit besitzen, aber dennoch untereinander in Verbindung stehen. Wir bezeichnen sie in Anlehnung an *KNEBEL* (1987) als **Funktionskreise** (Tab. 11). Da die möglichen Bewegungen innerhalb jedes Teilsystems in bezug auf Bewegungsrichtung und -amplitude von der Gelenkstruktur abhängig sind, unterteilen wir die Funktionskreise weiter in einzelne **Trainingsbereiche**, um gezielt nach

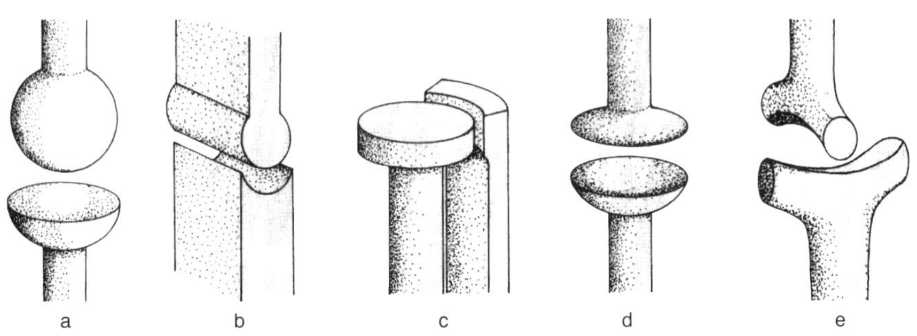

a) Kugelgelenk b) Scharniergelenk c) Dreh- oder Radgelenk d) Eigelenk e) Sattelgelenk

Abb. 45 Schematische Darstellung verschiedener Gelenktypen
(*WEINECK* 1986 a, 46)

anatomischen und physiologischen Gesichtspunkten Übungen entwickeln und ordnen zu können (Tab. 12).
Die Muskeln, die bei der Ausführung verschiedener Übungen beteiligt sind, werden in demjenigen Funktionskreis besprochen, in dem sie ihre Hauptaufgabe übernehmen.

Tab. 10 Die Bewegungsrichtungen der wichtigsten Gelenke

Gelenk	Typ	Bewegungsrichtungen
Schulter	Kugelgelenk zwischen Oberarmknochen und Schulterblatt	Seitliches Abspreizen der Arme vom Körper Seitliches Anziehen der Arme zum Körper Nach-vorn/oben-Führen der Arme vom Körper Nach-hinten/oben-Führen der Arme vom Körper Einwärtsdrehen der Arme Auswärtsdrehen der Arme Gleitbewegungen: Anheben und Senken der Schultern (Achselzucken) Nach-vorne-und-hinten-Führen der Schultern
Ellenbogen	Scharniergelenk zwischen Oberarmknochen und Elle sowie Speiche	Beugung des Unterarms Streckung des Unterarms
Hüfte	Kugelgelenk zwischen Hüftbein und Oberschenkelknochen	Seitliches Abspreizen der Beine vom Körper Seitliches Anziehen der Beine zum Körper Nach-vorn/oben-Führen der Beine vom Körper Nach-hinten/oben-Führen der Beine vom Körper Einwärtsdrehen der Beine Auswärtsdrehen der Beine
Knie	Drehscharniergelenk zwischen Oberschenkelknochen und Schienbein	Beugung des Unterschenkels Streckung des Unterschenkels Einwärtsdrehen des Unterschenkels bei gebeugtem Knie Auswärtsdrehen des Unterschenkels bei gebeugtem Knie

Tab. 11 Gliederung des Organismus in vier Funktionskreise
(nach *KNEBEL* 1987, 75)

Funktionskreis	Gliederung
I	Kopfgelenke, Hals- und Brustwirbelsäule bis 5. Thorakalwirbel
II	Schultergürtel, Schulter-, Ellenbogen-, Handgelenk
III	Wirbelsäule ab dem 5. Thorakalwirbel bis Lendenwirbelsäule
IV	Hüft-, Kreuz/Darmbein-, Knie- und Sprunggelenke; Unterer Lendenwirbelsäulenbereich

Tab. 12 Trainingsbereiche

Lfd. Nr.	Gelenk	Bewegungsrichtung
1	Kopfgelenk	Vorwärtsbeugung – Rückwärtsstreckung
2	Kopfgelenk	Seitwärtsneigung
3	Kopfgelenk	Drehung
4	Schultergürtel	Vorführen – Rückführen der Schultern in der Horizontalebene
5	Schultergelenk	Vorführen – Rückführen der Arme in der Horizontalebene
6	Schultergürtel	Heben – Senken der Schultern
7	Schultergelenk	Abspreizung – Heranführung der Arme aus der Grundstellung
8	Schultergelenk	Beugung – Streckung der Arme aus der Grundstellung
9	Schultergelenk	Einwärtsdrehung – Auswärtsdrehung der Arme
10	Schultergürtel-Schultergelenk	Umführbewegung der Arme
11	Ellenbogengelenk	Beugung – Streckung
12	Ellenbogengelenk	Einwärtsdrehung – Auswärtsdrehung
13	Handgelenk	Beugung – Streckung
14	Wirbelsäule	Vorwärtsbeugung – Rückwärtsstreckung
15	Wirbelsäule	Seitwärtsneigung
16	Wirbelsäule	Drehung
17	Hüftgelenk	Beugung – Streckung
18	Hüftgelenk	Abspreizung – Heranführung der Beine
19	Hüftgelenk	Einwärtsdrehung – Auswärtsdrehung der Beine
20	Hüftgelenk	Umführbewegung der Beine
21	Kniegelenk	Beugung – Streckung
22	Kniegelenk	Einwärtsdrehung – Auswärtsdrehung
23	Fußgelenk	Beugung – Streckung

5.2.1.1 Funktionskreis I: Kopfgelenk und Halswirbelsäule

Der Halsteil ist der beweglichste Abschnitt der Wirbelsäule. Er besteht aus 7 Halswirbeln, die in ihrer Gesamtheit eine nach hinten konkave Wölbung (Lordose) aufweisen und am oberen Ende den Kopf frei beweglich tragen. Die hohe Beweglichkeit in allen Bewegungsrichtungen wird durch spezielle Gelenkverbindungen ermöglicht. Dabei nehmen die ersten beiden Halswirbel eine Sonderstellung ein, da sie sich in ihrem Bau von den anderen Wirbeln unterscheiden. Dem ersten Halswirbel (Atlas) fehlt der Wirbelkörper. Im Verlauf der Entwicklung ist er zu einem zapfenförmigen Zahn des zweiten Halswirbels (Axis) geworden. In der Verbindung zwischen beiden Knochen ergibt sich eine Achse, um die sich der Atlas mit dem darauf sitzenden Kopf drehen kann (unteres Kopfgelenk). Das obere Kopfgelenk bilden die Gelenkköpfe des Hinterhauptbeines, die mit den Gelenkflächen des Atlas (Eigelenk) korrespondieren und die Nick- sowie in geringem Maße die Seitwärtsbewegung des Kopfes ermöglichen (Abb. 46). Die übrigen Halswirbel unterstützen die Seit-, Vor- und Rückwärtsneigung. Da es sich bei allen Gelenkverbindungen nicht um Kugelgelenke handelt, sind kreisende Kopfbewegungen in jedem Fall unphysiologisch und deshalb zu vermeiden. Dies um so mehr, als es durch die große Beweglichkeit in diesem Bereich ohnehin frühzeitig zu Abnutzungserscheinungen kommen kann. Für die Kopfbewegungen ist ein System von vielen, zum Teil recht kleinen Muskeln verantwortlich, von denen hier nur die wichtigsten angesprochen werden sollen. Im hinteren Halsbereich dominiert der M. trapezius (Kapuzenmuskel), im seitlichen und vorderen Teil der M. sternocleidomastoideus (Kopfwender) (Abb. 47; Tab. 13).

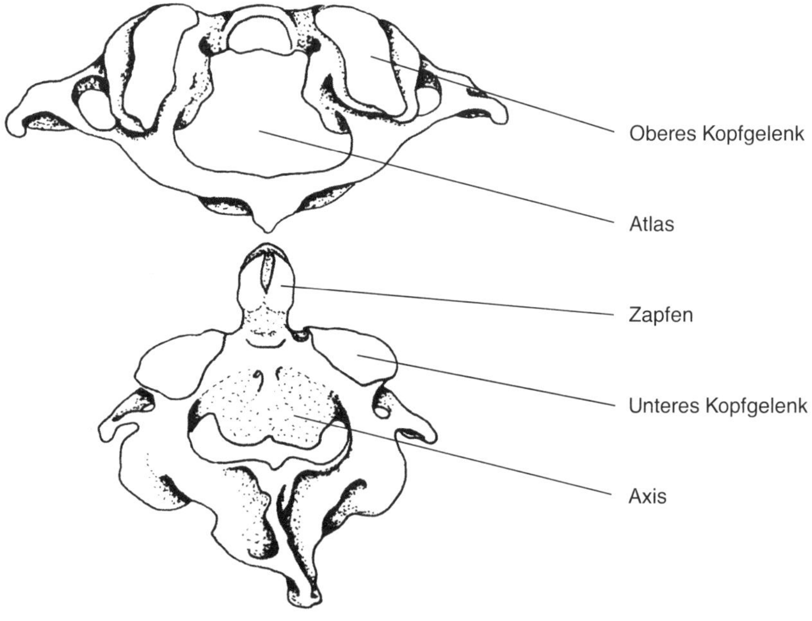

Abb. 46 Kopfgelenke
(*WEINECK* 1986 a, 79)

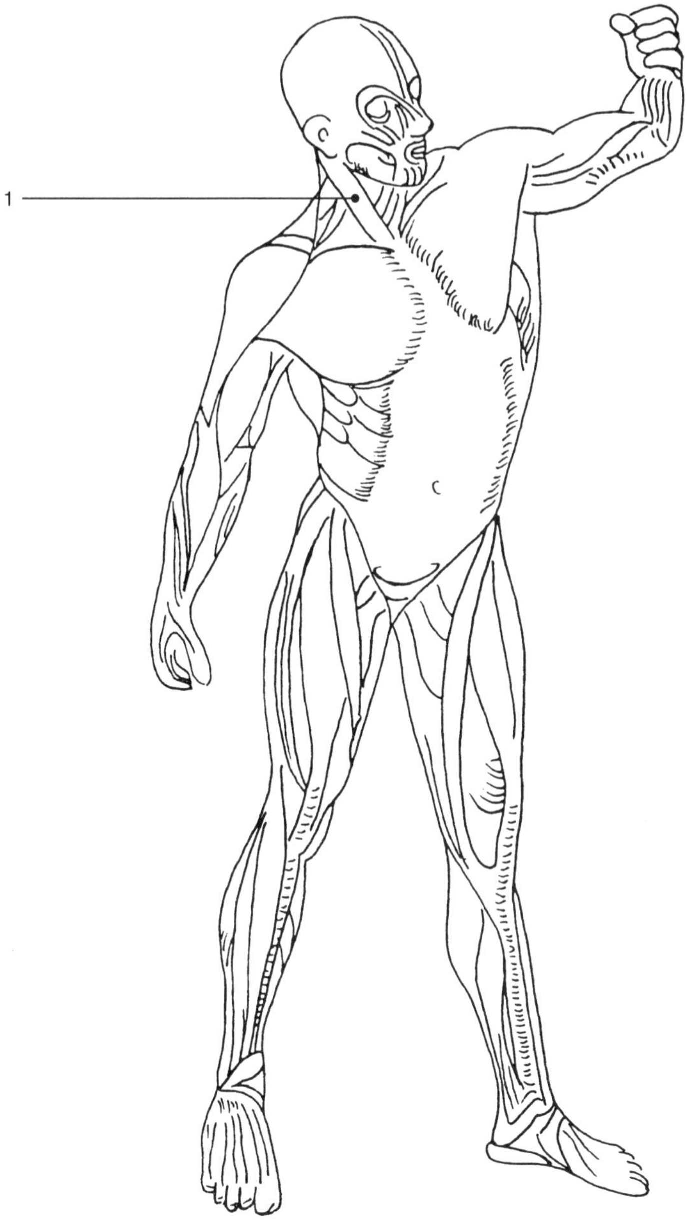

Abb. 47a **Lage der wichtigsten Muskelgruppen im Funktionskreis I (Vorderseite)**

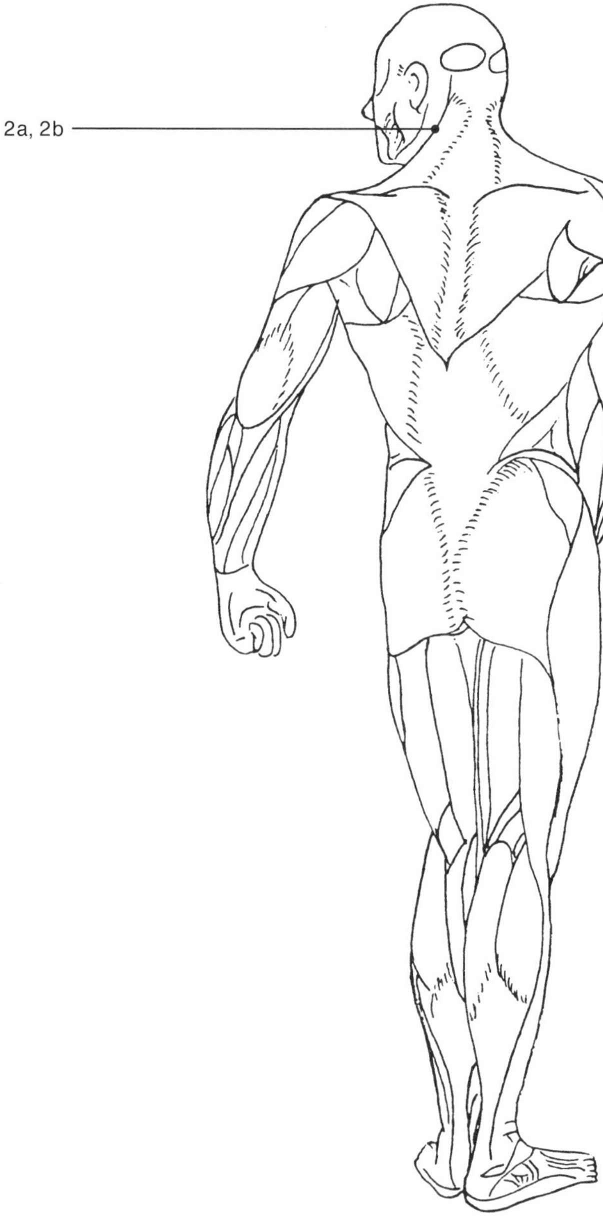

Abb. 47b **Lage der wichtigsten Muskelgruppen im Funktionskreis I (Rückseite)**

Tab. 13 Übersicht der wichtigsten Muskeln mit Ursprung, Ansatz und Funktion im Funktionskreis I

Name des Muskels	Nr.	Ursprung	Ansatz	Funktion
Kopfwender (M. sternocleido-mastoideus)	1	Brustbein (sternum) und Schlüsselbein (clavicula)	Warzenfortsatz und obere Nackenlinie	Bei beidseitiger Kontraktion, Neigung des Kopfes nach vorne; dabei Antagonist des Kapuzenmuskels; bei einseitiger Kontraktion, Drehung des Gesichtes zur Gegenseite
Riemenmuskel (Kopfteil) (M. splenius capitis)	2 a	Dornfortsätze der oberen Brust- und Halswirbel	Warzenfortsätze und obere Nackenlinie	Bei einseitiger Kontraktion, Drehung des Gesichtes zur Kontraktionsseite; bei beidseitiger Kontraktion, Rücknahme des Kopfes in den Nacken
Riemenmuskel (Halsteil) (M. splenius cervicis)	2 b	Dornfortsätze der oberen Brustwirbel	Querfortsätze der Halswirbel	Bei einseitiger Kontraktion, Neigung der Halswirbel-säule zur Kontraktionsseite; bei beidseitiger Kontrak-tion, Neigung der Halswirbelsäule zum Rücken; Beteiligung an der Kopfdrehung

Tab. 14 Übersicht der wichtigsten Muskeln mit Ursprung, Ansatz und Funktion im Funktionskreis II

Name des Muskels	Nr.	Ursprung	Ansatz	Funktion
Kapuzenmuskel (M. trapezius)	3	Hinterer Teil des Nackenbandes; Hals-, Brustwirbel	Schulterblattgräte und äußerer Teil des Schlüsselbeines	Bei einseitiger Kontraktion, Drehung des Gesichtes zur Gegenseite; bei beidseitiger Kontraktion, Neigung des Kopfes nach hinten; Abduktion und Außenrotation des Schulterblattes; Anhebung und Senkung der Schultern; Anhebung der Arme über die Horizontale
Großer Rauten-muskel (M. rhomboideus major)	4	Halswirbel 6 und 7 Brustwirbel 1 bis 4	Innerer Rand des Schulterblattes (Margo medialis)	Abduktion und Innenrotation des Schulterblattes
Kleiner Rauten-muskel (M. rhomboideus minor)	5*	Dornfortsätze der beiden unteren Halswirbel	Medialer Rand des Schulterblattes	Abduktion und Innenrotation des Schulterblattes

Anmerkung: Die mit * gekennzeichneten tiefer liegenden Muskeln sind in der Abb. 48 nicht darstellbar.

Tab. 14 Fortsetzung

Name des Muskels	Nr.	Ursprung	Ansatz	Funktion
Schulterblattheber (M. levator scapulae)	6	Halswirbel 1 bis 4	Oberer Schulterblattwinkel (Angulus superior)	Anheben des Schulterblattes nach oben und zur Wirbelsäule
Vorderer Sägemuskel (M. serratus anterior)	7	Rippen 1 bis 9	Innerer Rand des Schulterblattes (Margo medialis)	Stabilisierung des Schulterblattes, wenn die Hand auf einen Gegenstand drückt; Anheben der Arme über die Horizontale
Kleiner Brustmuskel (M. pectoralis minor)	8*	Rippen 3 bis 5	Rabenschnabelfortsatz (Processus coracoideus)	Senken des Schulterblattes
Muskeln, die am Rumpf entspringen und am Arm ansetzen				
Breitester Rückenmuskel (M. latissimus dorsi)	9	Brustwirbel 6 bis 12, Kreuzbein, hinterer Teil des Darmbeinkammes sowie Rippen 9 bis 12	Unterhalb des kleinen vorderen Oberarmhöckers	Adduktion, Retroversion und Innenrotation des Armes im Schultergelenk
Großer Brustmuskel (M. pectoralis major)	10	Innerer Teil des Schlüsselbeines, Teile der Rippenknorpel	Großer äußerer Oberarmhöcker (Tuberculum majus)	Adduktion und Innenrotation des Armes; Ziehen des Armes aus allen Lagen vor der Brust einwärts
Deltamuskel (M. deltoideus)	11	Äußerer Teil des Schlüsselbeines und Schulterblattgräte (Spina scapulae)	Außenseite des Oberarms	Teilnahme an allen Bewegungen des Oberarms

Anmerkung: Die mit * gekennzeichneten tiefer liegenden Muskeln sind in der Abb. 48 nicht darstellbar.

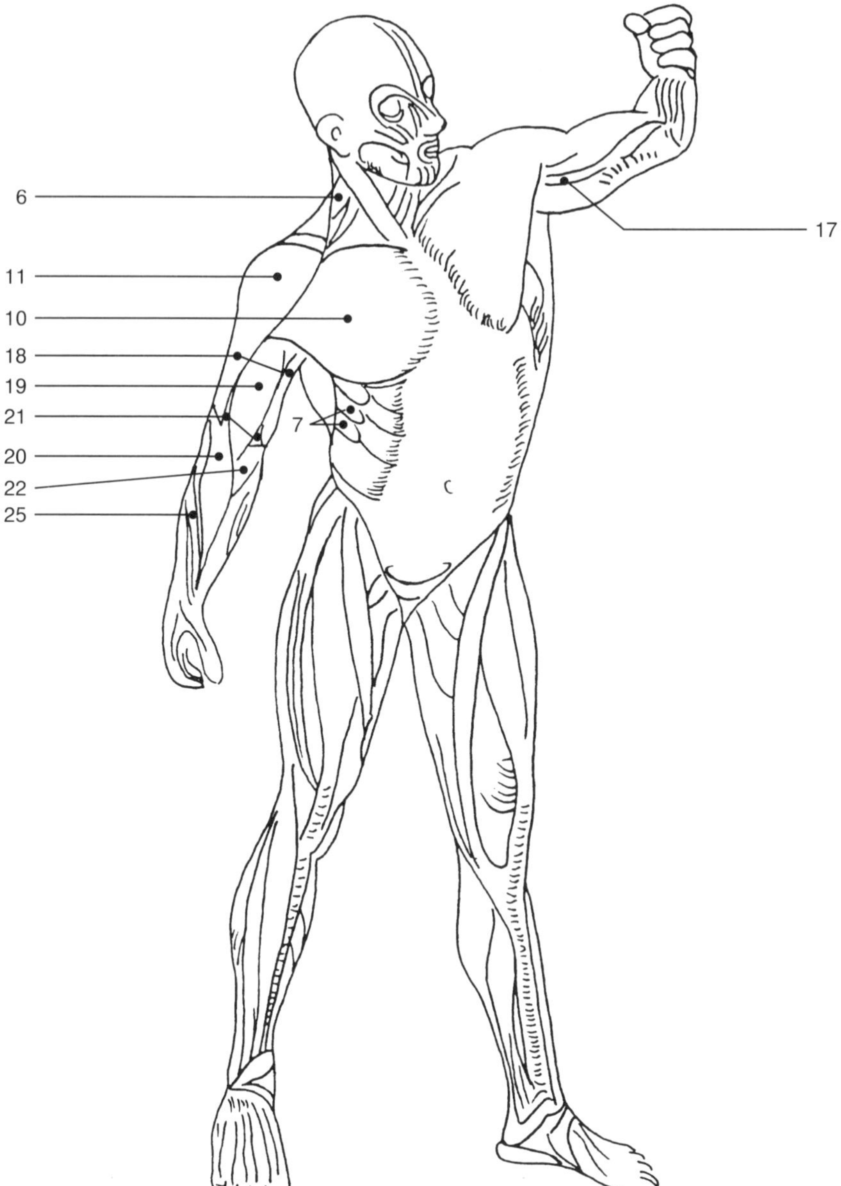

Abb. 48a Lage der wichtigsten Muskelgruppen im Funktionskreis II (Vorderseite)

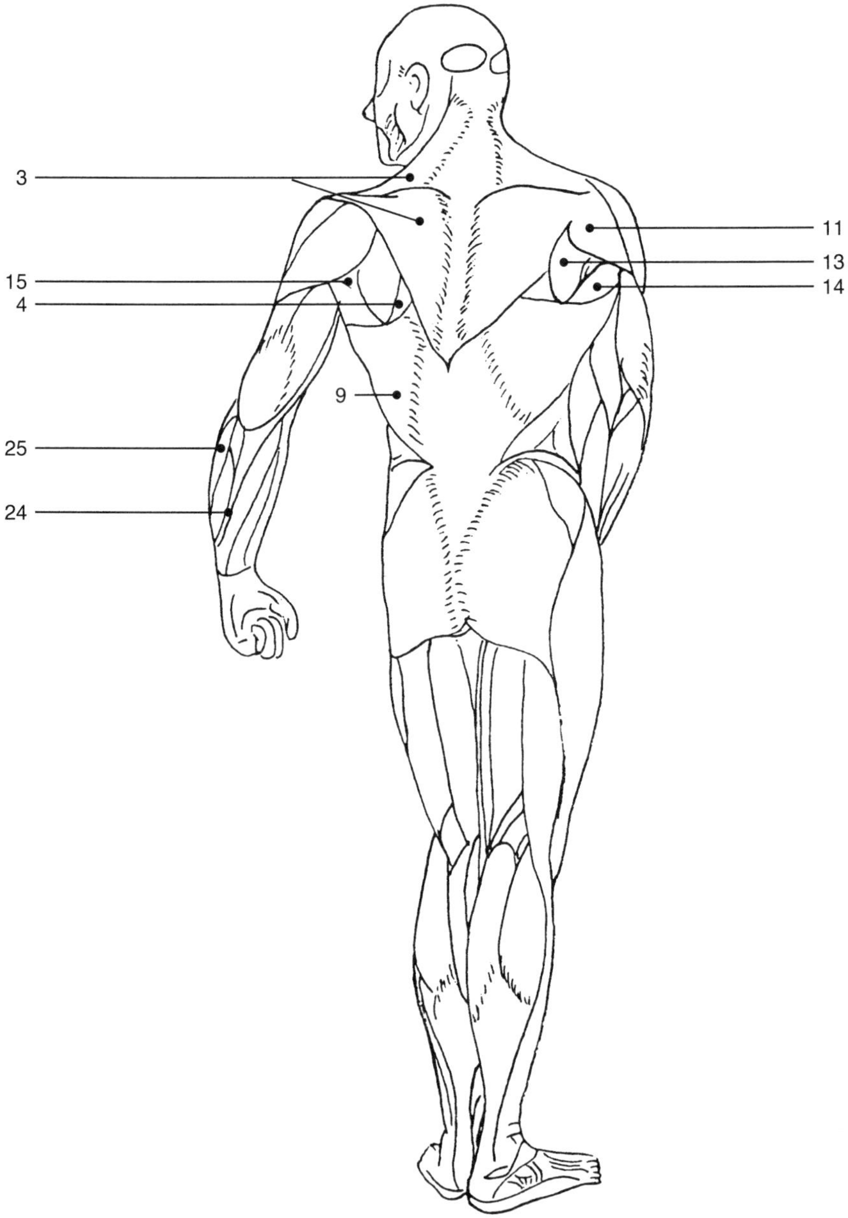

Abb. 48b Lage der wichtigsten Muskelgruppen im Funktionskreis II (Rückseite)

Tab. 14 Fortsetzung

Name des Muskels	Nr.	Ursprung	Ansatz	Funktion
Muskeln, die am Schulterblatt entspringen und am Oberarm ansetzen				
Obergrätenmuskel (M. supraspinatus)	12*	Obergrätengrube	Großer äußerer Oberarmhöcker	Abduktion und Außenrotation des Armes
Untergrätenmuskel (M. infraspinatus)	13	Großer Teil der Untergrätengrube	Großer äußerer Oberarmhöcker	Außenrotation des Armes
Großer Rundmuskel (M. teres major)	14	Unterer Schulterblattwinkel	Vorderseite des Oberarms	Adduktion und Innenrotation; Senken des erhobenen Armes nach unten und hinten; Unterstützung des breitesten Rückenmuskels in seiner Arbeit
Kleiner Rundmuskel (M. teres minor)	15	Äußerer Rand des Schulterblattes	Großer äußerer Oberarmhöcker	Außenrotation des Armes
Unterschulterblattmuskel (M. subscapularis)	16*	Gesamte Innenfläche des Schulterblattes	Kleiner vorderer Oberarmhöcker	Innenrotation des Armes; Senken des erhobenen Armes
Hakenarmmuskel (M. coracobrachialis)	17	Rabenschnabelfortsatz	Innenseite des Oberarmes	Beugung des Armes im Schultergelenk
Armstrecker (M. triceps brachii)	18	Rauhigkeit unter der Schultergelenkpfanne	Ellenhaken	Streckung im Ellenbogen; Spannung der Gelenkkapsel; Führung des Oberarmes hinter den Körper
Zweiköpfiger Armmuskel (M. biceps brachii)	19	1. Rabenschnabelfortsatz 2. Rauhigkeit oberhalb der Schultergelenkpfanne	An der Vorderseite der Speiche; ist außerdem über einen Sehnenstrang mit der Elle verbunden	Beugung und Supination im Ellenbogen; Beugung des Armes im Schultergelenk; Ziehen des Oberarmes einwärts; Drehung im Ellenbogengelenk auswärts

Anmerkung: Die mit * gekennzeichneten tiefer liegenden Muskeln sind in der Abb. 48 nicht darstellbar.

Tab. 14 Fortsetzung

Name des Muskels	Nr.	Ursprung	Ansatz	Funktion
Oberarmspeichenmuskel (M. brachioradialis)	20	Äußere Oberarmkante	Griffelfortsatz an der Speiche	Beugung im Ellenbogen; Pronation und Supination in Abhängigkeit von der Ausgangsstellung
Armbeuger (M. brachialis)	21	Größter Teil der Vorderseite des Oberarmes	Elle	Beugung im Ellenbogen
Runder Einwärtsdreher (M. pronator teres)	22	Innerer Oberarmknorren	Außenseite der Speiche	Pronation des Unterarmes; kräftige Beugung des Unterarmes
Viereckiger Einwärtsdreher (M. pronator q adratus)	23*	Distales Viertel der Elle	Vorderfläche der Speiche	Pronation des Unterarmes in Zusammenarbeit mit dem M. pronator teres
Ulnarer Handgelenkstrecker (M. extensor carpi ulnaris)	24	Äußerer Oberarmknorren	Rückseite des Mittelhandknochens 5	Dorsal- und Ulnarflexion im Handgelenk
Langer und kurzer radialer Handstrecker (M. extensor carpi radialis longus et brevis)	25	Äußerer Oberarmknorren	Rückseite der Mittelhandknochen 2 bis 3	Dorsal- und Radialflexion im Handgelenk
Auswärtsdreher (M. supinator)	26*	Äußerer Oberarmknorren	Außenseite der Speiche	Supination des Unterarmes

Anmerkung: Die mit * gekennzeichneten tiefer liegenden Muskeln sind in der Abb. 48 nicht darstellbar.

5.2.1.2 Funktionskreis II: Schultergürtel, Schultergelenk und obere Extremitäten

Die beiden Schlüsselbeinknochen (claviculae) und Schulterblätter (scapulae) bilden zusammen den Schultergürtel. Im Unterschied zum Becken, das mit der Wirbelsäule fest verbunden ist, liegt der Schultergürtel dem Brustkorb außen auf. Lediglich die beiden Schlüsselbeine besitzen eine gelenkige Verbindung mit dem Brustbein (sternum) (Abb. 49).
Das Schultergelenk wird von der relativ kleinen Gelenkpfanne (ca. 6 cm^2) des Schulterblattes und dem kugeligen Gelenkkopf des Oberarmknochens (Humerus) gebildet. Seine Fläche ist ca. 4mal größer als die flache Schulterblattgelenkpfanne (Kugelgelenk). Diese Besonderheit führt dazu, daß der Schultergürtel und das Schultergelenk zwar das beweglichste, aber dafür das am wenigsten gesicherte Gelenk des Menschen darstellt. Zur Stabilisierung dient eine Gelenkkapsel und ein verstärkendes Band. Zahlreiche Muskeln halten den Oberarmknochen in der Gelenkpfanne. Trotzdem kann es durch plötzliche Gewalteinwirkung (Sturz etc.) leicht zu Verrenkungen (Luxationen) des Schultergelenks kommen. Die Muskulatur, die auf Schultergürtel und Schultergelenk einwirkt, sorgt für die umfangreichen Bewegungsmöglichkeiten. Die Funktion derjenigen Muskeln, die auf den Schultergürtel einwirken, besteht darin, ihn am Rumpf zu fixieren, um Armbewegungen ausführen zu können (Abb. 48; Tab. 14). Die Bewegungen des Schulterblattes sind hauptsächlich Gleitbewegungen: Heben und Senken, zur Wirbelsäule hin und von ihr wegführen.
Die oberen Extremitäten bestehen aus einer Vielzahl von Knochen, die untereinander in gelenkiger Verbindung stehen. Der Oberarmknochen sowie die beiden Unterarmknochen Elle und Speiche bilden das Ellenbogengelenk, das bei genauer Betrachtung aus drei Einzelgelenken zusammengesetzt ist. Der Oberarmknochen ist einerseits mit den beiden Unterarmknochen als Scharniergelenk verbunden, das uns die Beugung und Streckung des Unterarms erlaubt. Andererseits ermöglicht die drehgelenkartige Verbindung zwischen Elle und Speiche Rotationsbewegungen des Unterarms. Bei der Supination zeigt der Handteller des rechtwinklig gebeugten Unterarms nach oben, bei der Pronation nach unten (Abb. 50).
Mit Entfernung vom Rumpf nimmt die Anzahl der Knochen und Gelenkverbindungen zu. Deshalb sind die Bewegungsmöglichkeiten der Hand vielfältig. Da sie zwar für unsere Existenz, weniger jedoch für das Körpertraining eine Rolle spielen, wollen wir die Betrachtung dieser Funktionen ausklammern. Auch das spätere Training begrenzen wir auf das Beugen und Strecken im Handgelenk, obwohl mit der Abduktion auf die Daumenseite (Radialabduktion) und auf die Kleinfingerseite (Ulnarabduktion) weitere Bewegungsmöglichkeiten des Handgelenks zur Verfügung stehen.

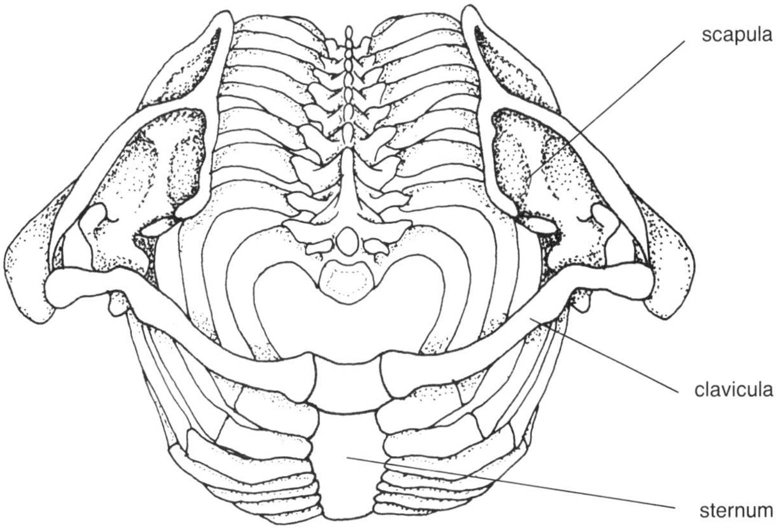

Abb. 49 Schematische Darstellung des Schultergürtels (Aufsicht)
(*WEINECK* 1986a, 81)

5.2.1.3 Funktionskreis III: Rumpf

Im Mittelpunkt des Rumpfes steht das zentrale Achsenorgan des Menschen, die Wirbelsäule. Ihre gesamte Last ruht auf dem Kreuzbein, das im Becken verankert ist. Durch ihre doppelt S-förmige Krümmung, die im Halswirbel- und Lendenwirbelsäulenbereich als Hohlkrümmung (Lordose) und im Brustwirbelsäulenbereich als leichte Rundrückenbildung (Kyphose) ausgebildet ist (Abb. 51), können harte Stöße gut abgefangen werden. Seitliche Abweichungen sind krankhafte Veränderungen (Skoliose).

Die Wirbelsäule besteht aus 33–34 übereinander aufgereihten, knöchernen Elementen, den Wirbeln. Bei der Unterteilung in einzelne Abschnitte unterscheiden wir 7 Hals-, 12 Brust-, 5 Lenden-, 5 Kreuz- und 4–5 Steißwirbel. Alle Wirbel sind nach einem einheitlichen Plan aufgebaut, variieren jedoch je nach Lage aufgrund der nach unten hin zunehmenden Druckbelastung. Im Zentrum eines Wirbels liegt der Wirbelkörper. Daran schließt sich zur Rückenseite hin der Wirbelbogen an, in dessen Wirbelkanal das Rückenmark verläuft. Seitlich angelagert sind knöcherne Fortsätze (Querfortsätze); nach hinten ist der Dornfortsatz gerichtet. Diese Strukturen dienen Muskeln und Bändern als Ansatzflächen.

Nach oben und unten sind jeweils paarig Gelenkfortsätze ausgebildet, die mit den darüber bzw. darunter liegenden Wirbeln in Gelenkverbindung stehen.

An den 12 Brustwirbeln setzen 12 Rippenpaare an. Sie bilden zusammen mit dem Brustbein den Brustkorb.

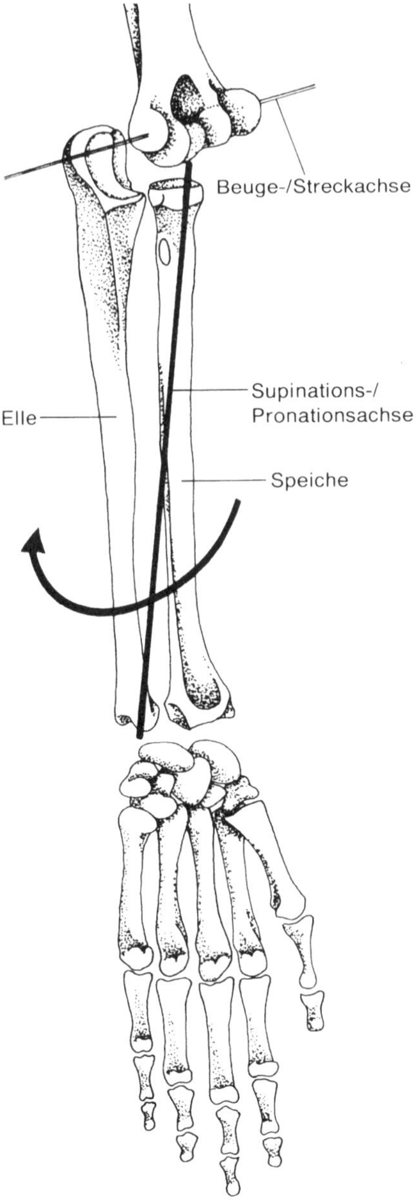

Abb. 50 Die Bewegungsachsen des Ellenbogengelenks, dargestellt am linken Arm
(*WEINECK* 1986 a, 94)

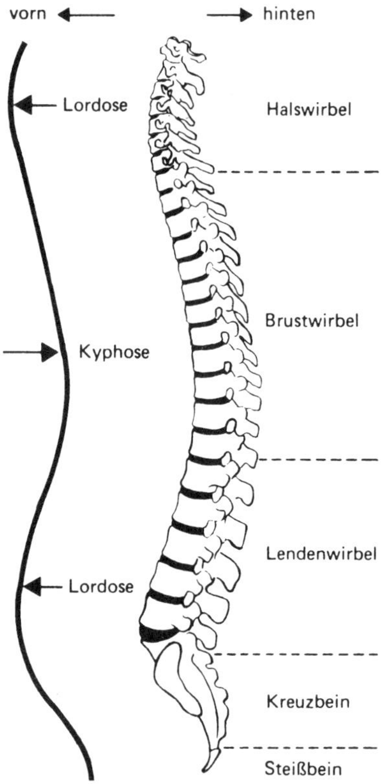

Abb. 51 Gliederung der Wirbelsäule (Seitenansicht)
(*de MARÉES* 1981, 17)

Die ersten 7 Rippenpaare treten mit dem Brustbein unmittelbar in Verbindung. Das 8.—10. Rippenpaar beteiligt sich mit seinen Knorpeln an der Bildung des Rippenbogens. Die 11. und 12. Rippen hängen frei in der Bauchwand. Im unteren Teil sind die 5 Kreuzwirbel zu einem kräftigen Knochen, dem Kreuzbein, verschmolzen. Auch die Steißwirbel sind beim erwachsenen Menschen meist zu einem einheitlichen Knochen verwachsen. Das Kreuzbein und die beiden Hüftbeine, die sich aus Darm-, Sitz- und Schambein gebildet haben, stellen den Beckengürtel dar (Abb. 52). Er ist eine Gewölbekonstruktion, die einerseits die Last des Rumpfes zu tragen hat und andererseits die Verbindung zu den unteren Extremitäten herstellt.
Die Wirbelsäule als Achsenorgan des Körpers muß zwei sich widersprechende mechanische Funktionen erfüllen: einerseits muß sie starr, andererseits aber auch biegsam sein.
Ihre Biegsamkeit beruht auf der Konstruktion von Einzelelementen, die durch Bänder, Sehnen und Muskeln verbunden sind.

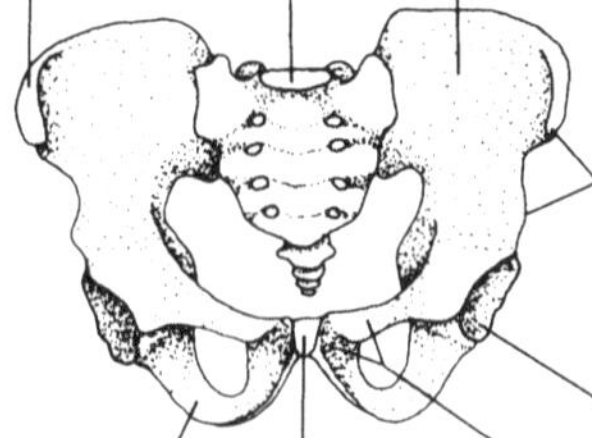

Abb. 52 Beckengürtel (Vorderansicht)
(*WEINECK* 1986a, 64)

Die Beweglichkeit der Wirbelsäule ergibt sich aus der Summe der einzelnen Bewegungsmöglichkeiten der oberhalb des Kreuzbeins liegenden 24 Wirbelkörper. Zwischen den Wirbeln liegt jeweils eine Zwischenwirbelscheibe, die sog. Bandscheibe. Sie besteht aus einem Kern gallertartiger Masse und einem Faserring, der sich aufgrund seiner morphologischen Struktur eng an die Knorpelplatten der Nachbarwirbel anlagert. Hierdurch erhalten die Wirbelkörper untereinander eine feste Bindung.
Der Gallertkern dient zum Ausgleich der auf die Wirbelsäule wirkenden Kraftverhältnisse. Ohne Belastung sind die Fasern des Ringes im Zustand einer Vorspannung, der Kern steht unter innerem Druck. Beim Einwirken von axialen Zugkräften (z. B. Streck- und Hängelage) entfernen sich die benachbarten Wirbelkörperflächen, der Ring wird höher, er verliert an Breite. Die Spannung im Kern läßt nach. Bei Zunahme des axialen Drucks wird der Ring breiter, der Kern dagegen plattet sich unter Zunahme des Binnendrucks ab. Wenn wir uns die asymmetrischen Belastungen ansehen, erkennen wir, daß der Ring zur Belastungsseite hin zusammengedrückt und der Kern auf die entgegengesetzte Seite verschoben wird (Abb. 53). Durch die Verschiebung des Kerns kommt es zu einer Anspannung der Fasern, so daß das System Kern-Ring selbstregulierend arbeitet. Die Kräfte, die auf die Bandscheiben einwirken, hängen von der Geschwindigkeit der Bewegungen und der Stellung der Wirbelsäule im Raum ab. Unphysiologische Bewegungen und dauerhafte Fehlbelastungen führen zu Abnutzungserscheinungen des Bandscheibenrings. Damit verbunden ist eine Abnahme der Spannung der Längsbänder, die auf der Vorder- und Rückseite der Wirbelsäule verlaufen und zur Stabilisierung der Wirbel untereinander beitragen sollen. Als Folge kommt es zur Lockerung des Bewegungssegments.
Gegebenenfalls kann Bandscheibengewebe in den Wirbelkanal austreten und auf die dort verlaufenden Nerven drücken. Besonders anfällig für einen solchen Bandschei-

benvorfall ist die Lendenwirbelsäule. Ihre Beanspruchung ist in Rückenlage mit angezogenen Knien am niedrigsten. Beim Sitzen ist der Druck auf die Zwischenwirbelscheiben größer als beim Stehen (Abb. 61, Seite 131). Beim Anheben eines Gewichts von 50 kp im Sitz werden die Bandscheiben eines 70 kg schweren Mannes mit ca. 300 kp belastet. Aus diesem Beispiel wird deutlich, daß nur ein stark ausgebildetes Muskelkorsett in Verbindung mit einer guten Körperhaltung und einer korrekten Technik bei den alltäglichen Bewegungen (Sitzen, Stehen, Heben, Tragen) einen größtmöglichen Schutz vor Schädigungen bietet.
Die relative Starrheit der Wirbelsäule, die in ihrer Funktion der Sicherung des aufrechten Gangs zum Ausdruck kommt, wird gewährleistet durch die Rumpfmuskulatur.

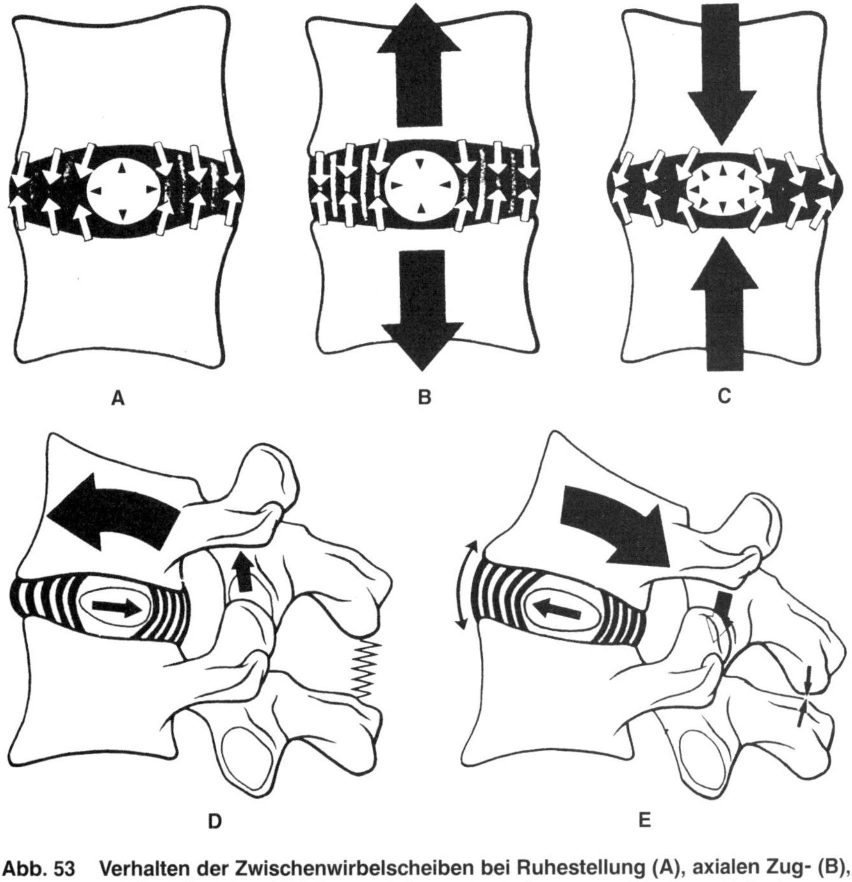

Abb. 53 **Verhalten der Zwischenwirbelscheiben bei Ruhestellung (A), axialen Zug- (B), axialen Druckverhältnissen (C) sowie bei asymmetrischen Belastungen: Flexion (D) und Extension (E)**
(*KARPANDJI* 1985, 33)

Dabei treten die Bauch- und Rückenmuskeln als aktive Stabilisatoren der Wirbelsäule auf. Die beiden Muskelgruppen wirken wie die Vertäuung eines Segelmastes. Die Wirbelsäule als Mast ist im Becken verankert. In Schulterhöhe trägt sie als quere Rahe den Schultergürtel. Bänder- und Muskelzüge sind als Haltetaue auf mehreren Ebenen angebracht (Abb. 54) und verbinden den Mast mit seiner basalen Verankerung, dem Becken.
In aufrechter Stellung und bei korrekter Haltung sind die Spannkräfte der Haltetaue (Muskulatur) ausgeglichen. Bei Bewegung stellt ein kompliziertes System, vom zentralen Nervensystem gesteuert, automatisch das Gleichgewicht ein. Es handelt sich dabei um eine fortwährende Tonusänderung der verschiedenen Muskeln (Abb. 55). Entsprechend den Bewegungsmöglichkeiten der Wirbelsäule übernehmen die Rumpfmuskeln das Beugen, Strecken, Seitwärtsneigen und Rotieren.
Je nach ihrer Lage unterteilen wir sie in Bauch- und Rückenmuskulatur. Die flächenhaft ausgebildete Bauchmuskulatur dient hauptsächlich zum Schutz der inneren Organe. Die Aufgabe der stärker ausgebildeten Rückenmuskulatur liegt dagegen mehr in der Stabilisierung der Wirbelsäule (Abb. 56; Tab. 15). Bei einer disharmonischen Ausbildung dieses Muskelsystems kommt es zu Fehlhaltungen, die sich wiederum in unphysiologischen Belastungen der Wirbelsäule ausdrücken und langfristig zu pathologischen Veränderungen im Bewegungsapparat führen können.

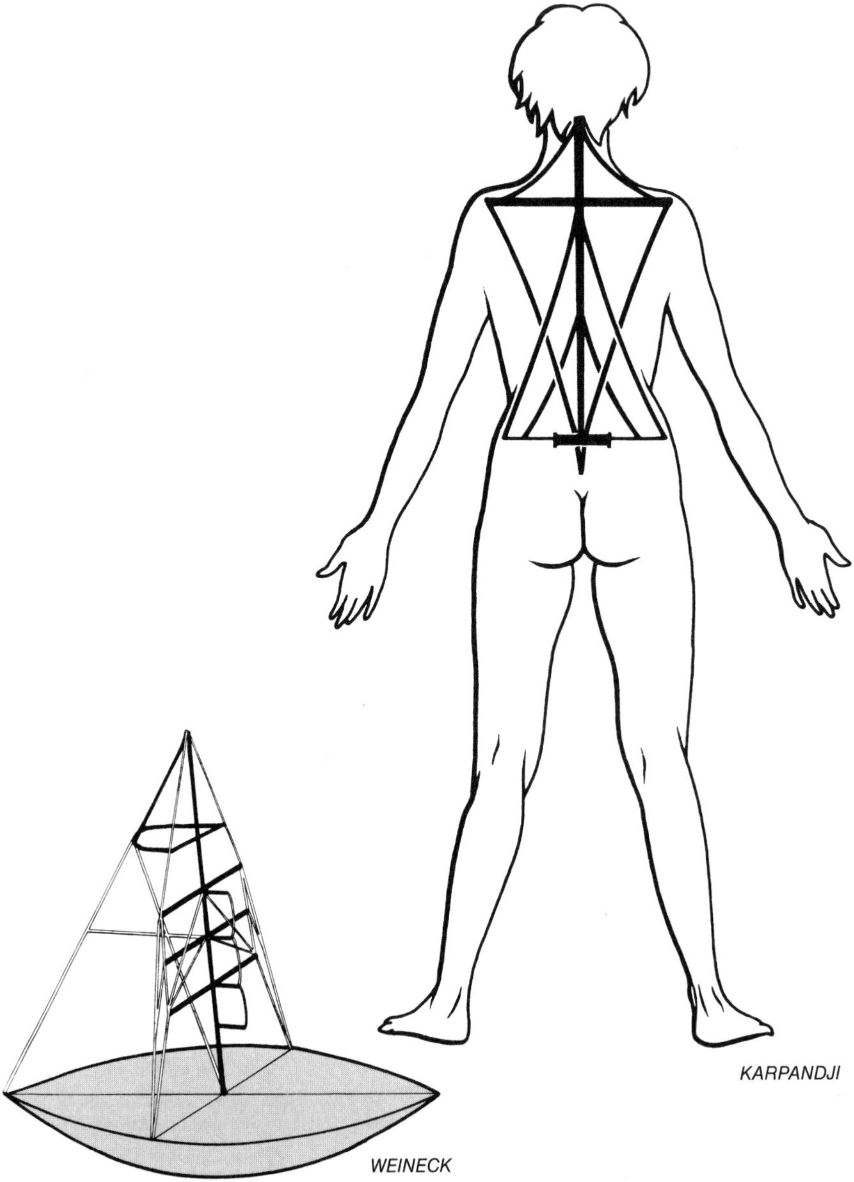

Abb. 54 Vergleich zwischen der muskulären Stabilisierung der Wirbelsäule und der Vertäuung eines Bootsmastes
(*KARPANDJI* 1985, 3 und *WEINECK* 1986 a, 77)

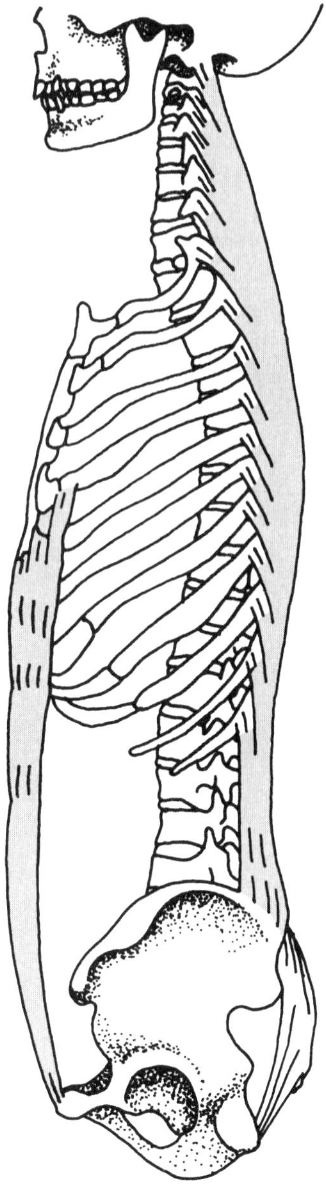

Abb. 55 Die Rumpfmuskulatur als Verspannungssystem für die Erhaltung der aufrechten Körperhaltung
(*WEINECK* 1986 a, 57)

Tab. 15 Übersicht der wichtigsten Muskeln mit Ursprung, Ansatz und Funktion im Funktionskreis III

Name des Muskels	Nr.	Ursprung	Ansatz	Funktion
Muskeln auf der Rumpfvorderseite				
Gerader Bauchmuskel (M. rectus abdominis)	27	5. bis 7. Rippenknorpel, Schwertfortsatz des Brustbeines	Schambein	Rumpfbeugung bei fixiertem Becken; Heben des Beckens bei fixiertem Brustkorb; bei einseitiger Innervation, Seitneigung des Rumpfes; Bauchpresse; Ausatmung
Äußerer schräger Bauchmuskel (M. obliquus externus abdominis)	28	Außenfläche der 5. bis 12. Rippe	Darmbeinkamm, Leistenband, Schambeinhöckerchen, „Weiße Linie" (Linea alba)	Bei beidseitiger Kontraktion, Unterstützung des geraden Bauchmuskels bei der Rumpfbeugung; bei einseitiger Kontraktion, Seitneigung des Rumpfes bzw. Drehung zur Gegenseite
Innerer schräger Bauchmuskel (M. obliquus internus abdominis)	29	Darmbeinkamm, Leistenband, Lendenaponeurose	9. bis 12. Rippe, „Weiße Linie"	wie äußerer schräger Bauchmuskel
Muskeln auf der Rumpfrückseite				
M. erector spinae: Sammelbegriff der autochthonen Rückenmuskulatur	30*			
Rückenstrecker (M. sacro-spinalis)	30 a*	Hintere Kreuzbeinfläche und hinterer Teil des Darmbeinkammes	Teilung in der Höhe der letzten Rippe	Dorsalextension

Anmerkung: Die mit * gekennzeichneten tiefer liegenden Muskeln sind in der Abb. 56 nicht darstellbar.

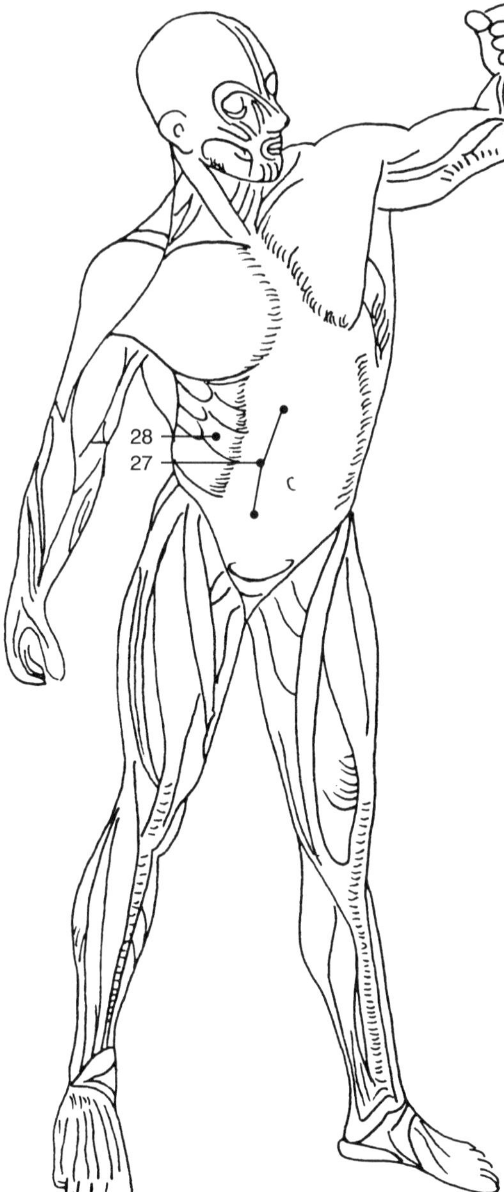

Abb. 56a Lage der wichtigsten Muskelgruppen im Funktionskreis III (Vorderseite)

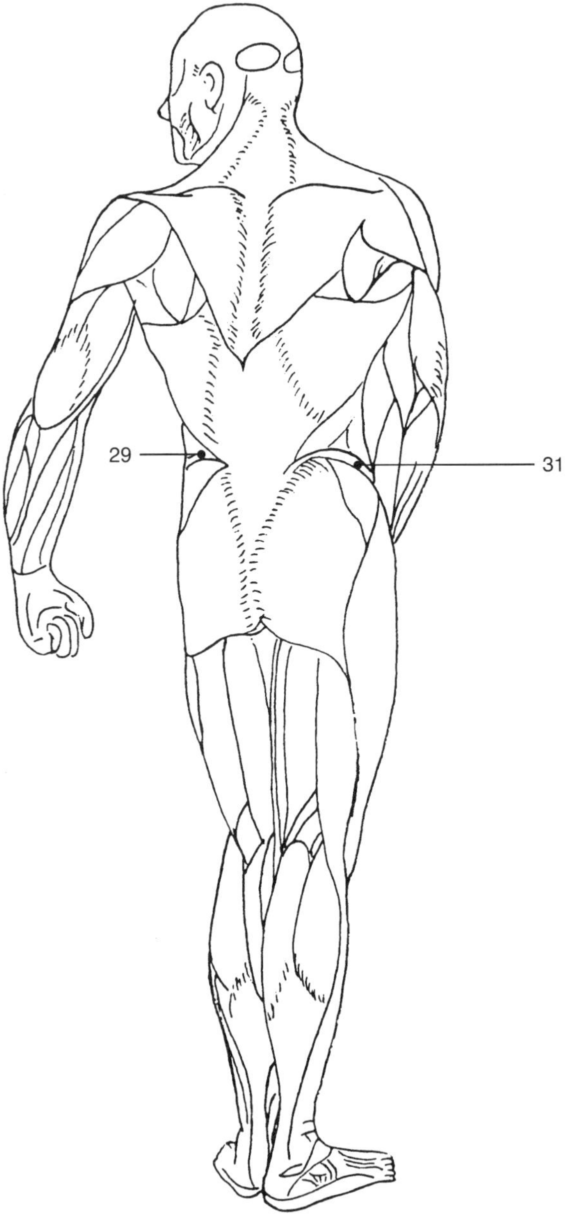

Abb. 56b Lage der wichtigsten Muskelgruppen im Funktionskreis III (Rückseite)

Tab. 15 Fortsetzung

Name des Muskels	Nr.	Ursprung	Ansatz	Funktion
Hüftrippenmuskel (M. iliocostalis)	30 b*	Von der 3. bis 12. Rippe, dem Kreuzbein und dem Darmbeinkamm	An allen 12 Rippen bzw. an den Querfortsätzen der Halswirbel	Wie der Lange Muskel (30 c), Streckung bzw. Seitneigung des Rumpfes; Senken der Rippen; Unterstützung der Ausatmung
Langer Muskel (M. longissimus)	30 c*	Querfortsätze aller Wirbel, Kreuzbein, Darmbeinkamm	Kopfteil: Warzenfortsatz Halsteil: Querfortsätze der Halswirbel Brustteil: Rippen bzw. Querfortsätze der Brust- und Lendenwirbel	Bei einseitiger Kontraktion, Seitneigung der kontrahierten Wirbelsäulenteile; bei beidseitiger Kontraktion, Dorsalextension
Viereckiger Lendenmuskel (M. quadratus lumborum)	31	Darmbeinkamm	12. Rippe, Querfortsätze der Lendenwirbel	Bei einseitiger Kontraktion, Seitneigung des Rumpfes; bei beidseitiger Kontraktion, Dorsalextension, Unterstützung der autochthonen Rückenmuskeln (30)

Anmerkung: Die mit * gekennzeichneten tiefer liegenden Muskeln sind in der Abb. 56 nicht darstellbar.

Tab. 16 Übersicht der wichtigsten Muskeln mit Ursprung, Ansatz und Funktion im Funktionskreis IV

Name des Muskels	Nr.	Ursprung	Ansatz	Funktion
Muskeln, die auf der Vorderseite der Hüfte und des Oberschenkels liegen				
Hüftlendenmuskel (M. iliopsoas)	32	M. psoas: letzter Brustwirbel und 1. bis 4. Lendenwirbel sowie an den Rippenfortsätzen M. iliacus: Innenseite der Darmbeinschaufel; vorderer unterer Darmbeinstachel	Kleiner Rollhügel des Oberschenkelknochens	Beugung im Hüftgelenk; Außenrotation des Beines; Adduktion des Beines; Seitneigung des Rumpfes

Anmerkung: Die mit * gekennzeichneten tiefer liegenden Muskeln sind in der Abb. 57 nicht darstellbar.

5.2.1.4 Funktionskreis IV: Hüftgelenk und untere Extremitäten

Das Hüft- ist ebenso wie das Schultergelenk ein sog. Kugelgelenk, das Bewegungen in allen drei Ebenen des Raumes zuläßt. Die unteren Extremitäten sind in ihrem Aufbau den oberen ähnlich. Dennoch ergeben sich aufgrund des aufrechten Ganges und der dadurch bedingten unterschiedlichen Kräfteverteilung einige strukturelle Besonderheiten. Im Gegensatz zum beweglichen Schultergürtel ist der Beckengürtel relativ starr. Statt einer überwiegenden Muskelführung besitzt das Hüftgelenk eine starke Knochenführung. Sie wird gewährleistet durch die tiefe Einlagerung des Oberschenkelknochens (Gelenkkopf) in die Aushöhlung des Hüftbeins (Gelenkpfanne). Dadurch entsteht eine große Kontaktfläche zwischen den beiden Gelenkkörpern, die zusätzlich noch durch einen straffen Bandapparat gefestigt wird.

Das komplizierteste Gelenk ist das Kniegelenk (Abb. 58). Insgesamt wirken 8 Gelenkkörper zusammen, die neben Beuge- und Streckbewegungen (Scharniergelenk) auch Drehungen des Unterschenkels um die Längsachse (Drehgelenk) ermöglichen. Die Hauptverbindung kommt zwischen den beiden konvexen Knorren des Oberschenkelknochens und den beiden fast ebenen Knorren des Schienbeins zustande. Die Kontaktfläche zwischen den beiden das Gelenk bildenden Knochen wäre sehr klein, wenn nicht durch die Gelenkknorpelschicht und die dazwischengelagerten Faserknorpelscheiben (Menisken) eine größere Kontaktfläche entstehen würde. Dadurch verteilt sich die Belastung im Kniegelenk auf eine größere Fläche. Das Wadenbein, der zweite Knochen des Unterschenkels, hat keine gelenkige Verbindung mit dem Oberschenkelknochen, sondern ist mit einem Band am Schienbein fixiert.

In der Streckung besitzt das Kniegelenk seine größte Stabilität. In dieser Position sind keine Drehbewegungen möglich. Zusätzliche Stabilisierungshilfen liefert eine ausgeprägte Bänderführung (vorderes, hinteres Kreuzband, Seitenbänder). Sie schränken gleichzeitig die Bewegungsmöglichkeiten ein. Beispielsweise verhindern die Seitenbänder aufgrund ihrer Spannung bei Kniestreckung die Rotationsbewegungen. Bei Beugung ist die Festigkeit des Knies eingeschränkt. Rotationsbewegungen sind möglich. In dieser Stellung ist die Verletzungsanfälligkeit groß, insbesondere dann, wenn das gebeugte Knie gleichzeitig nach außen gedreht ist. Deshalb sollten wir Übungen wie Entengang oder Hürdensitz (Abb. 59) meiden.

Der Fuß ist ein kompliziertes Gebilde aus insgesamt 26 Knochen. Da sein Aufbau für das Körpertraining nur im Falle von Fußdeformitäten von Interesse ist, wollen wir uns in unseren Betrachtungen nur kurz auf das obere Sprunggelenk konzentrieren, da bei diesen Bewegungen die wichtigen Muskeln des Unterschenkels in Funktion sind.

Das obere Sprunggelenk ist ein Scharniergelenk, das Streckung (Dorsalextension) und Beugung (Plantarflexion) gestattet. Es liegt zwischen der Rolle des Sprungbeins und der Knöchelgabel. Je mehr sich der Fußrücken dem Unterschenkel nähert, desto fester wird die Gelenkbindung. Je weiter er sich entfernt, desto lockerer wird sie und läßt in dieser Stellung leichte Seitwärtsbewegungen zu.

Die Muskulatur, die auf der Vorder- und Rückseite des Unterschenkels liegt, dient hauptsächlich der Fortbewegung. Dagegen erfüllen die Muskeln des Fußes überwiegend statische Aufgaben. Bei unseren Betrachtungen beschränken wir uns auf die der Fortbewegung dienende Muskulatur (Abb. 57; Tab. 16).

Tab. 16 Fortsetzung

Name des Muskels	Nr.	Ursprung	Ansatz	Funktion
Spanner der Oberschenkelbinde (M. tensor fasciae latae)	33	Außenseite des vorderen oberen Darmbeinstachels	Im kräftigen Sehnenstrang der Oberschenkelfascie (seitlicher Schienbeinknochen)	Beugung und Abduktion in der Hüfte; Streckung im Knie; Innenrotation des Beines
Schneidermuskel (M. sartorius)	34	Vorderer oberer Darmbeinstachel	Innenseite des Schienbeines in der Höhe des Schienbeinknorrens	Beugung, Abduktion und Außenrotation des Beines in der Hüfte; Beugung und Innenrotation im Kniegelenk
Vierköpfiger Schenkelstrecker (M. quadriceps femoris)	35			
setzt sich zusammen aus:				
Gerader Schenkelmuskel (M. rectus femoris)	35 a	Vorderer unterer Darmbeinstachel	Schienbein	Beugung in der Hüfte; Streckung im Knie
Innerer Schenkelmuskel (M. vastus medialis)	35 b	Rückseite des Oberschenkels	Schienbein	s. u.
Mittlerer Schenkelmuskel (M. vastus intermedius)	35 c*	Vorderseite des Oberschenkels	Schienbein	s. u.
Äußerer Schenkelmuskel (M. vastus lateralis)	35 d	Rückseite des Oberschenkels	Schienbein	Die Vastusgruppe bildet zusammen mit dem Geraden Oberschenkelmuskel den sog. vierköpfigen Schenkelmuskel: Streckung im Kniegelenk

Anmerkung: Die mit * gekennzeichneten tiefer liegenden Muskeln sind in der Abb. 57 nicht darstellbar.

Tab. 16 Fortsetzung

Name des Muskels	Nr.	Ursprung	Ansatz	Funktion
Kammuskel (M. pectineus)	36	Oberer Schambeinast	Weit oben an der Rückseite des Schenkelbeines	Adduktion, Beugung und Außenrotation in der Hüfte
Langer Schenkelanzieher (M. adductor longus)	37	Schambein in der Höhe der Schambeinfuge	Oberschenkelleiste	Adduktion in der Hüfte
Schlanker Muskel (M. gracilis)	38	Schambein	Innerer Oberschenkelknorren	Adduktion in der Hüfte; Beugung und Innenrotation im Kniegelenk
Großer Schenkelanzieher (M. adductor magnus)	39	Teile des Scham- und Sitzbeines	Oberschenkelleiste sowie am inneren Oberschenkelknorren	Adduktion, sowie Streckung und Außenrotation im Hüftgelenk
Kurzer Schenkelanzieher (M. adductor brevis)	40	Unterer Schambeinast	Oberschenkelleiste	Adduktion und Außenrotation in der Hüfte
Muskeln, die auf der Rückseite der Hüfte und des Oberschenkels liegen				
Großer Gesäßmuskel (M. glutaeus maximus)	41	Hinterer Teil des Darmbeinkammes, Kreuz- und Steißbein	Kräftiger Sehnenstrang an der Außenseite des Oberschenkels	Streckung, Abduktion und Adduktion in der Hüfte; Außenrotation des Oberschenkels; Teilnahme an der Streckung im Kniegelenk
Mittlerer Gesäßmuskel (M. glutaeus medius)	42	Außenseite des Darmbeines	Großer Rollhügel	Abduktion in der Hüfte; Teilnahme an allen Bewegungen im Hüftgelenk
Kleiner Gesäßmuskel (M. glutaeus minimus)	43*	Außenseite des Darmbeines	Großer Rollhügel	wie Mittlerer Gesäßmuskel (42); beide Muskeln sind beim Gehen aktiv und stabilisieren das Becken

Anmerkung: Die mit * gekennzeichneten tiefer liegenden Muskeln sind in der Abb. 57 nicht darstellbar.

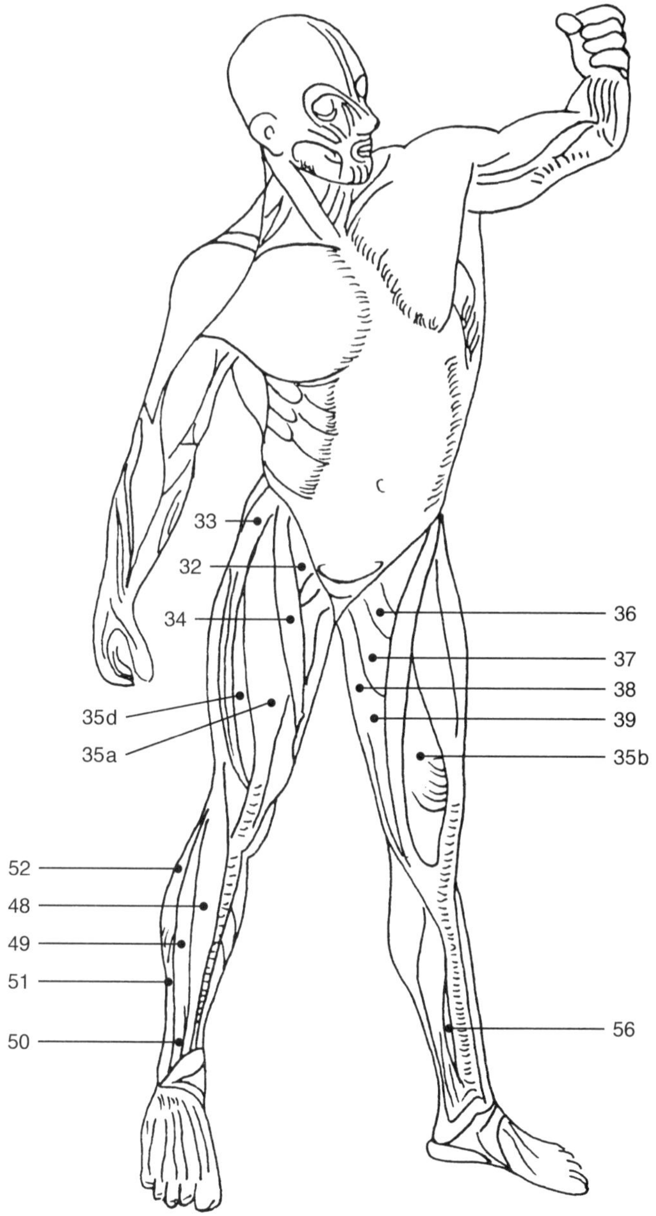

Abb. 57a Lage der wichtigsten Muskelgruppen im Funktionskreis IV (Vorderseite)

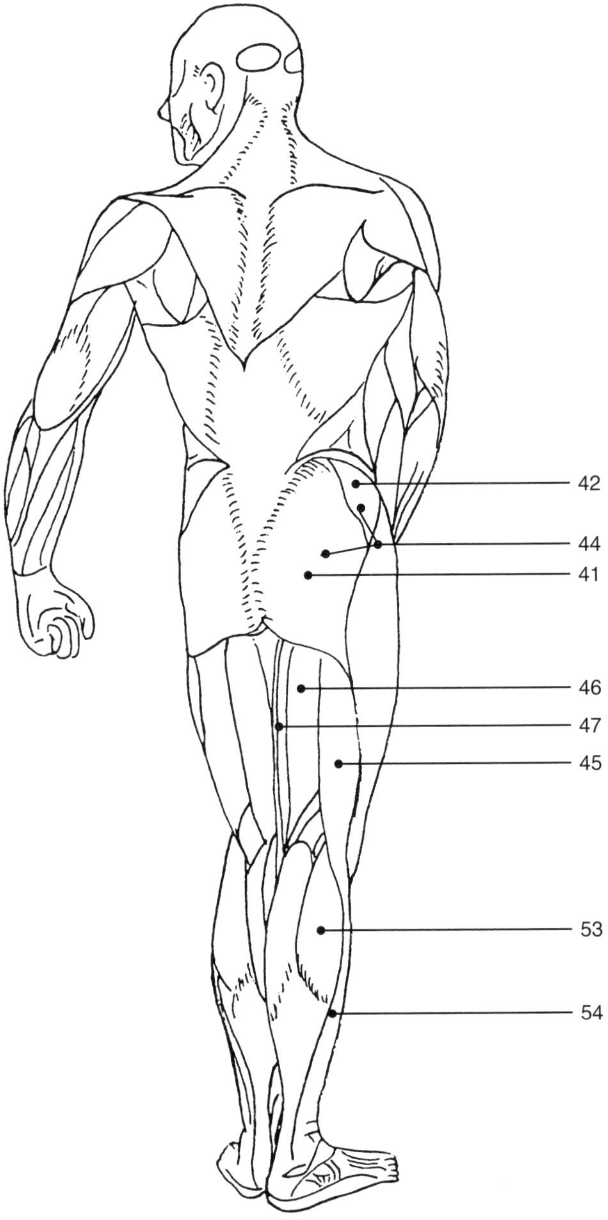

Abb. 57b Lage der wichtigsten Muskelgruppen im Funktionskreis IV (Rückseite)

Tab. 16 Fortsetzung

Name des Muskels	Nr.	Ursprung	Ansatz	Funktion
Gruppe der Außenrotatoren	44	Becken	Großer Rollhügel und Zwischenleiste des Oberschenkelknochens	Außenrotation
Zweiköpfiger Oberschenkelmuskel (M. biceps femoris)	45	Sitzbeinknorren sowie Oberschenkelleiste	Wadenbeinköpfchen	Streckung in der Hüfte, Beugung und Außenrotation im Knie; Adduktion des Oberschenkels (Teil der ischiocruralen Muskulatur)
Halbsehnenmuskel (M. semitendinosus)	46	Sitzbeinknorren	Innenseite des Schienbeines	Streckung in der Hüfte; Beugung und Innenrotation im Knie (Teil der ischiocruralen Muskulatur)
Plattsehnenmuskel (M. semimembranosus)	47	Sitzbeinknorren	Innerer Gelenkknorren des Schienbeines	Streckung in der Hüfte; Beugung und Innenrotation im Kniegelenk (Teil der ischiocruralen Muskulatur)
Muskeln auf der Vorderseite des Unterschenkels				
Vorderer Schienbeinmuskel (M. tibialis anterior)	48	Oberer Teil der äußeren Fläche des Schienbeines	Mittleres Keilbein sowie 1. Mittelfußknochen	Supination und Dorsalextension im Fußgelenk
Langer Zehenstrecker (M. extensor digitorum longus)	49	Membran zwischen Waden- und Schienbein sowie Unterschenkelfascie	Alle Zehen außer der großen	Dorsalextension, Pronation im Fußgelenk; Streckung der Zehen
Langer Großzehenstrecker (M. extensor hallucis longus)	50	Vom Wadenbein und von der Membran zwischen Waden- und Schienbein	Große Zehe	Dorsalextension, Pronation im Fußgelenk; Streckung der Zehen

Anmerkung: Die mit * gekennzeichneten tiefer liegenden Muskeln sind in der Abb. 57 nicht darstellbar.

Tab. 16 Fortsetzung

Name des Muskels	Nr.	Ursprung	Ansatz	Funktion
Kurzer Wadenbeinmuskel (M. peronaeus brevis)	51	Außenseite des Wadenbeines, Muskelscheidewände	Rauhigkeit des 5. Mittelfußknochens	wie Langer Wadenbeinmuskel (52)
Langer Wadenbeinmuskel (M. peronaeus longus)	52	Außenseite des Wadenbeines, Muskelscheidewände	Mediales Keilbein und Rauhigkeit des 1. Mittelfußknochens	Plantarflexion im oberen Sprunggelenk; Pronation im unteren Sprunggelenk; Bildung des sog. Steigbügels mit dem Vorderen Schienbeinmuskel (48)
Muskeln auf der Rückseite des Unterschenkels				
Zwillingswadenmuskel (M. gastrocnemius)	53	Rückseite des inneren und äußeren Oberschenkelknorrens	Fersenbein	Beugung im Kniegelenk; Beugung (Plantarflexion) im Fußgelenk
Schollenmuskel (M. soleus)	54	Vom Wadenbeinköpfchen und schräg nach unten an der Rückseite des Schienbeines	Fersenbein; der Muskel vereint sich mit dem Zwillingswadenmuskel (53) und bildet den Drillingsmuskel (M. triceps surae)	Beugung im Fußgelenk (Plantarflexion)
Hinterer Schienbeinmuskel (M. tibialis posterior)	55*	Rückseite des Schien- und Wadenbeines	Unterseite des Kahnbeines	Plantarflexion und Supination im Fußgelenk
Langer Zehenbeuger (M. flexor digitorum longus)	56	Rückseite des Schienbeines	Unterseite der Zehen, außer der großen	Plantarflexion und Supination im Fußgelenk; Beugung der Zehen
Langer Großzehenbeuger (M. flexor hallucis longus)	57*	Rückseite des Wadenbeines	Unterseite der großen Zehe	Plantarflexion und Supination im Fußgelenk; Beugung der großen Zehe

Anmerkung: Die mit * gekennzeichneten tiefer liegenden Muskeln sind in der Abb. 57 nicht darstellbar.

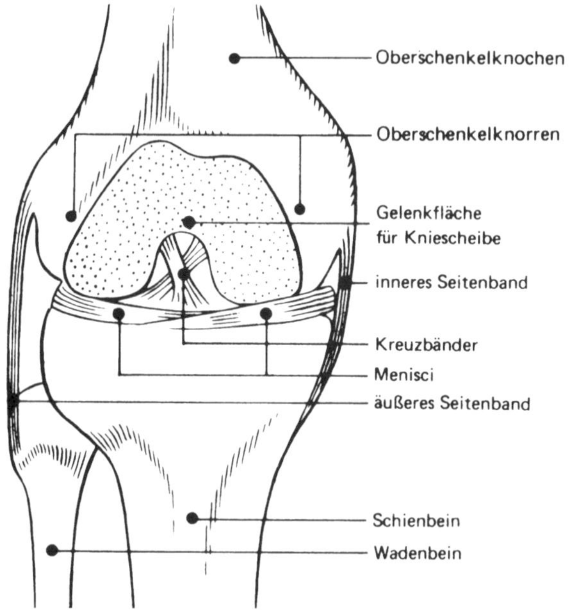

Abb. 58 Aufbau des Kniegelenks (Modell mit weggeklappter Kniescheibe)
(*de MARÉES* 1981, 15)

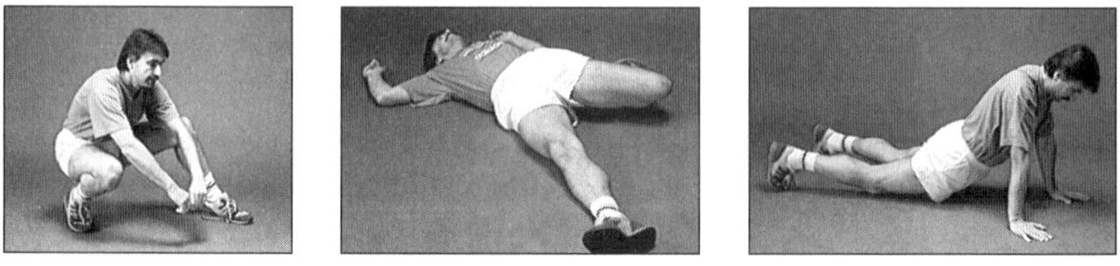

Abb. 59 Übungen, die aus funktioneller Sicht vermieden werden sollen:
a) Entengang
b) Hürdenposition in Rückenlage
c) Liegestütz mit extremer Hohlkreuzbildung

5.2.2 Adaptationsprozesse am Bewegungsapparat

Wie bereits beim Ausdauertraining kennengelernt, sind die Anpassungsreaktionen abhängig von der Art der Belastung, der Belastungsstruktur der Übungen und vom Trainingszustand desjenigen, der Körpertraining betreibt. Deshalb gilt es auch, beim Kraftausdauer- und Beweglichkeitstraining die Bewegungen und Belastungen so zu steuern, daß sich je nach Zielsetzung die gewünschten Anpassungsprozesse einstellen (Abb. 60). Eine Kräftigung von Muskelgruppen ist grundsätzlich sowohl über statisches (isometrisches) als auch über dynamisches (auxotonisches) Training möglich. Beide Formen der Muskelkontraktion bringen die das Muskelwachstum anregenden Prozesse in Gang, wenn Spannungsreize auf den Muskel ausgeübt werden. Unter diesen Bedingungen vermehren sich die zur Kontraktion fähigen Eiweißmoleküle (Aktin und Myosin), und inaktive Bestandteile des Gewebes werden zugunsten des Muskeleiweißes vermindert.

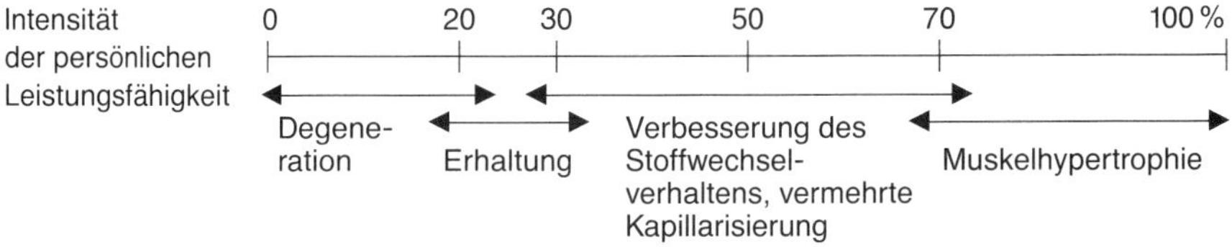

Abb. 60 Unterschiedliche Anpassungsprozesse in der Muskulatur bei Veränderung der Belastungsdosierung im Krafttraining

Dynamisches Muskeltraining kräftigt vornehmlich die zur raschen Kontraktion fähigen Anteile des Muskels, während statisches Training naturgemäß die langsameren, zur Haltearbeit befähigten Muskelfasern stärkt.

Die Anpassungsprozesse durch Kraftbelastungen sind nicht allein auf die Muskulatur begrenzt, sondern wirken sich auch auf die Bänder, Sehnen und den passiven Bewegungsapparat aus.

Im Knochengerüst vergrößert sich der Durchmesser der Röhrenknochen. Die mechanische Beanspruchung regt das Stoffwechselgeschehen im Knochen an und führt zu einer substanziellen Veränderung der chemischen Struktur der Knochensubstanz. Die Knochenenden, die besonderen Zug- und Druckbelastungen ausgesetzt sind, erreichen durch innere Umbauvorgänge (Bälkchensystem) mit geringem Materialaufwand eine hohe statische Festigkeit. Verbunden mit einer Steigerung des Mineralhaushalts ergibt sich durch die verbesserte Stabilität eine geringere Bruchgefahr des Knochens. Äußerlich haben die Kraftbelastungen zur Folge, daß sich die Vorsprünge, an denen die Sehnen ansetzen, verstärken.

Allgemein ist deshalb ein „trainierter" Knochen stabiler und widerstandsfähiger als ein „untrainierter".

Nicht übersehen werden dürfen die Anpassungsreaktionen in den Gelenken.

Insbesondere wird der Gelenkknorpel zum Wachstum angeregt. Er verdickt sich bereits nach kurzzeitigen Belastungen durch Einlagerung von Flüssigkeit. Nach weni-

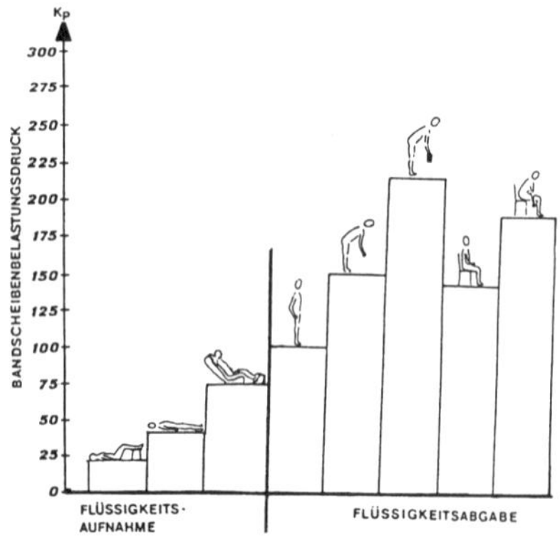

Abb. 61
Bandscheibenbelastungsdruck bei verschiedenen Körperpositionen und -übungen
(*NACHEMSON* 1966 und *KRÄMER* 1986)

gen Wochen vermehren sich die Knorpelzellen, und die dickere Knorpelschicht sorgt für eine breitere Auflagefläche an den das Gelenk bildenden Knorpelenden. Dies ist insofern von Bedeutung, als mit zunehmendem Alter der Gelenkknorpel an Elastizität verliert und die Gelenke dann deutliche Abnutzungserscheinungen zeigen.
Außerdem erhöht sich durch sportliche Betätigung die Stabilität im Gelenk dadurch, daß die gelenkumfassenden Bänder, Sehnen und Kapseln gekräftigt werden. Eine bessere Durchblutung der gelenkbildenden Systeme optimiert das Stoffwechselgeschehen. Von der Durchblutung ausgeschlossen bleiben die Gelenkknorpel und die Bandscheiben. Ihre Versorgung ist durch den ständigen Wechsel von Druck und Entlastung gewährleistet. In der Druckphase der Bewegungen werden sie wie ein Schwamm ausgepreßt und während der Entlastung saugen sie wieder Nährflüssigkeit auf (Abb. 61 und Abb. 53, Seite 114).
Dehnübungen sorgen für die notwendige Entlastung, denn bei ständig verkürzter Muskulatur ist die optimale Ernährung der knorpeligen Systeme unterbunden. Darüber hinaus fördern Dehnübungen die Elastizität der Muskeln, Sehnen und Bänder. Dabei ist allerdings zu bedenken, daß der Sehnen-, Bänder- und Kapselapparat in seiner Dehnfähigkeit erheblich begrenzter ist als die Muskulatur. Dies liegt zum einen an der Materialbeschaffenheit, zum anderen an der Fähigkeit des Muskels, sich über reflektorische Vorgänge zu entspannen.
Die Verbesserung der Elastizität erfolgt sowohl durch Beeinflussung der mechanischen Eigenschaften als auch über einen Anstieg der Temperatur bei körperlicher Betätigung. Für die Entspannungsfähigkeit sorgen neuromuskuläre Schaltungen, deren elektrische Aktivität den Muskeltonus senkt.
Richtiges Dehnen berücksichtigt gezielt die reflektorischen Vorgänge in den Muskeln, so daß der verkrampfte, unelastische Muskel allmählich seine volle Funktionsfähigkeit zurückgewinnt.
Die Anpassungsprozesse durch Kraft verlaufen schneller als beim Ausdauertraining. Der Zeitpunkt für erkennbare Adaptationen in der Muskulatur (Querschnittvergrößerung) liegt bereits bei 7—10 Tagen. Dagegen dauern die Anpassungsprozesse im Knorpel 2—3 Wochen und im Knochen sogar mehrere Wochen bis Monate *(FINDEISEN* 1980).

5.2.3 Belastungsstruktur

Die beschriebenen Anpassungsprozesse ergeben sich nur dann, wenn die Belastungen nach der momentanen Leistungsfähigkeit des Trainierenden individuell dosiert und die Bewegungen korrekt ausgeführt werden.
Konkret bedeutet dies, daß die Belastungsintensität bei dynamischem Krafttraining in Anlehnung an das Ausdauertraining 60—70 % der maximalen Leistungsfähigkeit und der Belastungsumfang bei 15—30 Wiederholungen liegen soll. Während bei höherer Intensität und niedrigerem Umfang mehr die Kraftkomponente betont wird, ist es bei vielen Wiederholungszahlen und leichteren Gewichten mehr die Ausdauerkomponente.
Die richtige Intensität der Belastung bestimmen Sie dadurch, daß Sie von einer Übung mit korrekt ausgeführten Bewegungen die maximal mögliche Wiederholungszahl ermitteln und diese als momentan höchst mögliche Leistung mit 100 % ansetzen.
Ergibt der **Maximaltest** so hohe Werte, daß die zu errechnenden 60—70 % über den geforderten 15—30 Wiederholungen liegen, so ist der Test mit einem höheren Gewicht zu wiederholen. Liegen die Wiederholungszahlen niedriger als gewünscht, so ist der Test mit geringerer Belastung oder ohne Fremdgewichte nur mit dem eigenen Körpergewicht durchzuführen.
Je nach Zielsetzung des späteren Trainings ist also die Gewichtsbelastung so zu wählen, daß die errechneten 60—70 % des Maximaltests im Bereich der 15—30 Wiederholungen liegen.
Die Bewegung bei einer Mobilisations- oder Kräftigungsübung für die Extremitäten ist so zügig auszuführen, daß die vorgesehenen 15—30 Wiederholungen ca. 20 bis 40 sec dauern. Übungen für die Rumpfmuskulatur sollten Sie dagegen mit mäßigerem Tempo ausführen.
Trainieren Sie Ihr Programm, das aus mehreren Übungen besteht (1 Serie), mehrmals. Im Aufbautraining beginnen Sie anfangs mit 1—3 Serien, später können Sie je nach Bedarf und zeitlichen Möglichkeiten auf 5 und mehr Serien erhöhen.
Zwischen den Wiederholungen einer Übung (1 Satz) gibt es keine Pause. Kurze Pausen werden zwischen den Serien eingelegt. Nur eine lange Belastungsdauer und hohe Belastungsdichte (extensives Intervalltraining) ergeben den gewünschten Trainingserfolg. Um Monotonie zu vermeiden, ist das Programm ca. jedes Vierteljahr aus anderen Übungen zusammenzustellen.
Anfänglich soll zum Zwecke der Mobilisation der Muskulatur zuerst ohne Fremdgewichtsbelastung und mit niedrigeren Wiederholungszahlen (10—20) begonnen werden, um Bewegungsgefühl zu entwickeln und den Körper auf die beabsichtigte Belastung vorzubereiten. Später können Frauen mehr mit leichten Gewichten oder ohne Zusatzbelastung und mit vielen Wiederholungen (25—30) trainieren, während Männer eher leichte bis mittelschwere Gewichte und weniger Wiederholungen (15—20) bevorzugen sollten.
In jedem Fall ist die Genauigkeit der Bewegungsausführung zu erlernen. Niemals darf die Anzahl der Wiederholungen auf Kosten der Bewegungsgenauigkeit erhöht werden.

Eine optimale Wirkung erzielen Sie bei 3—4 Trainingseinheiten pro Woche. 2x wöchentlich müssen Sie trainieren, wenn Trainingseffekte durch dynamische Belastung erzielt werden sollen.
Bei Abbruch des Trainings geht der erworbene Kraftzuwachs umso schneller wieder zurück, je kurzfristiger er aufgebaut wurde. Ein über Jahre erworbenes Kraftniveau wird nur langsam abgebaut.
Beim statischen Krafttraining steht die Belastungsstruktur in Abhängigkeit zur Kontraktionskraft der Muskulatur. Bei 15 % der Maximalkraft ist die Haltedauer praktisch unbegrenzt, da bei diesen geringen Krafteinsätzen die Blutzufuhr für die Ernährung des Muskels auf aerobem Wege gesichert ist. Mit steigender Kontraktionskraft sinkt die mögliche Anspannungsdauer rapide, da sich zunehmend die Blutgefäßweite verringert und dadurch die Energiebereitstellung immer mehr über die anaeroben Oxidationsprozesse erfolgen muß. Bei 40 % der Maximalkraft beträgt die Kontraktionszeit nur noch ca. 2 min. Bei über 50 % der maximal möglichen Kontraktion ist die Blutzufuhr nahezu unterbrochen. Deshalb ist nach Beendigung von statischen Kräftigungsübungen auf eine intensive Lockerung und Entspannung der beanspruchten Muskulatur zu achten.
Aus diesen Zusammenhängen heraus ergibt sich die nachfolgende Tabelle:

Tab. 17 Anspannungsdauer bei isometrischen Übungen in Abhängigkeit zur Kontraktionskraft
(*de MARÉES* 1981)

Trainingskraft in % zur Maximalkraft	Anspannungsdauer (sec)
40 — 50	20 — 15
60 — 70	10 — 6
80 — 90	6 — 4
100	2 — 4

Um ein Optimum an Kraftzuwachs zu erzielen, genügen 3—5 Muskelanspannungen mit 60—70 % der Maximalkraft für 6—10 sec täglich. Daraus folgt bei der Anwendung von isometrischen Übungen eine relativ kurze Trainingsdauer mit maximal 15—20 Minuten pro Tag. Dabei ist allerdings zu bedenken, daß die Kräftigung nur in der Position erfolgt, in deren Winkelstellung der Muskel angespannt wird. Da die Belastungsdosierung nur schwer zu bestimmen ist, können aus praktischen Gründen auch 1—3 maximale Kontraktionen von 2—3 sec Dauer in verschiedener Winkelstellung pro Tag durchgeführt werden.
Zur Erhaltung der Kraft ist bei dynamischem Training ein zweimaliger, bei statischen Belastungen ein einmaliger Trainingsreiz pro Woche notwendig.
Für das **Beweglichkeitstraining** gilt:
Tägliche Dehnübungen bringen die besten Erfolge, aber auch 3 x wöchentliches Training erzielt bereits nach 2—4 Wochen erkennbare Fortschritte. Zur Erhaltung der Beweglichkeit sind 2 Einheiten pro Woche erforderlich. Ein einmaliges Training wird auf diesem Gebiet ohne Erfolg bleiben.

Die Strategie
Ich kann, weil ich will, was ich muß
(Kant)

6 Von der beruflichen Anspannung zur Entspannung

Muskuläre Verspannungen und psychische Verkrampfungen können sich in Ursache und Wirkung gegenseitig beeinflussen und sind deshalb Ausdruck der bereits erwähnten geistigen, seelischen und körperlichen Zusammenhänge. Eine Vielzahl von Entspannungstechniken greift darauf zurück. Stellvertretend seien hier nur die von *JACOBSEN* entwickelte progressive Muskelentspannung oder das autogene Training nach *I. H. SCHULTZ* genannt.
Derartigen Trainingsmethoden liegt die Vorstellung zugrunde, durch Konzentration auf körperliche Vorgänge zur Entspannung zu gelangen. Wegen dieser Verbindung sind sie nicht nur geeignet, geistige Entspannung zu erzielen, sondern auch das verloren gegangene Körpergefühl zurückzugewinnen. Diese Fähigkeit ist Voraussetzung zur Durchführung eines bewußten Körpertrainings.
Nachfolgend soll eine Methode dargestellt werden, die auf verschiedene Verfahren zurückgreift, leicht zu erlernen ist und sich in der Praxis bewährt hat. Ziel ist es, durch bewußte Anspannung und Entspannung der Muskulatur vom Alltag „abzuschalten" und gleichzeitig Körpergefühl zu entwickeln.

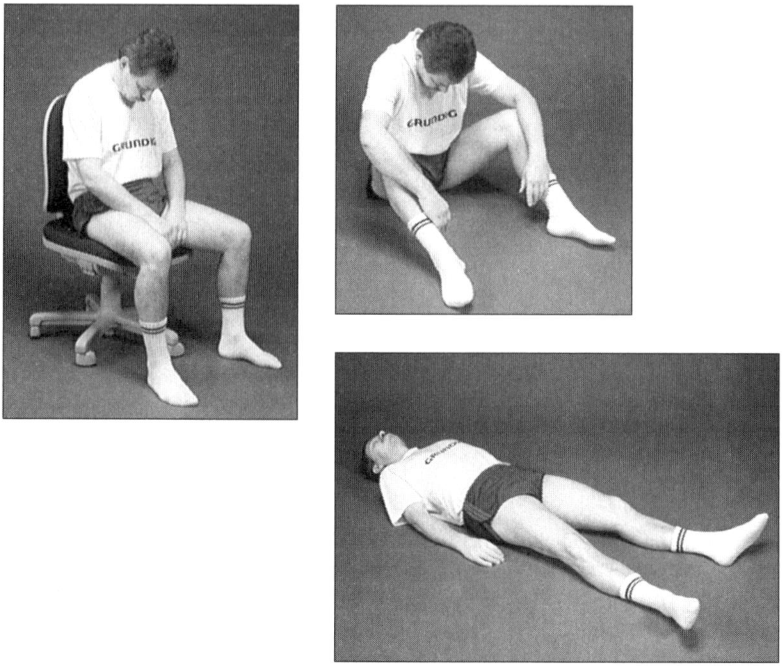

Abb. 62 Ausgangsstellungen zur Durchführung von Entspannungsübungen

Als Grundlage dienen isometrische Übungen, wobei nacheinander durch gedanklich-konzentrative Zuwendung bestimmte Muskelgruppen von Kopf bis Fuß ohne Ausführung von Bewegungen angespannt werden. Anschließend folgt unter bewußtem Lösen des Spannungszustandes wieder die Entspannung. Die Übungen sind in den aus anderen Entspannungstechniken bekannten Positionen durchzuführen. Sie setzen sich dazu entweder ganz gerade auf einen Stuhl und sacken dann in der Wirbelsäule zusammen. Die Beine sind leicht gespreizt, die Unterarme liegen auf dem Oberschenkel (Droschkenkutschersitz); oder Sie begeben sich in Rückenlage, wobei die Arme leicht angewinkelt neben dem Körper liegen. Die Beine sind gestreckt, und die Füße fallen entspannt nach außen (Abb. 62).
Welche Position bevorzugt wird, ist abhängig vom subjektiven Empfinden des Übenden und der Situation, in der er trainiert. Jede isometrische Muskelkontraktion wird 5 sec gehalten, anschließend bewußt aus dem Körperteil gelöst. Während einer kurzen Pause nach dem Lösen der Anspannung soll die Entspannung der Muskulatur deutlich zu spüren sein. Jede Kontraktion erfolgt einmal. Die Augen sind geschlossen, störende Geräusche weitgehend auszuschalten.
Sie begeben sich in eine der beschriebenen Ausgangsstellungen und beginnen nun mit den Übungen. Nach jeder Anspannungsübung folgt bewußt und schlagartig die Entspannung.

Anspannung 5 – 4 – 3 – 2 – 1 sec

Entspannung

. . . der rechten Hand zur Faust

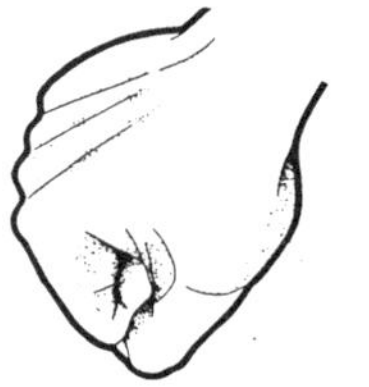

. . . der rechten Hand mit gespreizten Fingern

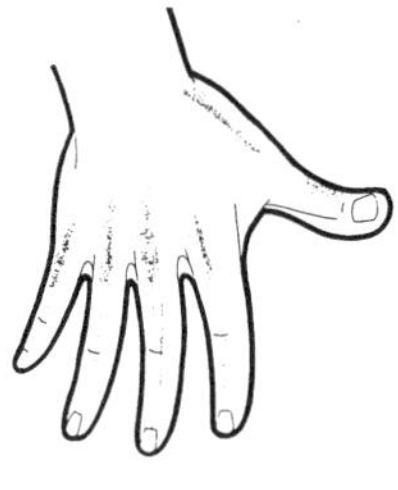

. . . des rechten Unterarms

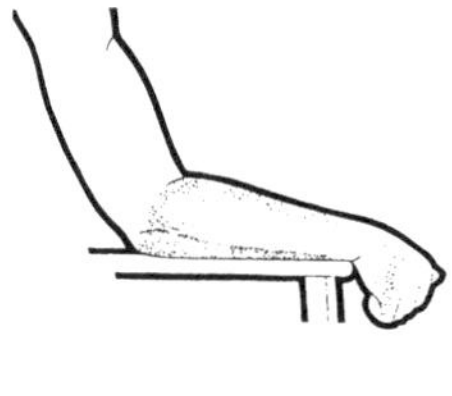

. . . des rechten Oberarms

Führen Sie dieselben Übungen jetzt mit dem linken Arm durch.

Spannen Sie nun die einzelnen Muskelgruppen nacheinander beidseitig an.

. . . der Gesichtsmuskulatur durch Stirnrunzeln

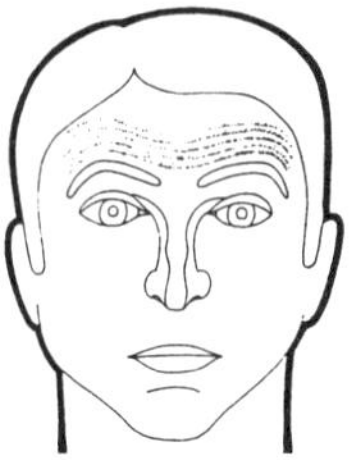

. . . der Gesichtsmuskulatur durch Augenkneifen

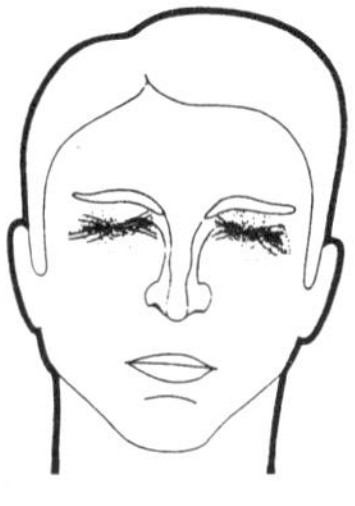

. . . der Gesichtsmuskulatur durch Naserümpfen

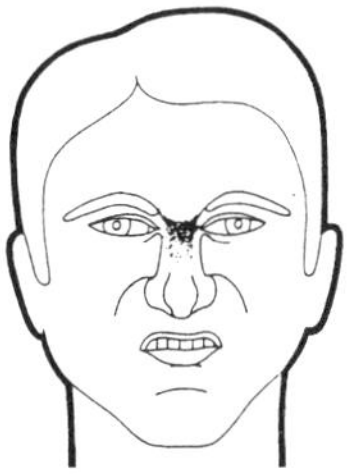

. . . der Gesichtsmuskulatur durch Auseinanderziehen der Mundwinkel

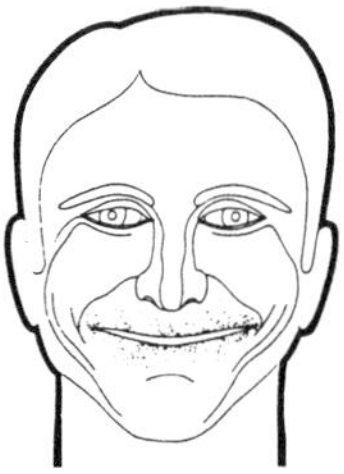

. . . der Nackenmuskulatur durch Drehung des Kopfes nach rechts

. . . und anschließend nach links

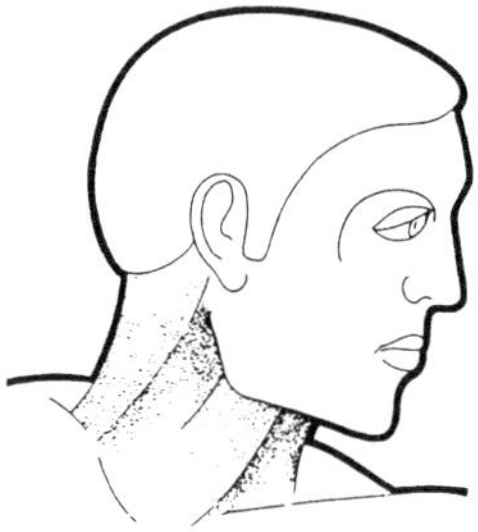

. . . der Nackenmuskulatur durch Kopfstreckung

Wichtig: Vermeiden Sie die Übung bei Überfunktion der Schilddrüse

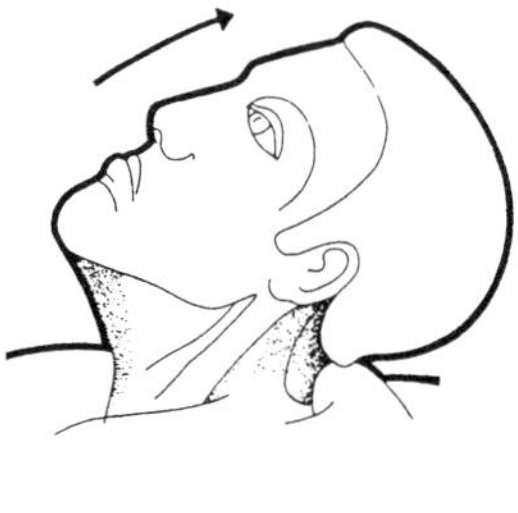

. . . der Nackenmuskulatur durch Kopfbeugung

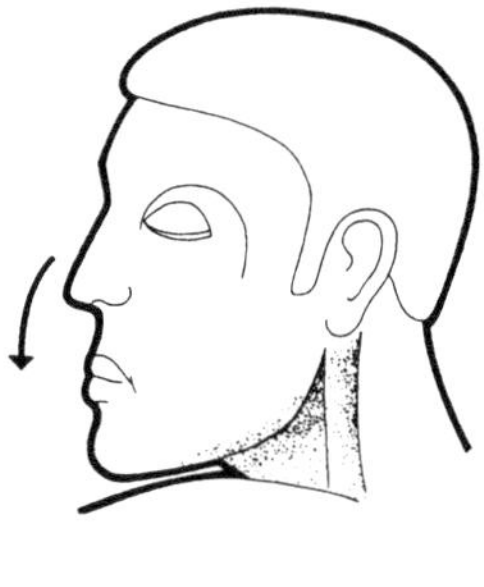

. . . der Nackenmuskulatur durch
Seitneigung rechts

. . . und anschließend nach links

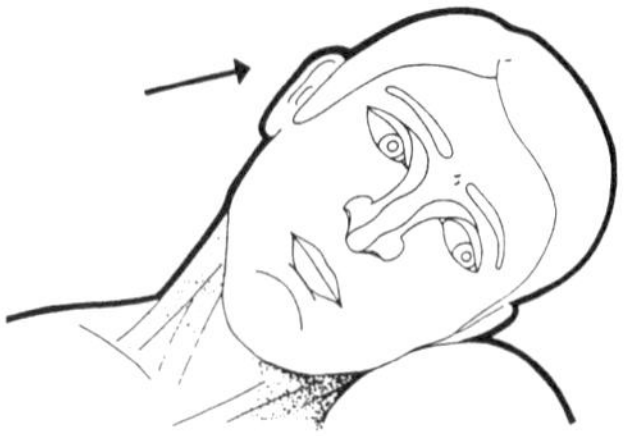

. . . der Nackenmuskulatur durch
Schulterheben und Kopfstrecken

Wichtig: Vermeiden Sie die Übung
bei Spannungskopfschmerzen!

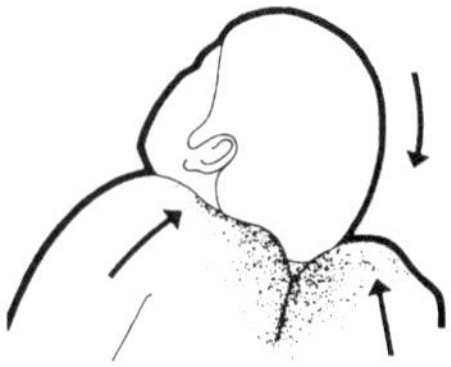

. . . der Schultermuskulatur durch
Zurückführen der Schulterblätter

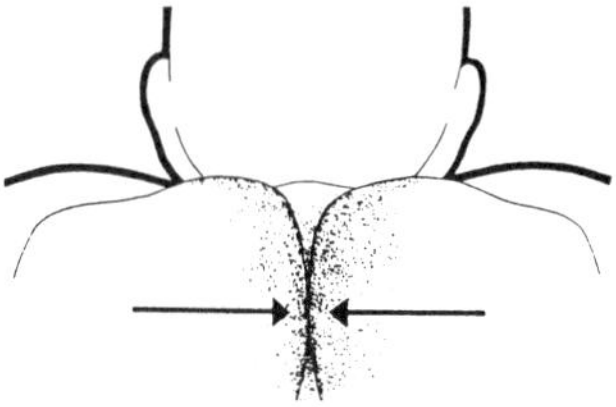

. . . der Brustmuskulatur durch
Zusammendrücken der Hände

. . . der Bauchmuskulatur durch
Anspannen der Bauchdecke

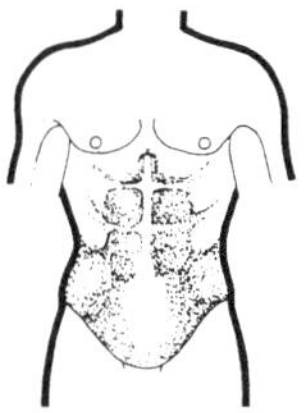

. . . der Gesäßmuskulatur durch
Zusammenpressen des Gesäßes

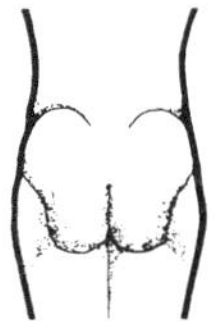

. . . des rechten Oberschenkels

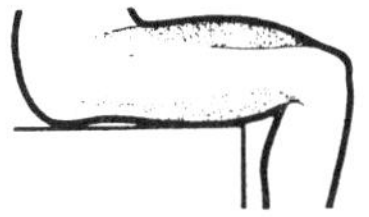

. . . des rechten Unterschenkels durch
Drücken des Fußes zum Boden

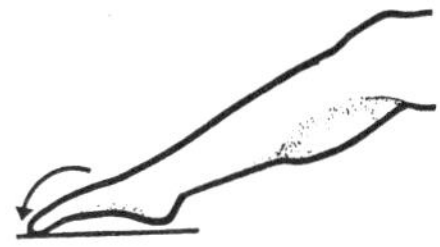

. . . des rechten Unterschenkels durch
Ziehen des Fußes zum Körper

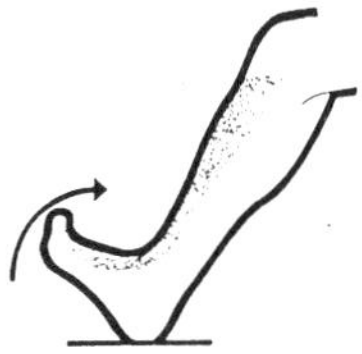

Führen Sie dieselben Übungen jetzt mit dem linken Bein durch.

Spannen Sie nun die einzelnen Muskelgruppen nacheinander beidseitig an.

Danach bleiben Sie noch eine Minute liegen, horchen in Ihren Körper hinein und fühlen sich ruhig und entspannt.

Jetzt strecken Sie den Körper, öffnen schnell die Augen und atmen dabei kräftig aus. Nur durch regelmäßiges Trainieren wird es gelingen, die psychisch bedingten Verspannungen zu lösen und das verlorene Körpergefühl wiederzuentdecken.

7 Kaltstarten ist schädlich

Jedes Körpertraining beginnt mit einer speziellen Vorbereitung, dem sogenannten „Aufwärmen". Das Aufwärmen bereitet den Organismus allmählich auf die körperliche Beanspruchung vor, damit die Umstellung von der Ruhe- auf die Belastungsphase nicht während des Trainings, sondern bereits in der Vorbereitung geschieht.

Das Herz-Kreislauf-System steigert dabei seine Funktionsfähigkeit. Die arbeitende Muskulatur wird mit ausreichend Blut versorgt, um ihr den benötigten Sauerstoff und die Nährstoffe zuzuführen und die entstehenden Stoffwechselabfälle abzutransportieren (Abb. 63). In der Muskulatur kommt es neben der Mehrdurchblutung zu einer Erhöhung der Wärmeproduktion. Diese wirkt sich auf die gesamte Körpertemperatur aus.

Die Wärme vermindert die Reibungswiderstände in der Muskulatur. Sowohl der Muskel selbst als auch die Bänder und Sehnen verbessern ihre Elastizität und Dehnfähigkeit. Die Verletzungsgefahr sinkt. Darüber hinaus erhöht sich bei einem vorgedehnten Muskel die Kontraktionsfähigkeit. Die Verbesserung des neuromuskulären Zusammenspiels wiederum senkt den Energiebedarf und reduziert die Ermüdung.

Das Aufwärmen vor dem Körpertraining ist grundsätzlich aktiv durchzuführen. Passive Methoden in Form von heißen Duschen und Bädern oder gar chemischen Mitteln wie den sogenannten Sportfluids sind abzulehnen. Die Einreibemittel sind sogar gefährlich, weil sie durch eine oberflächlich auf der Haut ausgelöste Durchblutungssteigerung den Zustand der Erwärmung vortäuschen, dabei dem Muskel selbst Blut entziehen und dadurch das Verletzungsrisiko erhöhen. Selbst die Sportmassage vor der Belastung kann ein aktives Erwärmen nicht ersetzen, höchstens ergänzen.

Die Gestaltung des Aufwärmens ist von verschiedenen Faktoren abhängig. Vor einem Krafttraining bietet sich beispielsweise die Durchführung der geplanten Übungen ohne oder mit geringen Belastungen in Kombination mit Dehnübungen der betreffenden Muskelgruppen an. Diese sollen sowohl den Agonisten als auch den Antagonisten ansprechen.

Vor Ausdauerbelastungen ist ein lockeres Einlaufen mit ebenfalls gezielten Stretchingübungen ratsam.

Von besonderer Bedeutung ist das Aufwärmen mit zunehmendem Alter. Je älter der Trainierende ist, desto länger sollte die Aufwärmphase dauern, weil zum einen die Anpassungsprozesse von der Ruhe- auf die Belastungsphase längere Zeit beanspruchen und zum anderen die verminderte Elastizität des alternden Muskels eine erhöhte Verletzungsgefahr birgt. Außerdem kann es bei unzureichender Vorbereitung zu Zuständen der Blutleere im Herzmuskel (ischämische Reaktionen) kommen.

Umfang und Intensität des Erwärmens sind auch abhängig von der Leistungsfähigkeit des Trainierenden. Ein intensives Erwärmungsprogramm eines Untrainierten kann zu Ermüdungszuständen führen, anstatt die Durchführung des geplanten Trainingsprogramms vorzubereiten.

Auch die klimatischen Bedingungen und die Tageszeit beeinflussen die Erwärmungsphase. Hohe Außentemperaturen verkürzen, niedrige Außentemperaturen dagegen verlängern die Aufwärmphase. Sportliche Leistungen am Vormittag benötigen wegen

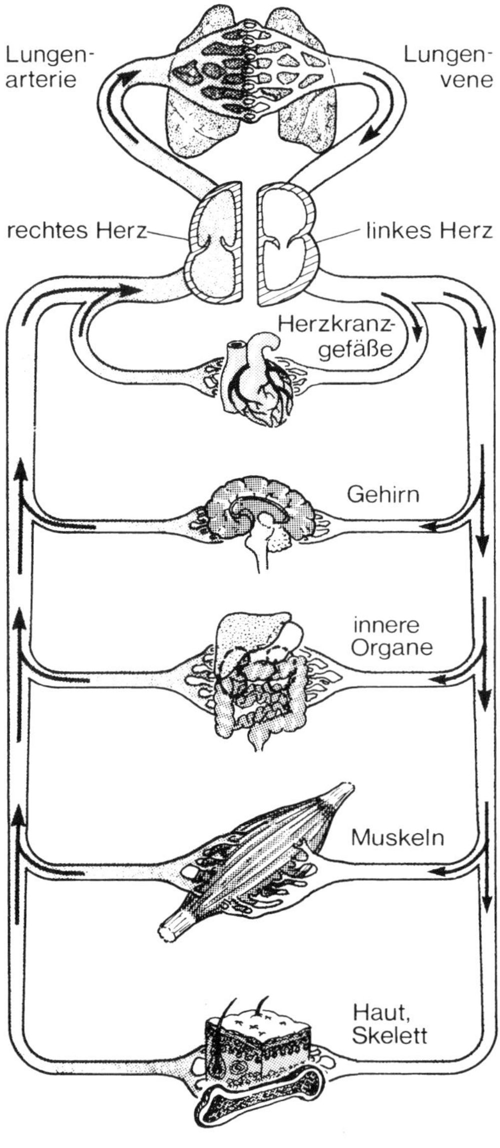

Ruhe	maximale Belastung

Herzminutenvolumen
[l/min]

Ruhe	maximale Belastung
5,9	24,0

Organdurchblutung
[ml/min]

Ruhe	maximale Belastung
250	1000
750	750
3100	600
1300	21150
500	500

Abb. 63 Organdurchblutung in Ruhe und während maximaler körperlicher Belastung
(*MARKWORTH* 1983, 168)

der biorhythmischen Schwankungen der Leistungsbereitschaft während des Tages (vgl. Abb. 18) in der Regel meist ein längeres Aufwärmen als am Nachmittag.
Die Aufwärmzeit sollte keinesfalls 10 Minuten unterschreiten. In dieser Zeit läßt sich die optimale „Betriebstemperatur" von 38,5—39 Grad Celsius erreichen.
Zwischen dem Ende des Aufwärmens und dem Beginn des Trainings können 5 Minuten liegen. In dieser Zeit ist die Muskeltemperatur noch unverändert hoch und damit der volle Effekt des Aufwärmens gewährleistet *(de MARÉES* 1981).
Bei unzureichender Vorbereitung kann es zu Beginn des Trainings — hauptsächlich bei Ausdauerbelastungen — zu einem Mattigkeitsgefühl kommen. Bleierne Schwere in der beanspruchten Muskulatur, Atemnot, Beklemmung auf der Brust, Seitenstechen oder Schweißausbruch treten als Symptome auf. Bei Fortsetzung unter verminderter Belastung verschwinden allmählich diese Erscheinungen und der Organismus beginnt wieder, beschwerdefrei zu arbeiten.
Ursache dieses Phänomens („Toter Punkt") ist meist ein Mißverhältnis zwischen der zu leistenden Muskeltätigkeit und der Umstellung der vegetativen Systeme auf die Verrichtung von Arbeit. Die Sauerstoffversorgung ist unzureichend, und die Muskulatur ist gezwungen, die Energie anaerob bereitzustellen. Es kommt zu lokalen Übersäuerungen mit den genannten Begleiterscheinungen.
Tritt diese Erscheinung an dem für die Atmung benötigten Zwerchfell auf, dann ist Seitenstechen die Folge. Eine Begünstigung findet dieses leistungshemmende Symptom, wenn die körperliche Belastung kurz nach Mahlzeiten stattfindet oder die Atmung während der sportlichen Betätigung unregelmäßig geschieht. Deshalb soll zwischen Mahlzeiten und dem Körpertraining genügend Zeit — mindestens 2, besser 3 Stunden — vergehen.
Die genannten Einflußgrößen dienen als Orientierungshilfe bei der Erstellung individueller Aufwärmprogramme. Ein „Langsamstarter" wird sich anders aufwärmen als ein „Schnellstarter". Beide sollen aber in jedem Fall „Warmstarter" sein, denn „Kaltstarter" gefährden ihre Gesundheit.

8 Ausdauertraining in verschiedenen Disziplinen

Aus sportmedizinischer, internistischer Sicht sind solche Sportarten als gesundheitlich optimal anzusehen, die mit einem Minimum an Organbelastung ein Maximum an gesundheitlich wünschenswerten Anpassungen erzielen.
Oder: Je geringer die Herz-Kreislaufbelastung und die Milchsäureproduktion bei gleichzeitig größtmöglicher Sauerstoffaufnahme, desto gesünder im Sinne der Vorbeugung von koronaren Herzerkrankungen ist die Sportart.
Unter diesem Gesichtspunkt stehen die Ausdauersportarten in folgender Reihe *(HOLLMANN* 1990):
Dauerlauf hat durch seine Kreislaufbelastung bei optimalem Stoffwechselverhalten eindeutig die meisten Vorzüge. Von Vorteil ist, daß die Muskulatur des ganzen Körpers belastet wird. Der vergleichsweise geringe periphere Gefäßwiderstand bei Laufbelastungen bietet sogar optimale Trainingsvoraussetzungen für Patienten mit koronaren

Herz-Kreislauf-Erkrankungen. Aus organisatorischer Sicht ist das Laufen mit geringem Aufwand durchführbar. Im Grunde benötigen Sie dazu lediglich ein Paar bequeme, gute Laufschuhe. Deshalb kann sich jeder daran beteiligen. Lediglich Übergewichtige und Personen mit Gelenkschädigungen der Beine und Hüfte sollten zur Schonung von Bändern, Sehnen und Gelenken auf eine andere Ausdauerdisziplin ausweichen. Gleichrangig bieten sich das schnelle Wandern und Bergaufwandern an. An zweiter Stelle stehen gleichbedeutend Radfahren und Skilanglauf.
Radfahren bietet gute Trainingsmöglichkeiten für die o. g. übergewichtigen Personen oder diejenigen mit Schädigungen ihrer Gelenke. Von Nachteil ist der relativ hohe Zeitaufwand. Drei Trainingseinheiten von jeweils 1 Stunde Dauer pro Woche sind untere Grenzwerte. Außerdem wirkt sich die Abhängigkeit von Material und Wetter gegenüber dem Dauerlaufen nachteilig aus. Abhilfe bei schlechtem Wetter leistet das Fahrradergometer, das darüber hinaus noch optimale Möglichkeiten bei der Belastungsdosierung bietet. Durch Veränderung des Tretwiderstandes und der Trittfrequenz läßt sich die gewünschte Herzfrequenz regulieren. Moderne Geräte bieten sogar Automatikprogramme mit elektronischer Steuerung (vgl. Seite 192f.).
Die Belastung an Ort und Stelle kann die Freude an der Bewegung hemmen, wenn keine Ablenkung vorhanden ist. Fernsehen, Musik o. a. können hier Abhilfe schaffen. Sowohl das Radfahren als auch die Fahrradergometrie beanspruchen allerdings weniger als 50 % der Gesamtmuskelmasse. Durch relativ große statische Haltearbeit der Muskulatur im Oberkörper ist die Atmung zum Teil eingeschränkt, und es unterbleibt eine optimale Durchblutung dieser Partien *(BRINGMANN* 1985). Hier kann ein Drehkurbel-Ergometer Abhilfe schaffen.
Auch der **Skilanglauf** ist stark von Witterungs- und geographischen Bedingungen abhängig. Er ist deshalb eine gute Ausgleichssportart während des Urlaubs. Die Disziplin belastet den gesamten Körper.
Durch die Gleitbewegung und den Stockeinsatz verbindet der Skilanglauf in idealer Weise Herz-Kreislauf-Training mit einer maßvollen Kräftigung der Muskulatur bei Schonung der Gelenke. Sogar bei Bandscheibenschäden und Verschleißerscheinungen der Wirbelsäule kann Skilanglauf nach ärztlicher Konsultation betrieben werden und Linderung der Beschwerden bringen *(COTTA* 1988).
An dritter Stelle steht das **Schwimmen.** Es bietet als Ausdauerdisziplin durch die Entlastung des passiven Bewegungsapparats gute Vorteile für ältere und übergewichtige Personen.
Es beansprucht die Muskulatur des gesamten Körpers. Die horizontale Lage erleichtert die Herzarbeit und verbessert den Blutrückstrom zum Herzen. Negativ wirkt sich unter physiologischem Gesichtspunkt der gegenüber Laufbelastungen erhöhte Blutdruck aus, dem allerdings eine schnelle Erholungsfähigkeit nach der Belastung positiv gegenübersteht *(LAGERSTRÖM* 1983).
Unter organisatorischem Gesichtspunkt ist ein wirksames Training an ein gering frequentiertes Schwimmbecken von mindestens 25 m Länge gebunden. Oft steht eine schlecht ausgebildete Schwimm-und Atemtechnik als Handicap dem Training entgegen.
Lockeres Spazierengehen in ebenem Gelände führt zu keinen wesentlichen Anpassungsprozessen, da die Intensität hierfür zu gering ist. Trotzdem genießt diese Diszi-

plin ebenso wie das beliebte **Golfspielen** eine gesundheitliche Bedeutung, da sie das Nervensystem beruhigt und sich deshalb auf die Organfunktionen regulierend und erholsam auswirkt. Beim Golfen kommt die spielerische Komponente als Motivationsfaktor hinzu.

Flottes Gehen oder Wandern dagegen können, wenn sie zügig und der Leistungsfähigkeit entsprechend dosiert betrieben werden, Anpassungsprozesse auslösen und die Vorstufe zu einem gezielten Lauftraining darstellen.

Vor dem Beginn eines Ausdauertrainings ist es ratsam, die Tests zur Feststellung von Einschränkungen im Bewegungsapparat (vgl. S. 366–370) durchzuführen, um eventuell vorhandene muskuläre Disharmonien aufzudecken. Durch spezielle Trainingsprogramme (vgl. S. 373–379) sollten diese vorab korrigiert werden, um vermeidbare Beschwerden abzuwenden.

Tab. 18 Orientierungshilfe bei der Auswahl einer geeigneten Ausdauerdisziplin

	Laufen	Radfahren	Schwimmen	Ergometrie
Finanzieller Aufwand	2	3	1	4
Abhängigkeit von Witterung	3	4	2	1
Dosierbarkeit der Belastung	4	2	3	1
Zeitaufwand	2	4	3	1
Abhängigkeit von Sportstätten/Gelände	2	3	4	1
Eignung bei Übergewicht	4	3	1	2
Verhältnis zwischen Organbelastung und Anpassungsprozessen	1	3	4	2

1 = besonders geeignet bis 4 = weniger geeignet

8.1 Laufen

Den Dauerlauf haben wir bereits als optimale Ausdauerdisziplin angesprochen. Wegen seiner geringen Anforderungen an technisches Können, Sportstätten und Ausrüstungsbedingungen kann mit wenigen Ausnahmen jeder überall und ohne erheblichen Zeitaufwand ein Laufprogramm durchführen. Damit der Trainingseffekt am Herz-Kreislauf-System nicht auf Kosten von Schädigungen an Bändern, Sehnen und Gelenken entsteht, sollten Sie

– auf die richtige Lauftechnik achten und
– sich ein Paar Ihrem persönlichen Laufstil angepaßte Schuhe zulegen.

8.1.1 Lauftechnik

Jeder Mensch hat seine individuelle Handschrift. Entsprechend verhält es sich mit dem Laufstil. Dennoch gilt es bei der Ausbildung der persönlichen Technik auf einige Merkmale zu achten, die zwischen einem ökonomischen und einem unökonomischen Laufstil unterscheiden.

Unter einem ökonomischen Laufstil verstehen wir diejenige Technik, welche die Energie nur für die Überwindung von solchen Widerstandskräften verwendet, die der geradlinigen Fortbewegung dient. Einen wesentlichen Einfluß darauf hat die richtige Fußarbeit, denn pro Schritt müssen Kräfte in Form von Bewegungsenergie abgefangen werden, die ca. das 3–4fache des Körpergewichts betragen. Zur Stoßdämpfung verlagert der Dauerläufer, im Unterschied zum Sprinter, seinen Aufsatzpunkt auf die Außenkante des Mittelfußes. Für einen kurzen Moment setzt der Fuß mit der ganzen Sohle auf und wird dann nach vorn und innen zum Fußballen hin abgerollt. Diese Technik ist schonender für die Gelenke als das oft beobachtete Aufsetzen mit der Ferse, da sie die körpereigenen Feder- und Dämpfungselemente berücksichtigt.

Die Körperhaltung ist aufrecht. Der Oberkörper wird leicht nach vorne geneigt, um eine günstige Übertragung des Fußabstoßes vom Boden auf den Körperschwerpunkt zu ermöglichen. Die im Ellenbogen ca. 90 Grad gebeugten Arme schwingen locker in Laufrichtung. Die Hände sind unverkrampft zu einer leichten Faust geformt.

Durch das rhythmische Beugen und Strecken der Beine entsteht der Bewegungszyklus des Laufens. Beide Beine wechseln sich in ihrer Funktion ab. Wenn das vordere Bein bei Bodenkontakt den Körper stützt, schwingt das hintere Bein nach vorne. Noch während der vorderen Stütz- wird die hintere Schwungphase abgeschlossen. Das Schwungbein überholt das Stützbein, welches nun die hintere Stützphase übernimmt. Noch bevor das Schwungbein zum vorderen Stütz aufsetzt, stößt das hintere Bein den Körper vom Boden ab und leitet damit die Schwungphase ein. Der Läufer verliert kurzfristig den Bodenkontakt. Er befindet sich in der Flugphase (Abb. 64).

Die Phasenstruktur des Laufs geht mit einem schnellen Wechsel zwischen An- und Entspannung der Muskulatur einher. Unnötige Muskelanspannungen erhöhen den Energieverbrauch und sind damit unökonomisch.

Die Laufbewegung beansprucht hauptsächlich den Gesäßmuskel (Nr. 41, 42, 43), den Zwillingswadenmuskel (Nr. 53), den Schollenmuskel (Nr. 54) und die langen Zehenbeuger (Nr. 56, 57). Die ischiocrurale Muskulatur (langer Kopf des zweiköpfigen Schenkelmuskels, Halb- und Plattsehnenmuskel, Nr. 45, 46, 47) erfüllt die Aufgabe, das Hüftgelenk zu strecken und das Kniegelenk zu beugen, während die übrigen Hüftstreckmuskeln (besonders der Gesäßmuskel) fixatorische Aufgaben wahrnehmen. Die Wadenmuskeln dienen der Verlängerung des horizontalen Beschleunigungsweges für die Streckbewegung der ischiocruralen Muskeln (vgl. Abb. 57; Tab. 16, S. 126 f.).

Die Vorgabe einer Schrittlänge erweist sich als nicht sinnvoll. Sie muß sich im individuellen Laufstil entwickeln, der Beschaffenheit des Geländes und dem Lauftempo anpassen. Das gleiche gilt für die Atmung. Sie ist mit dem Bewegungsrhythmus zu koordinieren und keinesfalls kurz und oberflächlich auszuführen. Um das Kohlendioxid abzuatmen, sollte die Ausatmung bewußt aktiv erfolgen (vgl. S. 58–61). Wegen der Vorerwärmung der Luft empfiehlt es sich, bei Kälte durch die Nase ein- und den Mund auszuatmen.

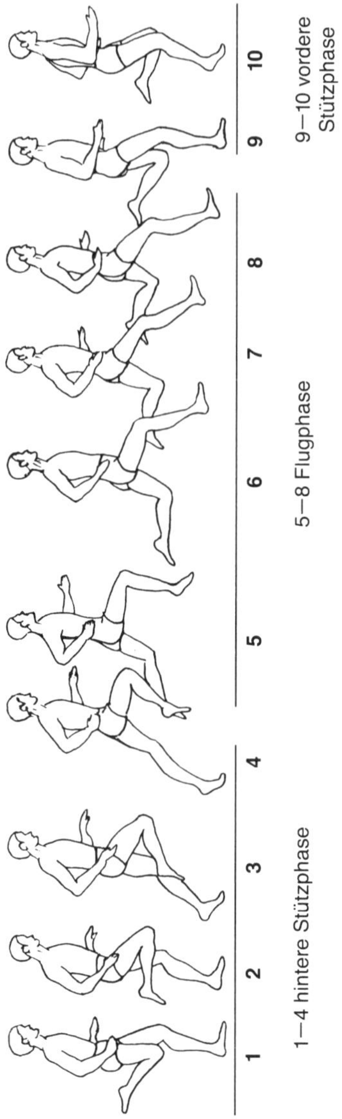

Abb. 64 Darstellung der verschiedenen Laufphasen

8.1.2 Laufschuhe und Bekleidung

Bei der Umsetzung der ökonomischen Technik in eine den Bewegungsapparat schonende Laufbewegung übernimmt das Schuhmaterial eine wichtige Aufgabe. Der Kauf von Laufschuhen ist eine „Wissenschaft", weil es keinen universellen, für jeden Läufer geeigneten Laufschuh gibt. Die einen kämpfen mit Übergewicht, sind Laufanfänger und bevorzugen weichen Waldboden als Untergrund, die anderen sind normalgewichtig, bereits im Training und laufen sowohl im Wald als auch auf Asphalt. Erschwerend kommt hinzu, daß die meisten – laut Statistik 70–80 % – angeborene oder erworbene Fußdeformitäten besitzen.
Trotz der individuellen Besonderheiten muß ein Laufschuh grundsätzlich drei wichtige Bedingungen erfüllen: dämpfen, stützen, führen. Beim Aufsetzen lastet die gesamte Kraft auf dem Mittelfuß. Ein gutes Dämpfungs- und Federungsverhalten bei gleichzeitiger Stabilisierung des Rückfußes verhindert Beschwerden im Bereich von Ferse, Hüfte und Wirbelsäule. Die Stabilisierung der Ferse genießt Priorität, denn die Geradestellung dieses Fußteils in der Aufsetzphase gewährleistet eine gleichmäßige Belastung der Muskeln, Sehnen und Bänder.
Das Stützen soll ein Einknicken des hinteren Fußteils in der Standphase verhindern. Dies ist besonders bei denjenigen Läufern von Bedeutung, die ohnehin bereits an einer Knicksenk- oder Knickhohlfußdeformation leiden. Laufschuhe mit zu weichen Zwischen- und Keilsohlen verstärken die vorhandene Fehlstellung. Als Folge der Überdehnung (Pronation) auf der Beininnenseite kommt es zu typischen Kniebeschwerden (Abb. 65).

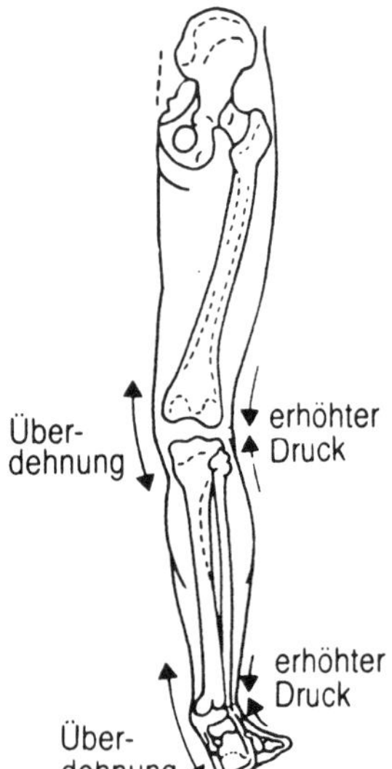

Abb. 65 Fehlbelastung der Gelenke bei übermäßiger Pronation
(*DIEM/HESS* 1986, 38)

Die dritte wichtige Eigenschaft ist das Führen des Vorderfußes, um eine richtungsstabilisierende Kraftentwicklung in der Abstoßphase zu sichern. Dazu muß der Sohlenaufbau im Vorderfußbereich so konstruiert sein, daß er

– eine geringe Dämpfung bei gleichzeitiger
– Druckfestigkeit gegen Steine
– Torsionsstabilität in Längsrichtung, aber
– Gewährleistung einer einwandfreien Abrollbewegung der Zehengrundgelenke in Querrichtung

ermöglicht. Andernfalls kann es zu einem schnellen Ermüden der Fußmuskulatur mit eventuellen Ermüdungsbrüchen der Mittelfußknochen oder zu Achillessehnenbeschwerden kommen.
Wegen der großen Bedeutung für die Gesundheit sollte die Auswahl von Laufschuhen mit hoher Sorgfalt erfolgen. Als ideal erweist sich die Durchführung einer Video-Laufbandanalyse, mit der die persönliche Lauftechnik in verschiedenen Schuhen über Zeitlupenaufnahmen und Standbilder ausgewertet und daraufhin der optimale Laufschuh ausgewählt werden kann.
Steht diese Möglichkeit nicht zur Verfügung, dann können Sie zumindest die nachstehende Läuferdiagnose durchführen, die Ergebnisse mit einem Laufschuhberater im Sportgeschäft diskutieren und gemeinsam mit ihm den optimalen Schuh heraussuchen (Tab. 19).
Falsches Schuhwerk führt neben einer unkorrekten Lauftechnik mit zunehmender Kilometerleistung zu Schädigungen und Verletzungen.
Im Laufschuh tragen Sie Socken aus Wolle, Baumwolle oder einer geeigneten Kunstfaser. Sie halten warm und saugen den Schweiß auf. Wichtig ist, daß sie ungestopft sind, gut passen und keine Naht über den Zehen besitzen. Nur so bilden Schuhe und Socken eine Einheit und helfen Druckstellen und Blasen zu vermeiden.
Zu warmen Jahreszeiten genügt ein kurzes T-Shirt und eine kurze Sporthose.
In den kalten und nassen Monaten besteht die Notwendigkeit, sich durch die Trainingsbekleidung vor den Wetterbedingungen zu schützen, aber gleichzeitig die Körpertemperatur und den Schweißtransport zu regulieren. Die früher bevorzugten Kleidungsstücke aus Naturfasern genügen diesen Anforderungen ungenügend. Stattdessen existieren mittlerweile Kunstfasern, deren Gewebe aus Mikroporen besteht, durch die der Schweiß gasförmig entweichen, große Wassertropfen dagegen von außen nicht nach innen dringen können.

Tab. 19 Persönliche Läuferdiagnose (entwickelt von der Firma Adidas)

	Normal	Dämpfen	Stützen	Führen
Welchen **Fußtyp** haben Sie?	normal ☐	Hohlfuß  ☐	Knick-Senkfuß 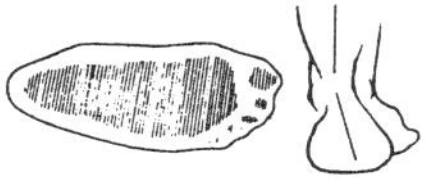 ☐	Hohlfuß 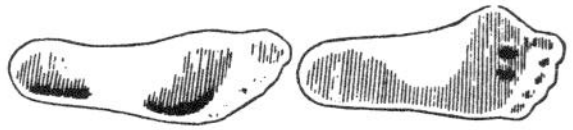 und/oder Spreizfuß ☐
Ist Ihr **alter Schuh** deformiert?	nein ☐	Zwischensohle im Fersenbereich defekt oder niedergetreten  ☐	Obermaterial nach innen deformiert  und/oder Laufsohle innen abgelaufen ☐	Obermaterial nach außen deformiert 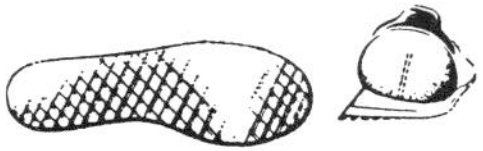 und/oder Laufsohle außen abgelaufen ☐
Haben Sie **Beschwerden beim Laufen?**	nein ☐	Im Bereich der: – Ferse – Hüfte – Wirbelsäule ☐	Im Bereich von: – Schienbeinkante – Innenknöchel – Knie ☐	Im Bereich der: – Achillessehne – Außenknöchelbänder ☐
Auf welchem **Untergrund** laufen Sie?	gemischt ☐	Vorwiegend auf hartem, ebenem Untergrund: – Asphalt, Beton – Kunststoff ☐	Vorwiegend auf weichem und/oder unebenem Untergrund: – freies Gelände – weiche Naturwege ☐	Vorwiegend auf weichem und/oder unebenem Untergrund: – freies Gelände – weiche Naturwege ☐
Welche **Beinform** haben Sie?	normal ☐		X-Beine ☐	O-Beine ☐

8.1.3 Bestimmung der Belastungsparameter Laufumfang und Laufintensität

Für die individuelle Gestaltung des Trainingsprozesses sind die beiden Belastungsparameter Laufumfang und Laufintensität von Bedeutung. Den Laufumfang ermitteln Sie zu Beginn des Trainingsprogramms, um den richtigen Einstieg in das Aufbautraining zu bekommen, sowie am Ende jeder Serie von Trainingseinheiten, um zu überprüfen, ob das jeweilige Trainingsziel erreicht worden ist (U-Test). Zur Durchführung der U-Tests benötigen Sie lediglich eine Stoppuhr. Sie messen damit die Zeit, die Sie ohne Gehpausen zurücklegen können.

Für die Vorgabe der Belastungsintensität benutzen Sie die Herzfrequenz-Richtwerte aus Tab. 20, oder Sie bestimmen über Lactatmessungen Ihre momentane aerobe Belastbarkeit (I-Test).

Dazu benutzen Sie einen geraden, ebenen Waldweg mit Wendepunkt in der Hälfte der Entfernungen (Abb. 67) oder einen Sportplatz, auf dem Dreiecke verschiedener Umfänge markiert sind, sowie eine Stoppuhr, Markierungsmale und 1 Maßband (Abb. 68).

Je nach Belastbarkeit beginnen Sie mit einer Geschwindigkeit von mindestens 120 m/min mindestens 3 min lang zu laufen. Am Start- und Zielpunkt messen Sie die Herzfrequenz. Parallel dazu wird aus dem Ohrläppchen Kapillarblut entnommen und entweder in einem Sofortanalysegerät oder nach Konservierung zu einem späteren Zeitpunkt in einem Labor auf Lactat hin untersucht. Anschließend wird die Laufgeschwindigkeit wiederum für den gleichen Zeitraum um 10 m/min erhöht. Dieses Verfahren wird so lange fortgesetzt, bis die Testperson offensichtlich im anaeroben Belastungsbereich läuft.

Die ausgetestete Herzfrequenz bei 2 mmol Lactat pro Liter Blut ist etwa mit der aeroben Schwelle (ca. 60 % der Herzfrequenzrichtwerte) vergleichbar. Entsprechend verhält es sich bei der Lactatkonzentration von 4 mmol/l für die anaerobe Schwelle, die ca. 80 % der Richtwerte entspricht. Durch diese Methode erhalten Sie exakt Kenntnis darüber, mit welcher Herzfrequenz und Laufgeschwindigkeit Sie trainieren müssen, um entweder im Bereich der aeroben extensives oder an der anaeroben Schwelle intensives Ausdauertraining zu betreiben.

Abb. 66 Herzfrequenzgesteuertes Lauftraining

Tab. 20 Herzfrequenzrichtwerte für verschiedene Intensitätsbereiche bei der Ausdauerdisziplin Laufen

	Herzfrequenz bei:		
Alter	ca. 60 %	ca. 70 %	ca. 80 %
30	123	144	164
40	120	140	160
50	117	137	156
60	114	133	152

Die Berechnung ist erfolgt auf der Basis der maximalen Herzfrequenz von 220 Schlägen/min minus Lebensalter.

Frauen	Frauen und Männer mit Ruhepuls > 80
+ 5 bis 10 Schläge/min	+ 5 bis 10 Schläge/min

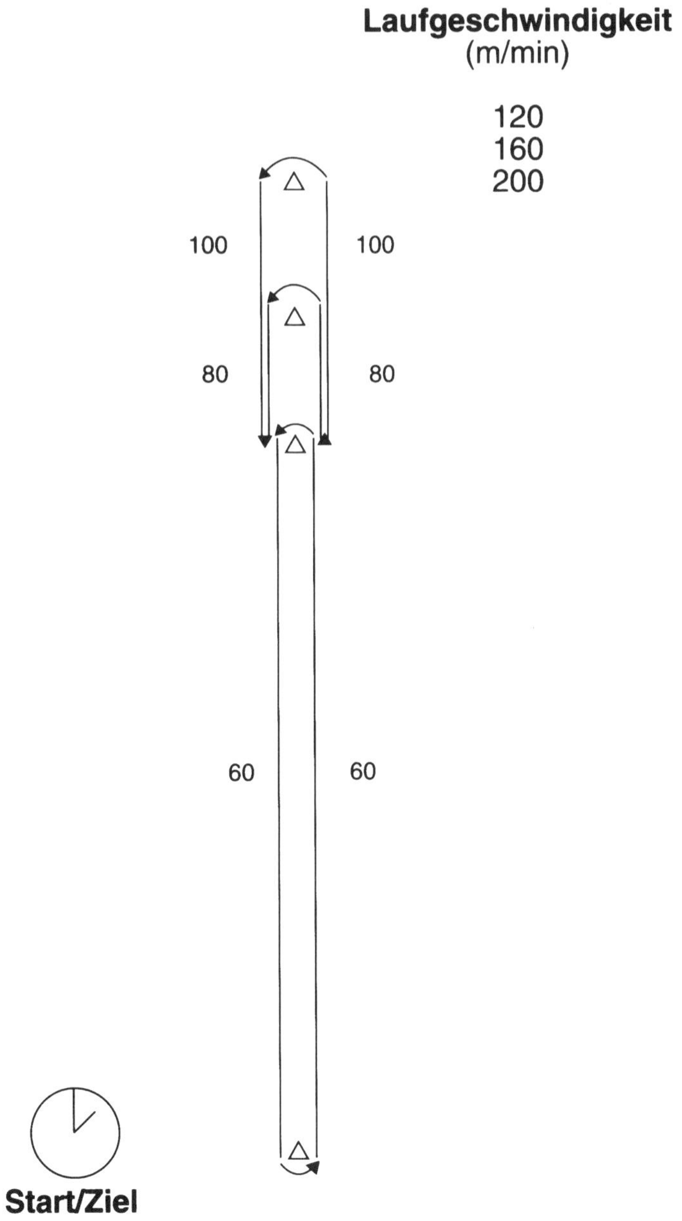

Abb. 67 Umkehrlauf mit unterschiedlichen Intensitätsbelastungen

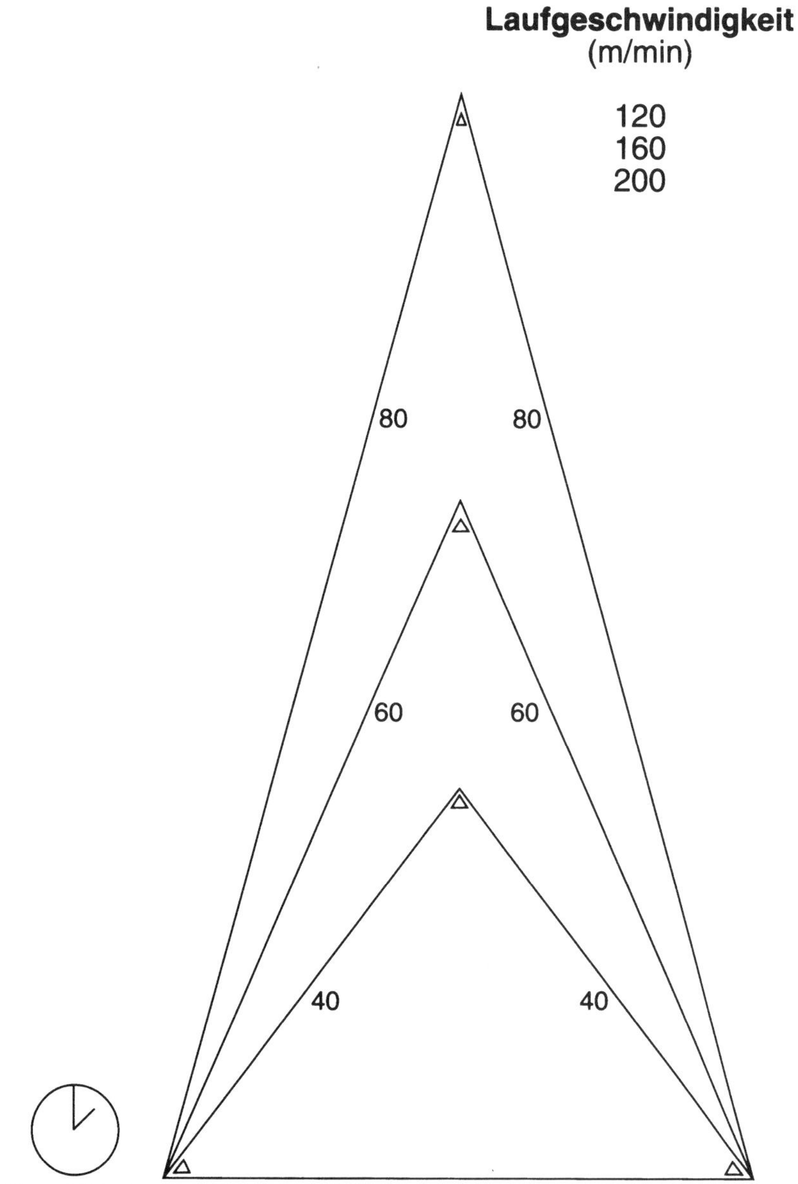

Abb. 68 Dreieckslauf mit unterschiedlichen Intensitätsbelastungen

Tab. 21 Tempotabelle zum Marathonlaufen

1 km	5 km	10 km	15 km	20 km	21.09	25 km	30 km	35 km	40 km	42.195
03:00	15:00	30:00	45:00	1:00:00	1:03:18	1:15:00	1:30:00	1:45:00	2:00:00	2:06:35
03:05	15:25	30:50	46:15	1:01:40	1:05:03	1:17:05	1:32:30	1:47:55	2:03:20	2:10:06
03:10	15:50	31:40	47:30	1:03:20	1:06:49	1:19:10	1:35:00	1:50:50	2:06:40	2:13:37
03:15	16:15	32:30	48:45	1:05:00	1:08:34	1:21:15	1:37:30	1:53:45	2:10:00	2:17:08
03:20	16:40	33:20	50:00	1:06:40	1:10:20	1:23:20	1:40:00	1:56:40	2:13:20	2:20:39
03:25	17:05	34:10	51:15	1:08:20	1:12:05	1:25:25	1:42:30	1:59:35	2:16:40	2:24:10
03:30	17:30	35:00	52:30	1:10:00	1:13:50	1:27:30	1:45:00	2:02:30	2:20:00	2:27:41
03:35	17:55	35:50	53:45	1:11:40	1:15:36	1:29:35	1:47:30	2:05:25	2:23:20	2:31:12
03:40	18:20	36:40	55:00	1:13:20	1:17:21	1:31:40	1:50:00	2:08:20	2:26:40	2:34:43
03:45	18:45	37:30	56:15	1:15:00	1:19:07	1:33:45	1:52:30	2:11:15	2:30:00	2:38:14
03:50	19:10	38:20	57:30	1:16:40	1:20:52	1:35:50	1:55:00	2:14:10	2:33:20	2:41:45
03:55	19:35	39:10	58:45	1:18:20	1:22:38	1:37:55	1:57:30	2:17:05	2:36:40	2:45:16
04:00	20:00	40:00	1:00:00	1:20:00	1:24:23	1:40:00	2:00:00	2:20:00	2:40:00	2:48:47
04:05	20:25	40:50	1:01:15	1:21:40	1:26:09	1:42:05	2:02:30	2:22:55	2:43:20	2:52:18
04:10	20:50	41:40	1:02:30	1:23:20	1:27:54	1:44:10	2:05:00	2:25:50	2:46:40	2:55:49
04:15	21:15	42:30	1:03:45	1:25:00	1:29:40	1:46:15	2:07:30	2:28:45	2:50:00	2:59:20
04:20	21:40	43:20	1:05:00	1:26:40	1:31:25	1:48:20	2:10:00	2:31:40	2:53:20	3:02:51
04:25	22:05	44:10	1:06:15	1:28:20	1:33:11	1:50:25	2:12:30	2:34:35	2:56:40	3:06:22
04:30	22:30	45:00	1:07:30	1:30:00	1:34:56	1:52:30	2:15:00	2:37:30	3:00:00	3:09:53
04:35	22:55	45:50	1:08:45	1:31:40	1:36:42	1:54:35	2:17:30	2:40:25	3:03:20	3:13:24
04:40	23:20	46:40	1:10:00	1:33:20	1:38:27	1:56:40	2:20:00	2:43:20	3:06:40	3:16:55
04:45	23:45	47:30	1:11:15	1:35:00	1:40:13	1:58:45	2:22:30	2:46:15	3:10:00	3:20:26
04:50	24:10	48:20	1:12:30	1:36:40	1:41:58	2:00:50	2:25:00	2:49:10	3:13:20	3:23:57
04:55	24:35	49:10	1:13:45	1:38:20	1:43:44	2:02:55	2:27:30	2:52:05	3:16:40	3:27:28
05:00	25:00	50:00	1:15:00	1:40:00	1:45:29	2:05:00	2:30:00	2:55:00	3:20:00	3:30:59
05:05	25:25	60:50	1:16:15	1:41:40	1:47:15	2:07:05	2:32:30	2:57:55	3:23:20	3:34:29
05:10	25:50	51:40	1:17:30	1:43:20	1:49:00	2:09:10	2:35:00	3:00:50	3:26:40	3:38:00
05:15	26:15	52:30	1:18:45	1:45:00	1:50:46	2:11:15	2:37:30	3:03:45	3:30:00	3:41:31
05:20	26:40	53:20	1:20:00	1:46:40	1:52:31	2:13:20	2:40:00	3:06:40	3:33:20	3:45:02
05:25	27:05	54:10	1:21:15	1:48:20	1:54:17	2:15:25	2:42:30	3:09:35	3:36:40	3:48:33
05:30	27:30	55:00	1:22:30	1:50:00	1:56:02	2:17:30	1:45:00	3:12:30	3:40:00	3:52:04
05:35	27:55	55:50	1:23:45	1:51:40	1:57:48	2:19:35	2:47:30	3:15:25	3:43:20	3:55:35
05:40	28:20	56:40	1:25:00	1:53:20	1:59:33	2:21:40	2:50:00	3:18:20	3:46:40	3:59:06
05:45	28:45	57:30	1:26:15	1:55:00	2:01:19	2:23:45	2:52:30	3:21:15	3:50:00	4:02:37
05:50	29:10	58:20	1:27:30	1:56:40	2:03:04	2:25:50	2:55:00	3:24:10	3:53:20	4:06:08
05:55	29:35	59:10	1:28:45	1:58:20	2:04:50	2:27:55	2:57:30	3:27:05	3:56:40	4:09:39
06:00	30:00	1:00:00	1:30:00	2:00:00	2:06:35	2:30:00	3:00:00	3:30:00	4:00:00	4:13:10
06:05	30:25	1:00:50	1:31:15	2:01:40	2:08:21	2:32:05	3:02:30	3:32:55	4:03:20	4:16:41
06:10	30:50	1:01:40	1:32:50	2:03:20	2:10:06	2:34:10	3:05:00	3:35:50	4:06:40	4:20:12
06:15	31:15	1:02:30	1:33:45	2:05:00	2:11:52	2:36:15	3:07:30	3:38:45	4:10:00	4:23:43
06:20	31:40	1:03:20	1:35:00	2:06:40	2:13:37	2:38:20	3:10:00	3:41:40	4:13:20	4:27:14
06:25	32:05	1:04:10	1:36:15	2:08:20	2:15:23	2:40:25	3:12:30	3:44:35	4:16:40	4:30:45
06:30	32:50	1:05:00	1:37:30	2:10:00	2:17:08	2:42:30	3:15:00	3:47:30	4:20:00	4:34:16
06:35	32:55	1:05:50	1:38:45	2:11:40	2:18:54	2:44:35	3:17:30	3:50:25	4:23:20	4:37:47
06:40	33:20	1:06:40	1:40:00	2:13:20	2:20:39	2:46:40	3:20:00	3:53:20	4:26:40	4:41:18
06:45	33:45	1:07:30	1:41:15	2:15:00	2:22:24	2:48:45	3:22:30	3:56:15	4:30:00	4:44:49
06:50	34:10	1:08:20	1:42:30	2:16:40	2:24:10	2:50:50	3:25:00	3:59:10	4:33:20	4:48:20
06:55	34:35	1:09:10	1:43:45	2:18:20	2:25:55	2:52:55	3:27:30	4:02:05	4:36:40	4:51:51
07:00	35:00	1:10:00	1:45:00	2:20:00	2:27:41	2:55:00	3:30:00	4:05:00	4:40:00	4:55:22
07:05	35:25	1:10:50	1:46:15	2:21:40	2:29:26	2:57:05	3:32:30	4:07:55	4:43:20	4:58:53

Als Kontrolle der über die Lactatwerte bestimmten optimalen Herzfrequenzen bietet sich das Tragen eines elektronischen Herzfrequenz-Meßgeräts an, welches das Unter- und Überschreiten des Vorgabewertes mit einem akustischen Signal anzeigt.
Als weitere methodische Hilfe bei der Umsetzung der optimalen Belastungsintensität in Laufgeschwindigkeit sei das Trainieren in Form der oben genannten Dreiecks- oder Umkehrläufe genannt. Wenn Sie über 10 bis 15 min in dem markierten Parcours exakt jene Strecke laufen, die der analysierten optimalen Laufgeschwindigkeit entspricht, dann entwickeln Sie schnell ein gutes Geschwindigkeitsempfinden, mit dem Sie bald im freien Gelände ohne Markierungshilfen und Herzfrequenzkontrolle laufen können.
Wenn Sie in der Lage sind, den Bereich Ihres Körpers aufzuspüren, wo sich Sauerstoffzufuhr und Sauerstoffverbrauch die Waage halten (steady-state), so ist es aus stoffwechselphysiologischer Sicht theoretisch möglich, sogar die Marathondistanz zu laufen (Tab. 21, Seite 127). Allerdings werden Ihnen dabei anfänglich die lokale Muskelausdauer und orthopädische Probleme einen Streich spielen.
Weitere leistungsdiagnostische Verfahren liefert die Ergometrie (vgl. Seite 180—195).

8.1.4 Aufbautraining Laufen

Nach Klärung aller theoretischen Voraussetzungen kann nun die Trainingspraxis beginnen. Das Aufbautraining hat zum Ziel, die gesundheitliche Norm — sich 40 Minuten im Dauerlauf zu bewegen — erfüllen zu können. Wir gliedern es in 12 Wochen mit vier dreiwöchigen Trainingszyklen, bestehend aus 30 Trainingseinheiten. Vor dem Training sollten Sie sich an den vorgegebenen Belastungsintensitäten aus Tab. 20 orientieren oder sie exakt über Lactatmessungen für einen Trainingszyklus bestimmen lassen.
Beide Maßnahmen erfordern eine ständige Kontrolle der Herzfrequenzen, um die Einhaltung der Intensitätsvorgaben zu überwachen.
Am Ende eines jeden Zyklus steht ein U-Test (siehe S. 153) zur Überprüfung des Trainingserfolges. Sein Ergebnis entscheidet über die betreffende Einheit, mit der das Training fortgesetzt wird.
Den 1. Trainingszyklus haben wir nachfolgend exemplarisch dargestellt. Er ist für reine Laufanfänger geeignet, die noch keine 10 min ohne Pause laufen können, und besteht deshalb aus intervallförmigen Geh- und Laufbelastungen unterschiedlicher Dauer. Die Laufintensität soll bei ca. 60 % der Herzfrequenzrichtwerte oder 2 mmol Lactat/l Blut liegen (vgl. Tab. 20).
Ziel des ersten Zyklus ist es, Bewegungserfahrungen im Laufen zu sammeln und nach Beendigung des dreiwöchigen Zyklus 10 Minuten langsam und möglichst ökonomisch ohne Pausen laufen zu können. Mit dem U-Test, der zwei Tage nach der 6. Trainingseinheit durchgeführt wird, läßt sich die Erreichung dieses Ziels überprüfen.
In den darauffolgenden Zyklen müssen die Laufumfänge allmählich erhöht und die Gehpausen dementsprechend verkürzt werden. Erstes kann sowohl durch längere Laufstrecken als auch durch Erhöhung der Trainingseinheiten erreicht werden (Tab. 22).

Mit Verbesserung des Trainingszustandes ist das Laufen ohne Pausen einzuführen. U-Tests am Ende jedes Zyklus' dienen zur Überprüfung der Fortschritte und helfen, den zukünftigen Trainingsprozeß zu gestalten.
Die Belastungsintensität sollte auch am Ende des Aufbautrainings keinesfalls 70 % des Richtwertes bzw. 3 mmol Lactat/l Blut übersteigen.

Herzfrequenz-Kurve

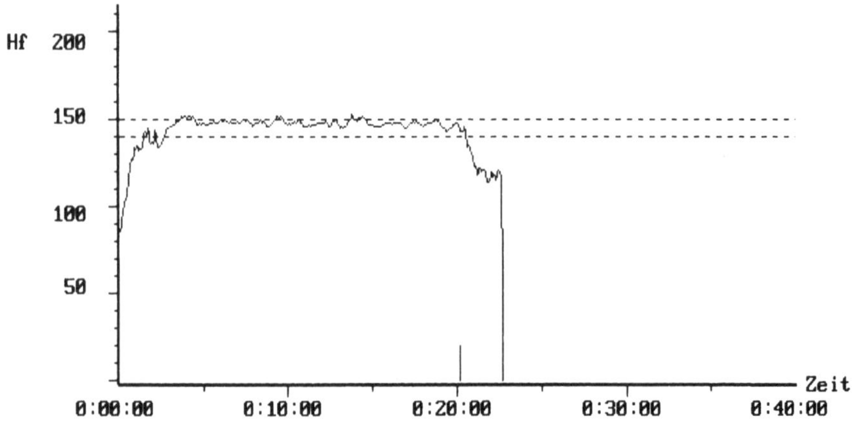

Zeit: 00:00:00 Herzfrequenz: 86 Schläge/min

Abb. 69 Dokumentation eines herzfrequenzgesteuerten Lauftrainings mit einer Herzfrequenzvorgabe von 140–150 Schlägen/min
(Copyright by Polar Electro 1990)

Herzfrequenz-Verteilung

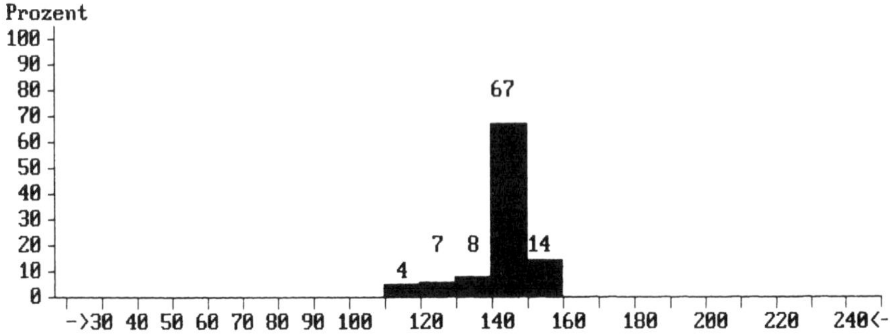

Gewähltes Zeitintervall: ganzer Test Länge der Übung: 00:22:40.1

Abb. 70 Auswertung des herzfrequenzgesteuerten Lauftrainings (67 % aller Meßwerte liegen im Vorgabebereich von 140–150 Schlägen/min)
(Copyright by Polar Electro 1990)

Vor jeder Trainingseinheit muß ein Aufwärmprogramm stehen mit dem Ziel, den Körper auf die Belastung vorzubereiten und Verletzungen vorzubeugen. Es enthält Stretchingübungen der beim Laufen besonders beanspruchten Muskulatur der unteren Extremitäten sowie derjenigen Muskelgruppen des Oberkörpers, die ein lockeres, unverkrampftes Laufen unterstützen (vgl. Trainingsprogramm Nr. 21. S. 377f.).
Das Lauftraining sollten Sie keinesfalls abrupt beenden, indem Sie sich sofort nach der Belastung hinsetzen oder gar hinlegen. Durch lockeres Auslaufen oder Gehen ist die erhöhte Herzfrequenz allmählich zu senken.
Danach ist es ratsam, die angespannte Beinmuskulatur erneut zu dehnen. Den aktiven Regenerationsmaßnahmen können sich passive Formen anschließen.
Die optimale Belastung einer Trainingseinheit ist in Abb. 71 dargestellt.
Nach Absolvierung des Aufbautrainings muß sich jeder entscheiden, in welcher Weise er weiter trainieren möchte. Je nach verfügbarer Zeit und vorhandener Motivation bietet sich die Fortführung des Dauerlaufens im Rahmen des Gesundheits-, Erhaltungs- oder gar Sporttrainings an.
Eine Kombination von Dauerlauf und anderen Ausdauerdisziplinen ist ebenfalls denkbar. In den meisten Fällen wird sich ein Programm aus Ausdauerdisziplinen und das Training des Bewegungsapparates als am sinnvollsten erweisen.
Das nebenstehende Flußdiagramm dient zur Orientierung bei der Gestaltung des Aufbautrainings.

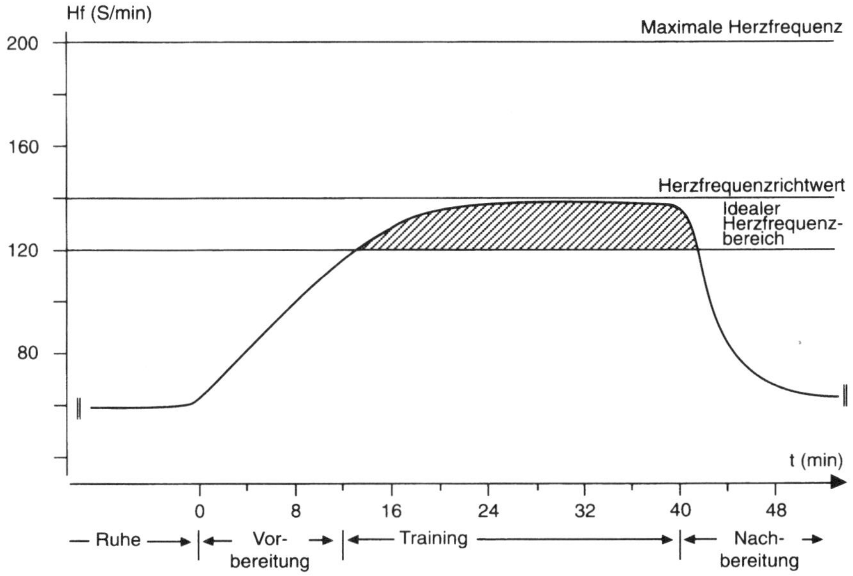

Abb. 71 Anzustrebender Verlauf der Herzfrequenz innerhalb einer Trainingseinheit eines 40-jährigen, der nach der Herzfrequenzrichtwert-Tabelle sich mit 70 % belastet

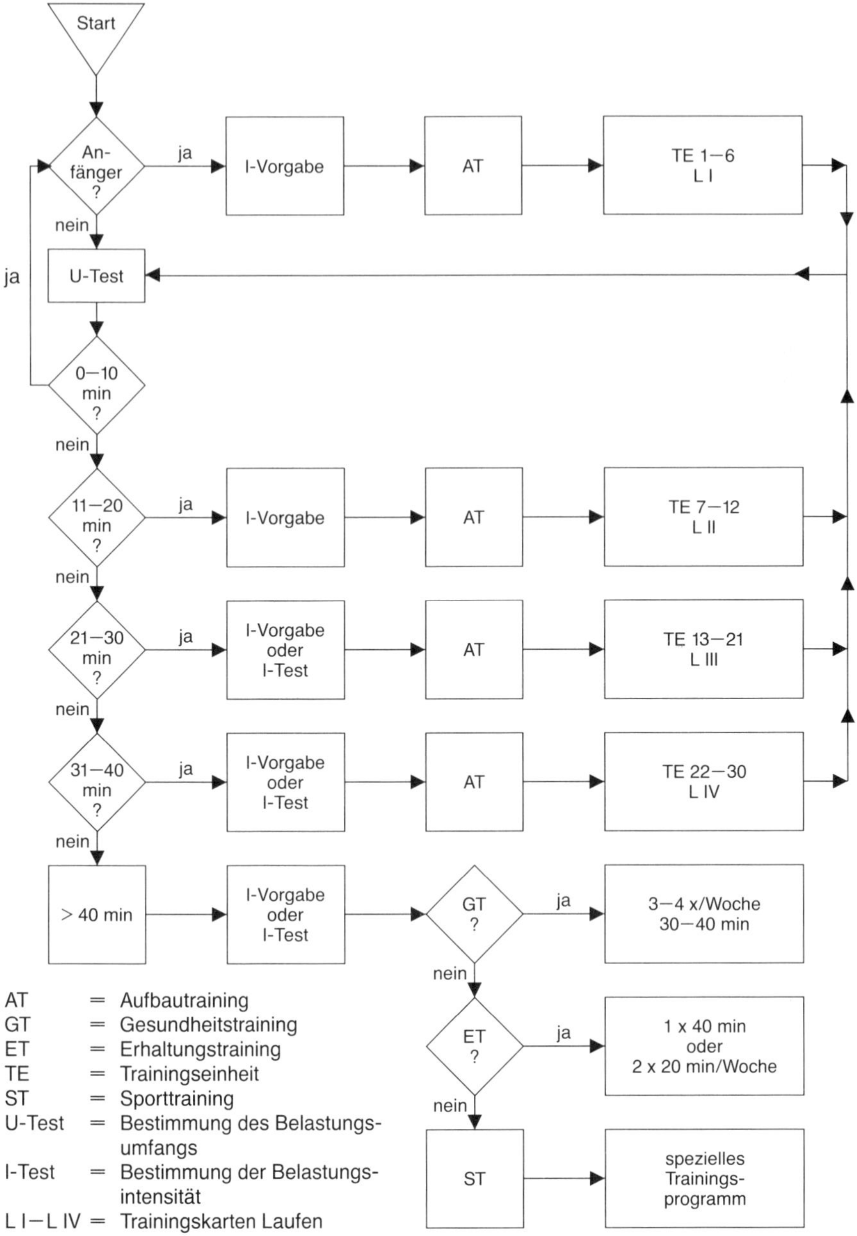

AT = Aufbautraining
GT = Gesundheitstraining
ET = Erhaltungstraining
TE = Trainingseinheit
ST = Sporttraining
U-Test = Bestimmung des Belastungsumfangs
I-Test = Bestimmung der Belastungsintensität
L I–L IV = Trainingskarten Laufen

Abb. 72 Flußdiagramm als Wegweiser durch das Aufbautraining Dauerlauf

Trainingskarte L I[1)]

Sie haben sich für das Laufen entschieden, um die Ausdauerleistungsfähigkeit Ihres Herz-Kreislauf-Systems zu verbessern. Bisher haben Sie nur wenig Lauferfahrung und/oder durch U-Test festgestellt, daß Sie mit Ihrem momentanen Leistungsvermögen nicht in der Lage sind, 10 Minuten ohne Pause zu laufen.

Trainieren Sie deshalb nach den folgenden Anleitungen, um dieses Ziel zu erreichen:

10 Minuten Dauerlauf!

Protokollieren Sie Ihre Trainingsdaten!

Alter	→	Belastungs-Intensität 60 % (vgl. Tab.)	→	Herzfrequenz-obergrenze Schläge/min

1. Beginnen und beenden Sie jedes Training mit den Dehnübungen der Trainingskarte 21!
2. Ermitteln Sie die Herzfrequenz, die Sie nach dem längsten Laufintervall einer Trainingseinheit nicht überschreiten sollen nach der nebenstehenden Tabelle oder über Lactatmessungen. Achten Sie stets auf Ihr subjektives Wohlbefinden!
3. Beginnen Sie mit dem Training! Führen Sie die Trainingseinheiten in der Reihenfolge von Trainingseinheit 1–6 durch. Entnehmen Sie den Trainingsumfang jeder TE (Trainingseinheit) dem nachfolgenden Diagramm.

Herzfrequenzrichtwerte in Abhängigkeit verschiedener Intensitätsbereiche für die Ausdauerdisziplin Laufen.

Die Berechnung erfolgt auf der Basis der maximalen Herzfrequenz von 220 Schlägen/min minus 1/2 Lebensalter.

	Herzfrequenz bei:		
Alter	ca. 60 %	ca. 70 %	ca. 80 %
30	123	144	164
40	120	140	160
50	117	137	156
60	114	133	152

Frauen	Frauen und Männer mit Ruhepuls > 80
+ 5 bis 10 Schläge/min	+ 5 bis 10 Schläge/min

1) Weitere Informationen zu den Trainingskarten L II, L III, L IV können beim Verlag bzw. bei den Autoren eingeholt werden.

Trainingskarte L I

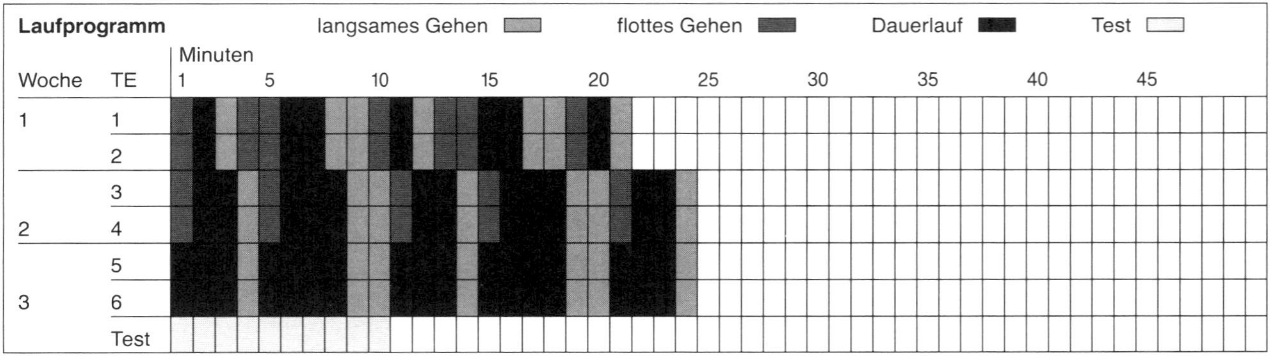

Trainingsprotokoll

Trainings-Datum	TE Nr.	Herzfrequenz vor dem Aufstehen (S/min)	Herzfrequenz vor Trainingsbeginn (S/min)	Herzfrequenz nach dem längsten Intervall (S/min)	Herzfrequenz nach dem Lauftraining (S/min)			Bemerkungen zum Training	
					1 min	2 min	3 min	Vorgaben erfüllt	Sonstiges
	1								
	2								
	3								
	4								
	5								
	6								

Trainingskarte L I

Nach 3 Wochen haben Sie den ersten Trainingszyklus beendet. Überprüfen Sie nun 1–2 Tage nach der 6. TE Ihren Trainingserfolg.

4. TEST: Versuchen Sie nach vorheriger Dehnung der Muskulatur mindestens 10 Minuten ohne Pause zu laufen. Beachten Sie, daß am Ende des Laufs die Herzfrequenzobergrenze nicht überschritten wird.

Ergebnis des U-Tests			
Dauerlaufzeit (min)		Herzfrequenz am Ende des Laufs (Schläge/min)	
> 10 min	< 10 min	< Obergrenze-vorgabe	> Obergrenze-vorgabe

Wiederholen Sie die 5. und 6. TE bevor Sie sich einem erneuten Test unterziehen.

Gratulation! Sie haben das 1. Trainingsziel erreicht. Setzen Sie Ihr Training mit der 7. TE auf der Trainingskarte L II fort.

8.2 Radfahren

Eine große Attraktivität, verbunden mit einem hohen gesundheitlichen Nutzen, bietet das Radfahren.
Die Attraktivität liegt hauptsächlich an der Geschwindigkeit und dem relativ großen Aktionsradius in der Natur. Der gesundheitliche Nutzen des Radfahrens kommt zum Ausdruck durch die dabei erreichbaren hohen Werte der maximalen Sauerstoffaufnahmekapazität.
Radrennfahrer erzielen mit zum Teil über 80 ml/min/kg Körpergewicht durchschnittlich höhere relative O_2-Werte als Langstreckenläufer.
Als weiterer Vorteil gegenüber dem Laufen erweist sich die bereits erwähnte Entlastung der Gelenke. So läßt sich z.B. ein durch Verschleiß geschädigtes Knie- oder Hüftgelenk durch Variation beim Schalten und über Veränderung der Trittfrequenz dosierter belasten, als dies beim Laufen möglich ist. Oftmals können durch diese Methode erhebliche Funktionsverbesserungen an den geschädigten Körperteilen erzielt werden.
Den positiven stehen negative Aspekte gegenüber. Nicht zu unterschätzen ist die Verletzungsgefahr bei Stürzen und die Unfallgefahr im Straßenverkehr. Aus diesem Grund sind möglichst Straßen mit geringem Verkehrsaufkommen für das Ausdauertraining auf dem Rad zu bevorzugen.
Von hoher Bedeutung und weitaus kostenintensiver als bei anderen Ausdauerdisziplinen ist die Ausrüstung, die auf die individuellen Bedürfnisse und Merkmale abgestimmt sein muß, damit sie in Verbindung mit einer guten Bewegungstechnik zum angestrebten gesundheitlichen Erfolg beitragen kann.
In diesem Zusammenhang steht die Frage nach dem geeigneten Radtyp an oberster Stelle. Sie ist nur individuell zu beantworten und abhängig vom Stellenwert, den das Radfahren im Ausdauertrainingsprogramm einnehmen soll. Denjenigen, die ihre Ausdauer hauptsächlich durch Radfahren verbessern möchten, ist zu raten, sich ein Rennrad oder Mountainbike mit 10 oder noch mehr Schaltmöglichkeiten zuzulegen. Allen, die das Radfahren als Ergänzung zu anderen Ausdauerdisziplinen betrachten, genügt ein Touren- oder Sportrad, das allerdings auch mindestens mit einer 3-Gangschaltung ausgestattet sein soll.
Unsere Ausführungen beziehen sich auf das Training mit einem Rennrad, sind jedoch im wesentlichen auch auf andere Radtypen übertragbar.

8.2.1 Radfahrtechnik

Die Anwendung einer optimalen Technik setzt die Einstellung des Rads auf die Körpermerkmale des Fahrers voraus. Die Aufmerksamkeit gilt dabei den Kontaktpunkten Lenker, Sattel und Pedale, insbesondere aber der Stelle, wo die Kraft des Trainierenden auf das Material umgesetzt wird. Eine optimale Übertragung der Beinkraft auf die Pedale ist nur bei entsprechender Sitzhaltung gewährleistet. Ideal ist die Sitzposition dann, wenn der Oberkörper um ca. 45 Grad nach vorne geneigt und möglichst gerade

gehalten wird. In dieser Position müssen die Bandscheiben nicht jeden Stoß der Fahrbahnunebenheiten voll auffangen. Die Beine werden im rhythmischen Wechsel gebeugt und gestreckt und übertragen mit den Fußballen die Kraft auf die Pedalachse. Dabei bewegen sich die Knie stets innerhalb der leicht gebeugten Arme, die in dieser Haltung am ehesten Erschütterungen durch Fahrbahnunebenheiten abfangen können. Der Griff am Rennlenker oben oder über den Bremsen ergibt eine entspannte Haltung für ein ruhiges Fahren.
Damit diese Körperposition eingenommen werden kann, sind einige Bedingungen zu erfüllen. Ein wichtiges Kriterium beim Kauf eines Rennrades ist die Rahmenhöhe. Rechnerisch läßt sie sich ermitteln, wenn wir die Schritthöhe mit dem Faktor 0,66 multiplizieren (Abb. 73). Die genaue Einstellung des Rades auf die persönlichen Körpermerkmale lassen Sie am besten in einem Sportfachgeschäft von einem Spezialisten vornehmen.
Das wichtigste technische Element des Radfahrens ist das Pedalieren. Darunter verstehen wir das gleichmäßige, zyklische Treten auf den Pedalen. Bei dieser Bewegung beschreiben die Füße eine kreisförmige Bahn um die Achse des Tretwerks. Die Kraft,

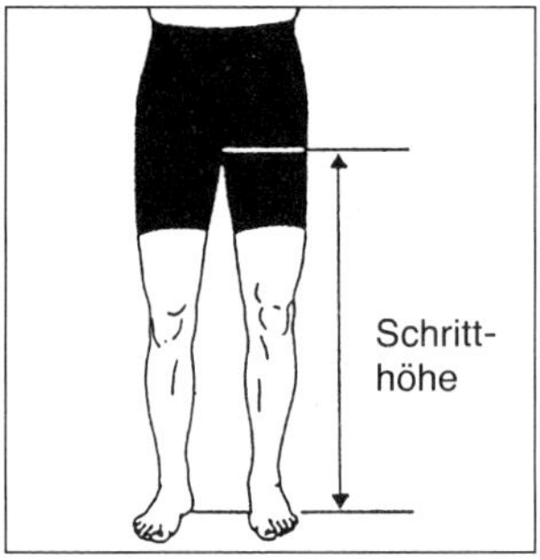

$\times 0{,}66 =$

Rahmenhöhe (cm)
51 – 53
53 – 55
55 – 57
57 – 59
59 – 61
61 – 63

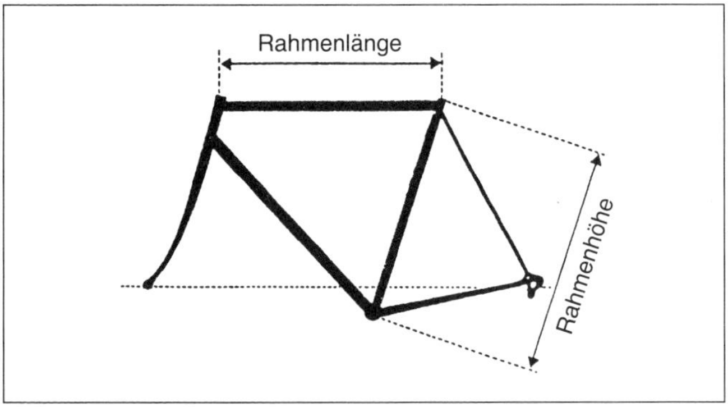

Abb. 73 Bestimmung der Rahmenhöhe nach der Schritthöhe (barfuß gemessen)
(*WÖLZENMÜLLER* 1987 b, 60)

mit der der Radfahrer die Pedale bewegt, wird über die Kette auf das Hinterrad übertragen. Die Kraftentfaltung entsteht tangential zum Kettenrad, wenn das eine Bein aus der oberen, gebeugten Position nach unten in die Streckung geführt wird. Zur gleichen Zeit bewegt sich das entgegengesetzte Bein nicht passiv nach hinten oben, sondern unterstützt die Tret- durch eine aktive Zugbewegung, die mit Pedalhaken oder Sicherheitsbindung durch die feste Verbindung zwischen Schuh und Pedal möglich ist. Ohne diesen runden Bewegungsablauf ist ein ökonomisches Arbeiten der Beinmuskulatur unmöglich. Jede unrunde und arhythmische Bewegung kann zu einer Überbeanspruchung einzelner Muskelgruppen führen und damit die Harmonie des Bewegungsablaufs stören.
Die Beinmuskulatur ist beim Radfahren von allen Körperpartien am meisten belastet. Beim Herabdrücken des einen Beines sind besonders der vierköpfige Schenkelstrekker (Nr. 35) und die Wadenmuskulatur (Nr. 53, 54) gefordert. Das Hochziehen des entgegengesetzten Beines besorgen vorwiegend die antagonistisch wirkenden Hüft- und Kniebeuger (Nr. 35a, 32, 33, 41, 46, 47) sowie die Fußgelenkstrecker (Nr. 48). Aber auch die Arm- und Rumpfmuskulatur ist an der Gesamtbewegung, in erster Linie zur Sicherung der Rumpfhaltung, beteiligt. Diese Aufgabe bewältigen besonders die Armstrecker (Nr. 18) bzw. die Rückenmuskulatur (Nr. 30) durch hauptsächlich isometrische Kontraktion. Die Beine dagegen leisten Bewegungsarbeit. Die Trittfrequenz soll mindestens bei 90 Umdrehungen pro Minute liegen. Zur Überprüfung der richtigen Tretgeschwindigkeit empfiehlt es sich, die Umdrehungen 10 sec lang zu zählen und durch Multiplikation mit dem Faktor 6 auf die Minute hochzurechnen, wenn Sie keinen Trittfrequenzmesser am Rad angebracht haben.
Der runde Tritt kann im Gelände mit wechselndem Profil nur aufrechterhalten werden, wenn der Fahrer durch richtiges Schalten die geeignete Übersetzung einstellt. Darunter verstehen wir das Verhältnis zwischen dem Umfang der Kettenräder und Zahnkränze. Die Größe der Kettenräder und Zahnkränze wird in der Anzahl der „Zähne" ausgedrückt. Mit großer Übersetzung fahren heißt, das große Kettenrad und einen kleinen Zahnkranz aufzulegen. In diesem Fall ist der Weg, den das Rad pro Kurbelumdrehung zurücklegt, groß. Im Falle der kleinen Übersetzung liegen die Verhältnisse umgekehrt. Bei der Wahl der richtigen Übersetzung gilt grundsätzlich: Die Aufgabe der Schaltung liegt nicht primär in der Unterstützung der Kraftentfaltung des Fahrers, sondern vielmehr in der Aufrechterhaltung der gleichmäßigen Trittfrequenz. Beim Schalten ist stets darauf zu achten, daß die Kette möglichst gerade und niemals überkreuz läuft (Abb. 74, Seite 168).
Dies bedeutet für die Fahrt bergab mit einem 12-Gangrad, je nach Gefälle das große Kettenrad mit den 3 kleinsten Zahnkränzen und bei der Fahrt bergan, je nach Steigung, das kleine Kettenrad mit einem der 3 größten Zahnkränze zu kombinieren. Andernfalls beeinträchtigt der Reibungswiderstand die Leistung und fördert den Verschleiß der Teile.
Die Fahrt mit kleinen Übersetzungen ist für den runden Tritt besser als mit viel Druck auf den Pedalen zu arbeiten. Je größer die Übersetzung, desto intensiver ist nämlich die Muskelbeanspruchung und desto früher muß die Muskelzelle auf anaerobe Oxidationsprozesse zur Deckung ihres Energiebedarfs umstellen. Die damit verbundene Gefahr der Übersäuerung und frühzeitigen Ermüdung der Beine zwingt meist zur

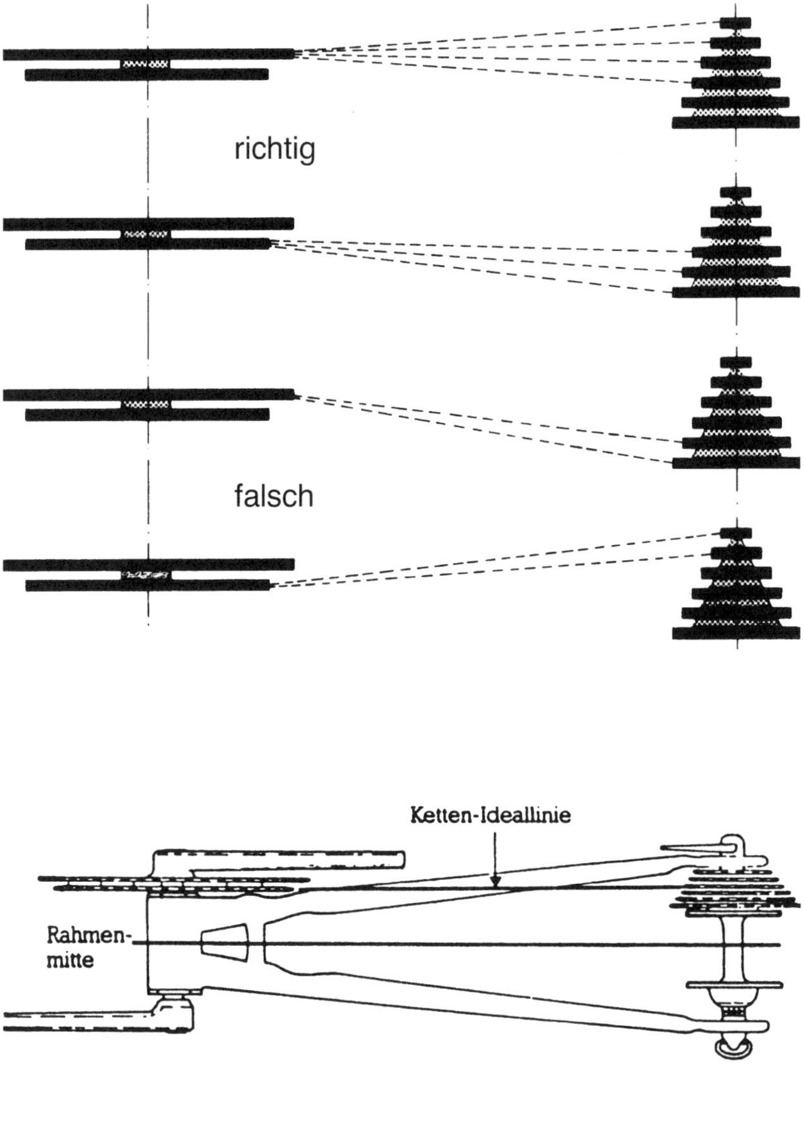

Abb. 74 Günstige und ungünstige Kettenlinie beim Schalten
(*Peugeot*-Prospekt, Rennräder)

Reduzierung der Strecke oder gar zum Abbruch der Fahrt. Bei kleinen Übersetzungen ist der Druck auf den Pedalen entsprechend niedriger, und die Muskulatur kann die Energie auf aerobem Wege decken. Diese Maßnahme ermöglicht eine lange Fahrtdauer, bei der zudem noch die Energie vorwiegend aus den Fettdepots des Körpers geliefert wird (vgl. S. 65–69).
Für die Trittfrequenz mit geringem Krafteinsatz spricht auch die unter diesen Verhältnissen verbesserte Muskeldurchblutung. Deshalb treten Radrennfahrer im Wettkampf mit ca. 90–100 Pedalumdrehungen pro Minute und mehr. Im Training liegt die optimale Frequenz sogar noch höher bei 100–120 Umdrehungen/min.

8.2.2 Ausrüstung

Die Frage nach dem Radtyp und seiner Qualität wurde bereits angesprochen und ist letztendlich eine Frage der Bedeutung, die Sie dem Radfahren beimessen, des persönlichen Geschmacks und des Geldes, das jeder zu investieren bereit ist. Fest steht, es muß kein Rennrad sein, wenn Sie Ihre Ausdauer durch Radfahren verbessern möchten. Auf einige Punkte, die Sie beim Radkauf beachten sollten, sei noch verwiesen:

- Das Rad sollte komplett mit Aluminiumteilen (Lenker, Felgen, Speichen, Kurbelgarnitur, Naben, Bremsen, Schaltung) ausgestattet sein.
- Bei der Bremse müssen Felge und Gummi exakt zusammenpassen. Von Vorteil ist, wenn sich die Möglichkeit bietet, die Bremse mit der Hand nachzustellen. Bremszüge sollten fest in unverrutschbaren Halterungen am Rahmen verlegt sein.
- Eine Rasterschaltung ist den herkömmlichen Schaltsystemen vorzuziehen, weil sie für Ungeübte problemlos zu bedienen ist.
- Die neu entwickelten hakenlosen Pedalsysteme bieten ähnlich den Skibindungen mehr Sicherheit bei eventuellen Stürzen.
- Das Gewicht des Rades kann bei Normalgewichtigen ein Auswahlkriterium sein. Reduzierung des Körpergewichts bietet denselben Effekt gesünder und preiswerter, denn beim Rad kostet jedes Kilo unter 10 kg ca. DM 1.000 mehr.

Wichtig für das Radfahrtraining ist die Bekleidung, die sowohl der eigenen Sicherheit als auch der Gesunderhaltung dient. Für den Fahrer, der viele Kilometer pro Trainingseinheit fahren möchte, empfiehlt es sich, ein Paar Radschuhe mit festen Sohlen zu kaufen, denn sie verhindern, daß sich bei längerer Fahrt die Pedalzähne auf den Fußballen durchdrücken. Außerdem bieten sie in dem Pedalsytem einen sicheren Halt und sorgen für eine bessere Kraftübertragung als normale Schuhe. Auch die Rennhose ist letztlich unentbehrlich. Die oberhalb des Knies abschließenden Beine verhindern ein Wundreiben am Sattel. Das eingenähte Innenleder schützt Gesäß und Schenkel und mindert die gerade bei Anfängern häufig auftretenden Sitzprobleme. Damit keine unnötigen Reibungsstellen entstehen, wird sie direkt auf der Haut ohne Unterhose getragen. Zu empfehlen ist, das Innenleder vor dem Training mit weißer Vaseline oder Hirschtalg einzureiben.

Wenngleich beide Kleidungsstücke — Schuhe und Hose — für den auf einem Tourenoder Sportrad Trainierenden zu entbehren sind, ist jedem, der auf öffentlichen Straßen fährt, anzuraten, ein Trikot oder eine Jacke mit leuchtenden Farben zu tragen. Diese Maßnahme hat mit Mode wenig, dafür mit Sicherheitsbewußtsein viel zu tun. Das den anderen Verkehrsteilnehmern auffallende Oberteil sollte zudem einen dichtschließenden Kragen besitzen und so lang sein, daß trotz gebeugter Haltung auf dem Fahrrad die Nierengegend vollständig bedeckt bleibt. Für das Trikot ist ebenso wie für das darunter zu tragende Unterhemd empfehlenswert, daß es nicht aus schweißsaugendem Material besteht. Deshalb sind Kunst- den Naturfasern vorzuziehen, da sie den Schweiß nach außen abgeben, ohne den Fahrtwind an den Körper dringen zu lassen. Gegen den Wind hilft an kühlen Tagen außerdem ein seitlich offener Windlatz aus Leinen.

Handschuhe, auf dem Handrücken durchlöchert und auf der Innenseite gepolstert, verhindern bei langen Fahrten Blasenbildungen und mindern die Verletzungen der Hand bei einem eventuellen Sturz. Aus diesem Grund ist auch das Tragen eines Helms unentbehrlich. Letztlich besteht aus gutem Grund für den Motorradfahrer die Pflicht, einen Kopfschutz zu tragen. Warum also sollte gerade der Radfahrer, als einer der noch weniger geschützten im Straßenverkehr, darauf verzichten?

Radfahren ist keine Sportart nur für schöne, sonnige Tage. Auch bei kühlerem Wetter kann das Training auf dem Rad Spaß machen, wenn die Kleidung stimmt.

Zur „Ausrüstung" beim Training gehört auch eine „Marschverpflegung", insbesondere dann, wenn längere Trainingsstrecken von mehr als 60 km auf dem Programm stehen. Durch die Dauerbelastung kann es nämlich zu einem Absinken des Blutzuckerspiegels um mehr als 1/3 des Ausgangswertes kommen. Da das Gehirn auf Traubenzukker als Energiequelle angewiesen ist, beginnt sich der Körper, wenn die Energiequelle zu versiegen droht, zu schützen. Plötzlich tritt ein Hungergefühl auf, die Kraft läßt nach, ja sogar zu Schwindel oder Schweißausbruch etc. kann es kommen. Diesem „Hungerast" (medizinisch Hypoglykämie genannt) ist nur durch die Aufnahme leichtverdaulicher Kohlenhydrate wie Obst, Energieriegel, kohlenhydratreiche Getränke u. ä. zu begegnen.

Gerade bei kalter Witterung ist die Gefahr, diesen Zustand zu erreichen, groß, denn Unterkühlung fördert die Stoffwechselleistung, um Wärme zu produzieren. Die Kohlenhydratvorräte gehen früher zur Neige.

Bei heißen Temperaturen verlassen mit dem Schweiß auch wichtige Salze den Körper. Ohne Nachschub der verlorenen Elektrolyte kann es zu Muskelkrämpfen kommen, die ein Weiterfahren verhindern.

Deshalb neben der Verpflegung niemals die Trinkflasche mit kohlenhydratreichen und elektrolythaltigen Getränken beim Training vergessen. Der Grundsatz, nach dem die Verpflegung beim Training zugeführt werden soll, lautet: Essen, bevor der Hunger, trinken, bevor der Durst einsetzt.

8.2.3 Bestimmung der Belastungsintensität

Damit auch beim Radtraining keine Überforderung auftritt, gilt es vor dem Einstieg in das Programm die Intensität der Belastung, die der momentanen körperlichen Leistungsfähigkeit entspricht, festzustellen. Hierzu dient ein Fahrradergometer, da dort die Belastungsstruktur der auf dem Fahrrad entspricht. Voraussetzung ist, daß das Gerät die Möglichkeit bietet, die Wattleistung des Tretwiderstandes in Abhängigkeit zu der dabei erzielten Herzfrequenz zu ermitteln.
In diesem Fall läßt sich mit Hilfe von Lactatmessungen die Herzfrequenz für den aeroben Trainingsbereich und die anaerobe Schwelle bestimmen und je nach Trainingsziel als Sollwert vorgeben (vgl. S. 189).
Wer nicht die Möglichkeit besitzt, seine optimale Belastungsintensität vor dem Radtraining auf einem Ergometer zu testen, orientiert sich an den Herzfrequenzrichtwerten aus Tab. 22. Damit sie während des Trainings eingehalten werden, empfehlen wir die elektronische Kontrolle mit einem Herzfrequenzmesser. Zu berücksichtigen ist, daß die Belastung auf dem Rad im Unterschied zum Ergometer von verschiedenen Faktoren wie Bodenbeschaffenheit, Geländeprofil, Windverhältnisse, Wahl der Übersetzung und der Trittfrequenz etc. abhängig ist und deshalb meist intervallförmig verläuft (vgl. Abb. 75, Seite 172).
Auf ebener Strecke ist die Geschwindigkeit dann so zu regulieren, daß die Herzfrequenz dem Vorgabewert entspricht. Steigt der Herzschlag über den gewünschten Wert an, so ist die Belastungsintensität zu senken. Dies erreichen Sie durch Zurücknahme der Trittfrequenz oder durch Reduzierung des Pedaldrucks über die Umschaltung auf eine kleinere Übersetzung. Die Zweite ist der ersten Möglichkeit vorzuziehen, es sei denn, Sie treten bereits mit weit über 90—100 Umdrehungen pro Minute.
Erreicht die Herzfrequenz den Vorgabewert nicht, so ist die Belastung durch Erhöhung der Trittfrequenz oder die Wahl einer größeren Übersetzung zu verändern. Hier handeln Sie nach dem Grundsatz: Zuerst Trittfrequenz steigern, dann größeren Gang einlegen. In unebenem Gelände wird am Berg die Herzfrequenz über den Vorgabewert hinaus steigen, dafür aber beim Bergabfahren darunter absinken. In diesem Fall ist zu beachten, daß sich die mittlere Herzfrequenz in etwa mit dem angestrebten Wert deckt.
Wer Körpertraining zur psychischen Regeneration betreibt, sollte lieber mit größeren Umfängen als mit hohen Intensitäten trainieren, sofern es die Zeit erlaubt. Als Ziel gilt, etwa 1,5 bis 2 Stunden ohne Pausen im aeroben Bereich von 60—70 % der maximalen Ausdauerleistungsfähigkeit oder 2—2,5 mmol Lactat/l Blut fahren zu können.

8.2.4 Aufbautraining Radfahren

Im Unterschied zum Laufen kann das Radfahrtraining in unserer Klimazone nicht das ganze Jahr über betrieben werden. Trotzdem besteht die Möglichkeit, sich in den Wintermonaten auf die kommende Radsportsaison vorzubereiten. Wir plädieren deshalb dafür, dem Radtraining auf der Straße einen speziellen Vorbereitungszyklus zu Hause auf dem Ergometer oder einer Rolle vorzuschalten und erst danach auf das Rad umzusteigen.

Herzfrequenz-Kurve

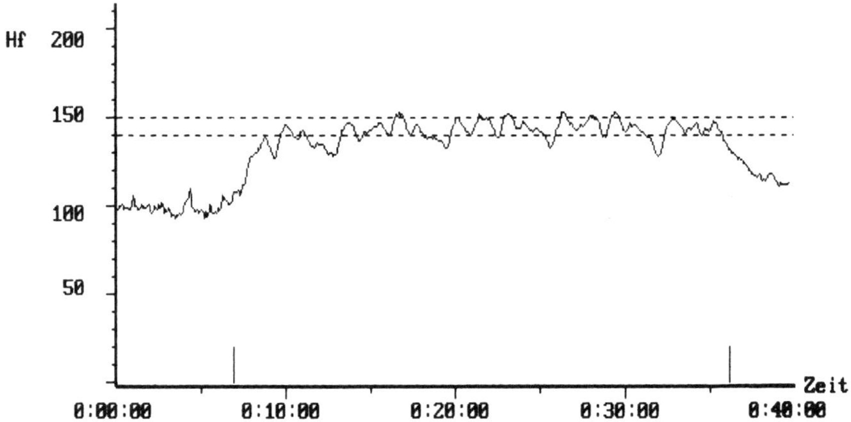

Zeit: 00:00:00 Herzfrequenz: 98 Schläge/min

Abb. 75 Dokumentation eines herzfrequenzgesteuerten Radtrainings mit einer Herzfrequenzvorgabe von 140–150 Schlägen/min
(Copyright by Polar Electro 1990)

Herzfrequenz-Verteilung

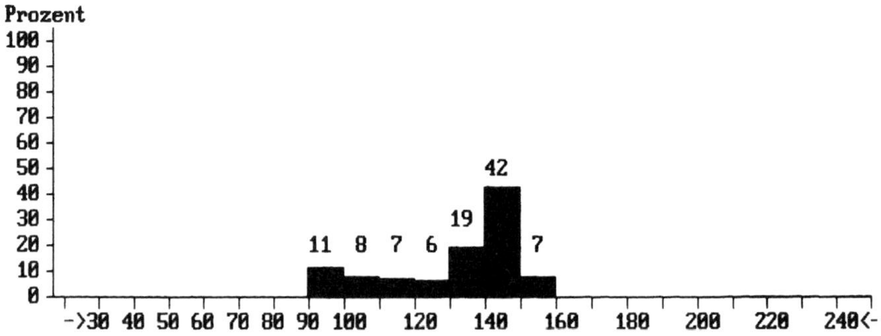

Gewähltes Zeitintervall: ganzer Test Länge der Übung: 00:39:46.9

Abb. 76 Auswertung des herzfrequenzgesteuerten Radtrainings (42 % aller Meßwerte liegen im Vorgabebereich von 140–150 Schlägen/min)
(Copyright by Polar Electro 1990)

Abb. 77 Herzfrequenzgesteuertes Radtraining

Tab. 22 Herzfrequenzrichtwerte für verschiedene Intensitätsbereiche bei der Ausdauerdisziplin Radfahren

Alter	Herzfrequenz bei:		
	ca. 60 %	ca. 70 %	ca. 80 %
30	114	133	152
40	108	126	144
50	102	119	136
60	96	112	128

Die Berechnung ist erfolgt auf der Basis der maximalen Herzfrequenz von 220 Schlägen/min minus Lebensalter.

Frauen	Frauen und Männer mit Ruhepuls > 80
+ 5 bis 10 Schläge/min	+ 5 bis 10 Schläge/min

Die Aufbauphase läßt sich – wie bereits beim Laufen kennengelernt – in dreiwöchige Zyklen gliedern. Drei Trainingseinheiten pro Woche sollen dazu dienen, am Ende des Aufbautrainings 40 km mit einer durchschnittlichen Herzfrequenz von 80 % der persönlichen maximalen Ausdauerleistungsfähigkeit (3 mmol Lactat/l Blut) ohne Pause fahren zu können.
Jeder Zyklus muß mit einer Steigerung des Belastungsumfangs einhergehen, um letztendlich das o. g. Trainingsziel zu erreichen. Deshalb ist mit zunehmender Trainingsdauer mehr Zeit für eine Trainingseinheit einzukalkulieren. Das jeweils letzte Training innerhalb eines Zyklus sollte einen U-Test beinhalten, um den Trainingserfolg zu kontrollieren und den weiteren Trainingsverlauf besser gestalten zu können.
Bei Erfüllung der Testbedingungen ist es sinnvoll, das Training mit kontinuierlich steigendem Trainingsumfang fortzusetzen. Andernfalls ist es ratsam, das Pensum der vorangegangenen Woche und den Test zu wiederholen.
Nachfolgend haben wir den ersten Zyklus nach der Vorbereitungsphase auf dem Ergometer oder der Rolle exemplarisch veranschaulicht. Ziel dieses Trainingsabschnittes ist es, 20 km mit einer Belastungsintensität von ca. 60 % der maximalen Ausdauerleistungsfähigkeit fahren zu können.
Der Trainingszyklus hat außerdem zum Ziel, den während des Vorbereitungszyklus zu erlernenden runden Tritt beim Straßenfahren anzuwenden und zu verbessern. Deshalb ist unbedingt bei der Auswahl der Straßen auf ein relativ ebenes Gelände mit geringem Verkehrsaufkommen zu achten. Eine nicht einzuplanende, aber die Leistung beeinflussende Größe ist der Luftwiderstand.

Berechnung der Geschwindigkeit nach der Wahl der Übersetzung am Beispiel eines 27-Zoll-Rennrades (*WÖLZENMÜLLER* 1987 b, 74)

Zurückgelegte Strecke (in m) bei einer Kurbelumdrehung

Zahl der Zähne vom Kettenrad	Zahl der Zähne des Zahnkranzes														
	12	13	14	15	16	17	18	19	20	21	22	23	24	25	26
40	7,12	6,57	6,10	5,69	5,34	5,02	4,74	4,50	4,27	4,07	3,88	3,71	3,56	3,42	3,28
41	7,30	6,73	6,25	5,84	5,47	5,15	4,86	4,60	4,37	4,17	3,98	3,80	3,64	3,50	3,36
42	7,47	6,90	6,40	5,98	5,60	5,27	4,98	4,72	4,48	4,27	4,07	3,90	3,73	3,58	3,45
43	7,65	7,06	6,56	6,12	5,74	5,40	5,10	4,83	4,59	4,37	4,17	3,99	3,82	3,67	3,53
44	7,83	7,23	6,71	6,26	5,87	5,52	5,22	4,94	4,70	4,47	4,27	4,08	3,91	3,76	3,61
45	8,01	7,39	6,86	6,40	6,00	5,65	5,34	5,05	4,80	4,57	4,37	4,18	4,00	3,84	3,69
46	8,18	7,55	7,01	6,55	6,14	5,78	5,45	5,17	4,91	4,67	4,46	4,27	4,09	3,93	3,78
47	8,36	7,72	7,17	6,69	6,27	5,90	5,57	5,28	5,02	4,78	4,56	4,36	4,18	4,01	3,86
48	8,54	7,88	7,32	6,83	6,40	6,03	5,69	5,39	5,12	4,88	4,66	4,45	4,27	4,10	3,94
49	8,72	8,05	7,47	6,97	6,54	6,15	5,81	5,50	5,23	4,98	4,75	4,55	4,36	4,18	4,02
50	8,90	8,21	7,63	7,12	6,67	6,28	5,93	5,62	5,34	5,08	4,85	4,64	4,45	4,27	4,10
51	9,07	8,38	7,78	7,26	6,81	6,40	6,05	5,73	5,44	5,18	4,95	4,73	4,54	4,35	4,19
52	9,25	8,54	7,93	7,40	6,94	6,53	6,17	5,84	5,55	5,29	5,04	4,83	4,62	4,44	4,27
53	9,43	8,70	8,08	7,54	7,07	6,66	6,29	5,95	5,66	5,39	5,14	4,92	4,71	4,52	4,35
54	9,61	8,87	8,23	7,69	7,20	6,78	6,40	6,07	5,76	5,49	5,24	5,01	4,80	4,61	4,43
55	9,79	9,03	8,39	7,83	7,34	6,91	6,52	6,18	5,87	5,59	5,34	5,10	4,89	4,69	4,51
56	9,97	9,20	8,54	7,97	7,47	7,03	6,64	6,29	5,98	5,69	5,43	5,20	4,98	4,78	4,60

v = s x U x 0,06
v = Geschwindigkeit in km/h
s = zurückgelegte Wegstrecke (in m) bei einer Kurbelumdrehung in Abhängigkeit von der Übersetzung (Tabellenwert für 27-Zoll-Rad)
U = Kurbelumdrehung pro Minute
0,06 = Umrechnungsfaktor von m/min in km/h

Die Umdrehungszahl sollte bei 90 U/min liegen. Ein häufiges Schalten erübrigt sich auf flacher Straße und bei ruhigen Windverhältnissen. Als geeignete Übersetzung bietet sich beispielsweise die 42/20 (42 Zähne auf dem Kettenrad, 20 Zähne auf dem Zahnkranz) an. Bei der Wahl dieser Übersetzung werden bei einer Kurbelumdrehung mit einem 27-Zoll-Rad 4,48 m zurückgelegt. Dies entspricht bei 90 Umdrehungen einer Geschwindigkeit von ca. 24 km/h (vgl. Tab. 23).
Grundsätzlich gilt, daß die spezielle Ausdauer im Training mehr kraftbetont verbessert, wenn der Widerstand höher und die Umdrehungszahl niedriger ist, oder aber mehr ausdauerbetont wird, wenn das Training mit höheren Umdrehungszahlen und geringerem Widerstand abläuft.
Der Belastungsumfang bleibt stets über zwei Trainingseinheiten unverändert. Zwischen jeweils zwei Intervallen ist eine kleine Regenerationspause vorgesehen. Vor jeder Trainingseinheit steht wiederum ein gezieltes Vorbereitungsprogramm mit speziellen Dehnübungen der beim Radfahren hauptsächlich beanspruchten Muskelgruppen.
Das Radtraining beenden Sie mit lockerem Ausfahren, dem ein Nachdehnen der beanspruchten Muskulatur folgt. Diesen Übungen können sich passive Regenerationsmaßnahmen anschließen.
Am Ende der 6. Trainingswoche überprüfen Sie durch einen Test Ihren Leistungsstand und Trainingsfortschritt.
Im weiteren Verlauf des Trainingsprozesses sollte der Belastungsumfang kontinuierlich auf 40 km ausgedehnt und die Belastungsintensität auf 80 % der maximalen Ausdauerfähigkeit erhöht werden. Die Umdrehungszahl kann jetzt 90–100 U/min erreichen.
Die Übersetzung ist dem Gelände anzupassen. In hügeligem Gelände ist die Schaltung so vorzunehmen, daß die Umdrehungszahl hoch und damit der Druck auf die Pedale möglichst niedrig bleibt.
Wenn das Ziel des Aufbautrainingsprogramms, 40 km pausenlos mit einer Herzfrequenz bei 70 % aus Tab. 22 oder maximal 3 mmol Lactat/l Blut fahren zu können, erreicht ist, entscheidet Ihre weitere Zielsetzung über die zukünftige Gestaltung des Ausdauertrainings.
Das folgende Flußdiagramm (Seite 176) soll bei der Gestaltung des Trainingsprozesses helfen.

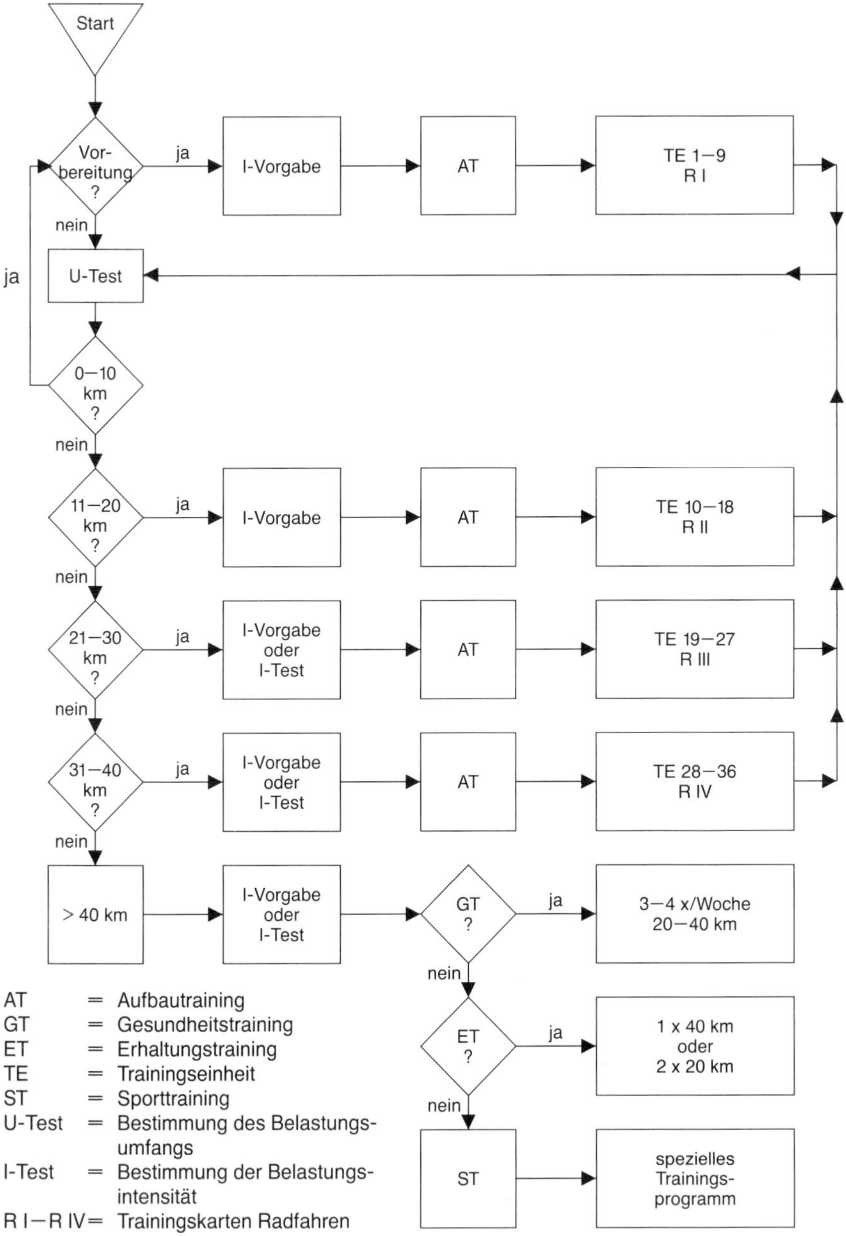

AT = Aufbautraining
GT = Gesundheitstraining
ET = Erhaltungstraining
TE = Trainingseinheit
ST = Sporttraining
U-Test = Bestimmung des Belastungsumfangs
I-Test = Bestimmung der Belastungsintensität
R I–R IV = Trainingskarten Radfahren

Abb. 78 Flußdiagramm als Wegweiser durch das Aufbautraining Radfahren

Trainingskarte R II[1]

Sie haben sich für das Radfahren entschieden, um die Ausdauerleistungsfähigkeit Ihres Herz-Kreislauf-Systems zu verbessern, und sich auf dem Ergometer bereits ein konditionelles Niveau angeeignet. Durch einen U-Test haben Sie festgestellt, daß Sie noch keine 20 km mit 80–90 Umdrehungen/min und einer Herzfrequenz von 60 % aus der Richtwerttabelle oder bei 2 mmol Lactat/l Blut im ebenen Gelände fahren können.

Trainieren Sie deshalb nach den folgenden Anleitungen, um dieses Ziel zu erreichen:

20 km mit 80–90 U/min!

Protokollieren Sie Ihre Trainingsdaten!

1. Beginnen und beenden Sie jedes Training mit den Dehnübungen der Trainingskarte 22!
2. Ermitteln Sie die Herzfrequenz, die Sie während des Trainings im ebenen Gelände nicht überschreiten sollen nach der nebenstehenden Tabelle oder über Lactatmessungen.
   Achten Sie stets auf Ihr subjektives Wohlbefinden!
3. Beginnen Sie mit dem Training! Führen Sie die Trainingseinheiten in der Reihenfolge von Trainingseinheit 9–16 durch.
   Entnehmen Sie den Trainingsumfang jeder TE (Trainingseinheit) dem nachfolgenden Diagramm.
   Variieren Sie die Übersetzung (Richtwert auf ebener Straße 42/20) so, daß Sie bei der Umdrehungszahl von 80–90 U/min die Herzfrequenzobergrenze nicht überschreiten.

Alter	→	Belastungs-Intensität 60 % (vgl. Tab.)	→	Herzfrequenz-obergrenze Schläge/min

Herzfrequenzrichtwerte in Abhängigkeit verschiedener Intensitätsbereiche für die Ausdauerdisziplin Radfahren.

Die Berechnung erfolgt auf der Basis der maximalen Herzfrequenz von 220 Schlägen/min minus Lebensalter.

Alter	Herzfrequenz bei:		
	ca. 60 %	ca. 70 %	ca. 80 %
30	114	133	152
40	108	126	144
50	102	119	136
60	96	112	128

Frauen	Frauen und Männer mit Ruhepuls > 80
+ 5 bis 10 Schläge/min	+ 5 bis 10 Schläge/min

[1] Weitere Informationen zu den Trainingskarten R I, R III, R IV können beim Verlag bzw. bei den Autoren eingeholt werden.

Trainingskarte R II

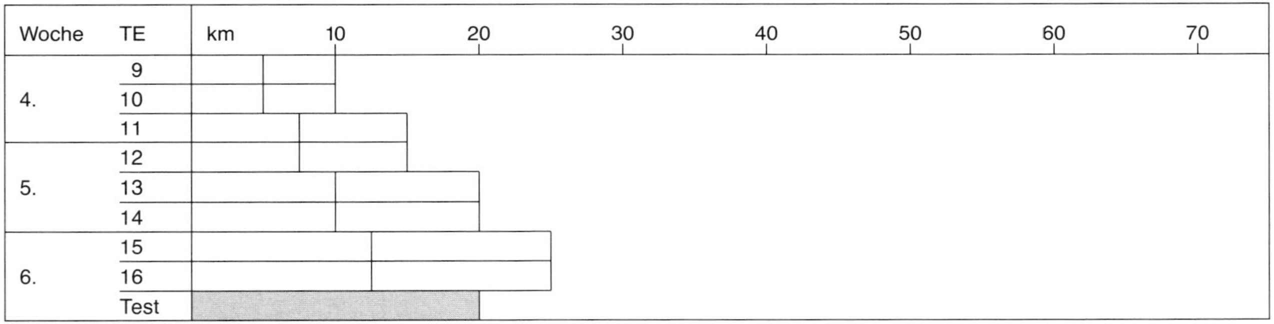

Trainingsprotokoll

Trainings-Datum	TE Nr.	Herzfrequenz vor dem Aufstehen (S/min)	Herzfrequenz vor Trainingsbeginn (S/min)	Herzfrequenz nach dem längsten Intervall (S/min)	Herzfrequenz nach dem Fahrrad-training (S/min)			Bemerkungen zum Training	
					1 min	2 min	3 min	Vorgaben erfüllt	Sonstiges
	9								
	10								
	11								
	12								
	13								
	14								
	15								
	16								

Trainingskarte R II

Nach 3 Wochen haben Sie diesen Trainingszyklus beendet. Überprüfen Sie nun 1–2 Tage nach der 16. TE Ihren Trainingserfolg.

4. TEST: Versuchen Sie nach vorheriger Dehnung der Muskulatur mindestens 20 km ohne Pause bei 80–90 U/min zu fahren. Beachten Sie, daß am Ende der Fahrt die Herzfrequenzobergrenze nicht überschritten wird.

Ergebnis des U-Tests			
Zeit (min) bei 80–90 U/min		Herzfrequenz am Ende des Tests (Schläge/min)	
> 20 km bei 80–90 U/min	< 20 km bei 80–90 U/min	< Obergrenze-vorgabe	> Obergrenze-vorgabe

Wiederholen Sie die 15. und 16. TE bevor Sie sich einem erneuten Test unterziehen.

Gratulation! Sie haben das Trainingsziel erreicht. Setzen Sie Ihr Training mit der 17. TE auf der Trainingskarte R III fort.

8.3 Ergometrie

Die Abhängigkeit des Radfahrens von der Jahreszeit und besonders der hohe Zeitaufwand, den diese und auch andere Ausdauerdisziplinen beanspruchen, wirken sich hemmend aus, wenn der Wille zum Training zwar vorhanden, aber das Wetter schlecht oder die zur Verfügung stehende Zeit eng bemessen ist. Die ideale Ergänzung zu jeglichen Ausdauerbelastungen im Freien bietet das Ergometertraining. Von den verschiedenen Ergometriegeräten, die auch in der Medizin eingesetzt werden, hat sich für das Training zu Hause das Fahrradergometer (Standfahrrad) am besten durchgesetzt. Hierauf können Sie unabhängig vom Wetter und ohne lange Anreisezeiten zu Sportstätten oder geeignetem Gelände zeitsparend trainieren. Die häufig geäußerte Kritik an der „Monotonie des stumpfsinnigen Vor-sich-Hintretens im muffigen Raum" läßt sich entkräften, wenn das Training bei offenem Fenster und vor dem Fernseher oder bei beliebter Musik durchgeführt wird. Mittlerweile gibt es sogar Geräte, die per Computer eine realistische Simulation des Fahrens von Wegstrecken mit elektronischer 10-Gang-Schaltung ermöglichen und – wie z. B. im Falle des Dynavit-touring – den Streckenverlauf sowie den jeweiligen „Standort" des Trainierenden auf einem Display anzeigen.

Ergometrie, darunter verstehen wir die Messung der körperlichen Leistungsfähigkeit unter standardisierten Bedingungen. Aus der Definition läßt sich der eigentliche Vorteil des Ergometers ableiten. Die Möglichkeit, unter standardisierten Bedingungen zu messen, gibt ihm die Kompetenz, sich sowohl für die Leistungsdiagnose als auch für das Training mit exakt dosierten Belastungen zu eignen. Allerdings stellen diese Fähigkeiten einige Anforderungen an das Ergometriegerät.

Am bedeutungsvollsten ist dabei die genaue und möglichst in kleinen Stufen regulierbare Einstellung der Wattleistung. Der Widerstand muß auch bei höheren Belastungen durch eine ungestörte rhythmische Tretarbeit zu bewältigen sein. Außerdem ist es unbedingt erforderlich, daß die Herzfrequenz ständig gemessen werden kann.

Die besten Ergometer zeichnen sich durch ein Herzfrequenzautomatikprogramm aus, welches in Abhängigkeit von der ermittelten oder eingestellten Herzfrequenzobergrenze die Leistungseinstellung so vornimmt, daß immer im optimalen Bereich trainiert wird.

8.3.1 Tests zur Bestimmung der Ausdauerleistungsfähigkeit

Da die Sauerstoffaufnahmekapazität für die Ausdauerleistungsfähigkeit eine entscheidende Größe ist, kommt ihrer Bestimmung eine wesentliche Bedeutung zu. In der Sportmedizin läßt sich die maximale Sauerstoffaufnahme nur mit erheblichem apparativen Aufwand und wegen der geforderten Ausbelastung nicht ohne Risiko erheben.

Deswegen, und weil viele untrainierte Personen die maximale Solleistung

für Männer: 3 Watt/kg Körpergewicht minus 10 % für jede Lebensdekade jenseits des 30. Lebensjahrs

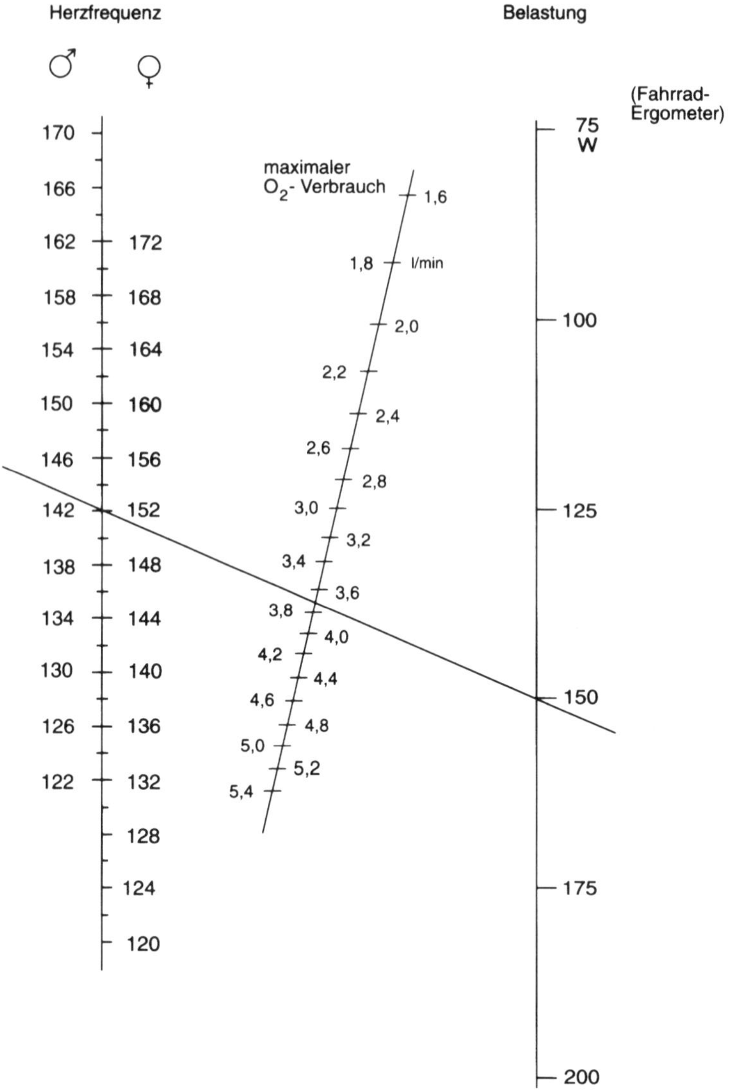

Abb. 79 Astrand-Nomogramm zur Bestimmung der maximalen O_2-Aufnahme aus der Leistung (Watt) und Herzfrequenz (Schläge/min)
Beispiel: männliche Testperson; 150 Watt; Hf 142 S/min → max. O_2-Verbrauch = 3,7 l/min
(*de MARÉES* 1981, 423)

für Frauen: 2,5 Watt/kg Körpergewicht minus 8 % für jede Lebensdekade jenseits des 30. Lebensjahrs

nicht erreichen, ist es vorteilhaft, daß der schwedische Sportmediziner Astrand ein Nomogramm entwickelt hat, aus dem sich der Wert für die Sauerstoffaufnahme ohne Maximalbelastung abschätzen läßt. Zu bestimmen sind lediglich die Herzfrequenz und die Wattleistung bei einer submaximalen Belastung (Abb. 79, Seite 181).
In einem fiktiven Beispiel soll eine 40-jährige männliche und normalgewichtige Versuchsperson mit 75 kg in der Endbelastung 150 Watt (2 Watt/kg Körpergewicht) mit einer Herzfrequenz von 142 Schlägen pro Minute geleistet haben (Abb. 80).
Der Test liefert uns eine Belastungs- und eine Herzfrequenzkurve, deren Höhe und Anstieg eine Aussage über die Leistungsfähigkeit der Testperson im Ausdauerbereich zulassen. Je näher sich die beiden Kurven sind, desto leistungsfähiger ist der getestete Organismus.

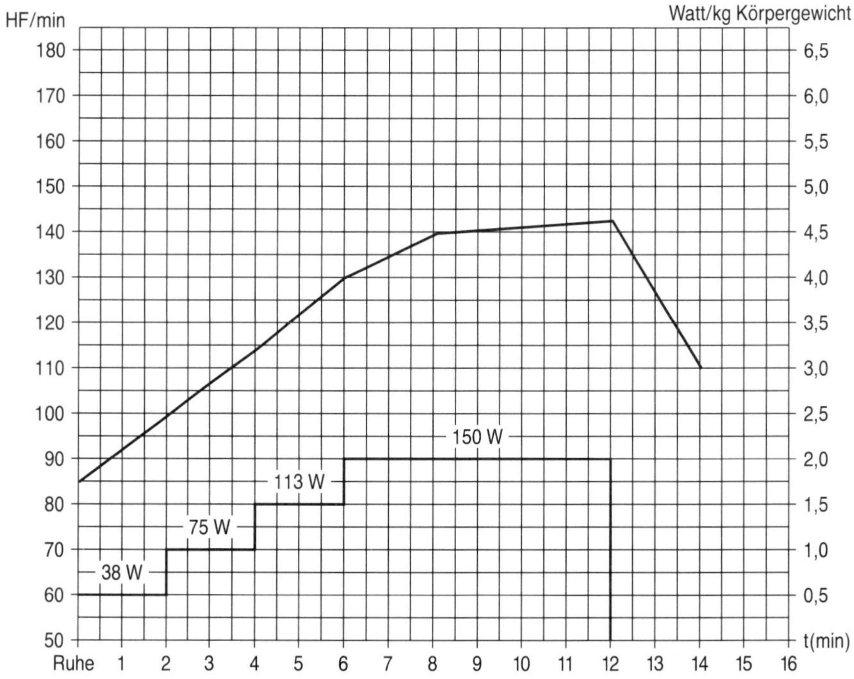

Name: P. S.
Alter: 40 Jahre — Körperlänge: 1,80 m
Geschlecht: männlich — Körpergewicht: 75 kg

Abb. 80 Belastungsprotokoll zur Bestimmung des steady-state-Bereichs auf dem Fahrradergometer

Mit den erhobenen Werten läßt sich jetzt die maximale und relative Sauerstoffaufnahmefähigkeit bestimmen. Dazu ziehen wir in dem von Astrand erstellten Nomogramm zwischen der Herzfrequenz- und Belastungsskala eine Gerade. Im Schnittpunkt mit der Skala des maximalen O_2-Verbrauchs erhalten wir den Wert von 3,7 l/min (vgl. Abb. 79, Seite 181).

Die korrekte Sauerstoffaufnahme in Abhängigkeit zum Lebensalter erhalten wir, wenn wir nun in Tab. 23 in der Spalte für Lebensalter senkrecht nach unten auf die Zeile der Sauerstoffaufnahme stoßen. In unserem Beispiel hat der 40-jährige Proband eine O_2-

Tab. 23 Umrechnungstabelle für die Sauerstoffaufnahme nach dem Lebensalter (*SPITZ/SCHNELL* 1983, 35)

Sauerstoffaufnahme l/min	Alter: 20	25	30	35	40	45	50	55	60	65
1,5	1,5	1,5	1,4	1,3	1,2	1,2	1.1	1,1	1.0	1.0
1,6	1,6	1,6	1,5	1,4	1,3	1.2	1.2	1.2	1.1	1.0
1,7	1,7	1,7	1,6	1,5	1,4	1,3	1.3	1.2	1.2	1.1
1,8	1,8	1,8	1.7	1.6	1.5	1,4	1,4	1,3	1.2	1.2
1,9	1,9	1,9	1.8	1.7	1.6	1,5	1.4	1.4	1.3	1.2
2,0	2,0	2.0	1.8	1,7	1.6	1.6	1.5	1.4	1.4	1.3
2,1	2,1	2,1	1,9	1.8	1.7	1.6	1,6	1.5	1.4	1.4
2,2	2,2	2,2	2,0	1.9	1.8	1.7	1.7	1.6	1.5	1.4
2,3	2,3	2,3	2,1	2,0	1.9	1.8	1.7	1.6	1.6	1.5
2,4	2,4	2,4	2.2	2,1	2.0	1,9	1.8	1.7	1.6	1.6
2,5	2,5	2,5	2.3	2.2	2.1	2.0	1.9	1.8	1.7	1.6
2,6	2,6	2,6	2,4	2,3	2.2	2.0	2.0	1.8	1.8	1.7
2,7	2,7	2,7	2.5	2.4	2.2	2.1	2.0	1.9	1.8	1.8
2,8	2,8	2,8	2.5	2.4	2.3	2.2	2.1	2.0	1.9	1.8
2,9	2,9	2,9	2.6	2.5	2.4	2.3	2.2	2.1	2.0	1.9
3,0	3.0	3.0	2.7	2.6	2.5	2.3	2.3	2.1	2.0	2.0
3,1	3,1	3,1	2.8	2.7	2.6	2.4	2.3	2.2	2.1	2.0
3,2	3,2	3,2	2,9	2.8	2.7	2,5	2.4	2.3	2.2	2.1
3,3	3.3	3,3	3.0	2.9	2,7	2.6	2.5	2.3	2.2	2.1
3,4	3.4	3.4	3.1	3.0	2.8	2.7	2.6	2.4	2.3	2.2
3,5	3.5	3.5	3.1	3.0	2.9	2.7	2.6	2.5	2.4	2.3
3.6	3.6	3,6	3,2	3.1	3.0	2.8	2.7	2.6	2.5	2.3
3.7	3.7	3.7	3,3	3.2	3.1	2.9	2.8	2.6	2.5	2.4
3,8	3,8	3.8	3.4	3.3	3.2	3.0	2.9	2.7	2.6	2.5
3,9	3,9	3.9	3,5	3.4	3.2	3,0	2.9	2.8	2.7	2.5
4,0	4.0	4.0	3.6	3.5	3.3	3.1	3.0	2.8	2.7	2.6
4.1	4.1	4.1	3.7	3.6	3.4	3.2	3.1	2.9	2.8	2.7
4,2	4.2	4.2	3.8	3.7	3.5	3.3	3.2	3.0	2.9	2.7
4,3	4,3	4.3	3.8	3.7	3.6	3.4	3.2	3.1	2.9	2.8
4,4	4,4	4,4	3.9	3.8	3.7	3.4	3.3	3.1	3.0	2.9
4.5	4.5	4.5	4.0	3.9	3.7	3.5	3.4	3.2	3.1	2.9
4,6	4.6	4.6	4.1	4.0	3.8	3.6	3.5	3.3	3.1	3.0
4.7	4.7	4.7	4.2	4.1	3.9	3.7	3.5	3.3	3.2	3.1
4,8	4.8	4;8	4.3	4.2	4.0	3.7	3.6	3.4	3.3	3.1
4,9	4.9	4,9	4.4	4.3	4.1	3.8	3.7	3.5	3.3	3.2
5,0	5.0	5.0	4.4	4.3	4.2	3,9	3.8	3.6	3.4	3.3
5,1	5,1	5,1	4.5	4.4	4.2	4.0	3.8	3.6	3.5	3.3
5,2	5,2	5,2	4.6	4.5	4.3	4.1	3.9	3.7	3.5	3.4
5,3	5,3	5.3	4,7	4.6	4.4	4.1	4.0	3.8	3.6	3.4
5,4	5,4	5.4	4,8	4.7	4,5	4.2	4,1	3.8	3.7	3.5
5,5	5,5	5.5	4,9	4,8	4.6	4.3	4.1	3.9	3.7	3.6
5,6	5,6	5.6	5,0	4,9	4.6	4.4	4,2	4.0	3.8	3.6
5,7	5,7	5,7	5,1	5,0	4.7	4.4	4.3	4.0	3.9	3.7
5,8	5,8	5,8	5,1	5,0	4.8	4.5	4.4	4.1	4.0	3.8
5,9	5,9	5,9	5,2	5,1	4.9	4.6	4.4	4.2	4.0	3.8
6.0	6,0	6,0	5,3	5,2	5.0	4.7	4.5	4.3	4.1	3.9

Kapazität von 3,1 l/min, die jetzt nach Tab. 24 in einem weiteren Schritt in Relation auf das Körpergewicht bezogen werden kann. Unsere Versuchsperson hat demzufolge eine relative maximale Sauerstoffaufnahme von 41–42, exakt 41,3 ml/kg/min und liegt mit dieser Leistung in der Bewertung des Konditionsindexes im mittelmäßigen Bereich (vgl. Tab. 25).

Tab. 24 Konditionsindex (relative maximale Sauerstoffaufnahme in ml/kg/min)
(*SPITZ/SCHNELL* 1983, 36)

Körpergewicht in kg \ Sauerstoffaufnahme in l/min	1,6	1,8	2,0	2,2	2,4	2,6	2,8	3,0	3,2	3,4	3,6	3,8	4,0	4,2	4,4	4,6	4,8	5,0	5,2	5,4	5,6	5,8	6,0
50	32	36	40	44	48	52	56	60	64	68	72	76	80	84	88	92	96	100	104	108	112	116	120
52	31	35	38	42	46	50	54	58	62	65	69	73	77	81	85	88	92	96	100	104	108	112	115
54	30	33	37	41	44	48	52	56	59	63	67	70	74	78	81	85	89	93	96	100	104	107	111
56	29	32	36	39	43	48	50	54	57	61	64	68	71	75	79	82	86	89	93	96	100	104	107
58	28	31	34	38	41	45	48	52	55	59	62	66	69	72	76	79	83	86	90	93	97	100	103
60	27	30	33	37	40	43	47	50	53	57	60	63	67	70	73	77	80	83	87	90	93	97	100
62	26	29	32	35	39	42	45	48	52	55	58	61	65	68	71	74	77	81	84	87	90	94	97
64	25	28	31	34	38	41	44	47	50	53	56	59	63	66	69	72	75	78	81	84	88	91	94
66	24	27	30	33	36	39	42	45	48	52	55	58	61	64	67	70	73	76	79	82	85	88	91
68	24	26	29	32	35	38	41	44	47	50	53	56	59	62	65	68	71	74	76	79	82	85	88
70	23	26	29	31	34	37	40	43	46	49	51	54	57	60	63	66	69	71	74	77	80	83	86
72	22	25	28	31	33	36	39	42	44	47	50	53	56	58	61	64	67	69	72	75	78	81	83
74	22	24	27	30	32	35	38	41	43	46	49	51	54	57	59	62	65	68	70	73	76	78	81
76	21	24	26	29	32	34	37	39	42	45	47	50	53	55	58	61	63	66	68	71	74	76	79
78	21	23	26	28	31	33	36	38	41	44	46	49	51	54	56	59	62	64	67	69	72	74	77
80	20	23	25	28	30	33	35	38	40	43	45	48	50	53	55	58	60	63	65	68	70	72	75
82	20	22	24	27	29	32	34	37	39	41	44	46	49	51	54	56	59	61	63	66	68	71	73
84	19	21	24	26	29	31	33	36	38	40	43	45	48	50	52	55	57	60	62	64	67	69	71
86	19	21	23	26	28	30	33	35	37	40	42	44	47	49	51	53	56	58	60	63	65	67	70
88	18	20	23	25	27	30	32	34	36	39	41	43	45	48	50	52	55	57	59	61	64	66	68
90	18	20	22	24	27	29	31	33	36	38	40	42	44	47	49	51	53	56	58	60	62	64	67
92	17	20	22	24	26	28	30	33	35	37	39	41	43	46	48	50	52	54	57	59	61	63	65
94	17	19	21	23	26	28	30	32	34	36	38	40	43	45	47	49	51	53	55	57	60	62	64
96	17	19	21	23	25	27	29	31	33	35	38	40	42	44	46	48	50	52	54	56	58	60	63
98	16	18	20	22	24	27	29	31	33	35	37	39	41	43	45	47	49	51	53	55	57	59	61
100	16	18	20	22	24	26	28	30	32	34	36	38	40	42	44	46	48	50	52	54	56	58	60

Tab. 25 Einstufung aufgrund des Konditionsindexes
(*SPITZ/SCHNELL* 1983, 36)

Alter		sehr schlecht	schlecht	mittelmäßig	gut		sehr gut
Frauen							
20-29	bis	28	29-34	35-43	44-48	ab	49
30-39		27	28-33	34-41	42-47		48
40-49		25	26-31	32-40	41-45		46
50-56		21	22-28	29-36	37-41		42
Männer							
20-29	bis	38	39-43	44-51	52-56	ab	57
30-39		34	35-39	40-47	48-51		52
40-49		30	31-35	36-43	44-47		48
50-59		25	26-31	32-39	40-43		44
60-69		21	22-26	27-35	36-39		40

Über eine Reihe standardisierter Testverfahren (z. B. nach *HOLLMANN, MELLEROWICZ* etc.) können Sie die maximale und/oder relative Sauerstoffaufnahme einfacher ermitteln. Beim Dynavit-Ergometer C 33/14 beispielsweise sind diese Tests im Terminal gespeichert, oder sie lassen sich über das Testsystem Dynatest plus mit Hilfe der EDV auswerten (vgl. Abb. 81).
Zur Bewertung wird nicht nur die Sauerstoffaufnahme, sondern auch der PWC-Wert (physical working capacity) für die Herzfrequenzen 130, 150 und 170 Schläge/min und der Dynavitwert herangezogen.

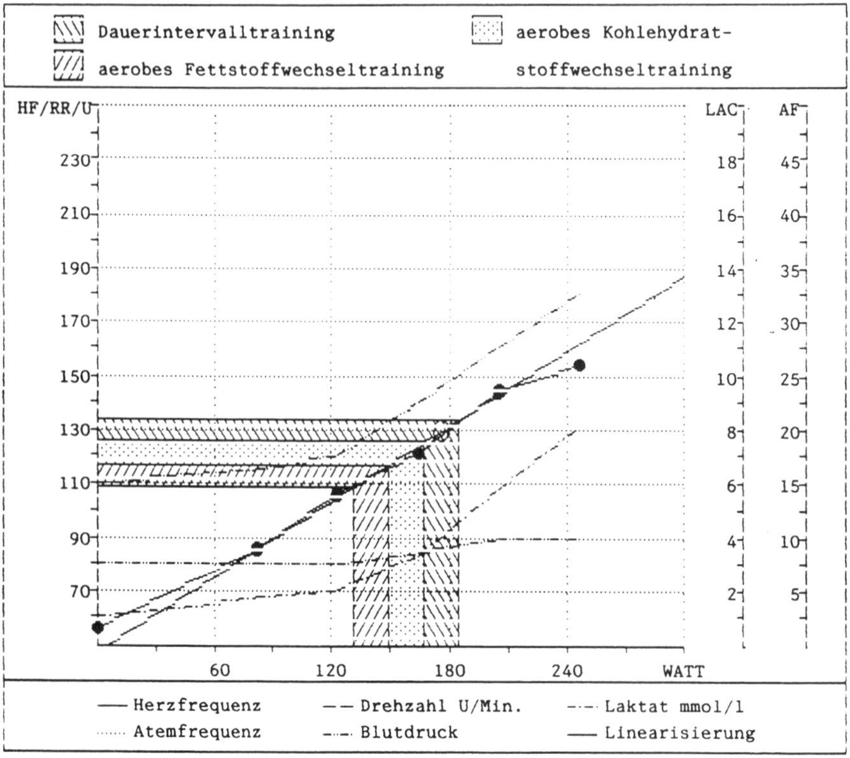

Abb. 81 © **Dynatest plus**
(Testprotokoll Institut für Trainingsberatung, Reinheim 1991)

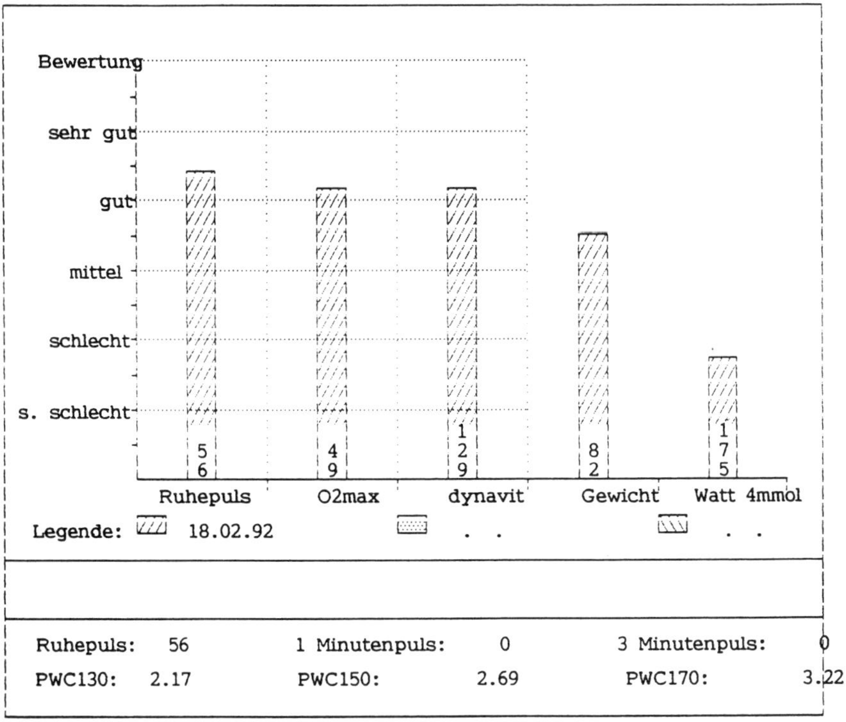

Abb. 81 © Dynatest plus / Testauswertung

Der PWC-Wert gibt die Leistung an, die bei einer normierten, im Index vermerkten Herzfrequenz von der Testperson erzielt wurde. Als Sollwerte sind anzustreben:

	Männer	Frauen	
PWC_{130}	1,5	1,25	Watt/kg
PWC_{150}	2,0	1,6	Watt/kg
PWC_{170}	2,5	2,0	Watt/kg

(vgl. *ROST, HECK, HOLLMANN,* o. J.)

Der Dynavitwert dient ebenfalls zur Beurteilung der Ausdauerleistungsfähigkeit, indem er die persönlichen Daten der Testperson wie Herzfrequenz, Alter und Gewicht mit sportmedizinisch relevanten, im Rahmen von Reihenuntersuchungen u. a. der Sporthochschule Köln gewonnenen Leistungsdaten vergleicht. Das Testergebnis 100 sollten Sie anstreben. Je höher der Wert, desto besser ist Ihre Ausdauerleistungsfähigkeit (Tab. 26).

Tab. 26 Zuordnung des physiologischen Alters mit Hilfe des „Dynavit-Wertes“

Beispiel:

Wenn Sie z. B. 58 Jahre alt sind und Sie einen Dynavit-Wert von 105 haben, ist Ihr „Physiologisches Alter“ 45. Sie sind also 13 Jahre jünger.

Dynavit-Bewertung

Chronologisches Alter	55	60	65	70	85	100	105	110	115	120	125	130	140	145	150
82					84	78	75	72	67	63	54	45	41	37	36
81					82	76	73	69	65	61	52	44	39	35	34
80					80	64	69	67	63	59	51	42	37	34	33
78					78	72	67	65	60	57	49	41	36	33	31
76					76	70	65	62	58	54	47	38	34	31	30
74					74	68	62	60	56	52	45	37	32	29	29
72					72	64	60	58	53	50	43	35	31	27	26
70					70	62	58	55	51	47	41	33	29	25	23
68					68	59	56	53	49	45	39	32	27	24	21
66					66	57	54	51	47	43	38	30	26	23	20
64					64	55	52	48	45	40	35	29	25	21	
62				70	62	53	49	46	42	38	32	27	23	20	
60			70	68	60	51	47	44	40	35	29	26	22		
58		70	68	66	58	49	45	41	37	33	27	24	20		
56	70	69	66	64	56	46	42	39	35	31	25	21			
54	69	67	65	62	54	44	40	37	33	28	23	20			
52	68	66	63	60	52	42	38	35	30	26	21				
50	66	64	61	59	50	40	36	32	28	24	20				
48	64	62	59	57	48	38	34	30	26	21					
46	63	60	58	55	46	36	32	28	23	20					
44	61	58	56	53	44	34	29	25	21						
42	59	57	54	51	42	31	27	23	20						
40	57	55	52	49	40	29	25	21							
38	55	53	50	47	38	27	23	20							
36	54	51	48	45	36	25	21								
34	52	49	46	43	34	23	20								
32	50	48	45	42	32	21									
30	49	46	43	40	30	20									
28	47	44	41	38	28										
26	45	43	39	36	26										
24	43	41	37	34	24										
22	42	39	36	32	22										
20	40	37	34	29	20										

Physiologisches Alter

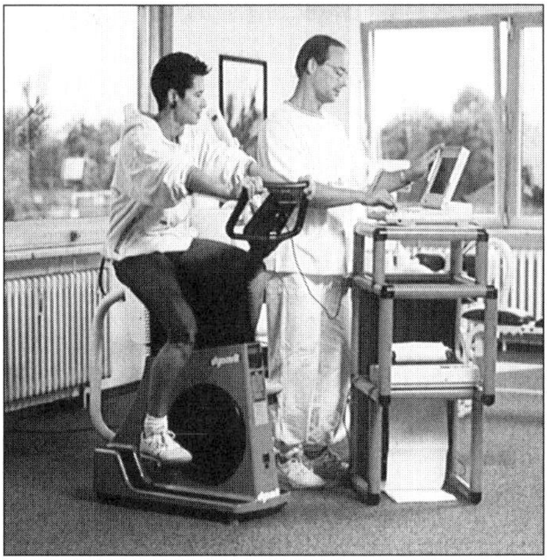

Abb. 82 Computergesteuerte Leistungsdiagnose auf einem Dynavit-Fahrradergometer

Tab. 27 Herzfrequenzrichtwerte für verschiedene Intensitätsbereiche bei der Ausdauerdisziplin Fahrradergometrie

	Herzfrequenz bei:		
Alter	ca. 60 %	ca. 70 %	ca. 80 %
30	114	133	152
40	108	126	144
50	102	119	136
60	96	112	128

Die Berechnung ist erfolgt auf der Basis der maximalen Herzfrequenz von 220 Schlägen/min minus Lebensalter.

Frauen	Frauen und Männer mit Ruhepuls > 80
+ 5 bis 10 Schläge/min	+ 5 bis 10 Schläge/min

8.3.2 Bestimmung der Belastungsintensität – auch für andere Ausdauerdisziplinen

Neben der Bestimmung der Ausdauerleistungsfähigkeit, bei der die persönlichen mit statistischen Daten verglichen und bewertet werden, gilt es, über Testverfahren die Belastungsintensität, die der momentanen persönlichen Leistungsfähigkeit entspricht, für den Trainingsprozeß festzustellen.
Die zuverlässigste Aussage erzielen Sie über einen Stufentest mit Lactatkontrolle. Sie beginnen – je nach Trainingszustand – mit 0,5 oder 1,0 Watt/kg Körpergewicht und steigern alle 3 min – ebenfalls wieder in Abhängigkeit vom Trainingszustand – um 0,25 oder 0,5 Watt/kg. Am Ende jeder Belastungsstufe registrieren Sie die Herzfrequenz und entnehmen Kapillarblut aus dem hyperämisierten Ohrläppchen.
Aus der Lactat-Herzfrequenz-Kurve lassen sich die verschiedenen Trainingsformen mit den entsprechenden Belastungsintensitäten ableiten (Abb. 83).

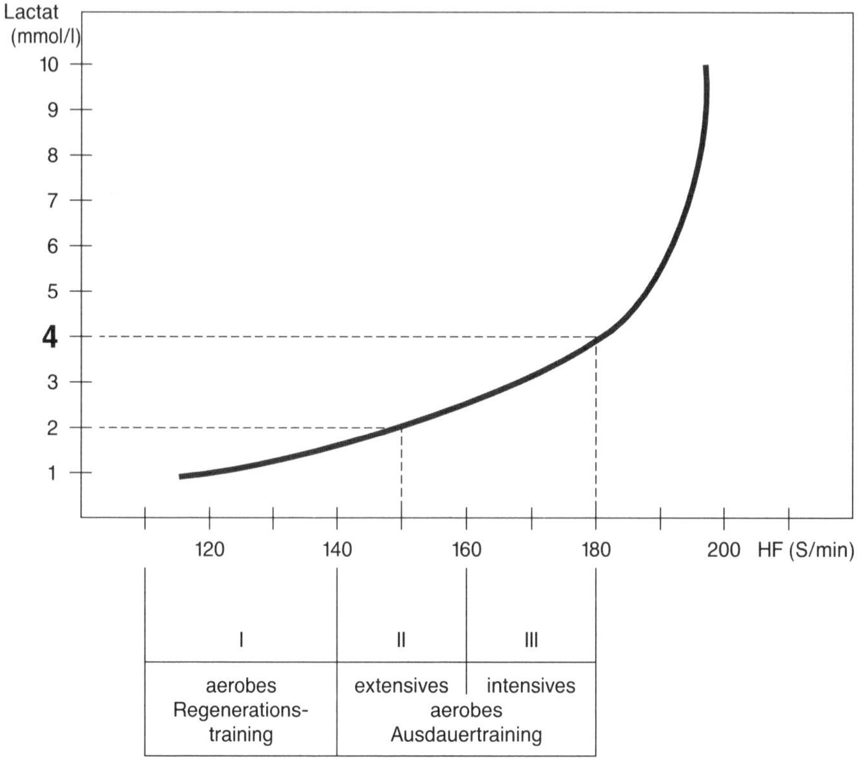

Abb. 83 Lactat-Herzfrequenz-Kurve und Zuordnung verschiedener Trainingsformen (*JANSSEN* 1989, 54)

Besteht nicht die Möglichkeit einer Lactatmessung, können Sie sich an den Herzfrequenzrichtwerten aus Tab. 27 orientieren.
Die Umsetzung der Ergebnisse eines Ergometertests in die Sportpraxis verschiedener Ausdauerdisziplinen bringt einige Probleme mit sich. Dies liegt einerseits am unterschiedlichen Wirkungsgrad der Belastungsformen, andererseits an den individuellen Bewegungstechniken. Am sinnvollsten geht man dabei vom Energieverbrauch aus.
Eine Belastung von 25 Watt entspricht beispielsweise langsamem Gehen, 50 Watt mäßig schnellem Gehen und 75 Watt schnellem Gehen, langsamem Traben oder langsamem Treppensteigen.
Aus Tab. 28 läßt sich die Laufleistung von Testpersonen unterschiedlichen Gewichts ablesen, die auf dem Fahrradergometer bestimmte Wattleistungen erbracht haben. Im unteren Abschnitt sind die Laufgeschwindigkeiten in 1000-m-Zeiten umgerechnet. Die Laufstrecken und Zeiten können nur als Richtwerte dienen. Bei der Umsetzung der Ergometriedaten in Laufgeschwindigkeiten sollte in jedem Fall die Kontrolle der Herzfrequenz stehen oder besser Lactatmessungen die Wirkung der Belastung auf den Organismus überprüfen. Auch hierbei hat sich als methodische Hilfe der Dreiecks- oder Umkehrlauf (vgl. Abb. 67/68) bewährt. Nach einer Belastungsdauer von 10–15 min mit dem nach dem Ergometrietest nomographisch bestimmten Lauftempo überprüfen Sie, ob die Herzfrequenz oder der Lactatwert der gewünschten Belastungsintensität entspricht. Andernfalls ist die Laufgeschwindigkeit zu korrigieren.

Tab. 28 Umsetzung fahrradergometrischer Daten in Geh- bzw. Laufgeschwindigkeiten (*LAGERSTRØM* bei *ROST/HECK/HOLLMANN* 1991, 33)

Watt	kg 50	55	60	65	70	75	80	85	90	95	100	105	110	115
50	95	90	85	80	75	70	70							
60	105	100	90	85	80	75	75	70						
70	115	110	100	95	90	85	80	75	75	70				
80	125	115	110	100	100	90	85	80	75	75	70	70		
90	135	125	115	110	105	95	90	90	85	80	75	75	70	70
100	145	135	125	120	110	105	100	95	90	85	80	80	75	75
110	155	145	135	125	115	110	105	100	95	90	85	85	80	75
120	165	155	140	135	125	120	110	105	100	95	90	90	85	80
130	175	165	150	140	130	125	120	110	105	100	95	95	90	85
140	190	175	160	150	140	135	125	120	115	110	105	100	95	95
150	200	185	170	160	150	140	130	125	120	115	110	105	100	95
160	205	190	175	165	155	145	140	130	125	120	115	110	105	105
170	215	200	185	170	160	150	145	135	130	125	120	115	110	105
180	225	205	190	180	170	160	150	140	135	130	125	120	115	110
190	235	215	200	185	175	165	155	150	140	135	130	125	120	115
200	245	225	205	195	180	170	160	155	145	140	135	130	125	120

☐ gehen ▒ jogging ☐ laufen

Watt	kg 50	60	70	80	90	100
75	8	9	10	-	-	-
100	7	8	9	10	-	-
125	6	7	8	9	10	-
150	5	6	7	8	8,5	9
175	4,5	5,5	6	7	7,5	8
200	4	4,5	5	6	6,5	7

Ungefähre Richtzeiten in Minuten für je 1000 m in Abhängigkeit von Belastung (Watt) und Körpergewicht.

8.3.3 Trainingsprogramm

Im Unterschied zu den Ausdauertrainingsprogrammen Laufen, Radfahren und Schwimmen stellen wir hier keinen 12-Wochen-Trainingsplan auf, sondern geben allgemeine Handlungsanweisungen zum Training auf dem Fahrradergometer. Wir gehen davon aus, daß sich am Ergometriegerät die Wattleistung exakt einstellen läßt und ein elektronischer Herzfrequenzmesser vorhanden ist. Notfalls müssen Sie die Herzfrequenz manuell ermitteln, wenn Sie das Training optimal steuern wollen. Auch die Umdrehungszahl sollte genau bestimmbar sein. Unabhängig davon, ob es sich um ein drehzahlabhängiges oder -unabhängiges Gerät handelt, ist es ratsam, mit mehr als 60 Umdrehungen pro Minute zu treten, da unterhalb dieses Bereiches die Muskulatur unökonomisch arbeitet.
Als wichtigster Schritt gilt es, vor dem Training die Belastungsintensität und den zeitlichen Rahmen festzulegen. Untrainierten Personen empfehlen wir, sich nach Trainingsplan I zu belasten und als Herzfrequenz den Richtwert von 60 % oder 2 mmol Lactat/l Blut anzustreben (vgl. Tab. 27, Seite 188). Ratsam ist es, den Belastungsumfang von anfangs 12—15 min allmählich auf 30—40 min auszudehnen und möglichst jeden 2. Tag zu trainieren.
Nach ca. 6 Wochen können die kurzen Trainingseinheiten von 12—15 min mit einer Belastungsintensität von 70 % absolviert werden, während die längeren Belastungen nach wie vor mit einer Herzfrequenz von 60 % der Richtwertskala durchzuführen sind.
Die durchschnittlich und besser Trainierten orientieren sich am Trainingsplan II und wählen anfangs eine Belastungsintensität von 60—70 %. Nach 6 Wochen kann diese in den kürzeren Belastungsphasen dann auf 70—80 % der Herzfrequenzrichtwert-Tabelle oder 2—2,5 mmol Lactat/l Blut erhöht werden.
In beiden Gruppen sollte das Ziel heißen, lieber länger (30—40 min) und niedriger (60 % oder 2 mmol Lactat/l Blut) als kürzer (12—15 min) und intensiver (70 % oder 3 mmol Lactat/l Blut) belasten.
Mit der Festlegung des Herzfrequenzsollwerts und der angestrebten Zeitdauer der Belastung sind die beiden wichtigsten Parameter, die Belastungsintensität und der -umfang genannt.
Da Sie immer in Relation zum Körpergewicht belasten, sollten Sie jetzt noch die individuellen Belastungsstufen 0,125; 0,25; 0,5; 1 W/kg berechnen, damit Sie später die Wattleistung ohne zeitliche Verzögerung am Ergometer verändern können.

Nun kann das Training beginnen.

Empfehlenswert ist es, vor dem Besteigen des Ergometriegerätes Stretchingübungen für die Beinmuskulatur durchzuführen. Erst dann beginnt das Ergometrietraining.
Wir belasten anfangs mit 0,25 bzw. 0,5 W/kg Körpergewicht, um unser Herz-Kreislauf-System sanft auf die Belastungsphase vorzubereiten. Nach 3 Minuten überprüfen wir die Herzfrequenz. Ist sie zu diesem Zeitpunkt schon auf dem Niveau oder sogar höher als der Sollwert, so zeugt dies von einem äußerst geringen Ausdauerleistungsvermögen. In diesem Fall ist es ratsam, die Belastung abzubrechen, vor einem weiteren Training den Arzt zu konsultieren und sich dann nach Trainingsplan I zu orientieren. Übersteigt der Istwert die Herzfrequenz-Sollvorgabe noch nicht, ist die Belastung für weitere 3 Minuten um eine Stufe (0,25 oder 0,5 W/kg Körpergewicht) zu erhöhen. Eine

erneute Herzfrequenzkontrolle nach dieser Zeit weist dann den weiteren Weg der Belastung. Ist der Wert nach wie vor niedriger als angestrebt, so erfolgt eine weitere Erhöhung der Belastung für 3 Minuten um eine Stufe. Dies geschieht so lange, bis die Herzfrequenz mit der Sollwertvorgabe übereinstimmt. Erst dann bleibt die Belastung auf konstantem Niveau, jedoch wird regelmäßig in dreiminütigem Abstand das Herzfrequenzverhalten weiter beobachtet.
Steigt die Herzfrequenz über den gewünschten Vorgabewert hinaus, so ist die Wattleistung in einminütigem Abstand so lange um die Hälfte einer Belastungsstufe zu reduzieren, bis sie sich wieder auf das angestrebte Niveau gesenkt hat.
Mit diesem Verfahren wird erreicht, daß der Organismus sich langsam den Anforderungen anpaßt und dann exakt den gezielten Trainingsbelastungen mit ihren gewünschten Anpassungsprozessen ausgesetzt ist. Außerdem berücksichtigt diese Methode die Tagesverfassung des Trainierenden, denn es kann an „guten" Tagen durchaus sein, daß die Wattbelastung bei gleicher Herzfrequenz höher ist als an „schlechten" Tagen.
Die Dynavit Ergometer C 33 oder das neu entwickelte Power med 600 bzw. Puls med 300 bieten den Vorteil, diese individuelle Leistungsanpassung über ein Automatikprogramm zu regeln (vgl. Abb. 84/85). Steht ein solches Programm nicht zur Verfügung und Sie stellen fest, daß die Herzfrequenz trotz konstanter und niedriger Belastung stetig ansteigt, so deutet diese Beobachtung auf eine unzureichend ausgebildete lokale Muskelausdauer in den Beinen hin. In diesem Fall ist die Durchführung eines speziellen Kraftausdauerprogramms für die Beine zu empfehlen.
Nach der Belastungsphase sollten wir noch 3 Minuten mit niedriger Wattleistung weitertreten (cool-down-Phase), bevor erneut die bekannten Dehnübungen die Trainingseinheit beenden. Passive Regenerationsmaßnahmen im Anschluß unterstützen auch hier die Erholungsphase.

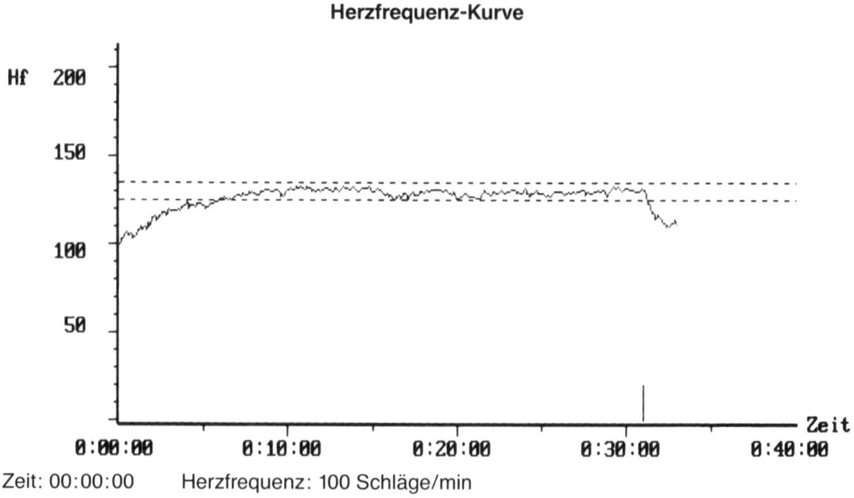

Abb. 84 Dokumentation eines herzfrequenzgesteuerten Ergometertrainings mit einer Herzfrequenzvorgabe von 125–135 Schlägen/min
(Copyright by Polar Electro 1990)

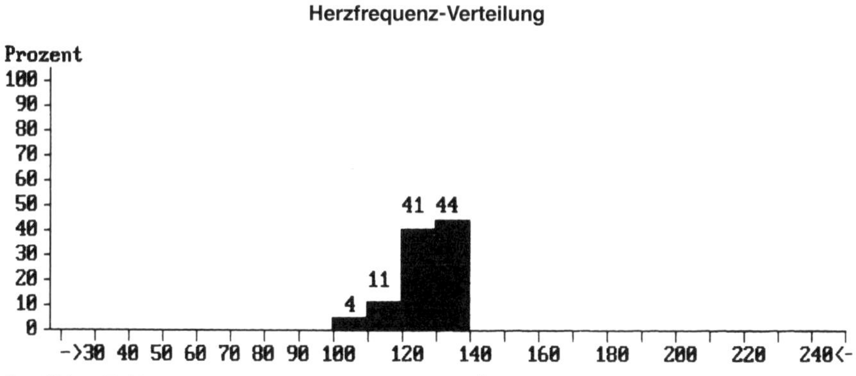

Abb. 85 Auswertung des herzfrequenzgesteuerten Ergometertrainings (85 % aller Meßwerte liegen im Bereich von 120–140 Schlägen/min)
(Copyright by Polar Electro 1990)

Ergometrie-Trainingsplan I

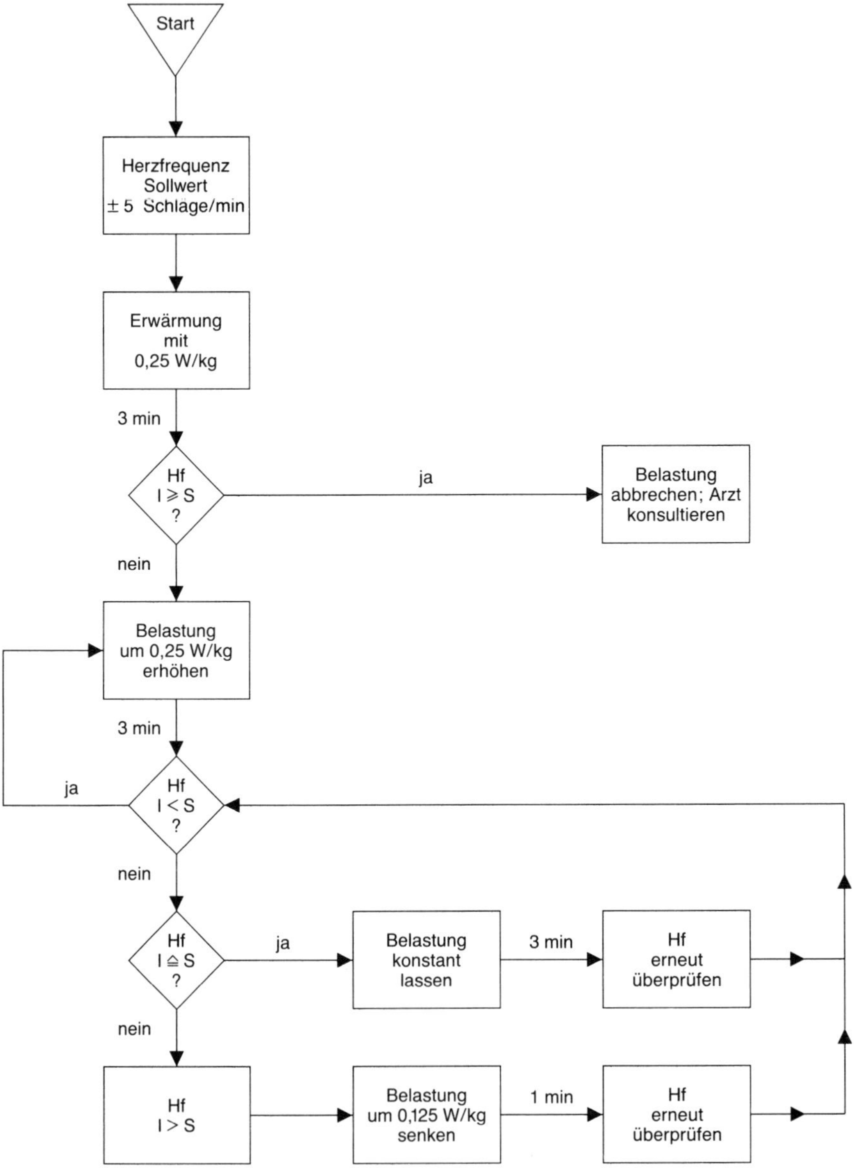

I = Istwert S = Sollwert Hf = Herzfrequenz

Ergometrie-Trainingsplan II

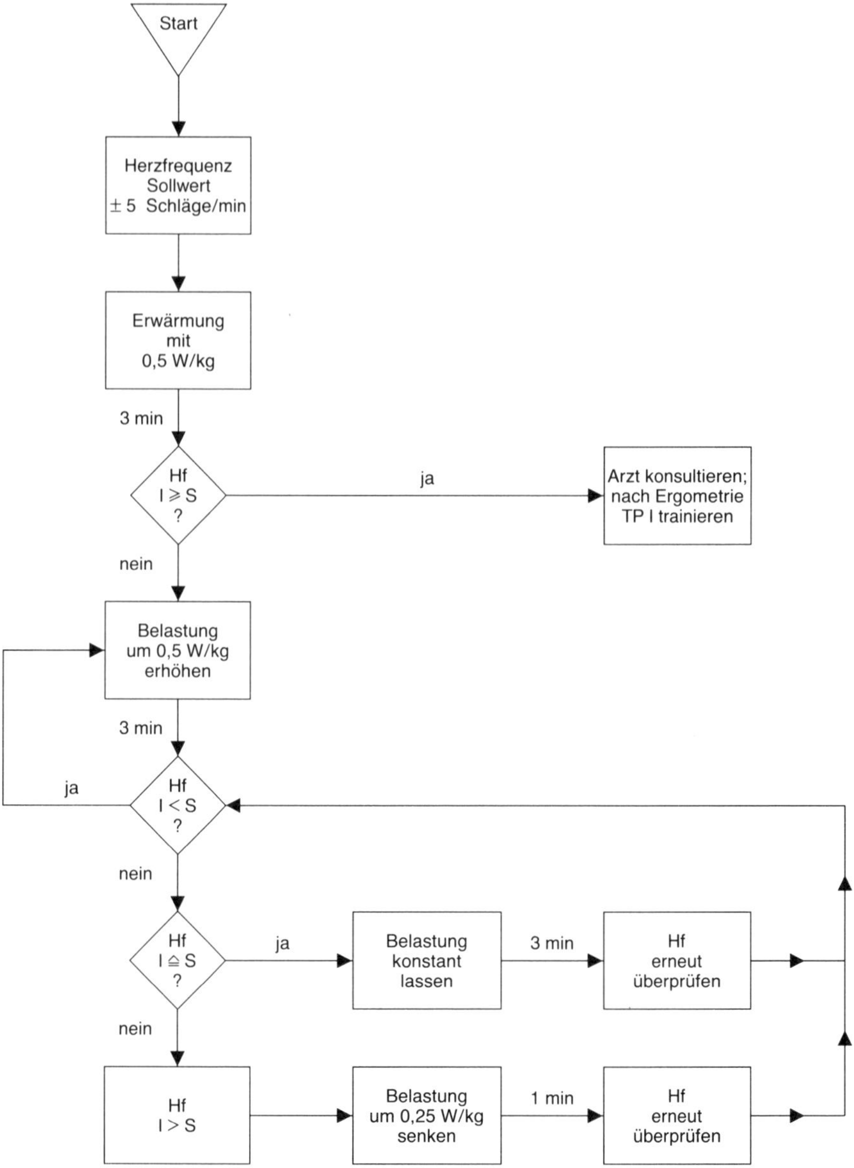

I = Istwert S = Sollwert Hf = Herzfrequenz

8.4 Schwimmen

Schwimmen zählt wegen seiner Ganzkörperbelastung zu den Sportarten mit hohem gesundheitlichen Nutzen. Unterstützt wird die Bedeutung des Schwimmens durch die physikalischen Eigenschaften des Wassers. Der dort herrschende Auftrieb führt zu einer Entlastung des Stütz- und Bewegungsapparats. Der Schwimmer hat lediglich ca. 1/10 seines normalen Körpergewichts zu tragen. Das Phänomen gibt dieser Sportart ihre besondere Bedeutung bei Übergewicht, orthopädischen Fehlhaltungen, Haltungsschäden und in der Rehabilitationsphase nach Verletzungen. Außerdem regt das Schwimmen die gesamte Stoffwechseltätigkeit an. Von Bedeutung ist in diesem Zusammenhang die hohe Wärmeleitfähigkeit des Mediums Wasser, die um etwa 25 mal höher ist als die der Luft. Die sich daraus ergebende vermehrte Wärmeabgabe im Wasser ist mit körperlichen Gegenreaktionen verbunden. Die Verbesserung der gesamten menschlichen Temperaturregulation sorgt für die Stärkung des Abwehrsystems gegen Erkältungskrankheiten. Bei 20 Grad Wassertemperatur verliert der Schwimmer bereits in Ruhe und bei geringer körperlicher Belastung 2—3mal soviel Wärme wie bei gleicher Lufttemperatur. Daraus ergibt sich der hohe Energieverbrauch bei dieser Sportart, da sich die Energiemengen der Muskelarbeit und des Wärmeverlusts addieren.

Als Konsequenz sollte die Wassertemperatur je nach Trainingsziel unterschiedlich hoch sein. Beim Ausdauertraining im Wasser sind 21—23 Grad genügend, da die Muskelaktivität entsprechend groß ist. Für therapeutische Zwecke sind 23—26 Grad angemessen. Vorsicht ist bei höheren Temperaturen von über 28 Grad geboten, weil die dann einsetzende erschwerte Wärmeabgabe eine erhöhte Kreislaufbelastung mit sich bringt. Deshalb sollte bei diesen Temperaturen kein Ausdauertraining stattfinden, insbesondere dann nicht, wenn Herz-Kreislauf-Störungen vorliegen.

Auch zu niedrige Temperaturen sind schädlich. Unter 20 Grad reicht der Ausgleichsmechanismus nicht mehr aus, und es kommt zu einer zunehmenden Auskühlung. Die Gegenreaktion als Schutz vor übermäßiger Wärmeabgabe besteht in der Engstellung der Blutgefäße in der Körperschale — hauptsächlich in den oberen und unteren Extremitäten —, um die Isolierschicht zu verstärken. Unterstützt durch den hydrostatischen Druck kommt es zu einem vermehrten Blutangebot im Körperkern. Das Herz kann mehr Blut aufnehmen, der Herzmuskel erhält eine stärkere Vordehnung und kann eine kräftigere Kontraktion ausführen. Der dabei erhöhte Sauerstofftransport pro Herzschlag führt zu einer Senkung der Herzfrequenz.

Diese Herzfrequenzsenkung wird verstärkt durch den sog. Tauchreflex, einem Relikt unserer Evolution. Er bewirkt, daß mit zunehmender Tauchtiefe die Herzfrequenz sinkt, und ist zu verstehen als „Sparmechanismus", damit beim Tauchen den lebenswichtigen Organen genügend sauerstoffreiches Blut zur Verfügung steht und ein längerer Aufenthalt im Wasser möglich ist. Das Ausmaß der Herzfrequenzsenkung beträgt beim Schwimmen durchschnittlich 10—15 Schläge und ist bei der Trainingssteuerung unbedingt zu berücksichtigen.

8.4.1 Schwimmtechnik

Anders als bei den Ausdauerdisziplinen an Land ist der Energieverbrauch beim Schwimmen in erheblichem Maße abhängig vom Grad der Beherrschung der Technik. Als Mindestmaß schwimmerischen Könnens ist zu fordern, daß die Trainierenden

– ruhig in Bauch- und Rückenlage schwimmen und diese Lagen wechseln können und
– in der Bauchlage mit dem Gesicht im Wasser aus und kurz über der Wasseroberfläche einatmen können *(WILKE* 1988).

Erst nach Beherrschen einer guten Schwimmtechnik ist es ratsam, diese Disziplin als Ausdauertrainingsmittel zu nutzen, denn nur dann ist sichergestellt, daß die Muskulatur ökonomisch und funktionell arbeitet. Im Training können so ohne die Gefahr einer Überbelastung auch längere Distanzen zurückgelegt werden.
Trotz des hohen Verbreitungsgrades ist das Brustschwimmen zum Ausdauertraining nur bedingt empfehlenswert. Es belastet bei Anwendung einer falschen Technik stark die Halswirbelsäule und die Innenbänder der Kniegelenke (vgl. Abb. 58). Beim Bewegen der Arme und Beine unter Wasser entgegen der Schwimmrichtung wird kostbare Antriebsenergie verschenkt. Das Anheben des Kopfes beim Atmen ist meist mit einem Absinken der Beine verbunden. Dies hat eine zusätzliche Erhöhung des Strömungswiderstandes und ein Abbremsen des Körpers im Wasser zur Folge.
Aus den genannten Gründen ist beim Ausdauertraining Schwimmen dem Kraulen in Brust- und Rückenlage der Vorzug zu geben.
Zum besseren Verständnis gliedern wir die Techniken in Bein- und Armbewegungen und fügen beide Phasen erst später zur Gesamtbewegung zusammen.

Brustkraul – Beinschlag (Abb. 86)

I Die Beine werden nahezu gestreckt abwechselnd auf und ab geführt. Die Bewegung kommt aus der Hüfte. Die Fußspitzen sind in Verlängerung des Beines „gestreckt".

II/III/IV Um eine „flossenartige" Bewegung zu erzielen, wird zunächst der Oberschenkel nur abwärts bewegt, dann erfolgt eine betonte Streckung des Unterschenkels im Kniegelenk.

V/VI Nach vollzogener Streckung beginnt die Aufwärtsbewegung des Beines.

Diese Phase ist gekennzeichnet durch ein aktives Führen des gestreckten Beines aus dem Hüftgelenk in Richtung Wasseroberfläche.

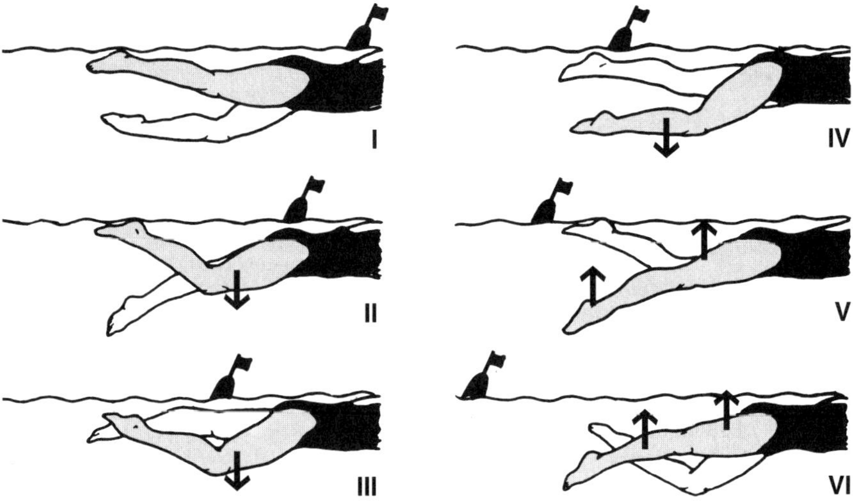

Abb. 86 Technik Brustkraul – Beinbewegung

Brustkraul – Armzug (Abb. 87)

I/II Bevor der Schwimmer sich im Wasser vorwärtsziehen und -schieben kann, muß er den Arm gestreckt ins Wasser „stechen“. Dabei sind die Finger der Hand geschlossen, das Handgelenk ist gestreckt. Die Hand selbst wird in einem Winkel von zehn Grad ins Wasser „gestochen“.

Dann beginnt die Zugphase. Würden die Fingerspitzen im Wasser eine sichtbare Spur hinterlassen, so erschiene diese als großes Fragezeichen.

III/IV Vom Einstichpunkt vor der Schulter bewegt sich die Hand im Wasser in Richtung Bauchnabel. Bis zu diesem Zeitpunkt dauert die Zugphase (Hand und Ellenbogen auf Schulterhöhe).

Jetzt beginnt die Druckphase, wobei sich der Schwimmer gegen den Wasserwiderstand nach vorne stemmt.

V Sie dauert so lange, bis der Arm wieder gestreckt ist (ungefähr auf Hüfthöhe).

VI Der Arm wird jetzt aus dem Wasser genommen (Schwungphase). Dabei sollte er mit gebeugtem Ellenbogen entspannt wieder zum Einstechen geführt werden.

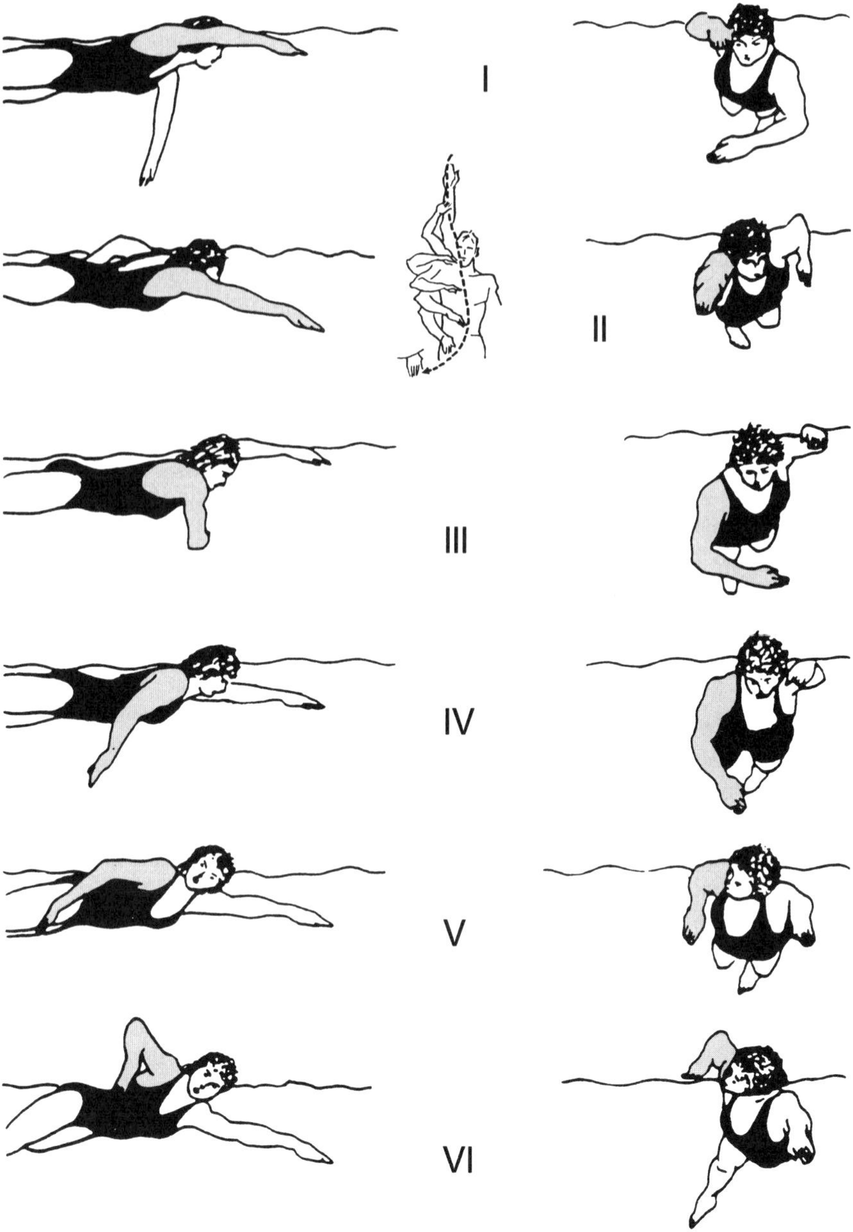

Abb. 87 Technik Brustkraul – Armbewegung

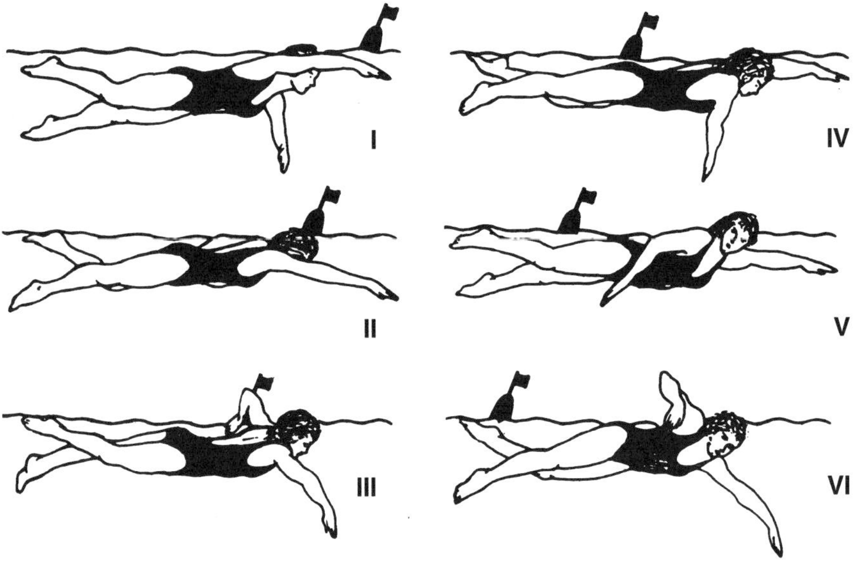

Abb. 88 Technik Brustkraul – Koordination und Lage

Gesamtbewegungsablauf Brustkraul (Abb. 88)

Von übergeordneter Bedeutung ist die Lage des Schwimmers im Wasser. Sie ist durch folgende Merkmale gekennzeichnet:

– Der Körper ist im Hüftgelenk gestreckt, der Blick nach vorne, abwärts gerichtet (Haaransatz oder Badekappenrand im Wasser). Es ist darauf zu achten, daß das Gesäß nur knapp vom Wasser bedeckt ist.
– Die abwechselnden Armbewegungen und Kopfhaltungen beim Ein- und Ausatmen bewirken eine Destabilisierung des Körpers im Wasser. Zur Kompensation dient der Beinschlag.
– Für das Langstreckenschwimmen hat sich der Zweierbeinschlag durchgesetzt, d. h. jede Bewegung des linken und rechten Armes wird mit je zwei Schlägen pro Bein koordiniert. Der Beinschlag selbst leistet nur einen geringen Beitrag zum Vortrieb des Körpers im Wasser. Hierzu dient der Armzug, der mit dem Atemrhythmus koordiniert werden muß.
– Während des gesamten Armzuges (Zug- und Druckphase) erfolgt das Ausatmen ins Wasser. Wenn die Hand den Oberschenkel passiert, wird in der Schwungphase des Armes der Kopf zur Seite gedreht und schnell in der Achselhöhle eingeatmet. Zeitgleich mit dem Eintauchen des Armes wird auch der Kopf wieder in die Ausgangslage gebracht, und der Zyklus beginnt von neuem.

Verbessern läßt sich der Schwimmstil, indem Sie die Bewegung der Beine und den Armzug separat im hüfthohen Wasser üben.
Den Beinschlag trainieren Sie mit einem Schwimmbrett, an dem Sie sich mit ausgestreckten Armen festhalten und die Bewegung ausführen.
Um den Armzug zu verbessern, klemmen Sie ein Schwimmbrett zwischen die Knie der gestreckten Beine und bewegen sich ohne Beinbewegung nur durch Armzüge vorwärts. Dabei achten Sie darauf, daß bei der Zugphase der Arm im Ellenbogengelenk ca. 90 Grad gebeugt ist und die Schulterachse möglichst parallel zur Wasseroberfläche bleibt (vgl. Abb. 87).

Rückenkraul – Beinschlag (Abb. 89)

Die Beinschlagbewegung beim Rückenkraul ist recht einfach und deshalb leicht zu erlernen. Die Beine werden wechselseitig auf- und abwärts geschlagen. Beide Beine bleiben in jeder Phase unter der Wasseroberfläche.

I Die Abwärtsbewegung beginnt mit gestrecktem Bein und lockerem Fußgelenk.
II In der Umkehrphase leitet der Oberschenkel die Gegenbewegung ein. Unterschenkel und Fuß bewegen sich noch abwärts.
III/IV/V Das Kniegelenk wird gebeugt. Kurz vor Abschluß der Aufwärtsbewegung des Oberschenkels „kickt" der Unterschenkel mit lockerem Fußgelenk nach oben. Die Füße sind leicht einwärts gedreht und die Fußgelenke gestreckt.
VI Nach Streckung des Kniegelenks beginnt erneut die Abwärtsbewegung. Das andere Bein arbeitet entgegengesetzt (Abb. 89).

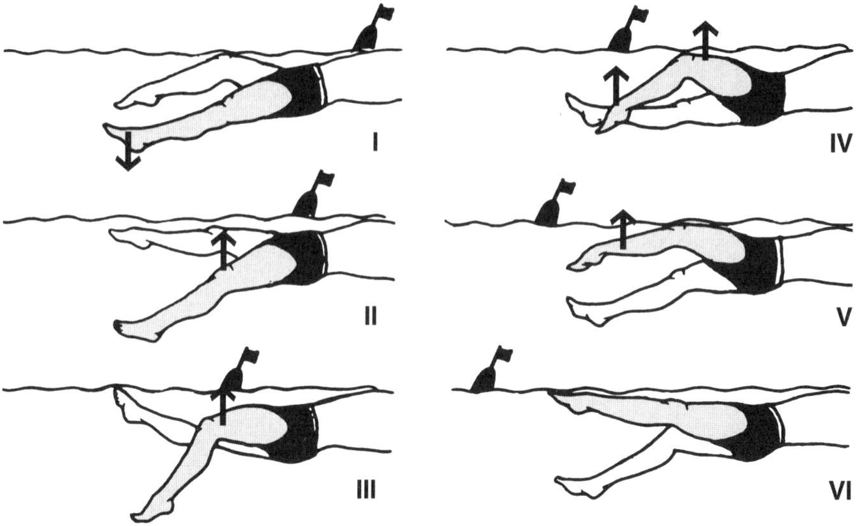

Abb. 89 Technik Rückenkraul – Beinbewegung

Rückenkraul – Armzug (Abb. 90)

Die Armzugbewegung erfolgt ebenfalls wechselseitig.

I/II Der gestreckte Arm taucht mit der Kleinfingerseite in Verlängerung des Körpers in das Wasser ein.
Die geschlossene Hand faßt das Wasser.

III/IV Der Arm zieht und schiebt mit der Handfläche bei gebeugtem Ellenbogen gegen den Wasserwiderstand bis in Taillenhöhe.
In der Druckphase ist die Hand im Handgelenk gebeugt. Die Handfläche zeigt zu den Füßen.
Dicht neben dem Körper schiebt die Hand kräftig das Wasser bis zur Streckung des Ellenbogen- und Handgelenks weg.

V Direkt am Oberschenkel vorbei wird der gestreckte Arm mit der Daumenseite voraus aus dem Wasser gehoben (Abb. 90).

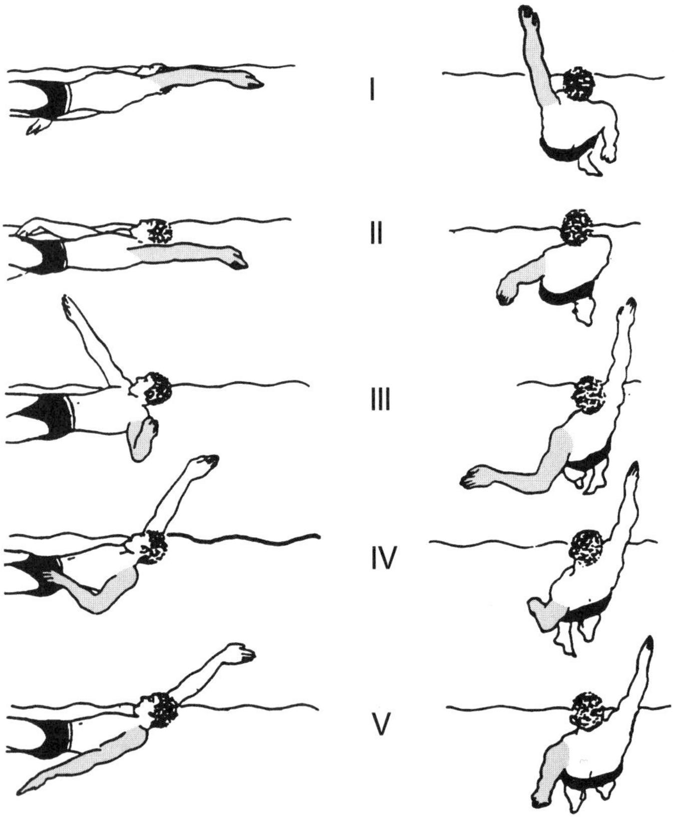

Abb. 90 Technik Rückenkraul – Armbewegung

Gesamtbewegungsablauf Rückenkraul (Abb. 91)

Bei der Rückenkraulbewegung beschreiben die beiden Arme um 180 Grad versetzt kreisförmige Bewegungen. Dadurch lösen sie sich in ihrer Aufgabe, eine kontinuierliche Vortriebswirkung zu erzielen, ab. Der beste Vortrieb wird erreicht, wenn der Schwimmer flach und gestreckt im Wasser liegt. Der Blick ist nach oben gerichtet, der Kopf liegt bis zu den Ohren im Wasser.

Während eines Doppelarmzugs schlagen die Beine sechsmal (3 Doppelschläge). Dieser Sechserrhythmus hat sich als häufigstes Koordinationsmuster bewährt. Wenn der eine Arm über Kopf ins Wasser eintaucht, soll der andere seine Druckphase beendet haben. Der Beinschlag ist als Gegenbewegung zum Armzug anzusehen und ordnet sich ihm unter.

Dadurch, daß das Gesicht nicht ins Wasser eintaucht, kann jederzeit geatmet werden. Allerdings sollte die Einatmung stets beim Herausbringen des Armes erfolgen und der Atemrhythmus in Koordination zur Gesamtbewegung stehen. Es empfiehlt sich, bei zwei Armzügen einmal ein- und auszuatmen (Abb. 91).

Auch die Rückenkraulbewegung ist durch einfache Übungen zu verbessern. Die Armbewegung läßt sich üben, indem Sie zwischen die Knie der gestreckten Beine ein Schwimmbrett klemmen. Zur Verbesserung des Beinschlags halten Sie ein Schwimmbrett über Kopf in beiden Händen.

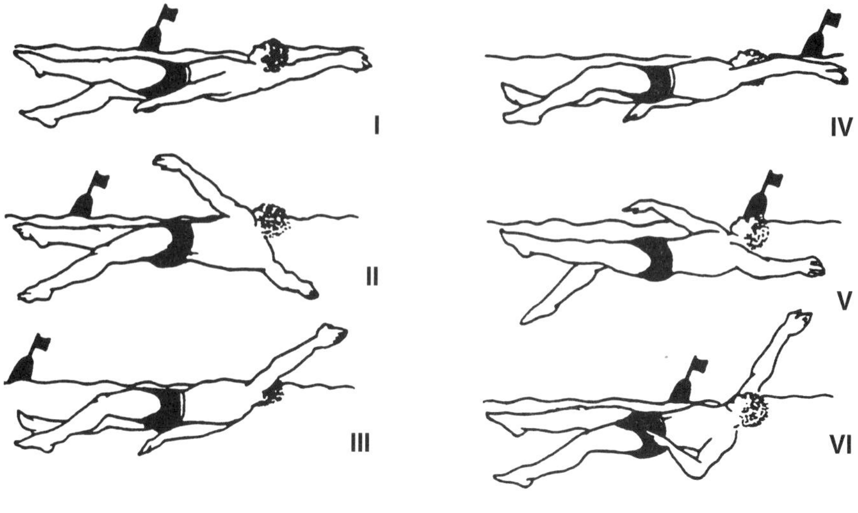

Abb. 91 Technik Rückenkraul – Koordination und Lage

8.4.2 Bekleidung

Weitaus weniger aufwendig als in den anderen Ausdauerdisziplinen ist die Ausrüstung. Die Badebekleidung besteht lediglich aus einer Badehose für Männer bzw. einem einteiligen Badeanzug für Frauen sowie einer Badehaube aus dünnem Gummi. Die Kleidung sollte aus synthetischem, schnell trocknendem Material bestehen und eng am Körper anliegen, ohne ihn einzuschnüren. Beim Aufenthalt im Wasser sollte eine Chlorbrille zur Schonung der Augen und besseren Orientierung im Wasser getragen werden. Eine solche Brille dient auch zur Eigenkontrolle der Schwimmtechnik. Auf dem Markt gibt es zwei Grundtypen: die eine mit Schaumgummi und die andere mit einem Gummirand. Erstere ist in der Regel bequemer, letztere ist meist dichter. Beim Kauf gilt: anprobieren! Die Brille muß ohne Halteband nach leichtem Andrücken an die Augenhöhlen „hängenbleiben". Ist dies der Fall, erfüllt die Brille auch bei längerem Aufenthalt im Wasser ihren Zweck.
Bei kühler Witterung ist es ratsam, vor und nach dem Wasseraufenthalt einen Bademantel, Kapuzenpullover oder Tainingsanzug aus Baumwolle anzuziehen. In jedem Fall ist das Tragen von Badeschuhen zu empfehlen.

8.4.3 Bestimmung der Belastungsparameter Umfang und Intensität

Da der Energieverbrauch beim Schwimmen ganz wesentlich von der Beherrschung der Technik abhängt, bestehen im Unterschied zum Laufen und der Ergometrie keine engen Beziehungen zwischen dem Energieverbrauch und der Schwimmgeschwindigkeit.
Dennoch liefern fahrradergometrisch gewonnene Daten wertvolle Informationen für die Bestimmung der Belastungsintensität über die Herzfrequenz. Unter Berücksichtigung der durch den Tauchreflex bedingten Herzfrequenzsenkung und der Annahme, daß keine Kontraindikationen vorliegen, würde die Herzfrequenzvorgabe des fiktiven Probanden auf S. 182 für das Schwimmen bei ca. 125–130 Schlägen/min liegen. Derjenige, der sporttauglich ist und keine Möglichkeit zur Leistungsdiagnose auf dem Fahrradergometer besitzt, kann sich an den für das Schwimmen modifizierten Herzfrequenz-Richtwerten orientieren (Tab. 29).
Die fahrradergometrisch getestete oder als Richtwert vorgegebene Herzfrequenz dient zur Orientierung bei der Bestimmung der Schwimmgeschwindigkeit (I-Vorgabe). Dazu schwimmen Sie eine Strecke von 100 m mehrmals hintereinander mit unterschiedlichen Geschwindigkeiten. Begonnen wird langsam; nach einer Pause von 2–3 Minuten, in der sich der Körper erholt, steigern Sie die Geschwindigkeit und wiederholen diesen Vorgang so lange, bis die Herzfrequenz, gemessen jeweils direkt im Anschluß an die Belastung, den Vorgabewert überschritten hat.
Neben der Herzfrequenz stoppen Sie die geschwommene Zeit und errechnen die Schwimmgeschwindigkeit in m/min. Auf diese Weise erhalten Sie das Tempo, das entsprechend der individuellen schwimmerischen Fähigkeiten Ihrer momentanen Leistungsfähigkeit entspricht (Abb. 93). Selbstverständlich ergeben parallel dazu vorge-

Abb. 92 Herzfrequenzgesteuertes Schwimmtraining

Tab. 29 Herzfrequenzrichtwerte für verschiedene Intensitätsbereiche bei der Ausdauerdisziplin Schwimmen

Alter	Herzfrequenz bei:		
	ca. 60 %	ca. 70 %	ca. 80 %
30	105	123	140
40	99	116	132
50	93	109	124
60	87	102	116

Die Berechnung ist erfolgt auf der Basis der maximalen Herzfrequenz von 205 Schlägen/min minus Lebensalter.

Frauen	Frauen und Männer mit Ruhepuls > 80
+ 5 bis 10 Schläge/min	+ 5 bis 10 Schläge/min

nommene Lactatmessungen (I-Test) auch hier genauere Werte für die individuelle Belastungsdosierung. Sobald die richtige Belastungsintensität festgestellt ist, können Sie den Belastungsumfang testen, den Sie mit dieser Intensität über eine möglichst lange Distanz ohne Pause schwimmen können (U-Test).
Bei Durchführung des U-Tests ist unbedingt darauf zu achten, daß die Anweisung, eine möglichst lange Strecke zu schwimmen, nicht mit einer Erhöhung der Herzfrequenz einhergehen darf! Liegt die Herzfrequenz nach Beendigung des Tests über den Vorgaberichtwerten von 70 % aus der Herzfrequenzrichtwert-Tabelle oder 3 mmol Lactat/l Blut, dann ist es sinnvoller, den Test als nicht bestanden anzusehen und den vorangegangenen Trainingszyklus zu wiederholen.

Das Training ist in Abhängigkeit vom Leistungsstand zu gestalten. Ist die Ausdauerleistungsfähigkeit noch gering entwickelt, so bietet sich zu deren Verbesserung die extensive Intervallmethode an. Mit zunehmendem Niveau sollte das Training allmählich durch ein Schwimmen ohne Pausen ersetzt werden. Anfangs sind die Schwimmstrecken kurz (Querbahnen, erst später 25-m-Bahn, 50-m-Bahn, mehrere Bahnen), die Pausen lang, der Belastungsumfang gering und die Intensität niedrig. Später passen sich die Belastungsnormative dem Leistungsfortschritt an:

— der Belastungsumfang wird erhöht
— die Teilstrecken verlängert und
— die Pausen verkürzt.

Die Belastungsintensität sollte sich erst zuletzt der verbesserten Leistungsfähigkeit angleichen.

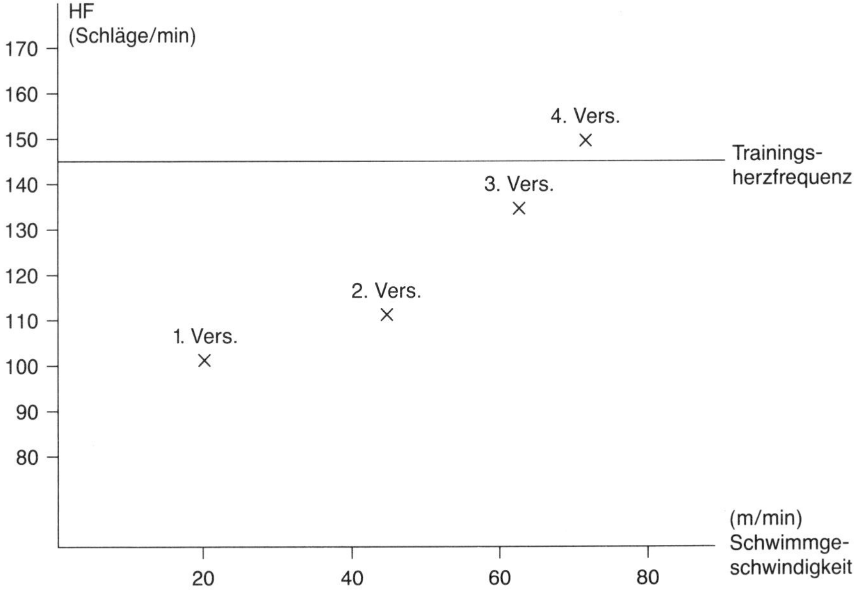

Abb. 93 Verfahren zur Ermittlung der richtigen Trainingsintensität (Schwimmgeschwindigkeit) für ein Ausdauertrainung beim Schwimmen
(*LAGERSTRØM* 1983)

8.4.4 Aufbautraining Schwimmen

Mit den theoretischen Vorkenntnissen können Sie nun in den Trainingsprozeß einsteigen. In Anlehnung an das Aufbautraining Laufen und Radfahren läßt sich ein entsprechendes Programm über die Dauer von 12 Wochen, bestehend aus vier dreiwöchigen Zyklen, erarbeiten. Als Trainingsziel soll eine Zeit von 30—45 Minuten Dauerschwimmen oder eine Strecke von ca. 1.000 m angestrebt werden. Dazu ist eine Trainingshäufigkeit von mindestens 2 Trainingseinheiten pro Woche notwendig. Allerdings bringen 3—4 Trainingseinheiten in der Woche größere Leistungsfortschritte. Als Schwimmanfänger wird es Ihnen leichter fallen, das Training auf Querbahnen eines 25-m- oder 50-m-Beckens durchzuführen. Es ist ratsam, die Schwimmdistanzen — ähnlich der Unterteilung beim Laufen — in Intervalle zu gliedern und auf die Verbesserung Ihrer Schwimmtechnik Wert zu legen. Mit Steigerung des Trainingszustandes werden der Belastungsumfang erhöht, die Intervalle und die Pausen reduziert. In dieser Phase läßt sich dann besser auf Längsbahnen trainieren. Die Belastungsintensität sollte anfangs 60 % aus der Richtwerttabelle (2 mmol Lactat/l Blut) entsprechen. Sie wird erst zu einem späteren Zeitpunkt der sich verbessernden Leistungsfähigkeit angeglichen und auf maximal 70 % aus der Richtwerttabelle (3 mmol Lactat/l Blut) erhöht.

Am Ende jedes Zyklus' entscheidet ein Test über die Fortsetzung des Trainingsprozesses.

Um Ihnen einen Einblick über die Trainingsgestaltung zu geben, erläutern wir nachfolgend den 3. Trainingszyklus.

Ziel ist es, nach Beendigung der 9. Woche die Strecke von 500 m ohne Pause zu schwimmen. Der Belastungsumfang steigt, indem nunmehr 3 statt ehemals 2 Trainingseinheiten pro Woche stattfinden. Die Anzahl der Intervalle wird auf drei reduziert. Der Gesamtumfang des Trainings liegt in jeder Einheit über der Zielstrecke von 500 m.

Die Pausenlänge wird im Verhältnis zur Schwimmdauer auf 1/3 reduziert. In jedem Fall sollte sich die Herzfrequenz vor Beginn des nächsten Intervalls um 20 Schläge pro Minute gesenkt haben.

Die Belastungsintensität kann zu diesem Zeitpunkt allmählich auf 60—70 % der Herzfrequenzrichtwert-Tabelle oder maximal 3 mmol Lactat/l Blut gesteigert werden.

Vor jeder Trainingseinheit sind Muskeln und Sehnen durch ein spezielles Aufwärmprogramm an Land auf die folgende Belastung vorzubereiten.

Das Schwimmtraining sollten Sie mit lockerem Ausschwimmen beenden und anschließend die beanspruchte Muskulatur wie vor dem Trainingsprogramm erneut dehnen.

Die letzte Trainingseinheit im 3. Zyklus beinhaltet den 500-m-U-Test.

Nach Absolvierung des Aufbautrainings muß jeder selbst entscheiden, ob die Trainingsbelastung mit 3—4 Einheiten pro Woche mit je 500—1000 m Dauerschwimmen fortgesetzt oder, mit geringerem Umfang, die aufgebaute Leistungsfähigkeit erhalten werden soll.

Zum Erreichen sportlicher Ziele sind spezielle Trainingsprogramme erforderlich.

Das folgende Flußdiagramm weist den Weg durch das Aufbautraining Schwimmen.

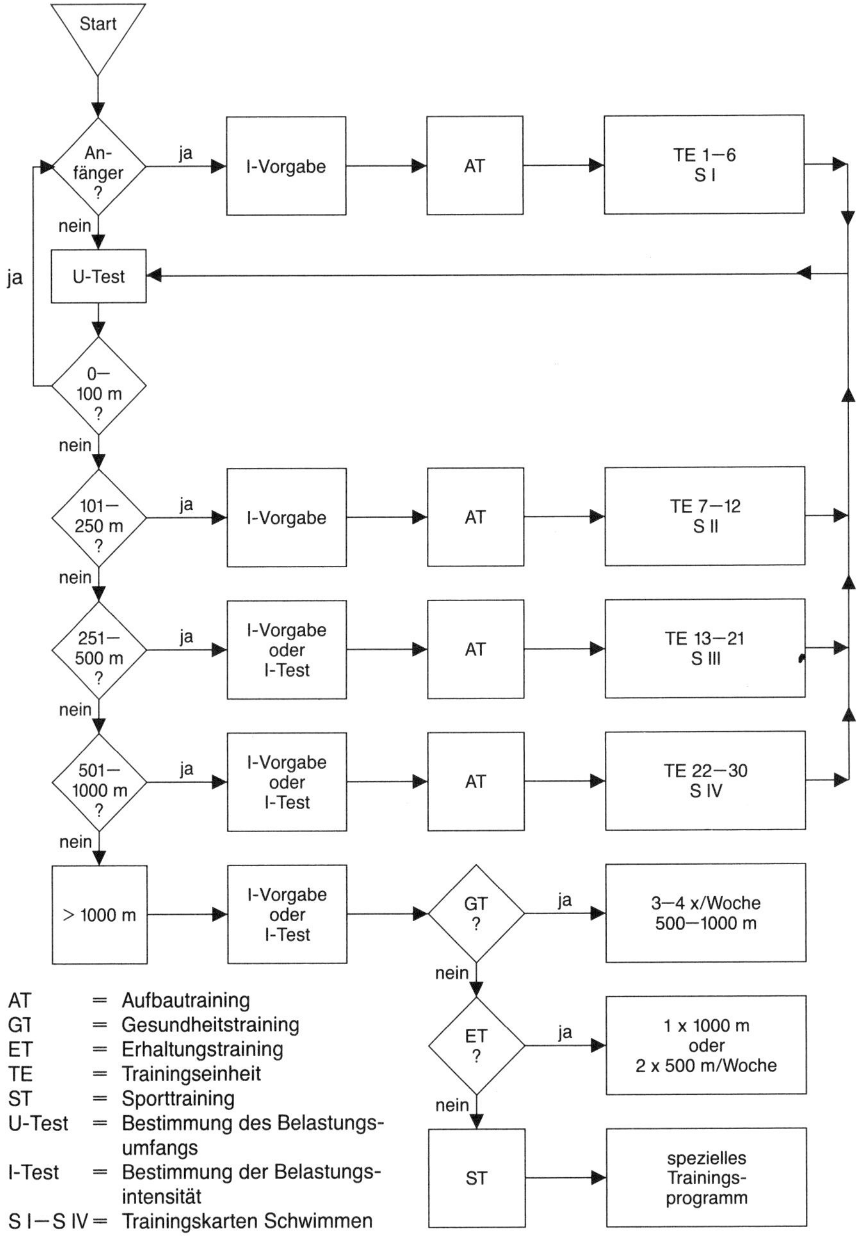

AT = Aufbautraining
GT = Gesundheitstraining
ET = Erhaltungstraining
TE = Trainingseinheit
ST = Sporttraining
U-Test = Bestimmung des Belastungsumfangs
I-Test = Bestimmung der Belastungsintensität
S I–S IV = Trainingskarten Schwimmen

Abb. 94 Flußdiagramm als Wegweiser durch das Aufbautraining Schwimmen

Trainingskarte S III[1)]

Sie haben sich für das Schwimmen entschieden, um die Ausdauerleistungsfähigkeit Ihres Herz-Kreislauf-Systems zu verbessern und durch U-Test festgestellt, daß Sie zwischen 250 und 500 m ohne Pause schwimmen können.

Trainieren Sie deshalb nach den folgenden Anleitungen, um dieses Ziel zu erreichen:

500 m ohne Pause schwimmen zu können!

Protokollieren Sie Ihre Trainingsdaten!

1. Beginnen und beenden Sie jedes Training mit den Dehnübungen der Trainingskarte 23!
2. Ermitteln Sie die Herzfrequenz, die Sie nach dem längsten Schwimmintervall einer Trainingseinheit nicht überschreiten sollen nach der nebenstehenden Tabelle oder über Lactatmessungen.
   Achten Sie stets auf Ihr subjektives Wohlbefinden!
3. Beginnen Sie mit dem Training! Führen Sie die Trainingseinheiten in der Reihenfolge von Trainingseinheit 13–21 durch.
   Entnehmen Sie den Trainingsumfang jeder TE (Trainingseinheit) dem nachfolgenden Diagramm.

Alter	→	Belastungs-Intensität 60–70 % (vgl. Tab.)	→	Herzfrequenz-obergrenze Schläge/min

Herzfrequenzrichtwerte in Abhängigkeit verschiedener Intensitätsbereiche für die Ausdauerdisziplin Schwimmen.

Die Berechnung erfolgt auf der Basis der maximalen Herzfrequenz von 205 Schlägen/min minus Lebensalter.

Alter	Herzfrequenz bei:		
	ca. 60 %	ca. 70 %	ca. 80 %
30	105	123	140
40	99	116	132
50	93	109	124
60	87	102	116

Frauen	Frauen und Männer mit Ruhepuls > 80
+ 5 bis 10 Schläge/min	+ 5 bis 10 Schläge/min

[1)] Weitere Informationen zu den Trainingskarten S I, S II, S IV können beim Verlag bzw. bei den Autoren eingeholt werden.

Trainingskarte S III

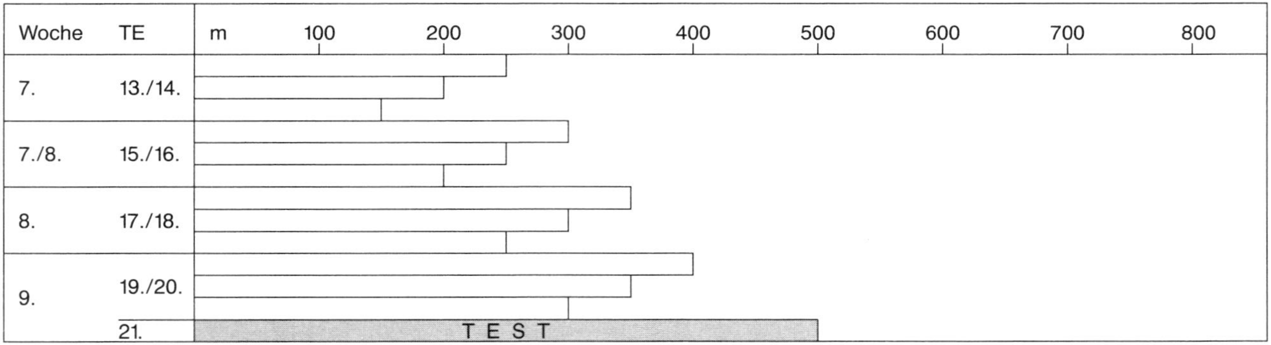

Trainingsprotokoll

Trainings-Datum	TE Nr.	Herzfrequenz vor dem Aufstehen (S/min)	Herzfrequenz vor Trainingsbeginn (S/min)	Herzfrequenz nach dem längsten Intervall (S/min)	Herzfrequenz nach dem Schwimmtraining (S/min)			Bemerkungen zum Training	
					1 min	2 min	3 min	Vorgaben erfüllt	Sonstiges
	13								
	14								
	15								
	16								
	17								
	18								
	19								
	20								

Trainingskarte S III

Nach 3 Wochen haben Sie diesen Trainingszyklus beendet. Überprüfen Sie nun 1–2 Tage nach der 20. TE Ihren Trainingserfolg.

4. TEST: Versuchen Sie nach vorheriger Dehnung der Muskulatur mindestens 500 m ohne Pause zu schwimmen. Beachten Sie, daß am Ende des Laufs die Herzfrequenzobergrenze nicht überschritten wird.

Ergebnis des U-Tests			
Schwimmstrecke (m)		Herzfrequenz am Ende der Strecke (Schläge/min)	
> 500 m	< 500 m	< Obergrenze-vorgabe	> Obergrenze-vorgabe

Schwimmtest mit Lactatkontrolle			
Schwimm-geschwindigkeit Versuch	m/min	Herzfrequenz (S/min)	Lactatkon-zentration (mmol/l Blut)
1.			
2.			
3.			
4.			
5.			
Der optimale Trainingsbereich liegt für Sie bei einer			
Herzfrequenz (Schläge/min)		≙ Lactatkonzentration	
		≙ 2,0 mmol/l Blut	
bis			
		≙ 3,0 mmol/l Blut	

Wiederholen Sie die 19. und 20. TE bevor Sie sich einem erneuten Test unterziehen.

Gratulation! Sie haben das Trainingsziel erreicht. Setzen Sie Ihr Training mit der 22. TE auf der Trainingskarte S IV fort.

9 Kraftausdauer- und Beweglichkeitstraining

Zur Vorbeugung oder Korrektur von Funktionsstörungen im Bewegungsapparat ist es notwendig, die Muskulatur systematisch zu belasten. Deshalb haben wir nachfolgend eine Vielzahl von Dehn- und Kräftigungsübungen zusammengestellt, aus denen je nach Zielsetzung ein individuelles Trainingsprogramm entwickelt werden kann.
Die **isometrischen Übungen** haben zum Ziel, die betreffenden Muskelgruppen ohne Bewegungsausführung in den Gelenken in einen Spannungszustand zu versetzen (vgl. S. 92–95) und dadurch zu kräftigen. Die isometrische Kontraktion erfolgt dabei gegen den Widerstand des eigenen Körpers, eines Gegenstandes oder einfach gegen die Schwerkraft.
Die **Dehnübungen** empfehlen wir nach dem Prinzip des sanft gehaltenen Dehnens durchzuführen, da es die funktionellen Zusammenhänge des Bewegungsapparates berücksichtigt. Demnach werden die Gelenke langsam in die Endstellung gebracht (Einnahme der Dehnposition) und dort über mehrere Sekunden gehalten.
Die Dehnung erfolgt nur in den durch die Gelenkstruktur vorgegebenen Bewegungsrichtungen. Jede Dehnübung wird aus einer sicheren Körperhaltung heraus ausgeführt. Der zu dehnende Muskel soll bewußt vom Gehirn aktiv gesteuert, langsam und kontrolliert unter Vermeidung jeglichen Schmerzgefühls in die Dehnposition gebracht werden. Sie ist erreicht, wenn Sie ein schmerzfreies Spannungsgefühl in der gedehnten Muskelgruppe spüren. In dieser Position verbleiben Sie für ca. 10–30 Sekunden. Unter allen Umständen sind federnde, wippende oder zerrende Bewegungen zu vermeiden.
Während der Dehnung versuchen Sie seelisch und körperlich zu entspannen und sich ausschließlich auf das Dehnen zu konzentrieren. Die Konzentration auf die Übung steht vor der sturen Beachtung der vorgegebenen Zeit.
Das anfänglich auftretende Spannungsgefühl muß nach wenigen Sekunden nachlassen. Ansonsten ist der Dehnungswinkel leicht zu reduzieren. Sie kontrollieren auf diese Weise selbständig die Intensität der Dehnung.
Eine Effizienzsteigerung läßt sich erzielen, wenn direkt nach der ersten Dehnungsphase im Anschluß an das Abklingen des Spannungsgefühls der Muskel erneut etwas weiter gedehnt und dieses schmerzfreie Spannungsgefühl wiederum 10–30 Sekunden gehalten wird.
Während der Dehnung atmen Sie normal weiter und vermeiden unter allen Umständen eine Preßatmung. Anschließend gehen Sie kontrolliert in die Ausgangsstellung zurück und können nach einer Pause von 30 Sekunden die Übung noch zweimal wiederholen. Während der Pause lockern Sie die zuvor gedehnte Muskelgruppe und beschäftigen sich mit dem Antagonisten in derselben Weise.
Manche Dehntechniken greifen auf die Kombination von Dehnübungen und isometrischen Muskelanspannungen zurück, weil dabei ein zusätzlicher Dehneffekt durch die interne Muskelspannungszunahme entsteht. Diese Form des Dehnens bezeichnen wir als **Stretching.**
Wegen der besonderen Bedeutung dieser Technik haben wir beide Übungsformen – die isometrische Muskelanspannung und die Dehnübung – jedem Trainingsbereich vorangestellt. Jede Übung kann sowohl separat durchgeführt oder aber als Stret-

chingübung miteinander kombiniert werden. In diesem Fall spannen Sie zuerst den Muskel für 10–30 Sekunden isometrisch an, bevor Sie ihn anschließend nach 2–3 Sekunden der Entspannung genauso lange in der Dehnung halten (vgl. Abb. 96, S. 216).
Wenn Sie die Dehn- oder Stretchingübungen in ein Aufwärmprogramm einbeziehen, beginnen Sie mit den Muskelgruppen desjenigen Funktionskreises, die bei der späteren Belastung während des Trainings am meisten beansprucht werden oder die am verspanntesten sind.
In den Funktionskreisen II und IV arbeiten Sie sich stets von den körperfernen Muskelanteilen der Extremitäten zur Körpermitte hin.
Den abgebildeten Stretchingübungen folgen in jedem Trainingsbereich entsprechende Kräftigungsübungen, die zum Teil isometrischer, größtenteils jedoch auxotonischer Natur sind. Bei den **Bewegungsübungen,** die zur Mobilisation und Kräftigung der Muskulatur dienen, wird in einer Ausgangsposition begonnen, der zu bewegende Körperteil mit voller Bewegungsamplitude in Endstellung gebracht und sofort ohne Pause zurück in die Ausgangsposition geführt (1 Wiederholung). Die Bewegungsgeschwindigkeit ist bei Belastungen der Extremitäten gleichmäßig zügig, bei Belastungen der Rumpfmuskulatur jedoch kontinuierlich mit mäßigem Tempo auszuführen. Stets erfolgt eine aktive Steuerung der beanspruchten Muskulatur, selbst dann, wenn die Bewegung der Schwerkraft folgt (exzentrische Phase). Das gedankliche Nachvollziehen der Bewegung erhöht den Trainingseffekt und führt zu einer bewußten Körperempfindung sowie der Möglichkeit zur ständigen Korrektur der Bewegungsausführung.
Die Atmung verläuft gleichmäßig. Es empfiehlt sich, während der konzentrischen Phase aus- und während der exzentrischen Phase einzuatmen. Das Atmen darf niemals zur Preßatmung werden, da sonst der Blutdruck ansteigt, sich der Druck im Brustinnenraum erhöht und dadurch den venösen Rückstrom zum Herzen erheblich beeinträchtigt. Dies kann zu bedrohlichen Kreislaufsituationen, insbesondere bei älteren und herz-kreislaufgeschädigten Personen führen.
Kurze Beschreibungen unter den Abbildungen sollen die korrekte Ausführung unterstützen. Angaben zur Belastungsdosierung fehlen allerdings an dieser Stelle, da sie abhängig von der Leistungsfähigkeit und der Zielsetzung des Trainierenden sind.
Jede Übung ist codiert, so daß sie problemlos als isometrische Muskelanspannung, Dehnübung, in Kombination der beiden als Stretchingübung oder als Bewegungsübung zur Mobilisation und/oder Kräftigung bestimmter Muskelgruppen klassifiziert und ihrem Trainingsbereich sowie dem entsprechenden Funktionskreis zugeordnet werden kann.
Die Codierung gibt an:

I, II, III, IV	Funktionskreis sowie
1, 2, 3 etc.	Trainingsbereich und
J	isometrische Muskelanspannung oder
D	Dehnübung oder
M	Bewegungsübung zur Mobilisation oder
K	Bewegungsübung zur Kräftigung

mit der laufenden Nummer der betreffenden Übungsform (Abb. 95).
Stretchingübungen sind mit J/D gekennzeichnet.

			Isometrie				Dehnung				Mobilisation/Kräftigung			
			101	201	301	401	101	201	301	401	101	201	301	401
FK I		TB 1												
	Kopfgelenke	TB 2												
		TB 3												
FK II	Schultergürtel	TB 4												
	Schultergelenk	TB 5												
	Schultergürtel	TB 6												
	Schultergelenk	TB 7												
	Schultergelenk	TB 8												
	Schultergelenk	TB 9										X		

Legende: FK = Funktionskreis
TB = Trainingsbereich
X = Beispiel für Übung II 9 M/K 101
(1. Übung in Trainingsbereich 9 aus Funktionskreis II zur Mobilisation bzw. Kräftigung der rechten Körperseite)

Abb. 95 Gliederung und Codierung der Übungssammlung

Mit M/K bezeichnen wir jene Übungen, die sowohl zur Mobilisation als auch zur Kräftigung spezieller Muskeln benutzt werden können. Diese Differenzierung ist subjektiv und nachfolgend auf den untrainierten Normalbürger bezogen. Im Rehabilitationstraining beispielsweise kann durchaus eine mit M gekennzeichnete Übung zur Kräftigung der betreffenden Muskelgruppe dienen.
Die Numerierung bezieht sich auf die Reihenfolge der dargestellten Übungen. Die mit 101 beginnende Serie beschreibt die Übungen, die sich auf die innerhalb der Trainingsbereiche erstgenannten Bewegungsphasen (z. B. Beugung, Adduktion, Innenrotation) und/oder die rechte Körperseite beziehen.
Mit 301 beginnen dann jene Übungen, die die Muskeln bei der jeweiligen antagonistischen Bewegung der rechten Körperseite belasten (z. B. bei der Streckung, Abduktion, Außenrotation).
Die ab 201 und 401 beschriebenen Übungen sind für die linke Körperseite zuständig.
Alle Übungen ab 001 gehen über beide Bewegungsrichtungen des entsprechenden Trainingsbereichs oder über beide Körperseiten und beanspruchen dabei die betreffenden Muskelgruppen gleichermaßen. Sie sind am Ende jedes Trainingsbereichs zu finden.
Auf den Deckblättern zu jedem Trainingsbereich sind die an der Bewegung hauptsächlich beteiligten Muskeln aufgezählt. Der zum Teil bezifferte Kraftaufwand kann helfen, die leistungsbestimmenden Muskeln bei den verschiedenen Bewegungen gezielt zu trainieren. Allerdings ist darauf aufmerksam zu machen, daß sich die Kraftverhältnisse bei Verlagerung der Körperposition ändern.

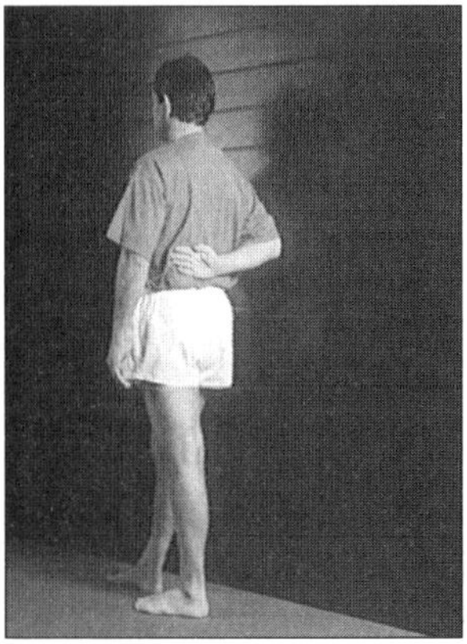

1. Phase
Isometrische Muskelanspannung
10–30 sec

Übung: II 7 J 101
(Isometrische Muskelanspannung)

Pressen Sie den rechten Oberarm mit gleichmäßigem Druck gegen den Widerstand.

↓

2. Phase
2–3 Sekunden Entspannung

↓

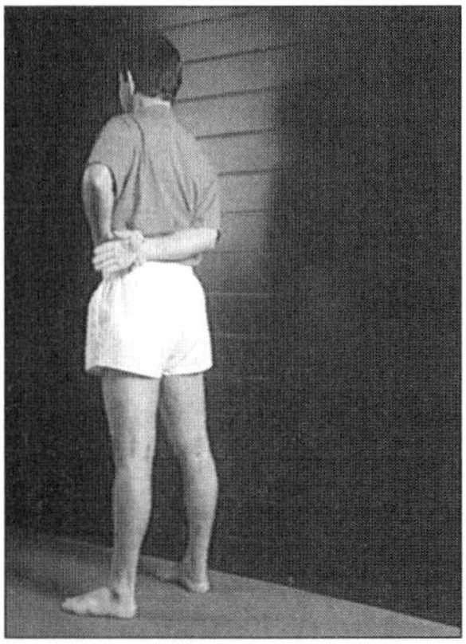

3. Phase
Dehnung
10–30 sec

Übung: II 7 D 101 (Dehnung)

Ziehen Sie mit der linken Hand den rechten gebeugten Arm soweit hinter den Körper, bis Sie auf der Außenseite des rechten Oberarms ein schmerzfreies Spannungsgefühl spüren. Verbleiben Sie in dieser Körperhaltung.

Abb. 96 Zusammenhang zwischen der Ausführung isometrischer Muskelanspannung und Dehnung (Stretching) am Beispiel der Übung II 7 J/D 101

9.1 Funktionsübungen

9.1.1 Übungen zum Funktionskreis I – Obere Kopfgelenke

9.1.2 Übungen zum Funktionskreis II – Schultergürtel, Schultergelenk, Ellenbogengelenk, Handgelenk

9.1.3 Übungen zum Funktionskreis III – Wirbelsäule

9.1.4 Übungen zum Funktionskreis IV – Hüftgelenk, Kniegelenk, Oberes Sprunggelenk

Funktionskreis: I
Gelenk: Obere Kopfgelenke
Trainingsbereich: 1

Bewegungsrichtung	Winkelstellung	hauptsächlich beanspruchte Muskeln
Flexion (Vorwärtsbeugung)	65°	M. sternocleidomastoideus (Kopfwender) M. longus capitis (langer Kopfmuskel)
Extension (Rückwärtsstreckung)	60°	M. trapezius (Kapuzenmuskel) M. obliquus capitis superior (schräger oberer Kopfmuskel) M. rectus capitis posterior major (großer hinterer Kopfmuskel) M. rectus capitis posterior minor (kleiner hinterer gerader Kopfmuskel) M. longissimus capitis (Langmuskel, Kopfteil) M. splenius capitis (Riemenmuskel, Kopfteil)

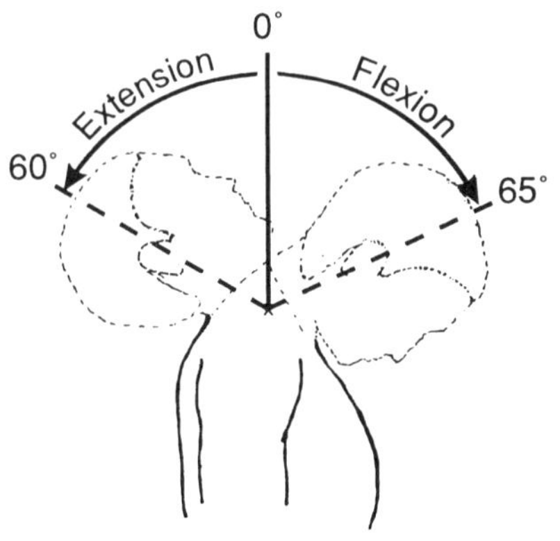

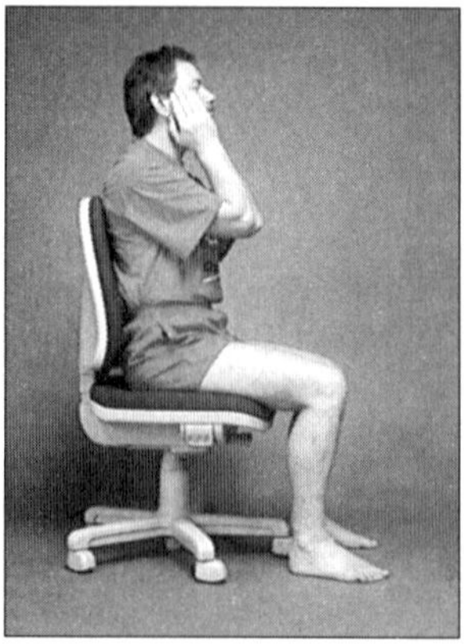

Übung: I 1 J 101
(Isometrische Muskelanspannung)

Stützen Sie den Kopf in beide Hände und pressen Sie das Kinn mit gleichmäßigem Druck gegen den Widerstand.

↓

Stretching:
2 – 3 Sekunden Entspannung

↓

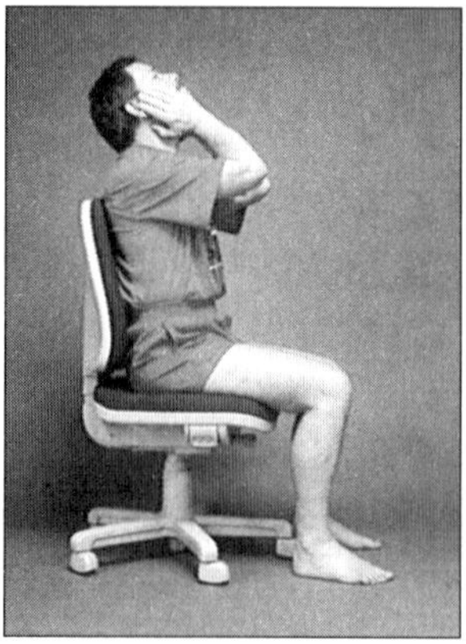

Übung: I 1 D 101 (Dehnung)

Führen Sie den Kopf mit nach vorne geschobenem Unterkiefer so weit in den Nacken, bis Sie ein schmerzfreies Spannungsgefühl auf der Vorderseite des Halses spüren. Verbleiben Sie in dieser Körperhaltung.

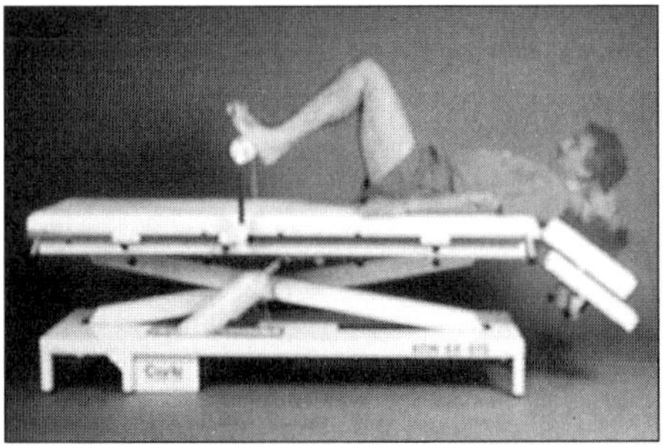

Übung: I 1 M 101 (Mobilisation)

Beugen und strecken Sie abwechselnd den Kopf.

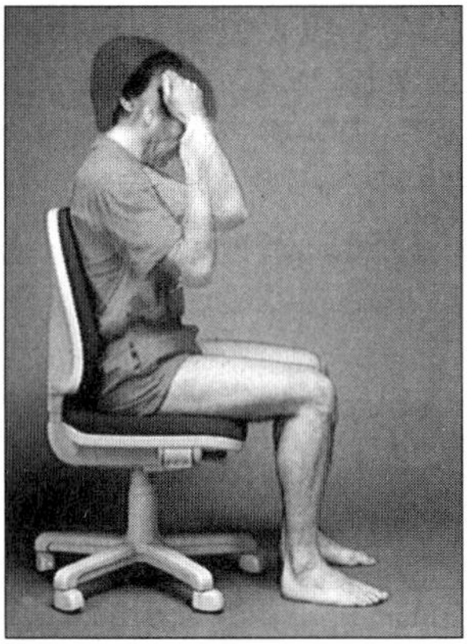

Übung: I 1 K 101 (Kräftigung)

Bewegen Sie den Kopf aus der Neutralnullstellung gegen den leichten Widerstand Ihrer Hände in die Beugung und zurück. Der Schultergürtel wird nicht in die Bewegung mit einbezogen.

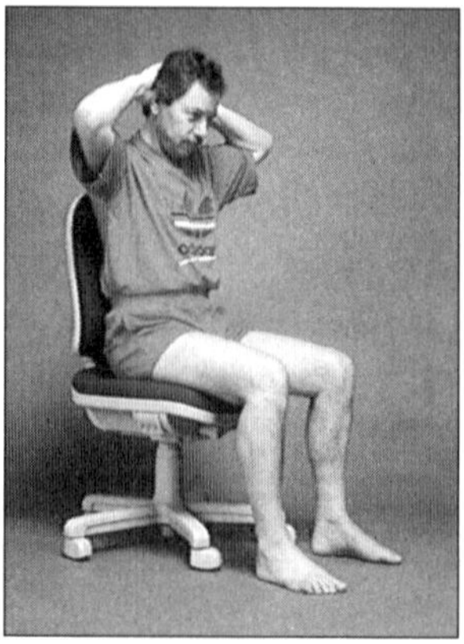

Übung: I 1 J 301
(Isometrische Muskelanspannung)

Falten Sie die Hände hinter dem Kopf und führen Sie das Kinn zum Brustbein hin. Pressen Sie den Kopf mit gleichmäßigem Druck gegen den Widerstand.

↓

Stretching:
2 – 3 Sekunden Entspannung

↓

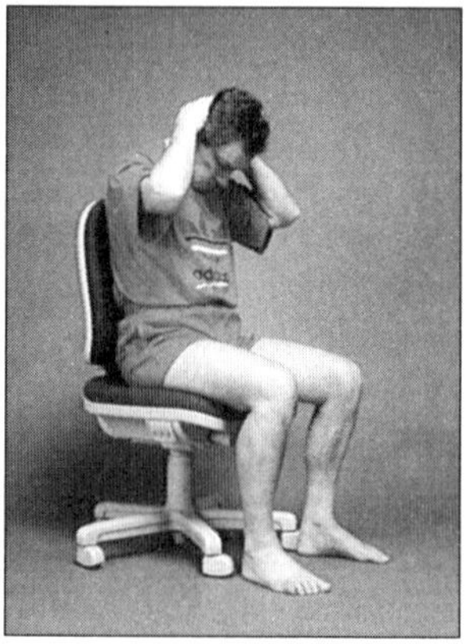

Übung: I 1 D 301 (Dehnung)

Ziehen Sie den Kopf mit Ihren Händen soweit zum Brustbein hin, bis Sie ein schmerzfreies Spannungsgefühl in der Nackenmuskulatur spüren. Verbleiben Sie in dieser Körperhaltung.

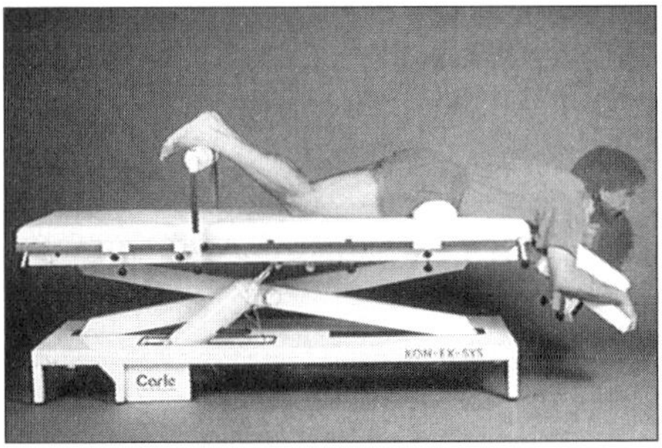

Übung: I 1 M 301 (Mobilisation)

Strecken und beugen Sie abwechselnd den Kopf.

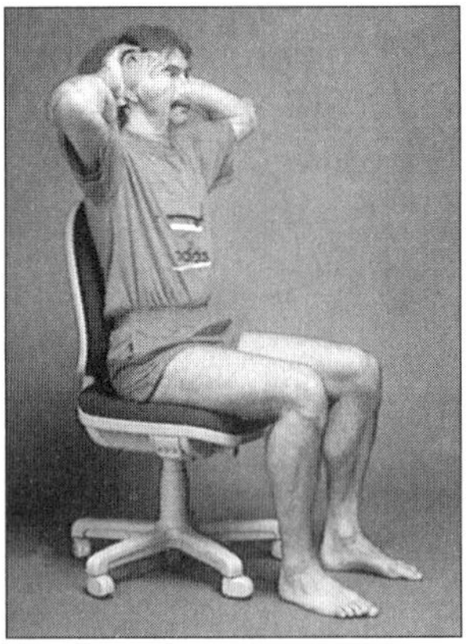

Übung: I 1 K 301 (Kräftigung)

Bewegen Sie den Kopf aus der Neutralnullstellung gegen den leichten Widerstand Ihrer Hände in die Streckung und zurück.

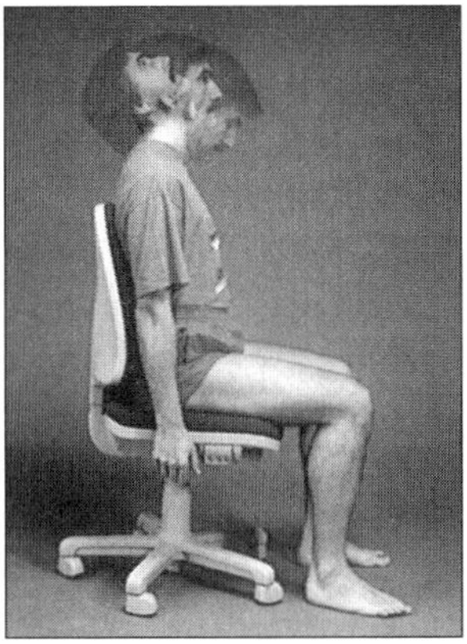

Übung: I 1 M 001 (Mobilisation)

Beugen und strecken Sie abwechselnd den Kopf.

Funktionskreis: I
Gelenk: Obere Kopfgelenke
Trainingsbereich: 2

Bewegungs-richtung	Winkel-stellung	hauptsächlich beanspruchte Muskeln
Lateralflexion (Seitwärts-neigung)	ca. 45° zu jeder Seite	*einseitige Kontraktion von:* M. obliquus capitis superior (oberer schräger Kopfmuskel) M. rectus capitis posterior minor (kleiner hinterer gerader Kopfmuskel)

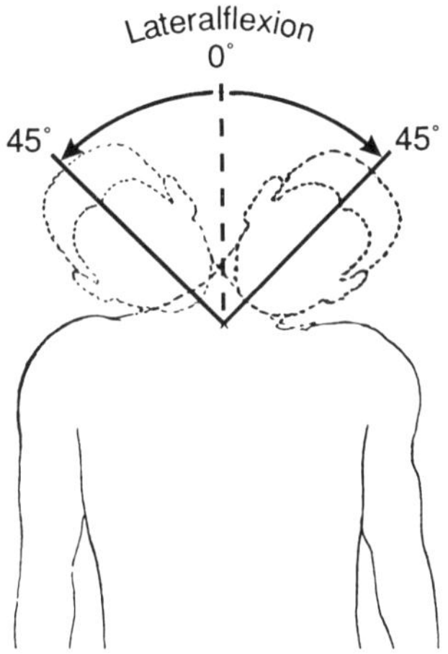

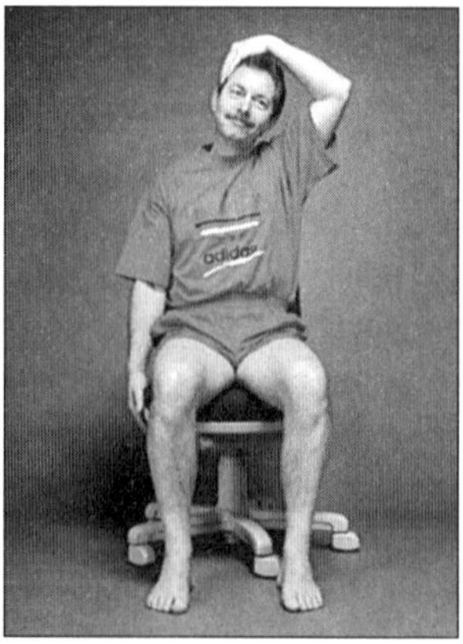

Übung: I 2 J 101
(Isometrische Muskelanspannung)

Neigen Sie den Kopf zur linken Seite und pressen Sie ihn mit gleichmäßigem Druck gegen den Widerstand der linken Hand.

↓

Stretching:
2 – 3 Sekunden Entspannung

↓

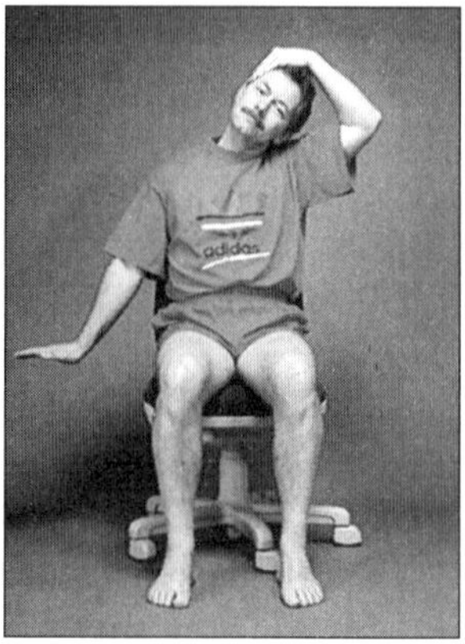

Übung: I 2 D 101 (Dehnung)

Ziehen Sie den Kopf mit der linken Hand soweit in die Seitneigung, bis Sie ein schmerzfreies Spannungsgefühl auf der entgegengesetzten Seite spüren. Der rechte Arm wird gleichzeitig unter Beugung des Handgelenks zum Boden gestreckt. Verbleiben Sie in dieser Körperhaltung.

Übung: I 2 J/D 201

Führen Sie die Übung für die linke Körperseite durch.

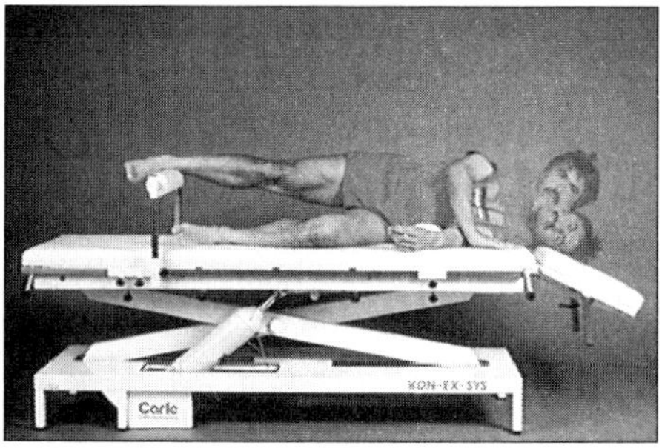

Übung: I 2 M 101 (Mobilisation)

Führen Sie den nach links geneigten Kopf zur rechten Körperseite und zurück.

Übung: I 2 M 201

Führen Sie die Übung in Seitlage rechts für die linke Körperseite durch.

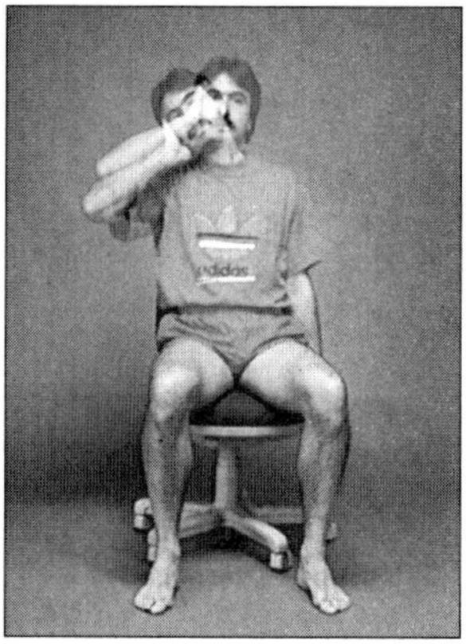

Übung: I 2 K 101 (Kräftigung)

Bewegen Sie den Kopf aus der Neutralnullstellung gegen den leichten Widerstand Ihrer Hand in die Seitneigung rechts und zurück.

Übung: I 2 K 201

Führen Sie die Übung für die linke Körperseite durch.

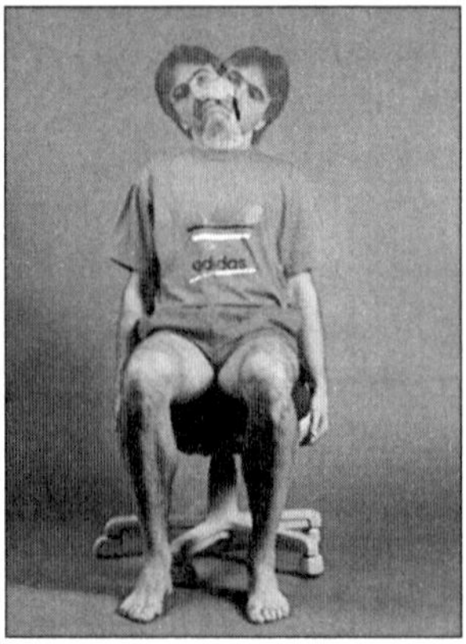

Übung: I 2 M 001 (Mobilisation)

Neigen Sie den Kopf abwechselnd nach rechts und links.

Funktionskreis: I
Gelenk: Obere Kopfgelenke
Trainingsbereich: 3

Bewegungs-richtung	Winkel-stellung	hauptsächlich beanspruchte Muskeln
Rotation (Drehung)	80 – 90° zu jeder Seite	*einseitige Kontraktion von:* M. obliquus capitis inferior (unterer schräger Kopfmuskel) M. rectus capitis posterior major (großer hinterer gerader Kopfmuskel) M. splenius capitis (Riemenmuskel) *Sie drehen das Gesicht nach derselben Seite!* M. sternocleidomastoideus (Kopfwender) M. trapezius (Kapuzenmuskel) *Sie drehen das Gesicht zur entgegengesetzten Seite!*

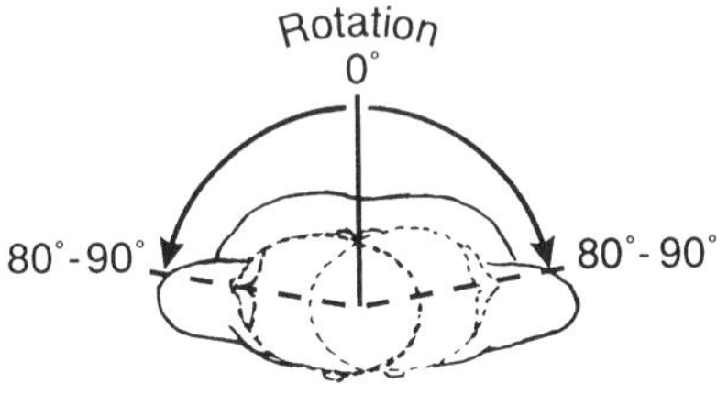

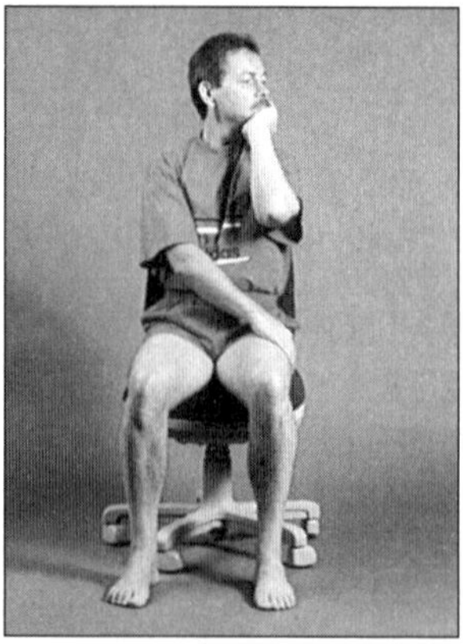

Übung: I 3 J 101
(Isometrische Muskelanspannung)

Drehen Sie den Kopf zur linken Seite und pressen Sie ihn mit gleichmäßigem Druck gegen den Widerstand der linken Hand.

Stretching:
2 – 3 Sekunden Entspannung

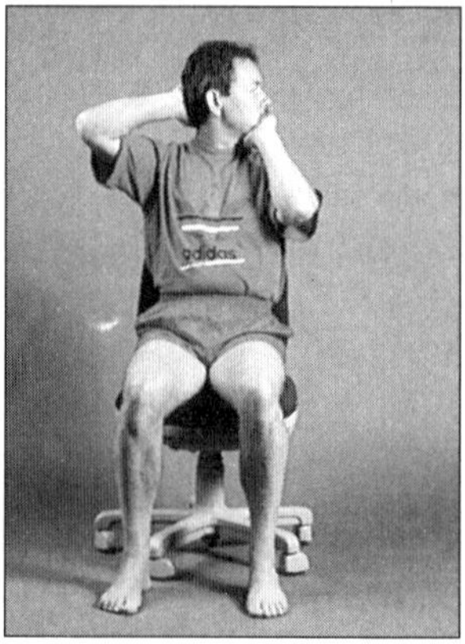

Übung: I 3 D 101 (Dehnung)

Drehen Sie den Kopf mit beiden Händen soweit nach links, bis Sie auf der rechten Halsseite ein schmerzfreies Spannungsgefühl spüren. Verbleiben Sie in dieser Körperhaltung.

Übung: I 3 J/D 201

Führen Sie die Übung für die linke Körperseite durch.

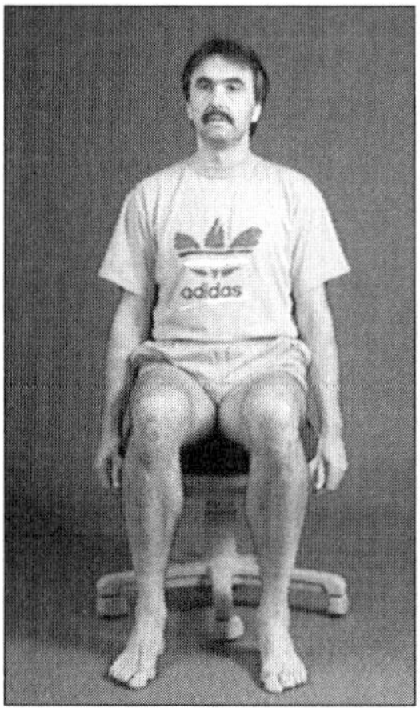

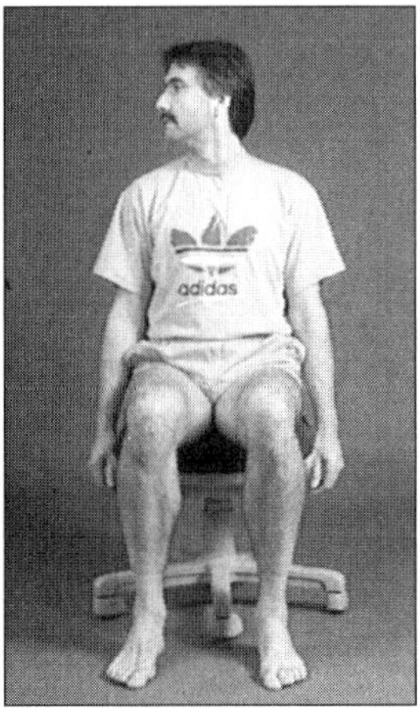

Übung: I 3 M 101 (Mobilisation)

Drehen Sie den Kopf aus der Neutralnullstellung zur rechten Körperseite und zurück.

Übung: I 3 M 201

Führen Sie die Übung für die linke Körperseite durch.

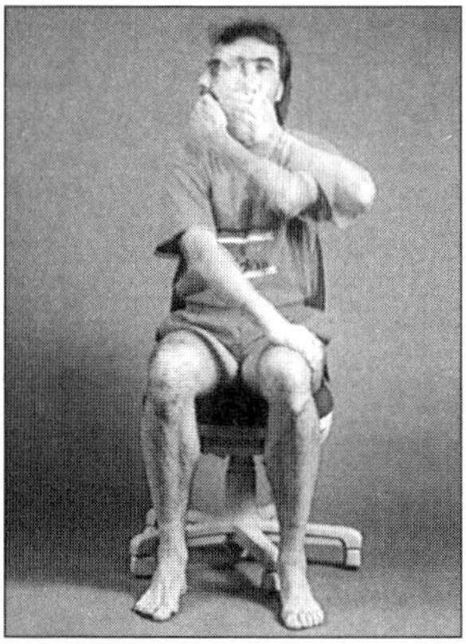

Übung: I 3 K 101 (Kräftigung)

Bewegen Sie den Kopf aus der Neutralnullstellung gegen den leichten Widerstand Ihrer Hand in die Rechtsdrehung und zurück.

Übung: I 3 K 201

Führen Sie die Übung für die linke Körperseite durch.

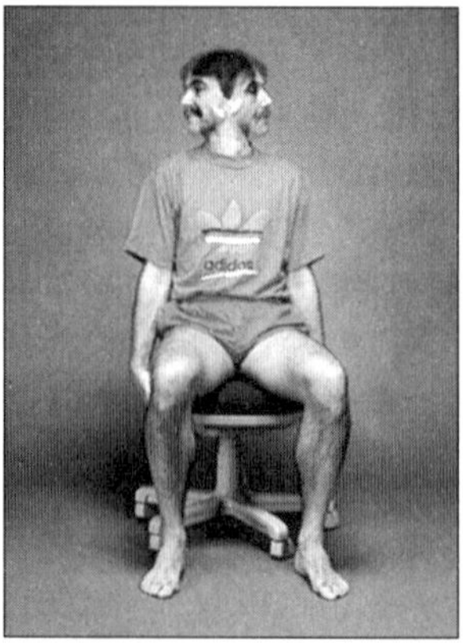

Übung: I 3 M 001 (Mobilisation)

Drehen Sie den Kopf abwechselnd nach rechts und links.

Funktionskreis: II
Gelenk: Schultergürtel
Trainingsbereich: 4

Bewegungs-richtung	Winkel-stellung	hauptsächlich beanspruchte Muskeln
Anteversion (Vorführen in der Horizontalebene)	nur in Verbindung mit Armbewegung möglich	M. pectoralis major (großer Brustmuskel) M. serratus anterior (vorderer Sägemuskel)
Retroversion (Rückführen in der Horizontal-ebene)		M. rhomboideus (großer Rautenmuskel) M. latissimus dorsi (breitester Rückenmuskel) M. trapezius (Kapuzenmuskel)

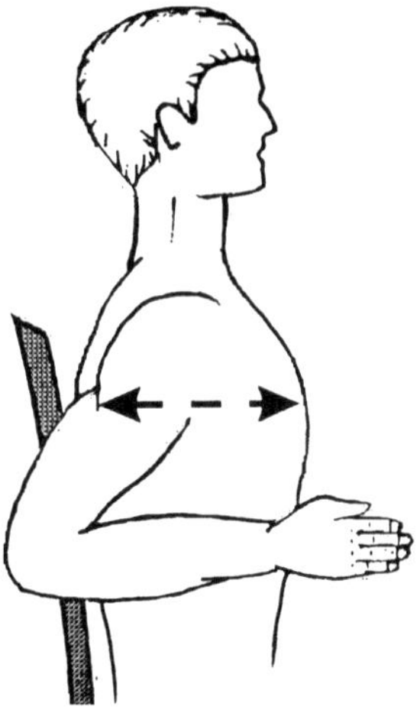

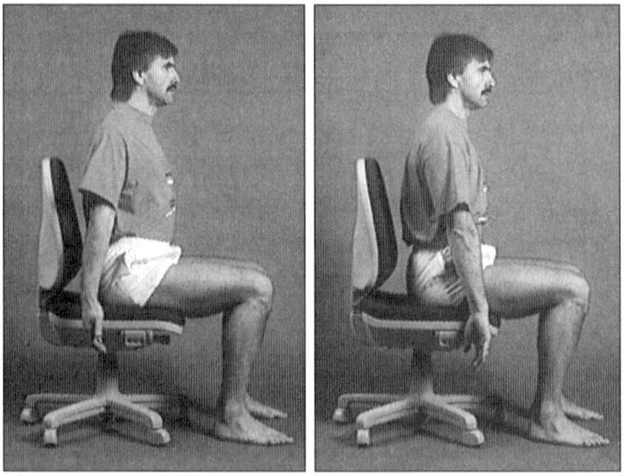

Übung: II 4 M 001 (Mobilisation)

Führen Sie die Schultern abwechselnd vor und zurück.

Funktionskreis: II
Gelenk: Schultergelenk
Trainingsbereich: 5

Bewegungs-richtung	Winkel-stellung	hauptsächlich beanspruchte Muskeln
Anteversion (Vorführen der Arme in der Horizontalebene)	140°	M. deltoideus (Deltamuskel) M. subscapularis (Unterschulterblattmuskel) M. pectoralis major (großer Brustmuskel) M. serratus anterior (vorderer Sägemuskel) M. coracobrachialis (Hakenarmmuskel)
Retroversion (Rückführen der Arme in der Horizontalebene)	30°	M. deltoideus (Deltamuskel) M. supraspinatus (Obergrätenmuskel) M. infraspinatus (Untergrätenmuskel) M. teres major und M. teres minor (großer und kleiner Rundmuskel) M. rhomboideus (Rautenmuskel) M. trapezius (Kapuzenmuskel) M. latissimus dorsi (breitester Rückenmuskel)

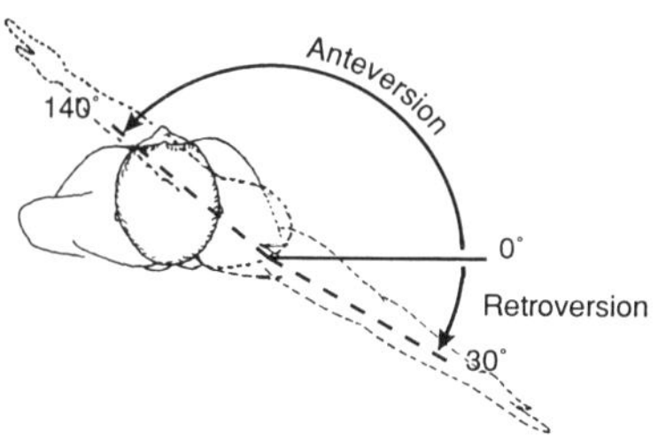

Übung: II 5 J 101
(Isometrische Muskelanspannung)

Pressen Sie den ausgestreckten rechten Arm mit der Handfläche unter gleichmäßigem Druck gegen den Widerstand.

↓

Stretching:
2 – 3 Sekunden Entspannung

↓

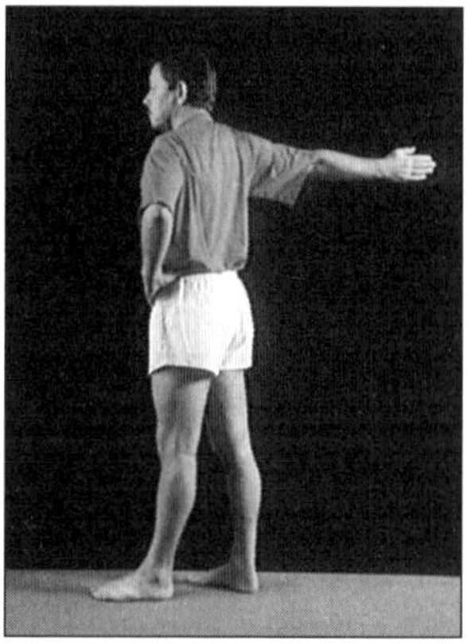

Übung: II 5 D 101 (Dehnung)

Drehen Sie sich mit dem gesamten Körper so weit vom Arm weg, bis Sie auf der Vorderseite des rechten Oberarms und im Brustbereich ein schmerzfreies Spannungsgefühl spüren. Verbleiben Sie in dieser Körperhaltung.

Übung: II 5 J/D 201

Führen Sie die Übung mit dem linken Arm durch.

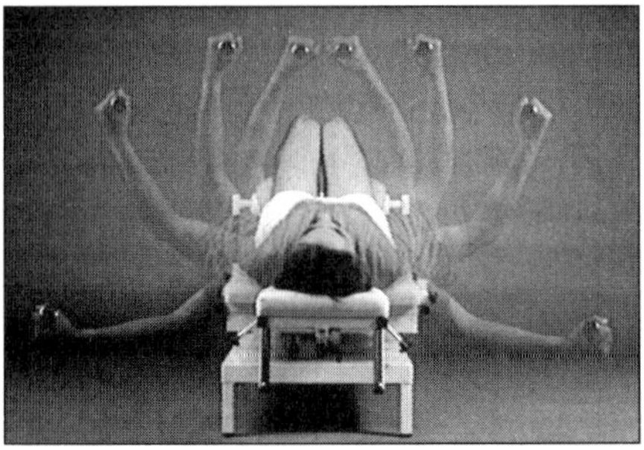

Übung: II 5 M/K 101/201 (Mobilisation/Kräftigung)

Führen Sie die im Ellenbogen leicht gebeugten Arme von der Rückhalte über die Seithalte in die Vorhalte und zurück.

Beachten Sie, daß durch das Aufstellen und Überkreuzen der Beine auf der Unterlage bei der Bewegung in die Rückhalte kein Hohlkreuz entsteht.

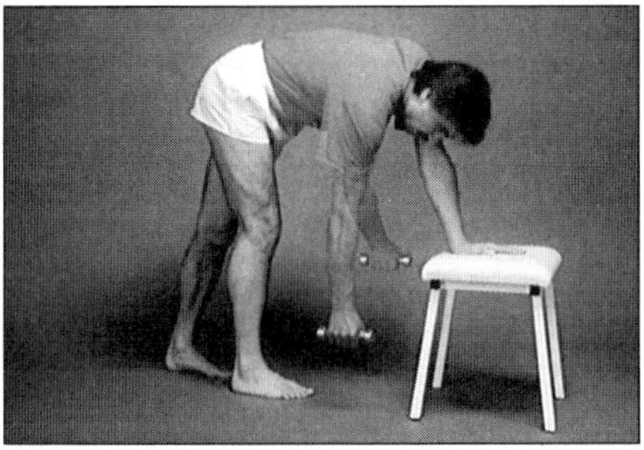

Übung: II 5 M/K 102 (Mobilisation/Kräftigung)

Führen Sie den rechten Arm aus der Vorhalte überkreuz zur linken Körperseite und zurück.

Übung: II 5 M/K 202

Führen Sie die Übung mit dem linken Arm durch.

Übung: II 5 J 301
(Isometrische Muskelanspannung)

Pressen Sie den ausgestreckten rechten Arm mit dem Handrücken unter gleichmäßigem Druck gegen den Widerstand.

↓

Stretching:
2 – 3 Sekunden Entspannung

↓

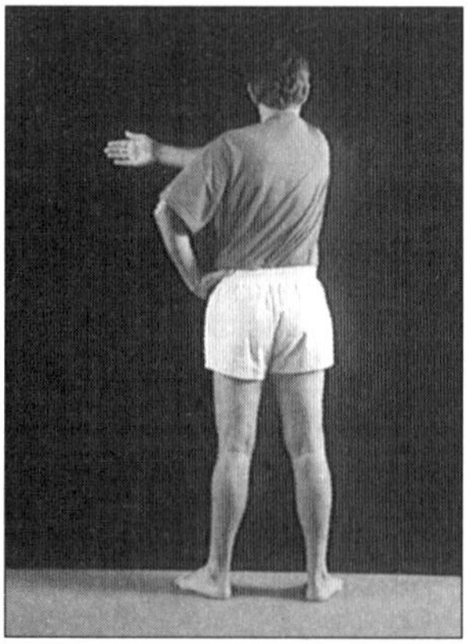

Übung: II 5 D 301 (Dehnung)

Drehen Sie sich mit dem gesamten Körper so weit zum Arm hin, bis Sie auf der Rückseite des rechten Oberarms ein schmerzfreies Spannungsgefühl spüren. Verbleiben Sie in dieser Körperhaltung.

Übung: II 5 J/D 401

Führen Sie die Übung mit dem linken Arm durch.

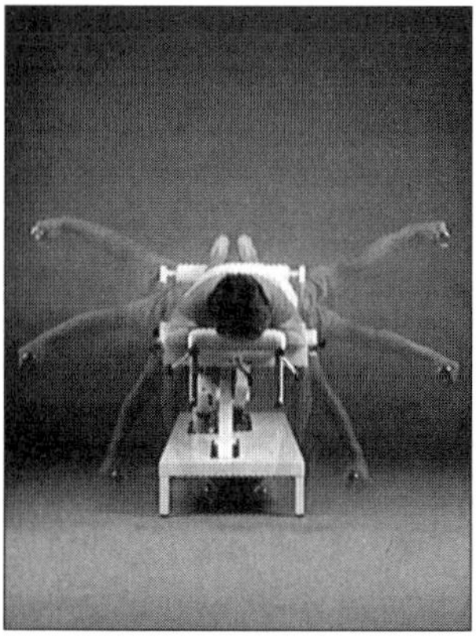

Übung: II 5 M/K 301/401
(Mobilisation/Kräftigung)

Führen Sie die im Ellenbogen leicht gebeugten Arme von der Vorhalte über die Seithalte in die Rückhalte und zurück.

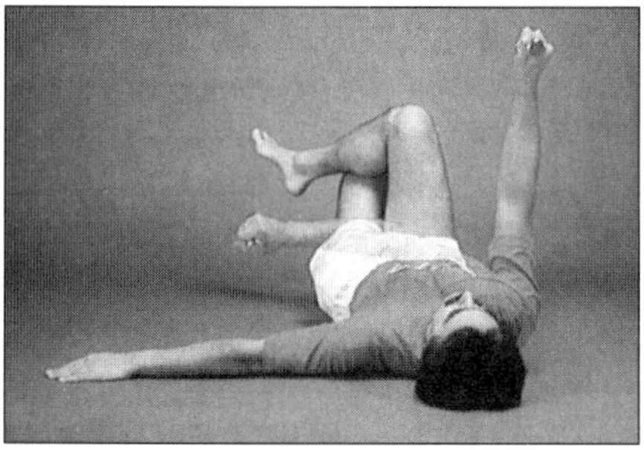

Übung: II 5 M/K 302
(Mobilisation/Kräftigung)

Führen Sie den gestreckten rechten überkreuzten Arm in die Vorhalte und zurück.

Übung: II 5 M/K 402

Führen Sie die Übung mit dem linken Arm durch.

Funktionskreis: **II**
Gelenk: **Schultergürtel**
Trainingsbereich: **6**

Bewegungs-richtung	Winkel-stellung	hauptsächlich beanspruchte Muskeln
Elevation (Heben der Schultern)		oberer Teil des M. trapezius
10 – 12 cm		
Depression (Senken der Schultern)		unterer Teil des M. trapezius (Kapuzenmuskel)
Hauptsächlich Gleitbewegungen, bei denen sich die Scapula kopf- bzw. fußwärts bewegt.		

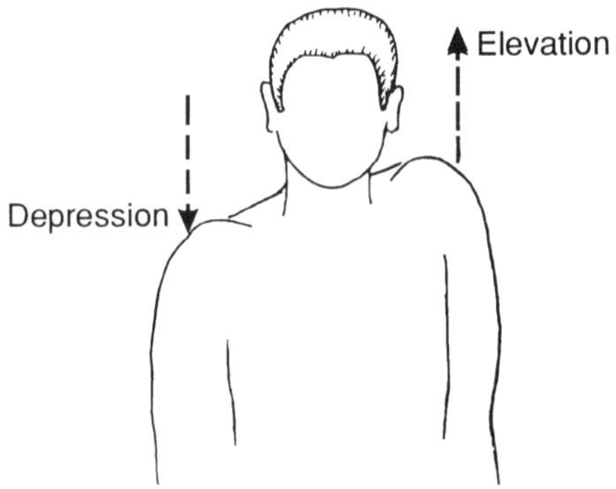

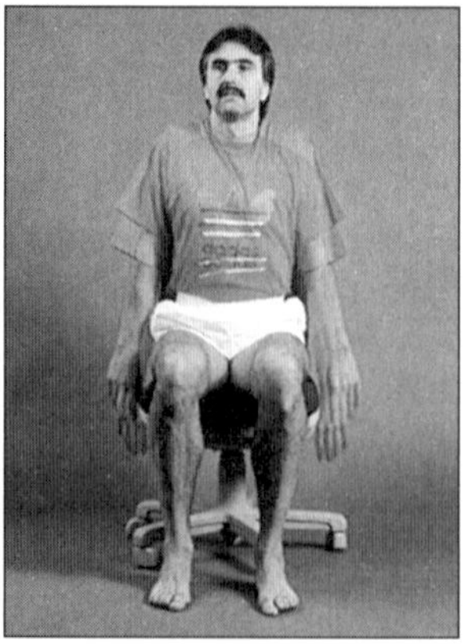

Übung: II 6 M/K 101/201 (Mobilisation/Kräftigung)

Heben und senken Sie abwechselnd beide Schultern.

Funktionskreis: II
Gelenk: Schultergelenk
Trainingsbereich: 7

Bewegungs-richtung	Winkel-stellung	hauptsächlich beanspruchte Muskeln
Abduktion (Abspreizung)	180°	M. deltoideus 10,4 mkp (Deltamuskel) M. infraspinatus 2,7 mkp (Untergrätenmuskel) M. supraspinatus 2,4 mkp (Obergrätenmuskel) M. biceps brachii (langer Kopf) 1,1 mkp (zweiköpfiger Armmuskel)
Adduktion (Heranführung) 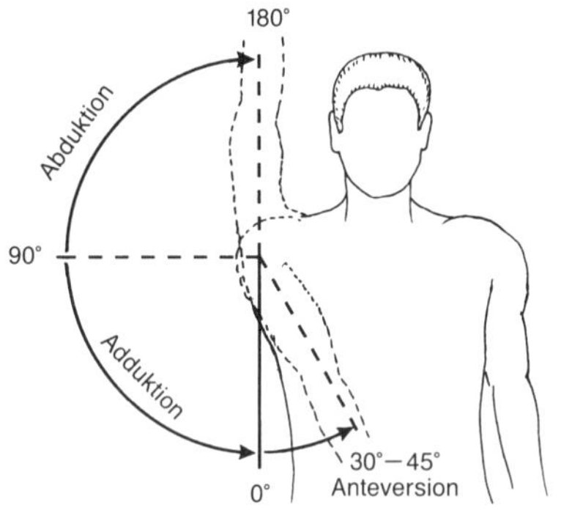 		M. pectoralis major 11,8 mkp (großer Brustmuskel) M. triceps brachii 8,5 mkp (dreiköpfiger Armstrecker) M. teres major 7,3 mkp (großer Rundmuskel) M. latissimus dorsi 5,5 mkp (breitester Rückenmuskel) M. deltoideus 3,4 mkp (Deltamuskel) M. biceps brachii (kurzer Kopf) 2,1 mkp (zweiköpfiger Armmuskel) M. coracobrachialis 2,0 mkp (Hakenarmmuskel) M. subscapularis 1,0 mkp (Unterschulterblattmuskel)
Aus jeglicher Abduktionsstellung heraus ist immer eine Adduktion – bezeichnet als „relative Adduktion“ – in der Frontalebene bis zur Grundstellung möglich. Die Adduktion aus der Grundstellung heraus ist nur möglich in Kombination mit:		
Anteversion (Vorführung) oder Retroversion (Rückführung)	30 – 45° gering	

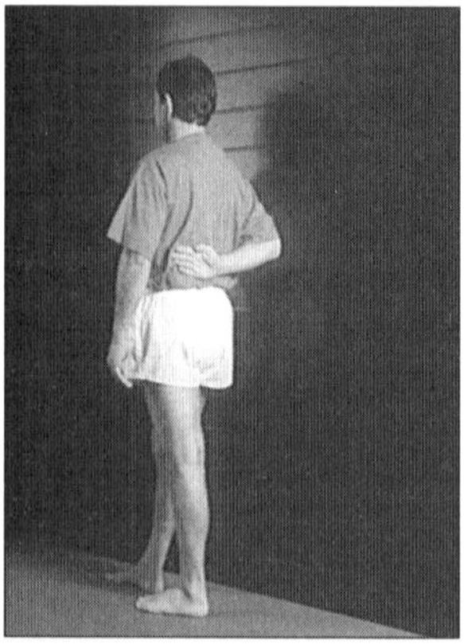

Übung: II 7 J 101
(Isometrische Muskelanspannung)

Pressen Sie den rechten Oberarm mit gleichmäßigem Druck gegen den Widerstand.

↓

Stretching:
2 – 3 Sekunden Entspannung

↓

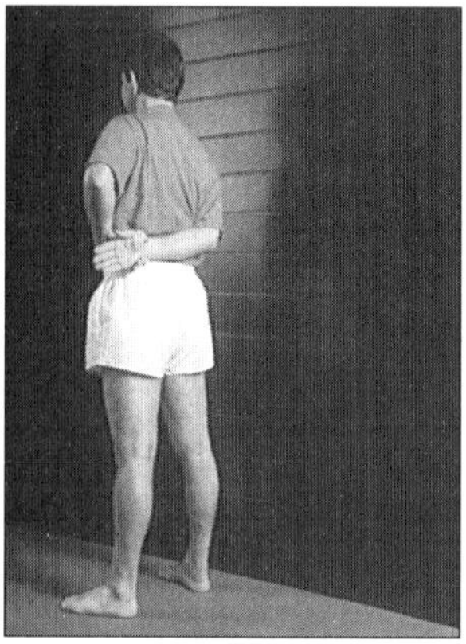

Übung: II 7 D 101 (Dehnung)

Ziehen Sie mit der linken Hand den rechten gebeugten Arm soweit hinter den Körper, bis Sie auf der Außenseite des rechten Oberarms ein schmerzfreies Spannungsgefühl spüren. Verbleiben Sie in dieser Körperhaltung.

Übung: II 7 J/D 201

Führen Sie die Übung mit dem linken Arm durch.

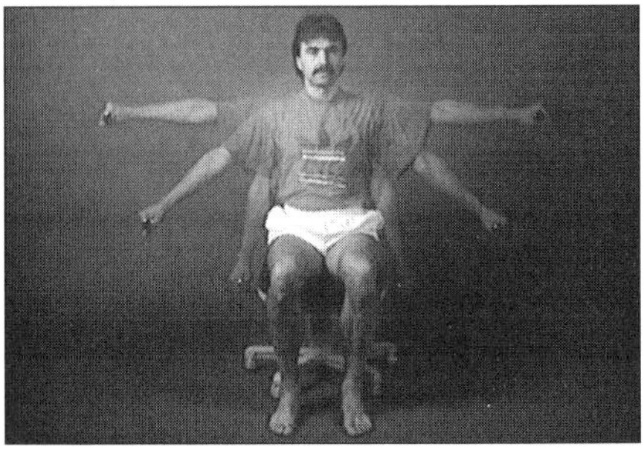

Übung: II 7 M/K 101/201
(Mobilisation/Kräftigung)

Führen Sie die gestreckten Arme aus der Tiefhalte in die Seithalte und zurück.

Übung: II 7 M/K 102/202
(Mobilisation/Kräftigung)

Führen Sie die gestreckten Arme aus der Seithalte in die Hochhalte und zurück.

In der Hochhalte zeigen die Handflächen nach innen (unwillkürliche Rotation des Armes).

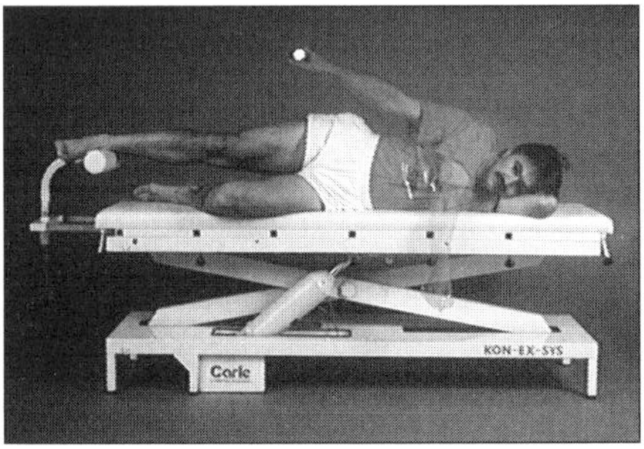

Übung: II 7 M/K 103
(Mobilisation/Kräftigung)

Führen Sie den vor dem Körper überkreuzten rechten Arm von der linken Körperseite in die Tiefhalte und zurück.

Übung: II 7 M/K 203

Führen Sie die Übung mit dem linken Arm durch.

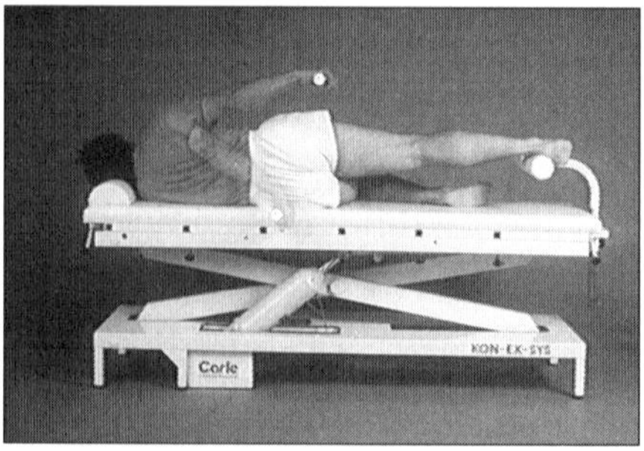

Übung: II 7 M/K 104
(Mobilisation/Kräftigung)

Führen Sie den hinter dem Körper überkreuzten rechten Arm von der linken Körperseite in die Tiefhalte und zurück.

Übung: II 7 M/K 204

Führen Sie die Übung mit dem linken Arm durch.

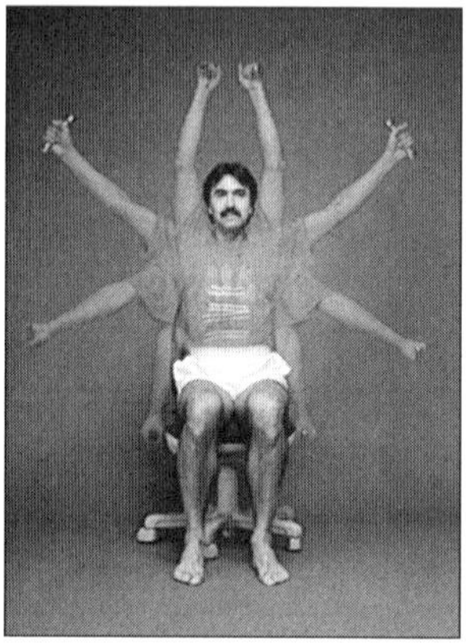

Übung: II 7 M/K 105/205
(Mobilisation/Kräftigung)

Führen Sie die gestreckten Arme aus der Tiefhalte über die Seithalte in die Hochhalte und zurück.

In der Hochhalte zeigen die Handflächen nach innen (unwillkürliche Rotation des Armes).

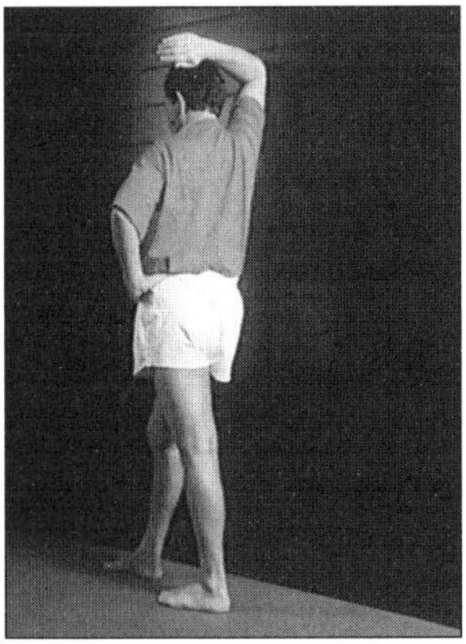

Übung: II 7 J 301
(Isometrische Muskelanspannung)

Pressen Sie den rechten Oberarm mit gleichmäßigem Druck gegen den Widerstand.

↓

Stretching:
2 — 3 Sekunden Entspannung

↓

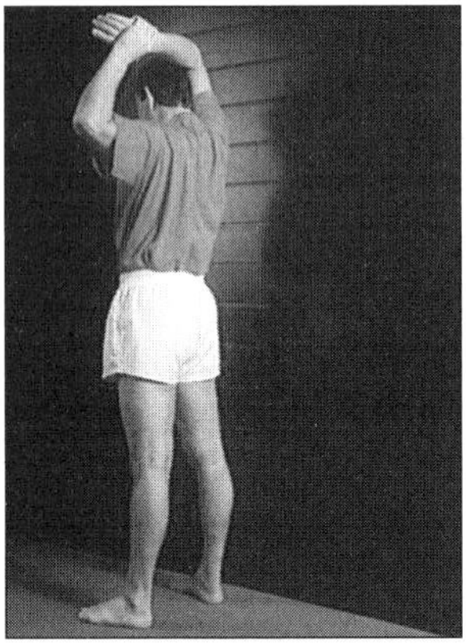

Übung: II 7 D 301 (Dehnung)

Ziehen Sie mit der linken Hand den rechten gebeugten Arm soweit hinter den Kopf, bis Sie auf der Innenseite des rechten Oberarms ein schmerzfreies Spannungsgefühl spüren. Verbleiben Sie in dieser Körperhaltung.

Übung: II 7 J/D 401

Führen Sie die Übung mit dem linken Arm durch.

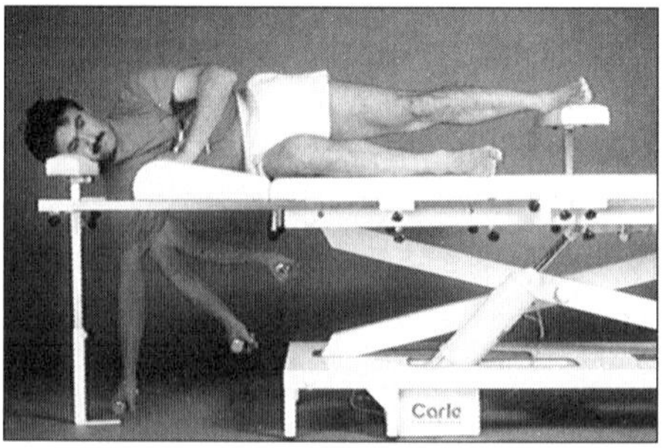

Übung: II 7 M/K 301
(Mobilisation/Kräftigung)

Führen Sie den rechten gestreckten Arm aus der Seithalte in die Tiefhalte und zurück.

Übung: II 7 M/K 401

Führen Sie die Übung mit dem linken Arm durch. ⬅

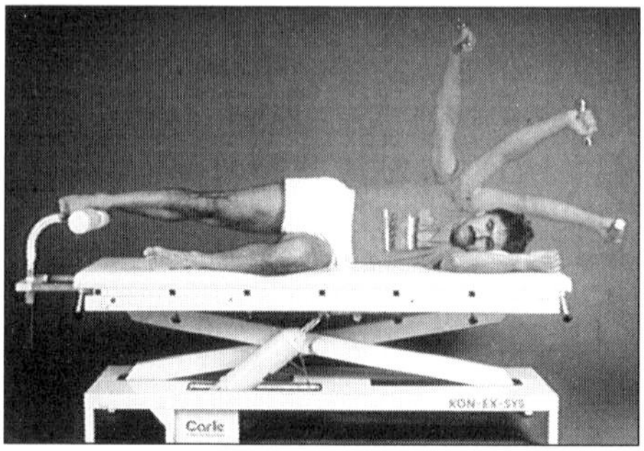

Übung: II 7 M/K 302
(Mobilisation/Kräftigung)

Führen Sie den rechten gestreckten Arme aus der Hochhalte in die Seithalte und zurück.

Übung: II 7 M/K 402

Führen Sie die Übung mit dem linken Arm durch. ⬅

Funktionskreis: **II**
Gelenk: **Schultergelenk**
Trainingsbereich: **8**

Bewegungs-richtung	Winkel-stellung	hauptsächlich beanspruchte Muskeln
Flexion (Beugung) = Anteversion (Vorführung)	180°	M. deltoideus 9,9 mkp (Deltamuskel) M. biceps brachii (Kurzer Kopf) 1,7 mkp (zweiköpfiger Armmuskel) M. supraspinatus 1,4 mkp (Obergrätenmuskel) M. pectoralis major 0,8 mkp (großer Brustmuskel) M. infraspinatus 0,8 mkp (Untergrätenmuskel) M. coracobrachialis 0,7 mkp (Hakenarmmuskel) M. subscapularis 0,6 mkp (Unterschulterblattmuskel) *(von 120–180° zusätzlich unter Einbeziehung der Wirbelsäule und Drehung des Schulterblattes)*
Extension (Streckung) = Retroversion (Rückführung)	40°	*Aus der Beugung in die Neutralnullstellung:* *Rumpfvorderseite* M. pectoralis major (großer Brustmuskel) M. triceps brachii (langer Kopf) (dreiköpfiger Armstrecker) *Rumpfrückseite* M. latissimus dorsi (breitester Rückenmuskel) M. teres major et minor (großer und kleiner Rundmuskel) M. subscapularis (Unterschulterblattmuskel) *Aus der Neutralnullstellung in die Überstrekkung (Retroversion):* M. deltoideus 0,9 mkp (Deltamuskel) M. subscapularis 0,9 mkp (Unterschulterblattmuskel) M. teres major 0,8 mkp (großer Rundmuskel) M. latissimus dorsi 0,3 mkp (breitester Rückenmuskel) M. triceps brachii 0,1 mkp (dreiköpfiger Armstrecker)

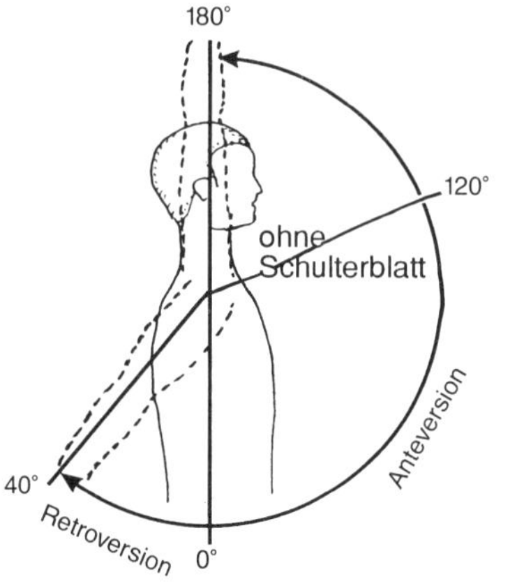

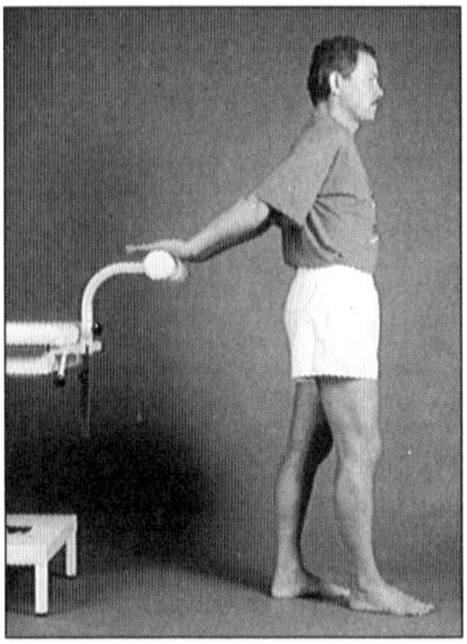

Übung: II 8 J 101/201
(Isometrische Muskelanspannung)

Pressen Sie die ausgestreckten Arme (Handrücken nach unten) mit gleichmäßigem Druck gegen den Widerstand.

↓

Stretching:
2 – 3 Sekunden Entspannung

↓

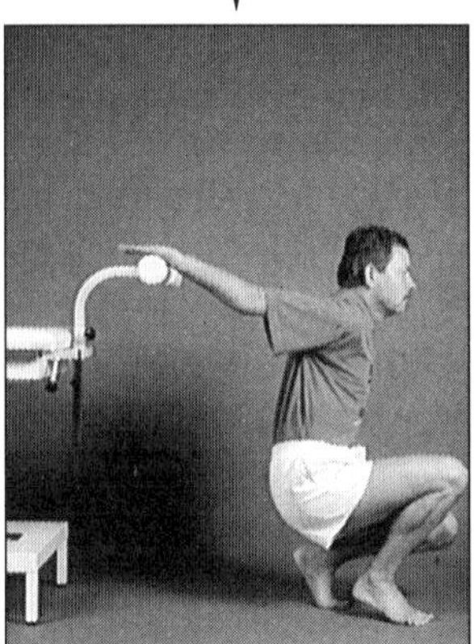

Übung: II 8 D 101/201 (Dehnung)

Gehen Sie mit geradem Rücken so tief in die Hocke, bis Sie im vorderen Teil der Oberarme ein schmerzfreies Spannungsgefühl spüren. Verbleiben Sie in dieser Körperhaltung.

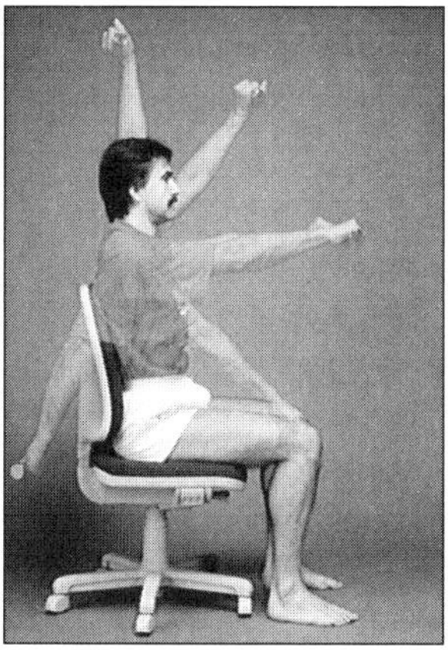

Übung: II 8 M/K 101/201
(Mobilisation/Kräftigung)

Führen Sie die in Vorhalte gestreckten Arme gegengleich in die Hochhalte und über die Tiefhalte in die Rückhalte.

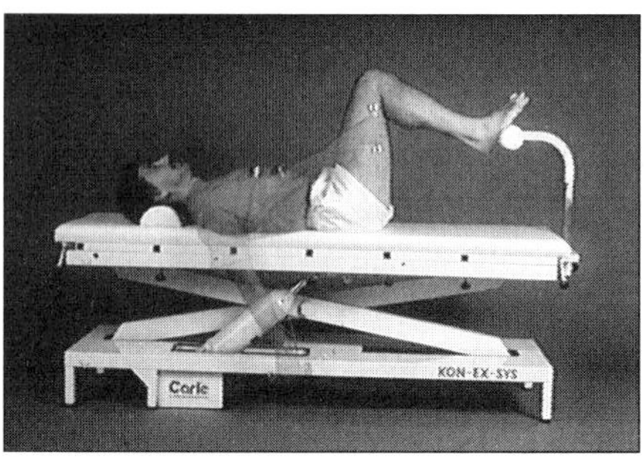

Übung: II 8 M/K 102
(Mobilisation/Kräftigung)

Führen Sie den gestreckten rechten Arm aus der Rückhalte in die Tiefhalte und zurück.

Übung: II 8 M/K 202

Führen Sie die Übung mit dem linken Arm durch.

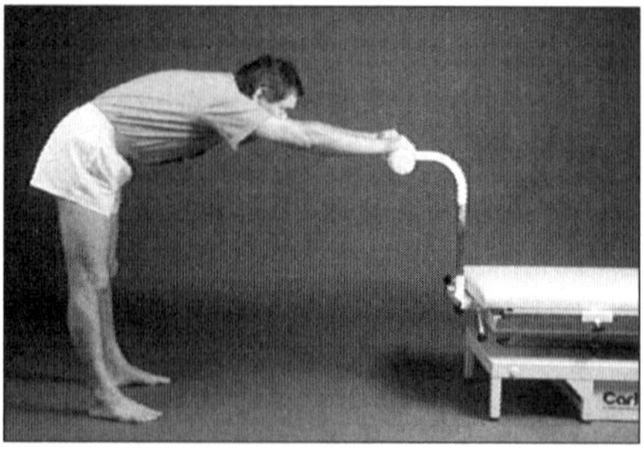

Übung: II 8 J 301/401
(Isometrische Muskelanspannung)

Pressen Sie die ausgestreckten Arme mit gleichmäßigem Druck gegen den Widerstand.

Stretching:
2 – 3 Sekunden Entspannung

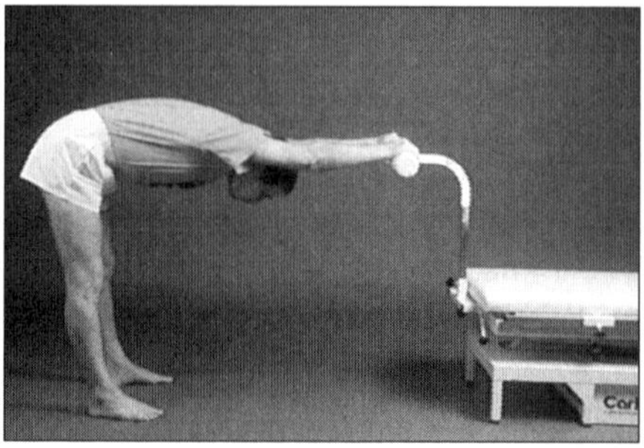

Übung: II 8 D 301/401 (Dehnung)

Drücken Sie den Oberkörper soweit in Richtung zum Boden, bis Sie auf der Rückseite der Oberarme ein schmerzfreies Spannungsgefühl spüren. Verbleiben Sie in dieser Körperhaltung.

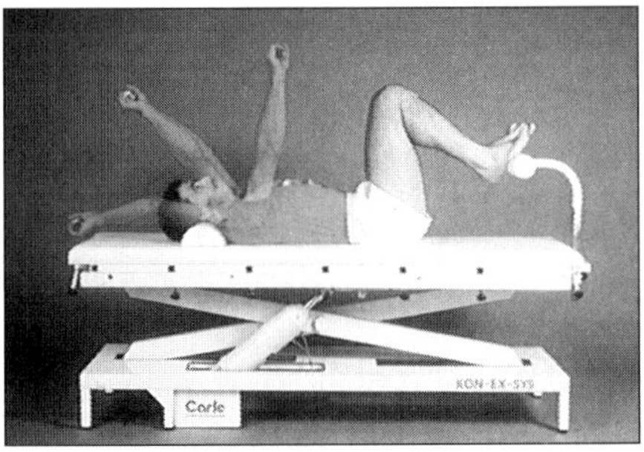

Übung: II 8 M/K 301/401 (Mobilisation/Kräftigung)

Führen Sie die gestreckten Arme von der Hochhalte in die Vorhalte und zurück.

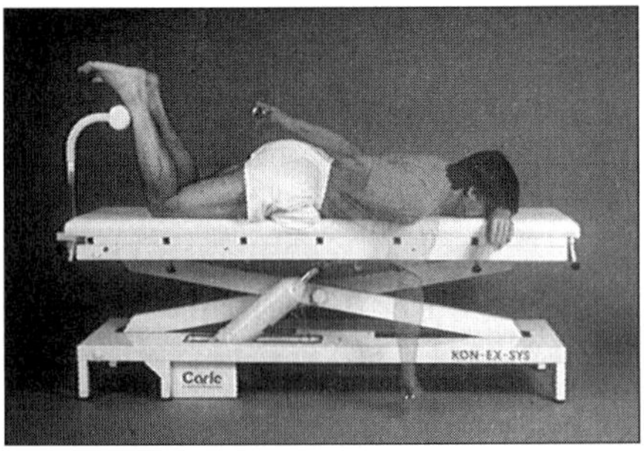

Übung: II 8 M/K 302 (Mobilisation/Kräftigung)

Führen Sie den gestreckten rechten Arm aus der Vorhalte über die Tiefhalte in die Rückhalte und zurück.

Übung: II 8 M/K 402

Führen Sie die Übung mit dem linken Arm durch.

Funktionskreis: II
Gelenk: Schultergelenk
Trainingsbereich: 9

Bewegungs-richtung	Winkel-stellung	hauptsächlich beanspruchte Muskeln
Innenrotation (Einwärts-drehung)	95°	M. subscapularis 3,3 mkp (Unterschulterblattmuskel) M. pectoralis major 1,0 mkp (großer Brustmuskel) M. biceps brachii (langer Kopf) 1,0 mkp (zweiköpfiger Armmuskel) M. teres major 0,8 mkp (großer Rundmuskel) M. deltoideus (vorderer Anteil) 0,3 mkp (Deltamuskel) M. latissimus dorsi 0,3 mkp (breitester Rückenmuskel)
Außenrotation (Auswärts-drehung)	80°	M. infraspinatus 2,5 mkp (Untergrätenmuskel) M. deltoideus (hinterer Anteil) 0,4 mkp (Deltamuskel) M. teres minor 0,3 mkp (kleiner Rundmuskel)

(Die Messung der Rotation im Schultergelenk ist nur bei angewinkeltem Arm durchführbar. Bei herabhängendem Arm dreht der Unterarm mit.)

Um das volle Ausmaß der Innenrotation zu gewährleisten, muß der Unterarm hinter den Körper geführt werden.

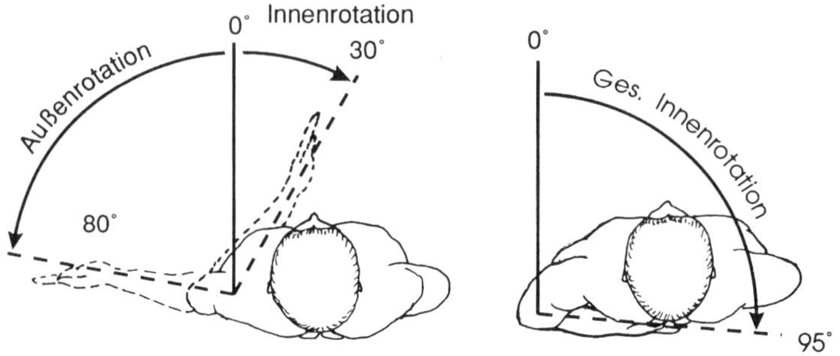

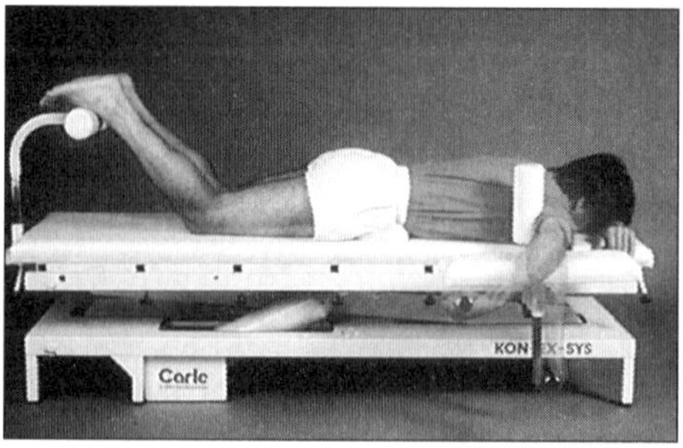

Übung: II 9 M/K 101
(Mobilisation/Kräftigung)

Führen Sie den rechten angewinkelten Unterarm aus der Vorhalte in die Tiefhalte und zurück.

Übung: II 9 M/K 201

Führen Sie die Übung mit dem linken Arm durch.

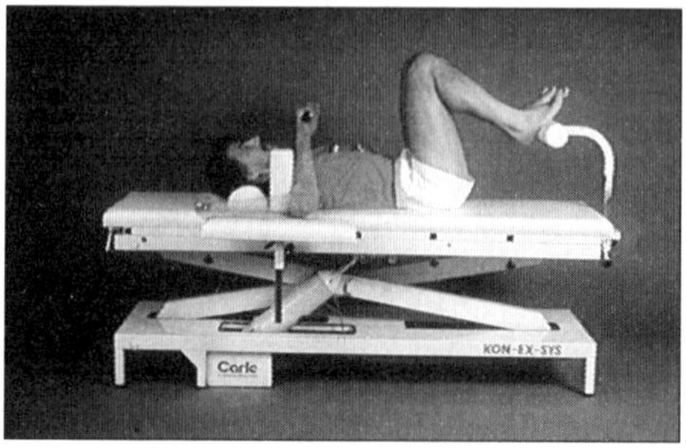

Übung: II 9 M/K 102
(Mobilisation/Kräftigung)

Führen Sie den rechten angewinkelten Arm aus der Hochhalte in die Vorhalte und zurück.

Übung: II 9 M/K 202

Führen Sie die Übung mit dem linken Arm durch.

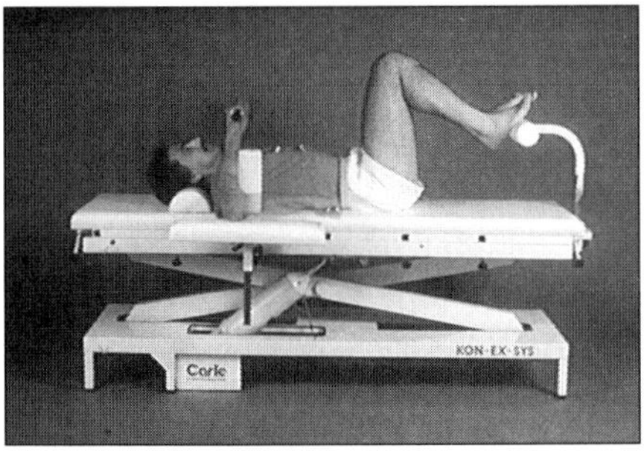

Übung: II 9 M/K 301
(Mobilisation/Kräftigung)

Führen Sie den rechten angewinkelten Arm aus der Tiefhalte in die Vorhalte und zurück.

Übung: II 9 M/K 401

Führen Sie die Übung mit dem linken Arm durch.

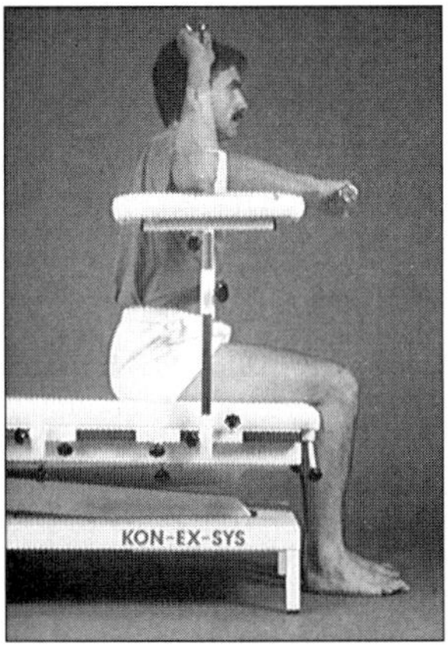

Übung: II 9 M/K 302
(Mobilisation/Kräftigung)

Führen Sie den rechten angewinkelten Arm aus der Vorhalte in die Hochhalte und zurück.

Übung: II 9 M/K 402

Führen Sie die Übung mit dem linken Arm durch.

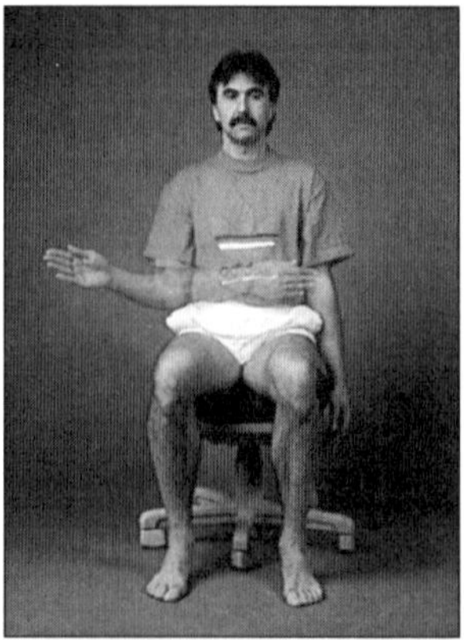

Übung: II 9 M 001 (Mobilisation)

Führen Sie den rechten, anschließend den linken Unterarm abwechselnd von innen nach außen.

Funktionskreis: II
Gelenk: Schultergelenk
Trainingsbereich: 10

Bewegungs-richtung	Winkel-stellung	hauptsächlich beanspruchte Muskeln
Zirkumduktion (Umführ-bewegung)		vgl. Trainingsbereich 7/8

Die Zirkumduktion kombiniert aufeinanderfolgend die Bewegungen der Flexion, Abduktion, Extension und Adduktion, wobei der Arm mit der Spitze am Schultergelenk einen Kegel beschreibt. Die Bewegungen in dieser Reihenfolge können in beiden Richtungen erfolgen und werden zur Verbesserung der Gesamtbeweglichkeit des Schultergelenks benutzt.

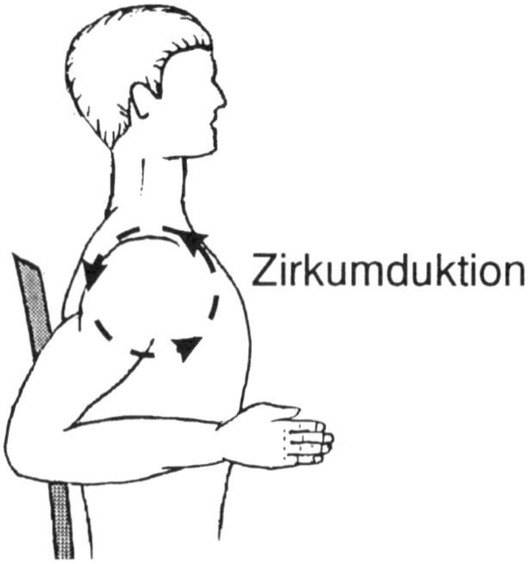

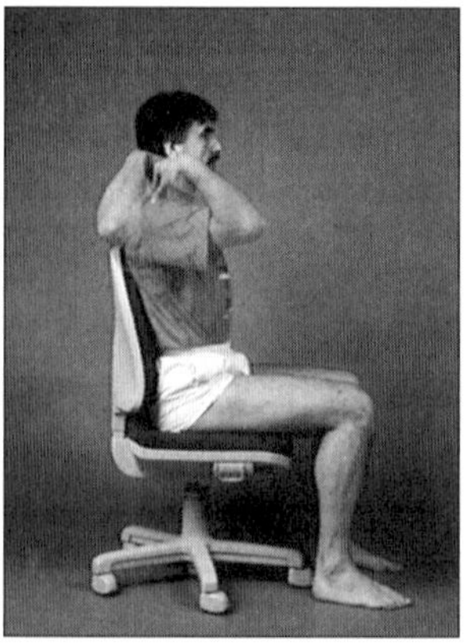

Übung: II 10 M 001 (Mobilisation)

Lassen Sie die Ellenbogen mit größtmöglichem Ausschlag abwechselnd vorwärts und rückwärts kreisen.

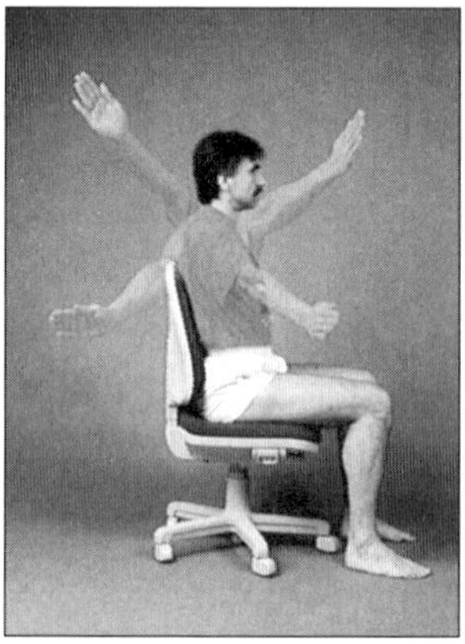

Übung: II 10 M/K 002 (Mobilisation/Kräftigung)

Lassen Sie die Arme mit größtmöglichem Ausschlag abwechselnd vorwärts und rückwärts kreisen.

Funktionskreis: II
Gelenk: Ellenbogengelenk
Trainingsbereich: 11

Bewegungsrichtung	Winkelstellung	hauptsächlich beanspruchte Muskeln
Flexion (Beugung)	145°	M. biceps brachii 4,8 mkp (zweiköpfiger Armmuskel) M. brachialis 3,8 mkp (Armbeuger) M. brachioradialis 1,9 mkp (Oberarmspeichenmuskel) M. pronator teres 1,2 mkp (runder Einwärtsdreher) M. extensor carpi radialis longus 1,2 mkp (langer radialer Handstrecker)
Extension (Streckung)	10°	M. triceps brachii 8,5 mkp (dreiköpfiger Armstrecker) M. anconeus 0,8 mkp (Knorrenmuskel)

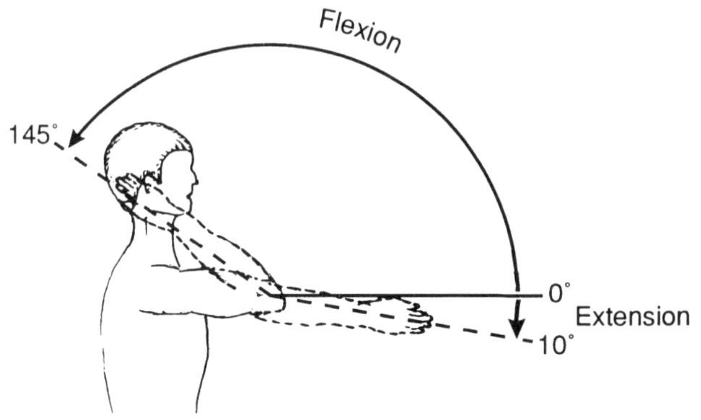

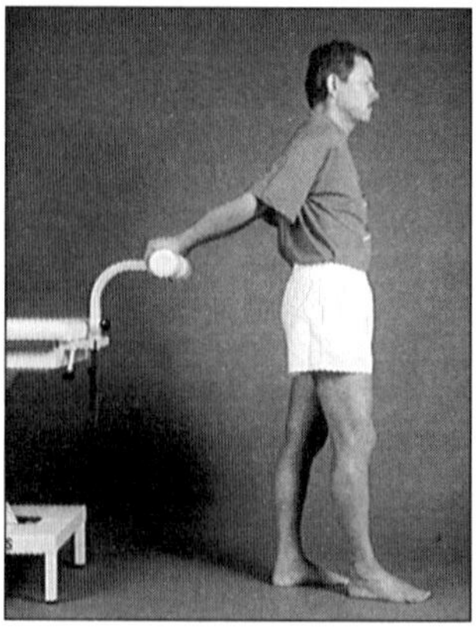

Übung: II 11 J 101/201
(Isometrische Muskelanspannung)

Pressen Sie die angewinkelten Unterarme (Handrücken nach oben) mit gleichmäßigem Druck gegen den Widerstand.

↓

Stretching:
2 – 3 Sekunden Entspannung

↓

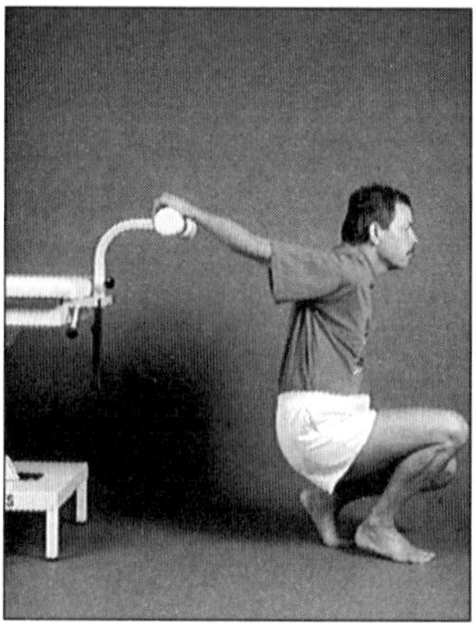

Übung: II 11 D 101/201 (Dehnung)

Gehen Sie mit geradem Rücken so tief in die Hocke bis Sie im vorderen Teil der Oberarme ein schmerzfreies Spannungsgefühl spüren. Verbleiben Sie in dieser Körperhaltung.

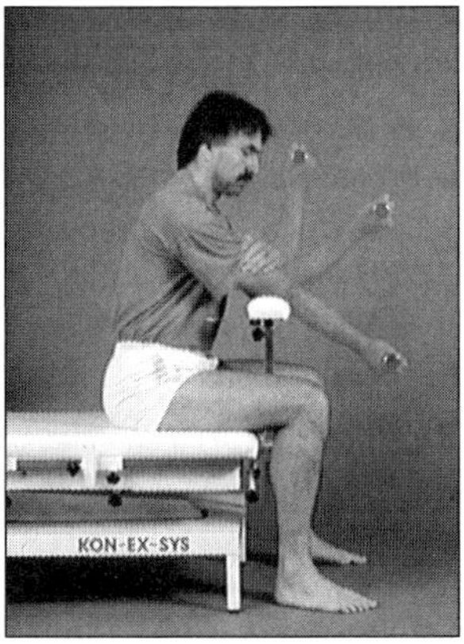

Übung: II 11 M/K 101
(Mobilisation/Kräftigung)

Beugen und strecken Sie abwechselnd den rechten Arm.

Übung: II 11 M/K 201

Führen Sie die Übung mit dem linken Arm durch.

Übung: II 11 J 301
(Isometrische Muskelanspannung)

Pressen Sie den erhobenen rechten Oberarm mit gleichmäßigem Druck gegen den Widerstand.

↓

Stretching:
2 – 3 Sekunden Entspannung

↓

Übung: II 11 D 301 (Dehnung)

Drücken Sie den gebeugten rechten Arm unter Zuhilfenahme der linken Hand soweit nach hinten, bis Sie auf der Rückseite des rechten Oberarms ein schmerzfreies Spannungsgefühl spüren. Verbleiben Sie in dieser Körperhaltung.

Übung: II 11 J/D 401

Führen Sie die Übung mit dem linken Arm durch.

Übung: II 11 M/K 301
(Mobilisation/Kräftigung)

Strecken und beugen Sie abwechselnd den rechten Arm.

Übung: II 11 M/K 401

Führen Sie die Übung mit dem linken Arm durch.

Funktionskreis: II
Gelenk: Ellenbogengelenk
Trainingsbereich: 12

Bewegungs-richtung	Winkel-stellung	hauptsächlich beanspruchte Muskeln
Supination (Auswärts-drehung)	90°	M. biceps brachii 1,1 mkp (zweiköpfiger Armmuskel) M. supinator 0,3 mkp (Auswärtswender)
Pronation (Einwärts-drehung)	85°	M. pronator teres 0,7 mkp (runder Einwärtsdreher) M. pronator quadratus 0,2 mkp (viereckiger Einwärtsdreher)

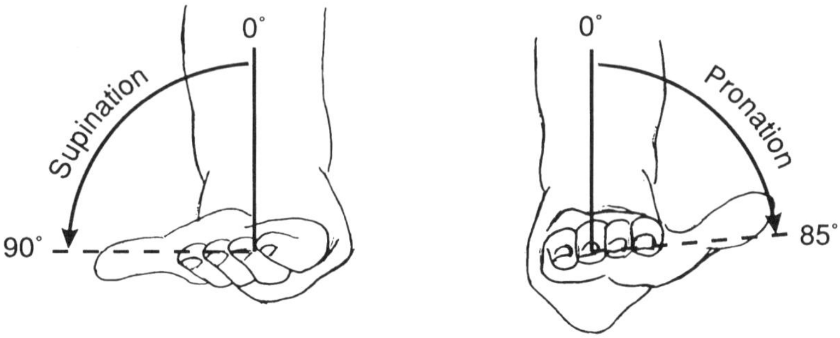

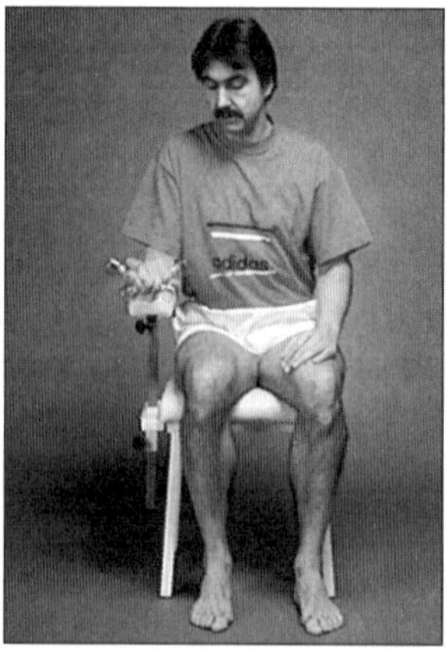

Übung: II 12 M/K 101
(Mobilisation/Kräftigung)

Drehen Sie den rechten Unterarm abwechselnd ein- und auswärts.

Übung: II 12 M/K 201

Führen Sie die Übung mit dem linken Arm durch.

Funktionskreis: II
Gelenk: Handgelenk
Trainingsbereich: 13

Bewegungs-richtung	Winkel-stellung	hauptsächlich beanspruchte Muskeln
Flexion (Beugung)	85°	M. flexor digitorum superficialis 4,8 mkp (oberflächlicher Fingerbeuger) M. flexor digitorum profundus 4,5 mkp (tiefer Fingerbeuger) M. flexor carpi ulnaris 2,0 mkp (ulnarer Handbeuger) M. flexor pollicis longus 1,2 mkp (langer Daumenbeuger) M. flexor carpi radialis 0,8 mkp (radialer Handbeuger)
Extension (Streckung)	85°	M. extensor digitorum communis 1,7 mkp (gemeinsame Fingerstrecker) M. extensor carpi radialis longus 1,1 mkp (langer radialer Handstrecker) M. extensor carpi radialis brevis 0,9 mkp (kurzer radialer Handstrecker) M. extensor indicis 0,5 mkp (Zeigefingerstrecker)

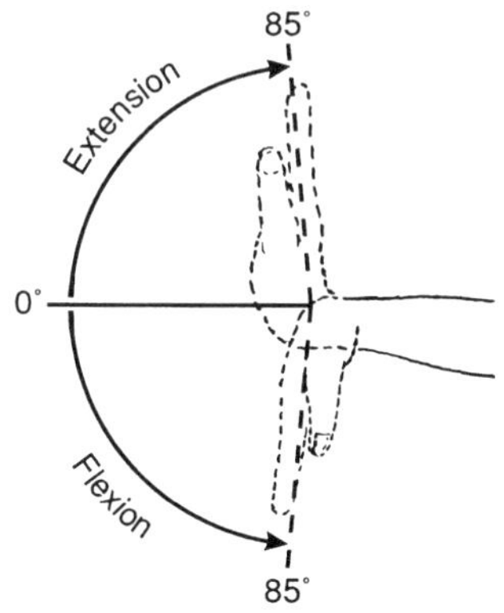

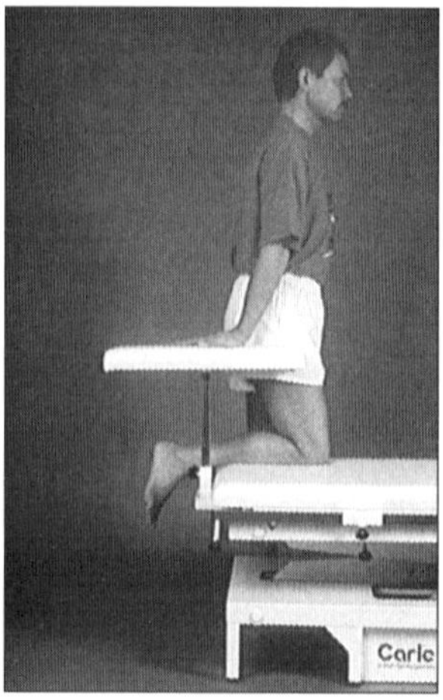

Übung: II 13 J 101
(Isometrische Muskelanspannung)

Pressen Sie die rechte Handfläche mit gleichmäßigem Druck gegen den Widerstand.

Stretching:
2 – 3 Sekunden Entspannung

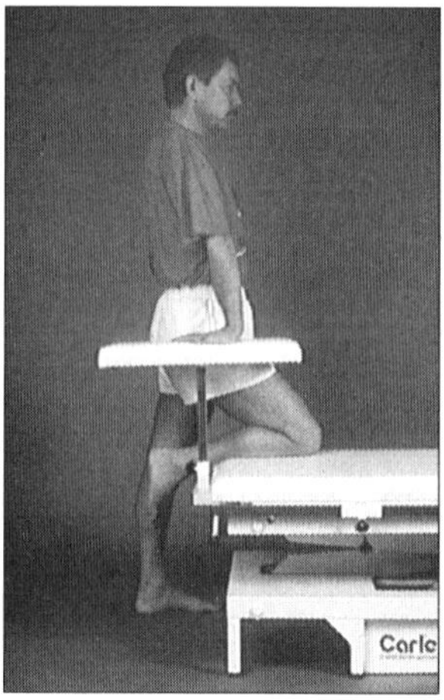

Übung: II 13 D 101 (Dehnung)

Führen Sie den rechten Arm soweit in die Senkrechte, bis Sie ein schmerzfreies Spannungsgefühl auf der Innenseite des Unterarmes spüren. Verbleiben Sie in dieser Körperhaltung.

Übung: II 13 J/D 201

Führen Sie die Übung mit dem linken Arm durch.

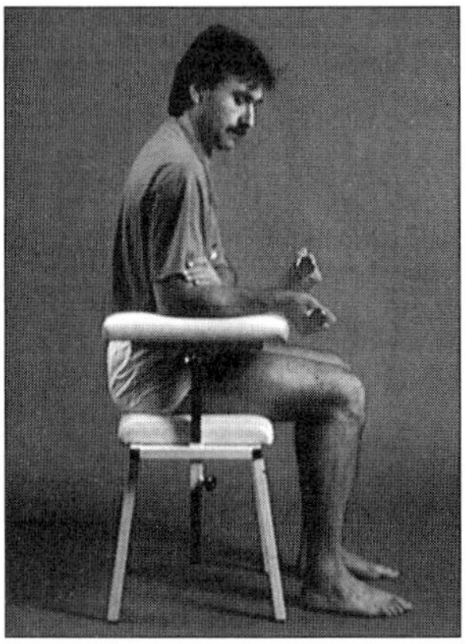

Übung: II 13 M/K 101
(Mobilisation/Kräftigung)

Beugen und strecken Sie abwechselnd das rechte Handgelenk.

Übung: II 13 M/K 201

Führen Sie die Übung mit dem linken Arm durch.

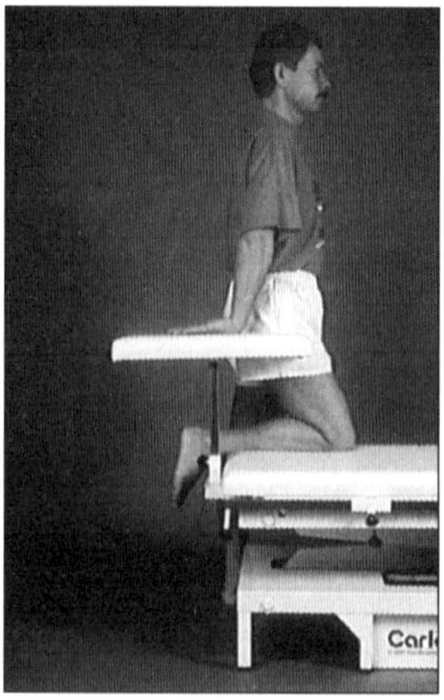

Übung: II 13 J 301
(Isometrische Muskelanspannung)

Pressen Sie den rechten Handrücken mit gleichmäßigem Druck gegen den Widerstand.

Stretching:
2 – 3 Sekunden Entspannung

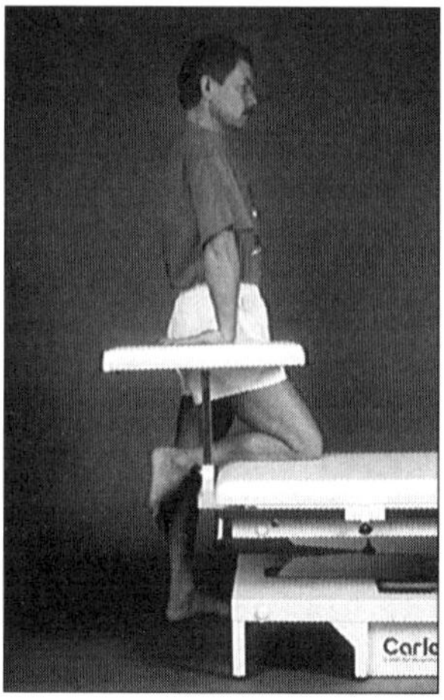

Übung: II 13 D 301 (Dehnung)

Führen Sie den rechten Arm soweit in die Senkrechte, bis Sie ein schmerzfreies Spannungsgefühl auf der Außenseite des Unterarms spüren. Verbleiben Sie in dieser Körperhaltung.

Übung: II 13 J/D 401

Führen Sie die Übung mit dem linken Arm durch.

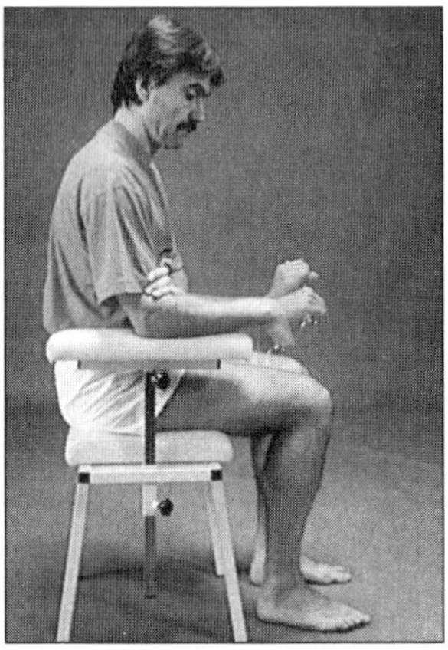

Übung: II 13 M/K 301
(Mobilisation/Kräftigung)

Strecken und beugen Sie abwechselnd das rechte Handgelenk.

Übung: II 13 M/K 401

Führen Sie die Übung mit dem linken Arm durch.

Funktionskreis: III
Gelenk: Wirbelsäule
Trainingsbereich: 14

Bewegungs-richtung	Winkel-stellung	hauptsächlich beanspruchte Muskeln
Flexion (Vorwärts-beugung)	HWS 40°	M. rectus abdominis (gerader Bauchmuskel) M. obliquus externus abdominis (äußerer schräger Bauchmuskel)
	LWS und 105° BWS	M. obliquus internus abdominis (innerer schräger Bauchmuskel) sowie die Hüftbeuger: M. rectus femoris (gerader Schenkelmuskel) M. iliopsoas (Hüftlendenmuskel) M. tensor fasciae latae (Spanner der Oberschenkelbinde) M. sartorius (Schneidermuskel)
Extension (Rückwärts-streckung)	HWS 75°	M. erector spinae (autochthone Rückenmuskeln)
	LWS und 60° BWS	M. latissimus dorsi (breitester Rückenmuskel) M. trapezius (Kapuzenmuskel) M. glutaeus maximus (großer Gesäßmuskel) Mm. ischiocrurales: M. semitendinosus (Halbsehnenmuskel) M. semimembranosus (Plattsehnenmuskel) M. biceps femoris (zweiköpfiger Schenkelmuskel)

Die Streckung über die Neutralnullstellung sollte möglichst wegen der hohen Belastung auf die Lendenwirbelsäule vermieden werden.

Die Bewegungsausschläge der einzelnen Wirbelsäulenabschnitte sind anhand von seitlichen Röntgenaufnahmen bestimmbar. Besser meßbar ist der Finger-Bodenabstand (d) (vgl. Test S. 367).

Funktionskreis: III
Gelenk: Wirbelsäule
Trainingsbereich: 14

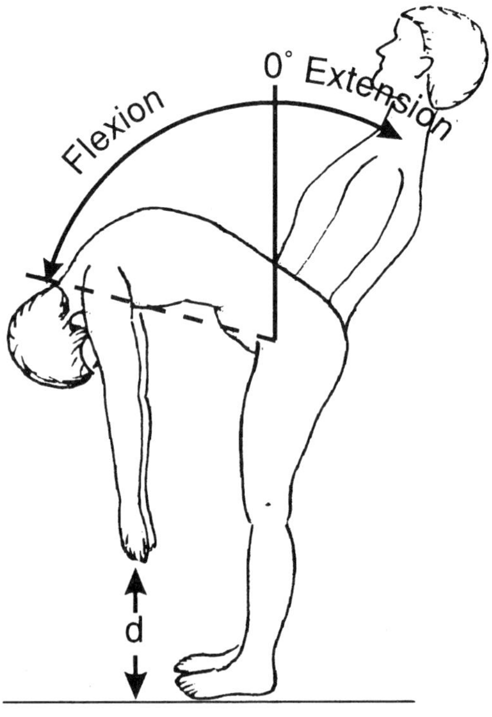

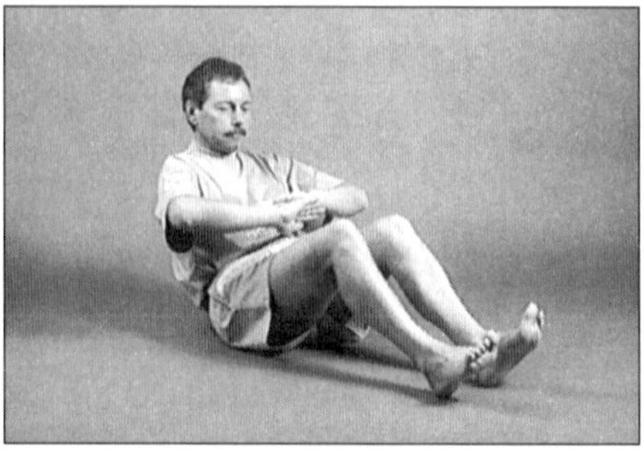

Übung: III 14 J 101
(Isometrische Muskelanspannung)

Halten Sie die Hände in Bauchnabelhöhe und ziehen Sie den Oberkörper zu den Händen hin. Halten Sie diese Position.

↓

Stretching:
2 – 3 Sekunden Entspannung

↓

Übung: III 14 D 101 (Dehnung)

Drücken Sie mit beiden Händen das Becken so weit in die Höhe, bis Sie ein schmerzfreies Spannungsgefühl auf der Bauchseite verspüren. Verbleiben Sie in dieser Körperhaltung.

(Vermeiden Sie diese Übung bei Schädigungen der Wirbelsäule.)

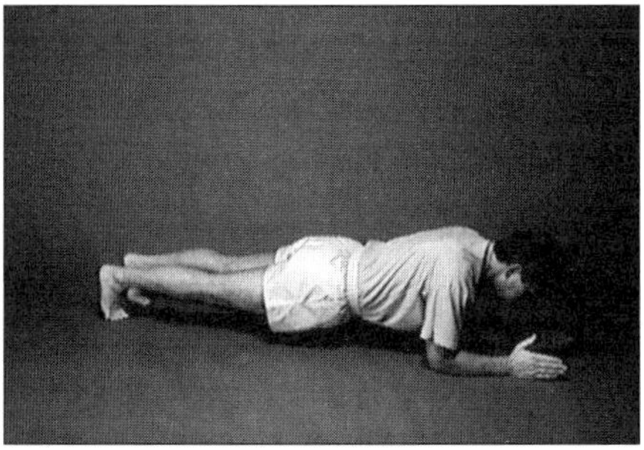

Übung: III 14 J 102 (Isometrische Muskelanspannung)

Stützen Sie Ihren Körper auf Fußspitzen und Unterarme. Halten Sie diese Position.

Vermeiden Sie ein Absinken des Gesäßes (Hohlkreuzbildung).

Übung: III 14 M 101 (Mobilisation)

Führen Sie den Oberkörper abwechselnd vom „Pferderücken" in den „Rundrücken".

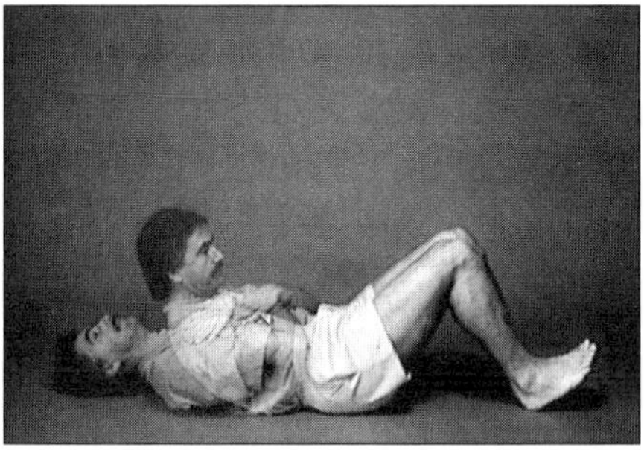

Übung: III 14 K 101 (Kräftigung)

Heben und senken Sie abwechselnd den Kopf und Schultergürtel.

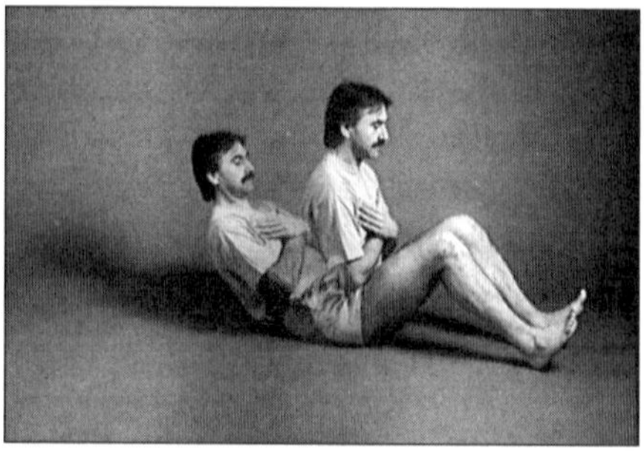

Übung: III 14 K 102 (Kräftigung)

Senken Sie den Oberkörper aus der Sitzposition und führen Sie ihn in die Ausgangsposition zurück.

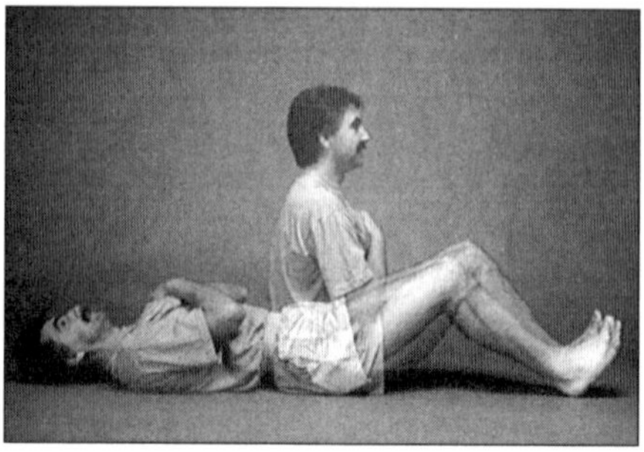

Übung: III 14 K 103 (Kräftigung)

Heben und senken Sie den Oberkörper aus der Liege- in die Sitzposition und zurück.

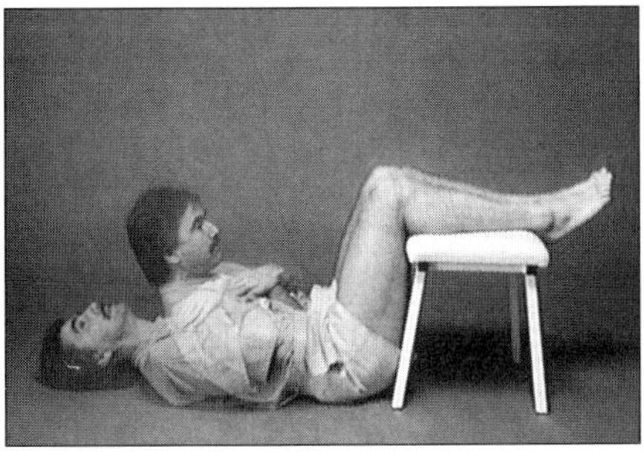

Übung: III 14 K 104 (Kräftigung)

Heben und senken Sie abwechselnd den Oberkörper soweit, daß beim Anheben der Lendenwirbelsäulenbereich noch Bodenberührung behält.

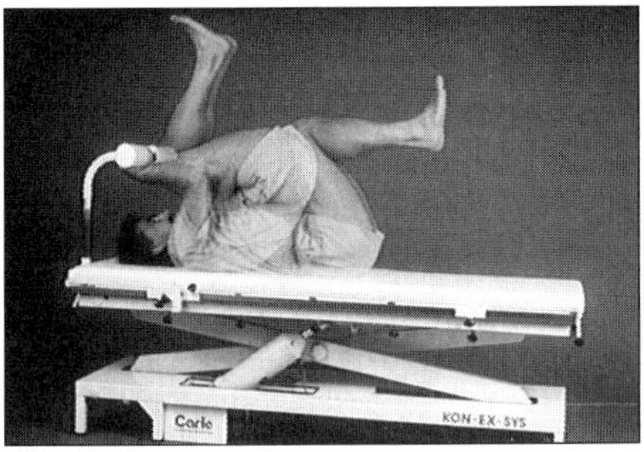

Übung: III 14 K 105 (Kräftigung)

Führen Sie die gebeugten Beine zu den Ellenbogen und zurück.

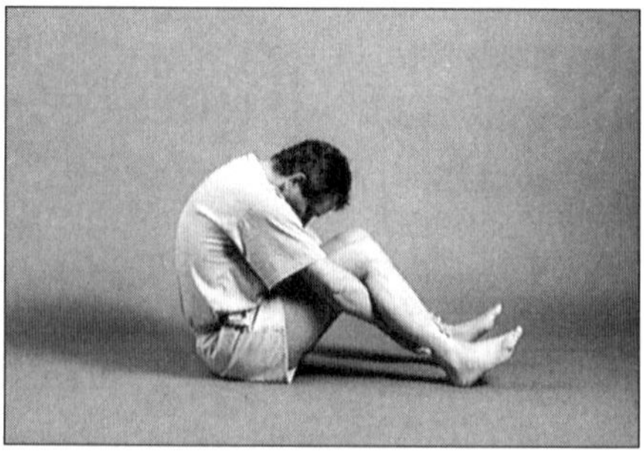

Übung: III 14 J 301 (Isometrische Muskelanspannung)

Strecken Sie den Oberkörper mit gleichmäßigem Druck gegen den Widerstand Ihrer Hände.

↓

Stretching:
2 – 3 Sekunden Entspannung

↓

Übung: III 14 D 301 (Dehnung)

Ziehen Sie unter Zuhilfenahme Ihrer Hände Kopf und Knie soweit zueinander, bis Sie ein schmerzfreies Spannungsgefühl auf der Rückenseite verspüren. Verbleiben Sie in dieser Körperhaltung.

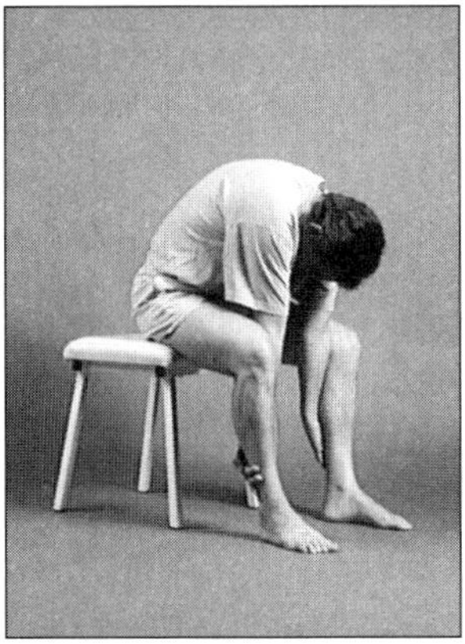

Übung: III 14 J 302
(Isometrische Muskelanspannung)

Strecken Sie den Oberkörper mit gleichmäßigem Druck gegen den Widerstand Ihrer Hände.

↓

Stretching:
2 — 3 Sekunden Entspannung

↓

Übung: III 14 D 302 (Dehnung)

Ziehen Sie unter Zuhilfenahme Ihrer Hände Kopf und Knie soweit zueinander, bis Sie ein schmerzfreies Spannungsgefühl auf der Rückenseite verspüren. Verbleiben Sie in dieser Körperhaltung.

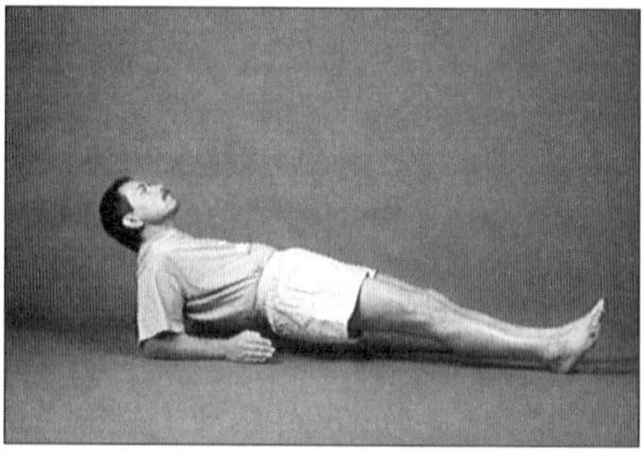

Übung: III 14 J 303
(Isometrische Muskelanspannung)

Stützen Sie Ihren Körper auf Fersen und Unterarme. Halten Sie diese Position.

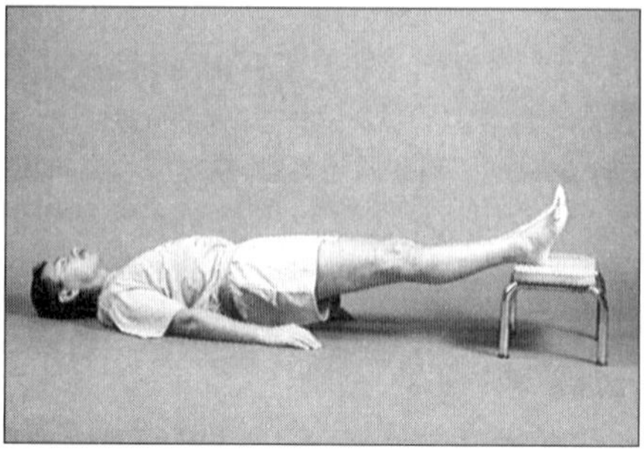

Übung: III 14 J 304
(Isometrische Muskelanspannung)

Heben Sie Ihr Gesäß soweit vom Boden an, bis Ihre Hüfte sich in Streckung befindet. Halten Sie diese Position.

Übung: III 14 J 305
(Isometrische Muskelanspannung)

Heben Sie den rechten Arm gestreckt an und halten Sie diese Position.

Übung: III 14 J 405

Führen Sie die Übung mit dem linken Arm durch.

Übung: III 14 J 306
(Isometrische Muskelanspannung)

Heben Sie den Oberkörper und Kopf bis zur Waagerechten an und halten Sie diese Position.

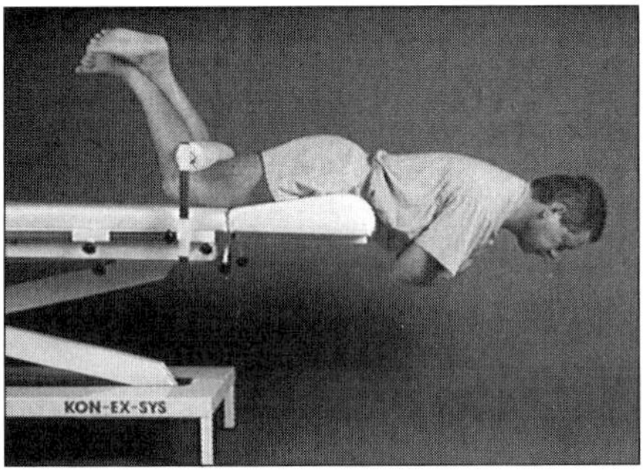

Übung: III 14 J 307
(Isometrische Muskelanspannung)

Heben Sie den Oberkörper und Kopf bis maximal zur Waagerechten an. Halten Sie diese Position.

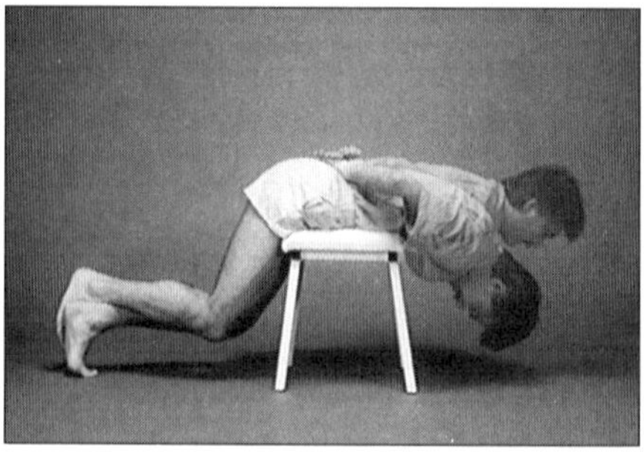

Übung: III 14 K 301 (Kräftigung)

Heben und senken Sie abwechselnd den Kopf und Schultergürtel.

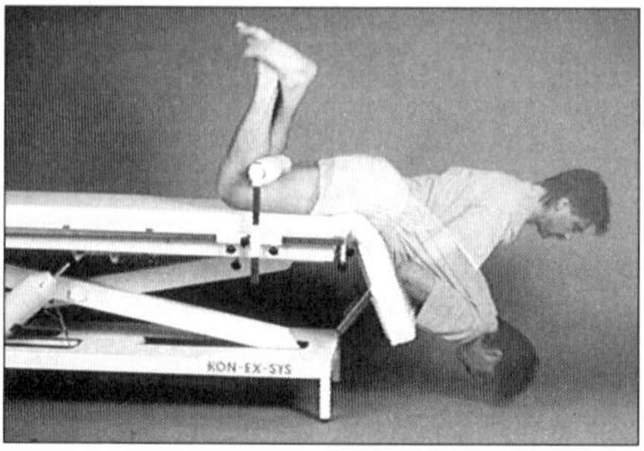

Übung: III 14 K 302 (Kräftigung)

Führen Sie den gebeugten Oberkörper bis zur Waagerechten und zurück.

Beachten Sie, daß Sie nicht über die Waagerechte hinaus gehen (Hohlkreuzbildung).

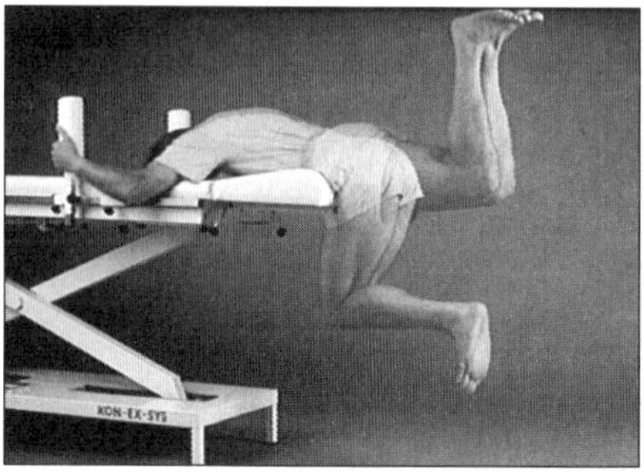

Übung: III 14 K 303 (Kräftigung)

Führen Sie die angewinkelten Beine von der Hüftbeugung in die Hüftstreckung und zurück.

Funktionskreis: III
Gelenk: Wirbelsäule
Trainingsbereich: 15

Bewegungsrichtung	Winkelstellung	hauptsächlich beanspruchte Muskeln
Lateralflexion (Seitwärtsneigung)	45° zu jeder Seite	*Rumpfvorderseite:* M. rectus abdominis (gerader Bauchmuskel) M. obliquus externus abdominis (äußerer schräger Bauchmuskel) M. obliquus internus abdominis (innerer schräger Bauchmuskel) M. iliopsoas (Hüftlendenmuskel) M. pectoralis major (großer Brustmuskel) *Rumpfrückseite:* M. erector spinae (autochthone Rückenmuskeln) M. quadratus lumborum (viereckiger Lendenmuskel) M. latissimus dorsi (breitester Rückenmuskel) M. trapezius (Kapuzenmuskel)

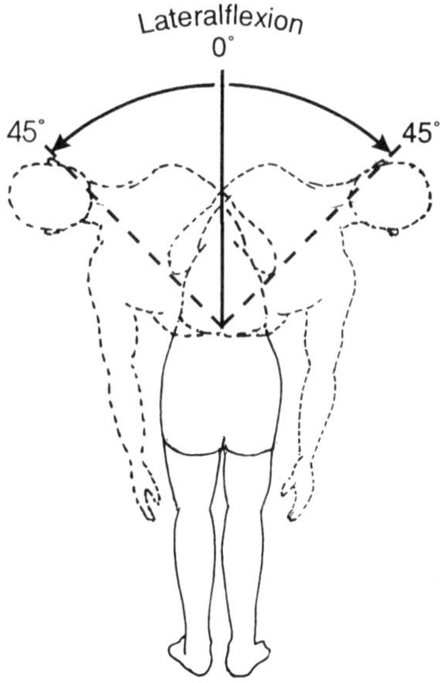

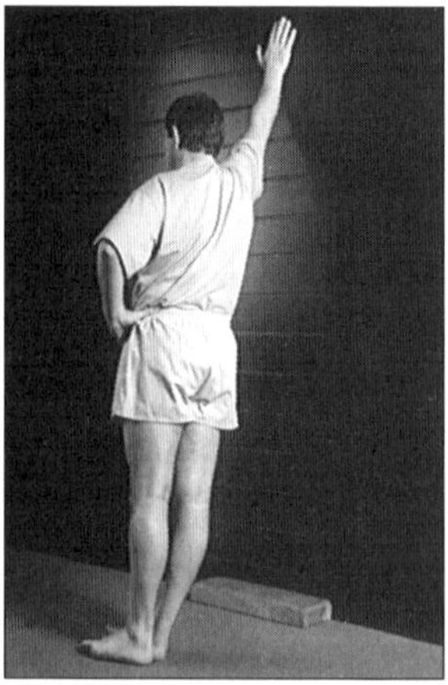

Übung: III 15 J 101
(Isometrische Muskelanspannung)

Pressen Sie die rechte Körperseite unter gleichmäßigem Druck zur Wand.

↓

Stretching:
2 – 3 Sekunden Entspannung

↓

Übung: III 15 D 101 (Dehnung)

Drücken Sie die Hüfte durch gleichmäßiges Abstoßen der Hände von der Wand soweit nach außen, bis Sie ein schmerzfreies Spannungsgefühl auf der rechten Körperseite spüren. Verbleiben Sie in dieser Körperhaltung.

Übung: III 15 J/D 201

Führen Sie die Übung für die linke Körperseite durch.

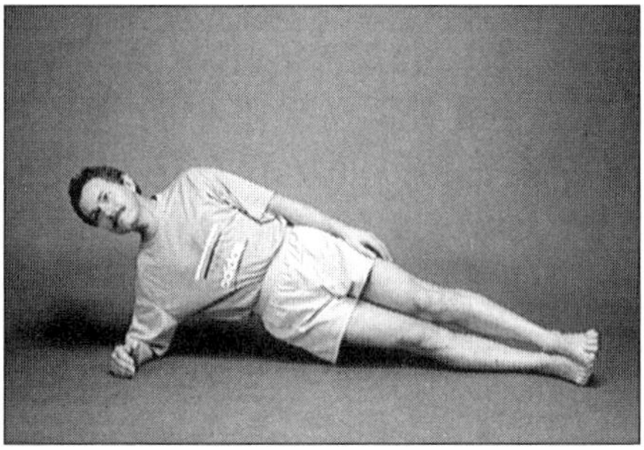

Übung: III 15 J 102
(Isometrische Muskelanspannung)

Stützen Sie Ihren Körper auf den rechten Fuß und den rechten Unterarm. Halten Sie diese Position.

Übung: III 15 J 202

Führen Sie die Übung für die linke Körperseite durch.

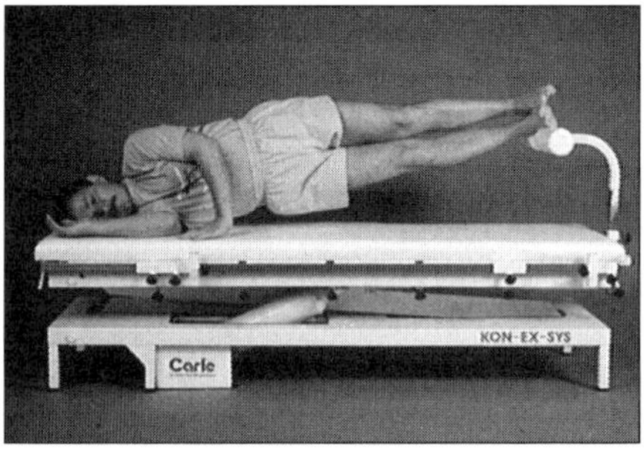

Übung: III 15 J 103
(Isometrische Muskelanspannung)

Heben Sie Ihr Gesäß soweit an, bis Ihre Hüfte sich in Streckung befindet. Halten Sie diese Position.

Übung: III 15 J 203

Führen Sie die Übung für die linke Körperseite durch.

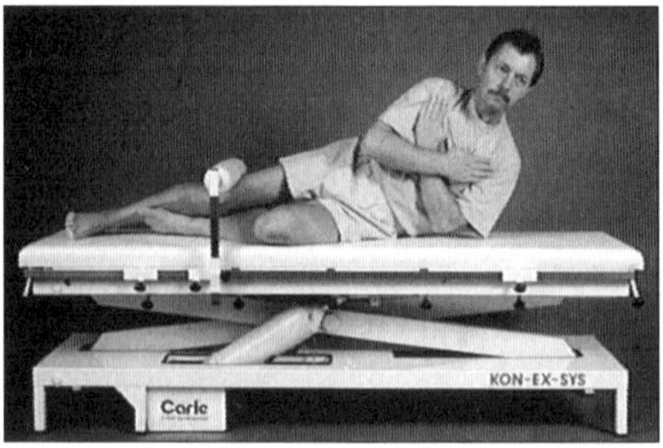

Übung: III 15 J 104
(Isometrische Muskelanspannung)

Heben Sie den Oberkörper an und halten Sie diese Position.

Übung: III 15 J 204

Führen Sie die Übung für die linke Körperseite durch.

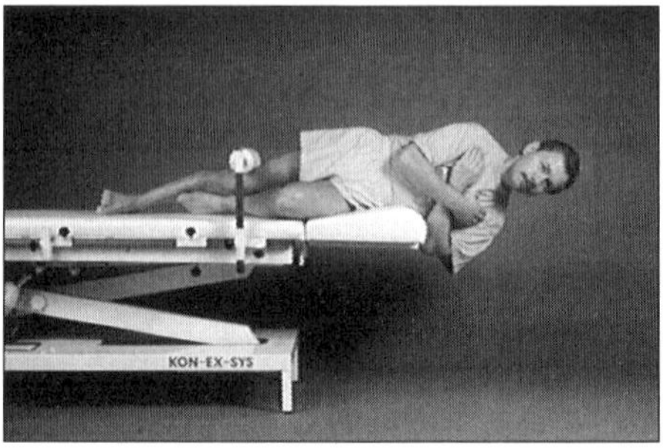

Übung: III 15 J 105
(Isometrische Muskelanspannung)

Bringen Sie den Oberkörper in die Waagerechte und halten Sie diese Position.

Übung: III 15 J 205

Führen Sie die Übung für die linke Körperseite durch.

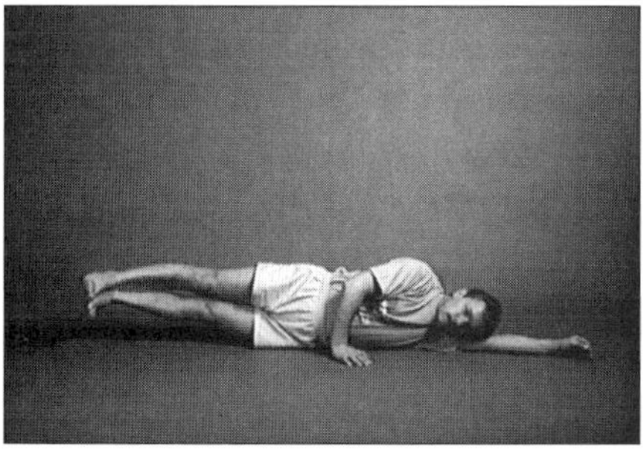

Übung: III 15 J 106
(Isometrische Muskelanspannung)

Bringen Sie die Beine in die Waagerechte und halten Sie diese Position.

Übung: III 15 J 206

Führen Sie die Übung für die linke Körperseite durch.

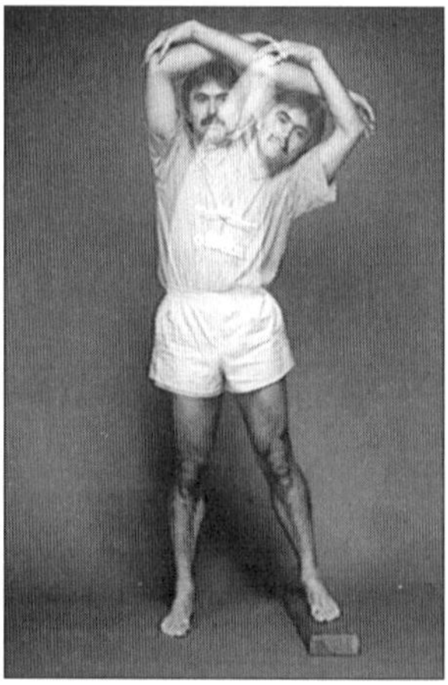

Übung: III 15 M 101 (Mobilisation)

Strecken Sie den Rumpf durch Zugunterstützung der linken Hand am rechten Ellenbogen aus der Seitneigung links in den aufrechten Stand und wieder zurück.

Übung: III 15 M 201

Führen Sie die Übung für die linke Körperseite durch.

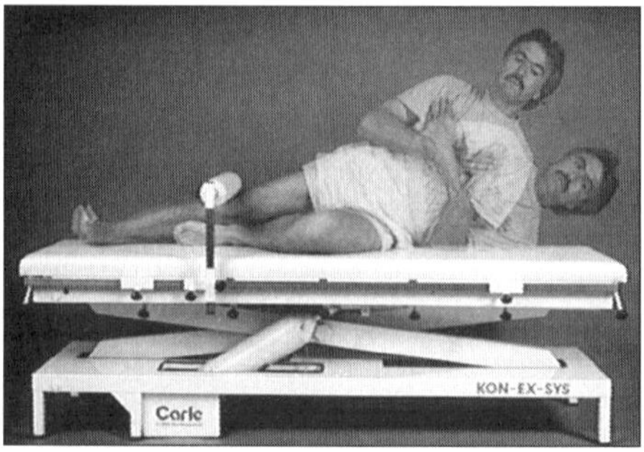

Übung: III 15 K 101 (Kräftigung)

Heben und senken Sie abwechselnd den gesamten Oberkörper unter Vermeidung einer Rotation in der Hüfte aus der Seitlage links.

Übung: III 15 K 201

Führen Sie die Übung für die linke Körperseite durch.

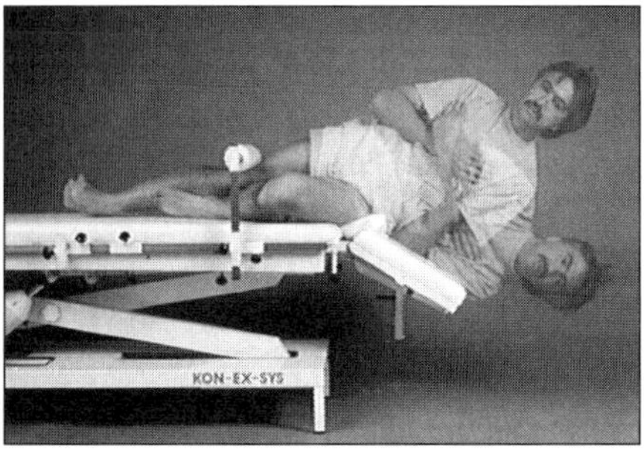

Übung: III 15 K 102 (Kräftigung)

Heben und senken Sie abwechselnd den gesamten Oberkörper unter Vermeidung einer Rotation in der Hüfte aus der Seitlage links.

Übung: III 15 K 202

Führen Sie die Übung für die linke Körperseite durch.

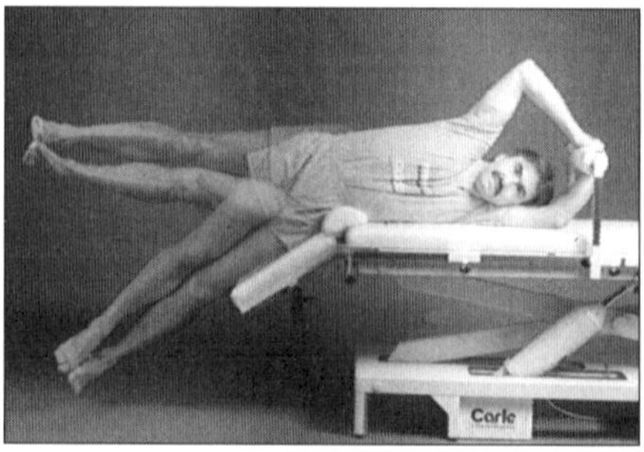

Übung: III 15 K 103 (Kräftigung)

Heben und senken Sie abwechselnd beide Beine unter Vermeidung einer Rotation in der Hüfte aus der Seitlage links.

Übung: III 15 K 203

Führen Sie die Übung für die linke Körperseite durch.

Funktionskreis: III
Gelenk: Wirbelsäule
Trainingsbereich: 16

Bewegungs-richtung	Winkel-stellung	hauptsächlich beanspruchte Muskeln
Rotation (Drehung)	LWS 5° BWS 35° HWS 45-50° gesamt: 90-95°	M. obliquus externus abdominis (äußerer schräger Bauchmuskel) M. obliquus internus abdominis (innerer schräger Bauchmuskel) M. pectoralis major (großer Brustmuskel) M. serratus anterior (vorderer Sägemuskel) M. sternocleidomastoideus (Kopfwender) M. splenius (Riemenmuskel) M. transversospinalis Halbdornmuskel) Mm. levatores costarum (Rippenheber) Mm. intercostales externi bzw. interni (äußere und innere Zwischenrippen-muskeln) M. latissimus dorsi (breitester Rückenmuskel) M. trapezius (Kapuzenmuskel) Mm. rhomboideus major et minor (großer und kleiner Rautenmuskel)

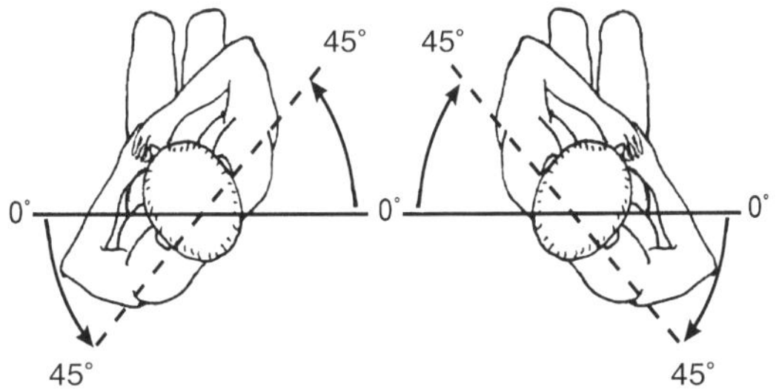

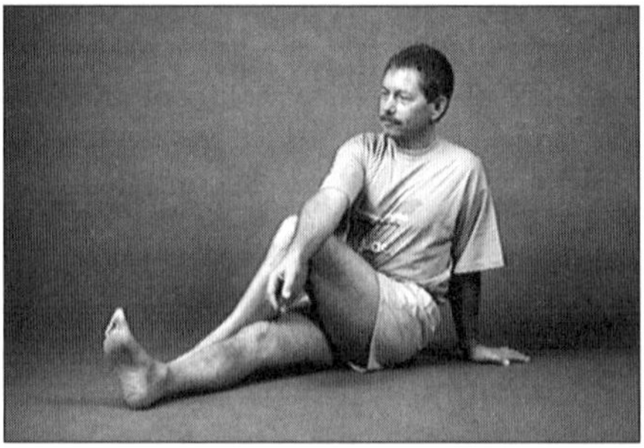

Übung: III 16 J 101
(Isometrische Muskelanspannung)

Pressen Sie den Oberkörper und den rechten gestreckten Arm unter gleichmäßigem Druck gegen das linke überkreuzte Bein.

↓

Stretching:
2 – 3 Sekunden Entspannung

↓

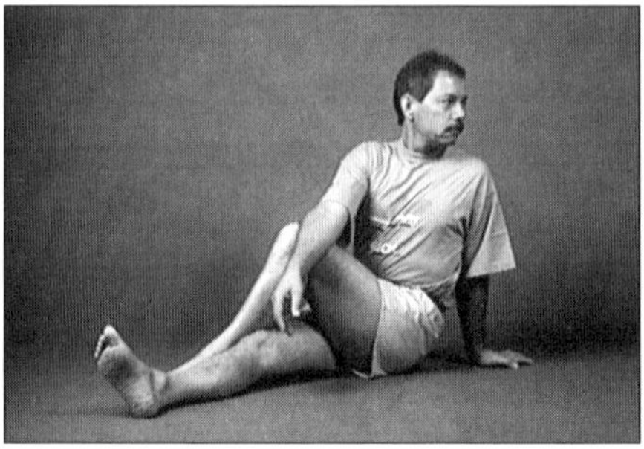

Übung: III 16 D 101 (Dehnung)

Drehen Sie Kopf und Rumpf durch Unterstützung des rechten Armes soweit nach links, bis Sie im rechten Lendenbereich ein schmerzfreies Spannungsgefühl spüren. Verbleiben Sie in dieser Körperhaltung.

Übung: III 16 J/D 201

Führen Sie die Übung für die linke Körperseite durch.

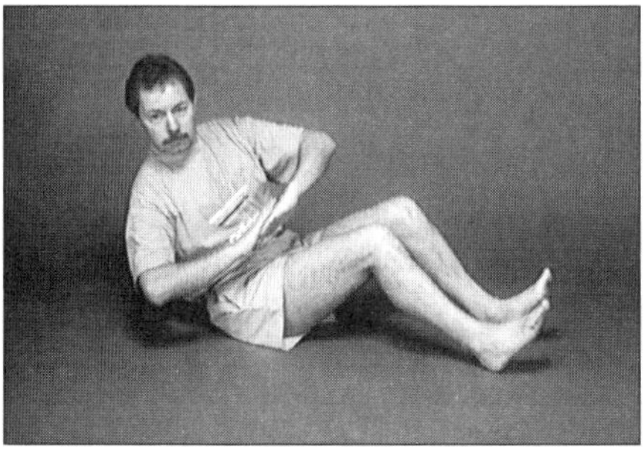

Übung: III 16 J 102
(Isometrische Muskelanspannung)

Halten Sie die Hände auf der rechten Körperseite in Bauchnabelhöhe und ziehen Sie den Oberkörper zu den Händen hin. Halten Sie diese Position.

Übung: III 16 J 202

Führen Sie die Übung für die linke Körperseite durch.

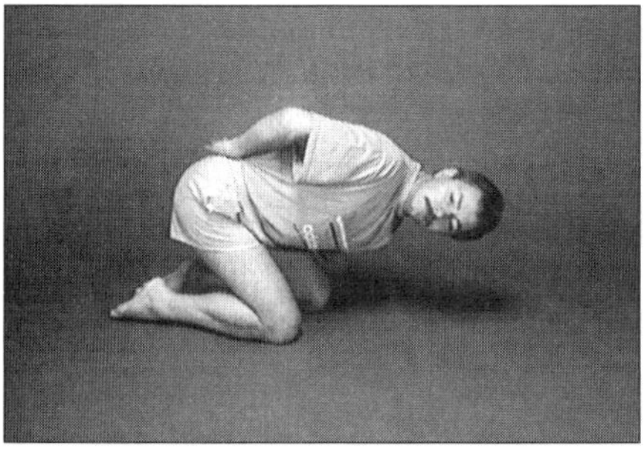

Übung: III 16 J 103
(Isometrische Muskelanspannung)

Heben Sie den Oberkörper und Kopf bis in die Waagerechte und drehen Sie ihn nach rechts. Halten Sie diese Position.

Übung: III 16 J 203

Führen Sie die Übung für die linke Körperseite durch.

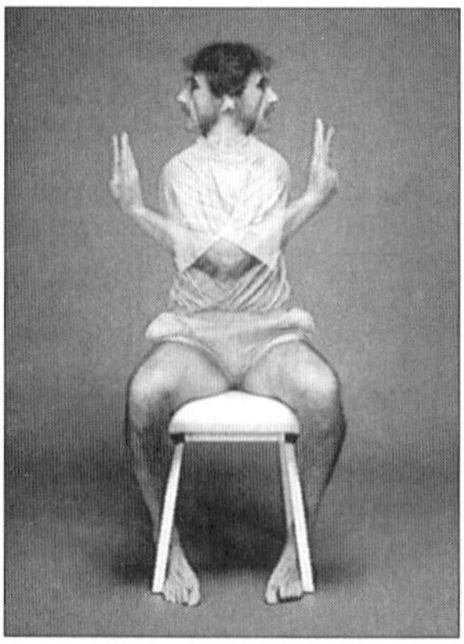

Übung: III 16 M 101 (Mobilisation)

Drehen Sie den aufgerichteten Oberkörper abwechselnd nach rechts und links.

Übung: III 16 M 102 (Mobilisation)

Führen Sie das Gesäß abwechselnd von rechts nach links bis kurz über den Boden.

Übung: III 16 K 101 (Kräftigung)

Führen Sie den rechten Arm möglichst weit zur linken Hand und zurück. Die Lendenwirbelsäule bleibt am Boden fixiert.

Übung: III 16 K 201

Führen Sie die Übung für die linke Körperseite durch.

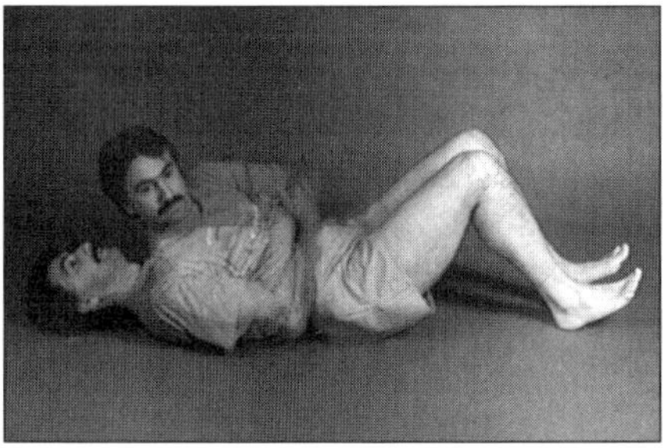

Übung: III 16 K 102 (Kräftigung)

Heben Sie den Oberkörper bei gleichzeitiger Drehung nach rechts an und führen Sie ihn in die Ausgangslage zurück. Der Lendenwirbelsäulenbereich behält Bodenberührung.

Übung: III 16 K 202

Führen Sie die Übung für die linke Körperseite durch.

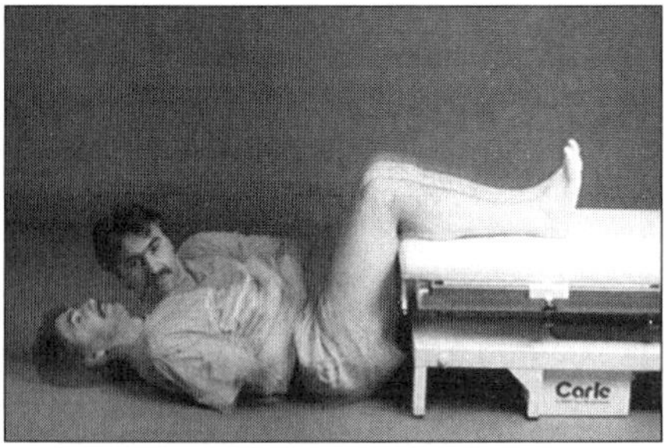

Übung: III 16 K 103 (Kräftigung)

Heben Sie den Oberkörper bei gleichzeitiger Drehung nach rechts an und führen Sie ihn in die Ausgangslage zurück. Der Lendenwirbelsäulenbereich behält Bodenberührung.

Übung: III 16 K 203

Führen Sie die Übung für die linke Körperseite durch.

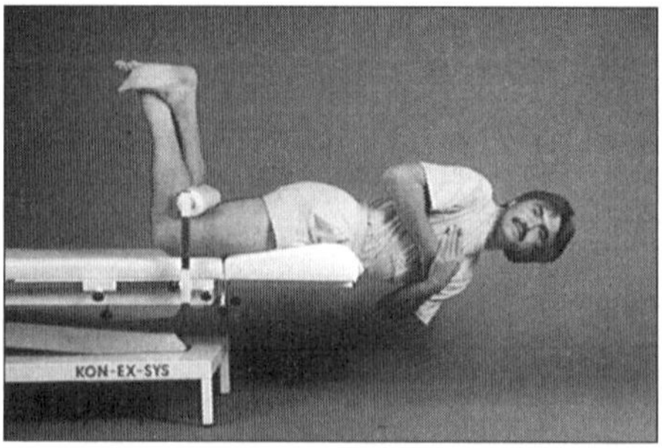

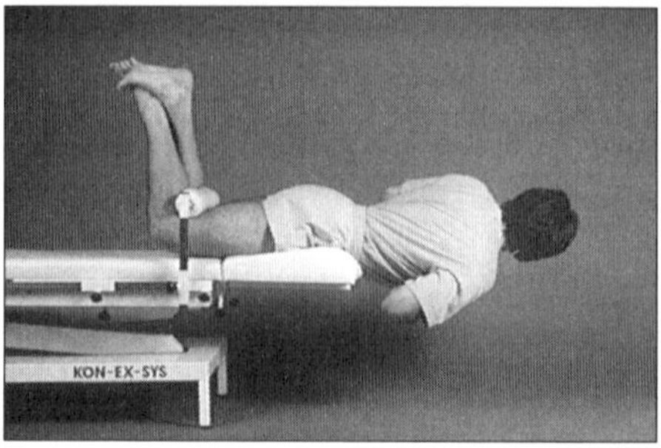

Übung: III 16 K 104 (Kräftigung)

Drehen Sie abwechselnd den bis zur Hüfte fixierten Körper nach rechts und links.

Übung: III 16 K 105 (Kräftigung)

Führen Sie abwechselnd die aufgestellten, gebeugten Beine mit den Knien bis kurz über den Boden von rechts nach links. Der Kopf kann dabei jeweils in die entgegengesetzte Richtung mitgeführt werden.

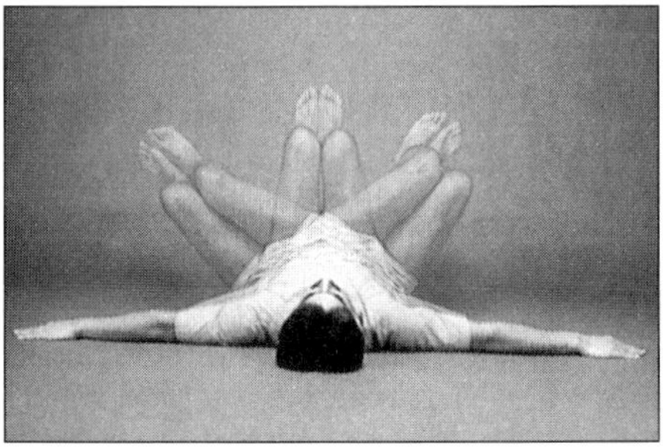

Übung: III 16 K 106 (Kräftigung)

Führen Sie abwechselnd die angehobenen, gebeugten Beine mit den Knien bis kurz über den Boden von rechts nach links. Der Kopf kann dabei jeweils in die entgegengesetzte Richtung mitgeführt werden.

Funktionskreis: IV
Gelenk: Hüftgelenk
Trainingsbereich: 17

Bewegungs-richtung	Winkel-stellung	hauptsächlich beanspruchte Muskeln
Flexion (Beugung) = Anteversion (Vorführung) mit gestrecktem Knie mit gebeugtem Knie	 90° 120°	M. rectus femoris 16,4 mkp (gerader Schenkelmuskel) M. iliopsoas 10,0 mkp (Hüftlendenmuskel) M. tensor fasciae latae 7,5 mkp (Spanner der Oberschenkelbinde) M. sartorius 4,3 mkp (Schneidermuskel) M. glutaeus minimus (vorderer Anteil) 3,5 mkp (kleiner Gesäßmuskel) M. pectineus 2,7 mkp (Kammuskel)
Extension (Streckung) = Retroversion (Rückführung) mit gestrecktem Knie mit gebeugtem Knie	 20° 30°	*Aus der Beugung in die Neutralnullstellung:* M. glutaeus maximus 53,2 mkp (großer Gesäßmuskel) M. adductor magnus 22,2 mkp (großer Oberschenkelanzieher) M. semimembranosus 17,0 mkp (Plattensehnenmuskel) M. semitendinosus 7,0 mkp (Halbsehnenmuskel) M. glutaeus medius (hinterer Anteil) 6,0 mkp (mittlerer Gesäßmuskel) M. biceps femoris 4,4 mkp (zweiköpfiger Schenkelmuskel) M. quadratus femoris 3,4 mkp (viereckiger Schenkelmuskel) *Aus der Neutralnullstellung in die Überstrekkung (Retroversion):* M. glutaeus maximus 10,4 mkp (großer Gesäßmuskel) M. glutaeus medius 5,7 mkp (mittlerer Gesäßmuskel)

Funktionskreis: IV
Gelenk: Hüftgelenk
Trainingsbereich: 17

Flexion

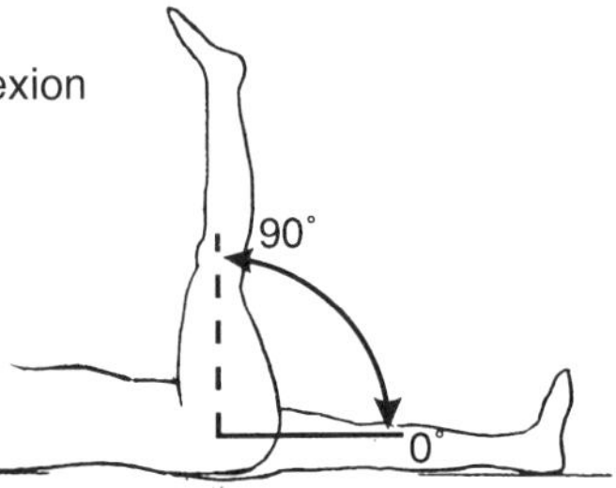

Flexion

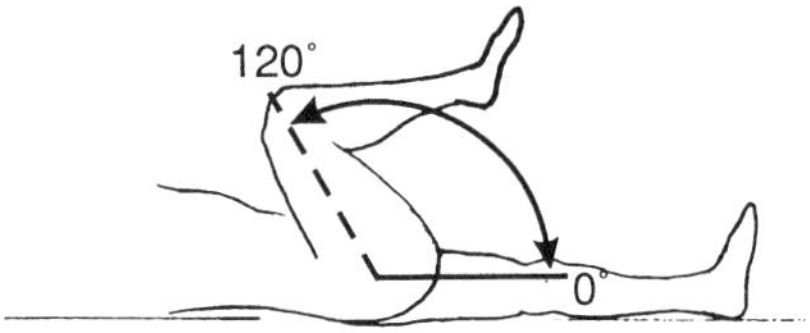

Extension

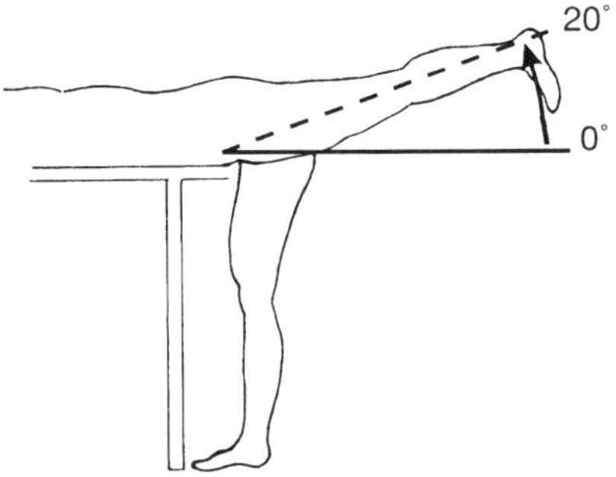

Extension

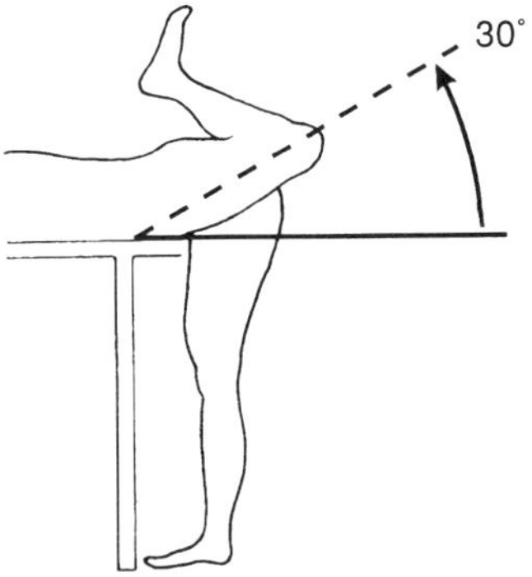

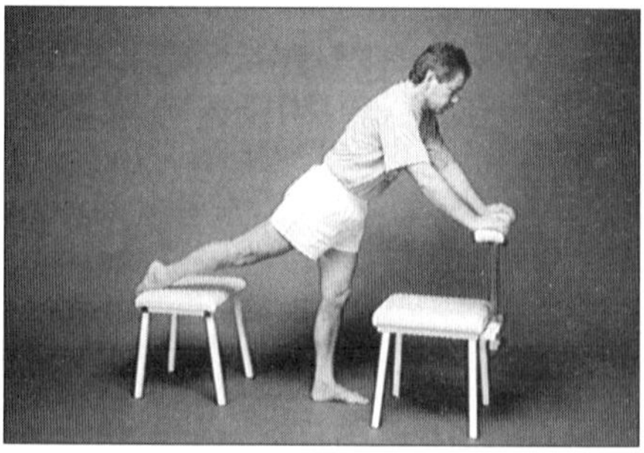

Übung: IV 17 J 101
(Isometrische Muskelanspannung)

Pressen Sie den Fußspann mit gleichmäßigem Druck gegen den Widerstand.

↓

Stretching:
2 – 3 Sekunden Entspannung

↓

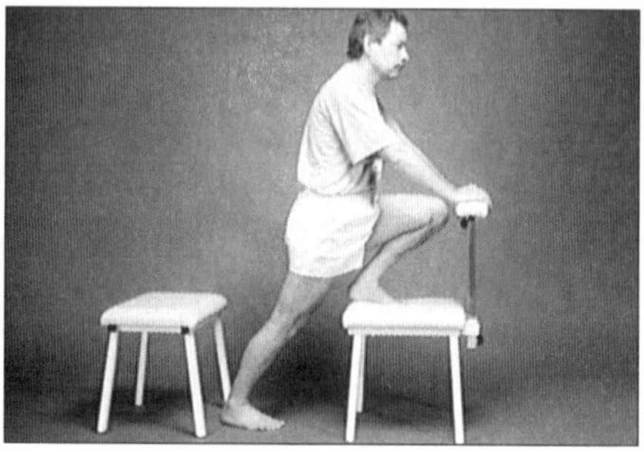

Übung: IV 17 D 101 (Dehnung)

Schieben Sie die Hüfte soweit nach vorne, bis Sie auf der Vorderseite des rechten Oberschenkels ein schmerzfreies Spannungsgefühl spüren. Verbleiben Sie in dieser Körperhaltung.

Übung: IV 17 J/D 201

Führen Sie die Übung mit dem linken Bein durch.

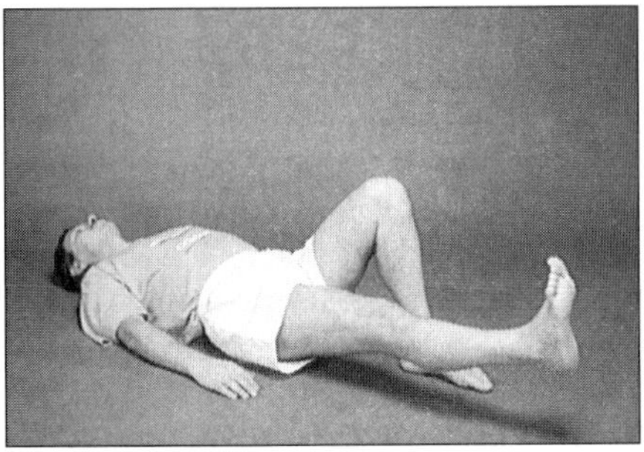

Übung: IV 17 J 102
(Isometrische Muskelanspannung)

Beugen Sie das rechte Bein in der Hüfte und halten Sie es in dieser Position.

Übung: IV 17 J 202

Führen Sie die Übung mit dem linken Bein durch.

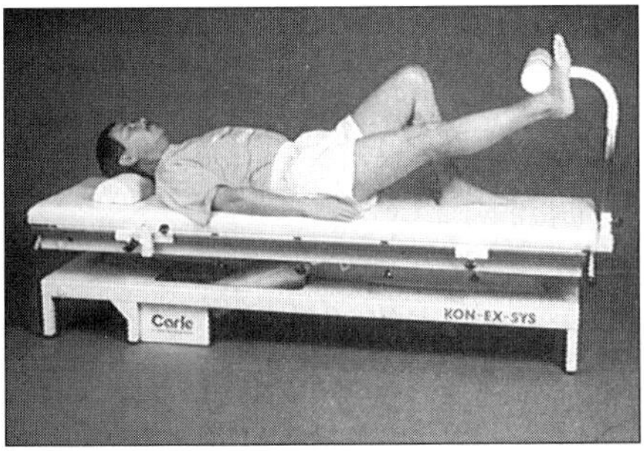

Übung: IV 17 J 103
(Isometrische Muskelanspannung)

Pressen Sie das rechte Bein unter gleichmäßigem Druck gegen den Widerstand.

Übung: IV 17 J 203

Führen Sie die Übung mit dem linken Bein durch.

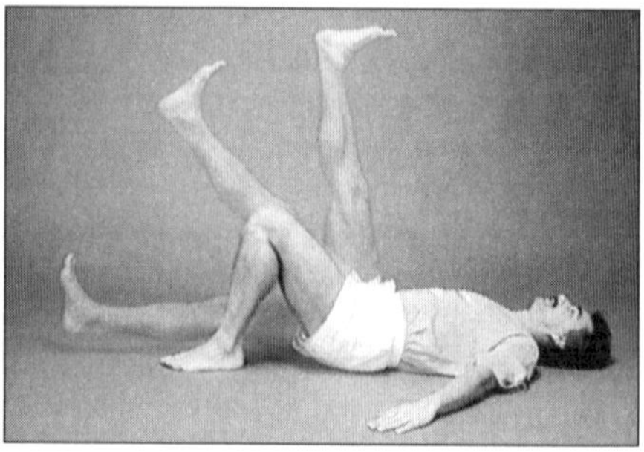

Übung: IV 17 M/K 101
(Mobilisation/Kräftigung)

Beugen und strecken Sie abwechselnd das rechte Bein in der Hüfte.

Übung: IV 17 M/K 201

Führen Sie die Übung mit dem linken Bein durch.

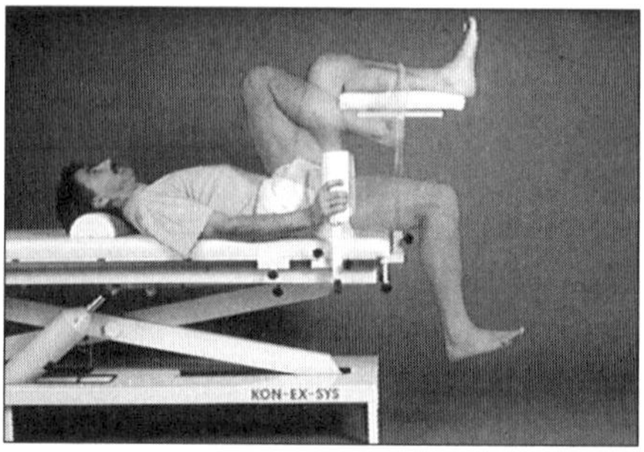

Übung: IV 17 M/K 102
(Mobilisation/Kräftigung)

Führen Sie das gebeugte rechte Bein abwechselnd von der Hüftstreckung in die Hüftbeugung. Vermeiden Sie bei der Streckung ins Hohlkreuz zu gehen.

Übung: IV 17 M/K 202

Führen Sie die Übung mit dem linken Bein durch.

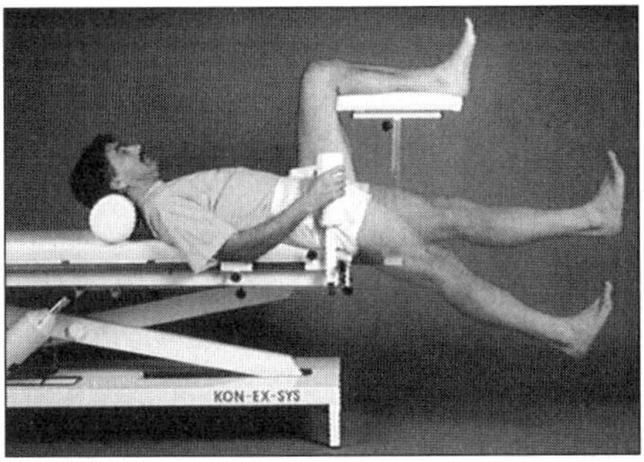

Übung: IV 17 M/K 103
(Mobilisation/Kräftigung)

Führen Sie das rechte Bein aus der Hüftstreckung in die Neutralnullstellung und zurück.

Übung: IV 17 M/K 203

Führen Sie die Übung mit dem linken Bein durch.

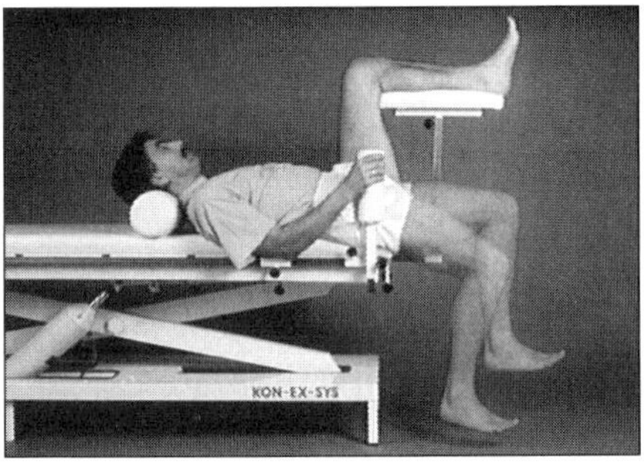

Übung: IV 17 M/K 104
(Mobilisation/Kräftigung)

Führen Sie das rechte Bein aus der Hüftstreckung in die Neutralnullstellung und zurück.

Übung: IV 17 M/K 204

Führen Sie die Übung mit dem linken Bein durch.

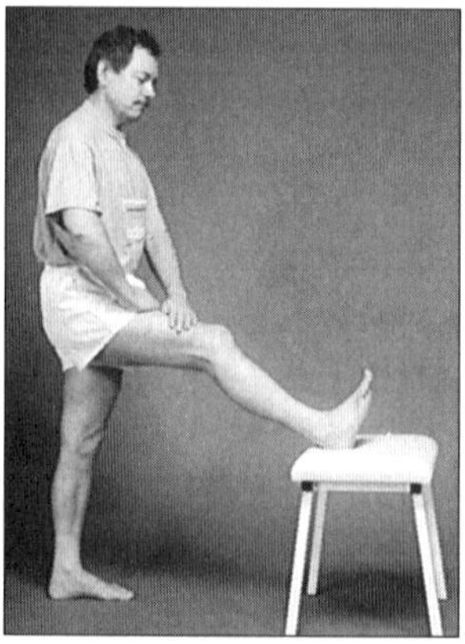

Übung: IV 17 J 301
(Isometrische Muskelanspannung)

Pressen Sie das leicht gebeugte rechte Bein mit der Ferse unter gleichmäßigem Druck gegen den Widerstand.

↓

Stretching:
2 – 3 Sekunden Entspannung

↓

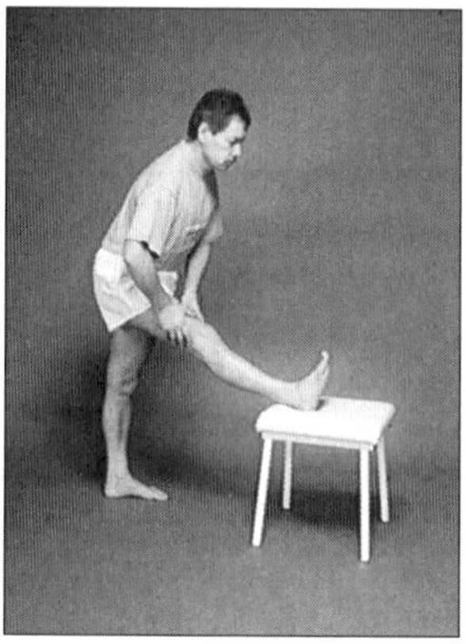

Übung: IV 17 D 301 (Dehnung)

Beugen Sie den Oberkörper gestreckt soweit nach vorne, bis Sie auf der Rückseite des rechten Oberschenkels ein schmerzfreies Spannungsgefühl verspüren. Verbleiben Sie in dieser Körperhaltung.

Übung: IV 17 J/D 401

Führen Sie die Übung mit dem linken Bein durch.

Übung: IV 17 J 302
(Isometrische Muskelanspannung)

Strecken Sie das rechte Bein in der Hüfte und halten Sie es in dieser Position.

Übung: IV 17 J 402

Führen Sie die Übung mit dem linken Bein durch.

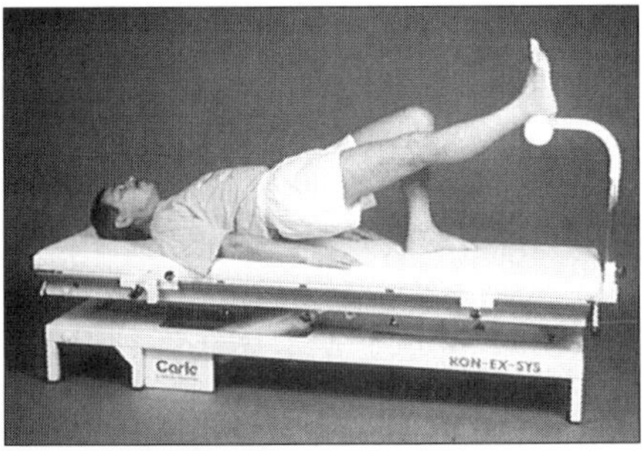

Übung: IV 17 J 303
(Isometrische Muskelanspannung)

Pressen Sie das rechte Bein unter gleichmäßigem Druck gegen den Widerstand.

Übung: IV 17 J 403

Führen Sie die Übung mit dem linken Bein durch.

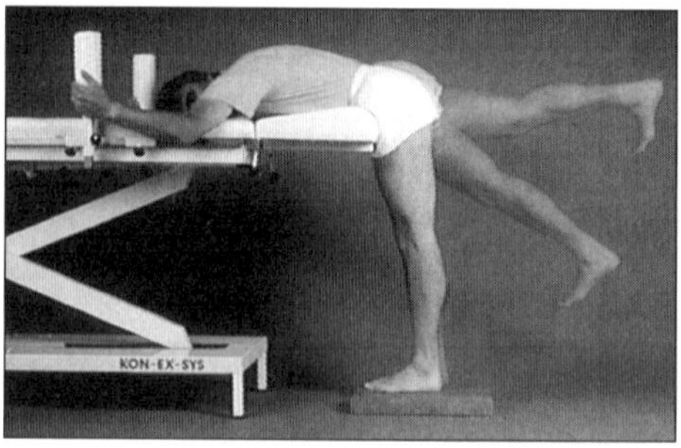

Übung: IV 17 M/K 301
(Mobilisation/Kräftigung)

Strecken und beugen Sie abwechselnd das rechte Bein in der Hüfte.

Übung: IV 17 M/K 401

Führen Sie die Übung mit dem linken Bein durch.

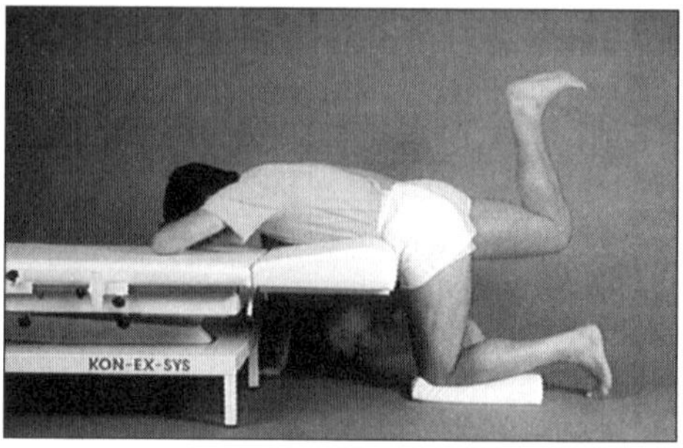

Übung: IV 17 M/K 302
(Mobilisation/Kräftigung)

Führen Sie das gebeugte rechte Bein abwechselnd aus der Hüftbeugung in die Hüftstreckung.

Übung: IV 17 M/K 402

Führen Sie die Übung mit dem linken Bein durch.

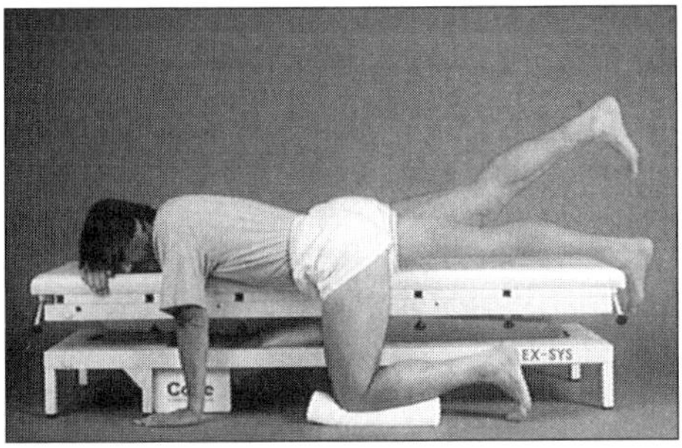

Übung: IV 17 M/K 303
(Mobilisation/Kräftigung)

Führen Sie das rechte Bein aus der Neutralnullstellung in die Hüftstreckung und zurück.

Übung: IV 17 M/K 403

Führen Sie die Übung mit dem linken Bein durch.

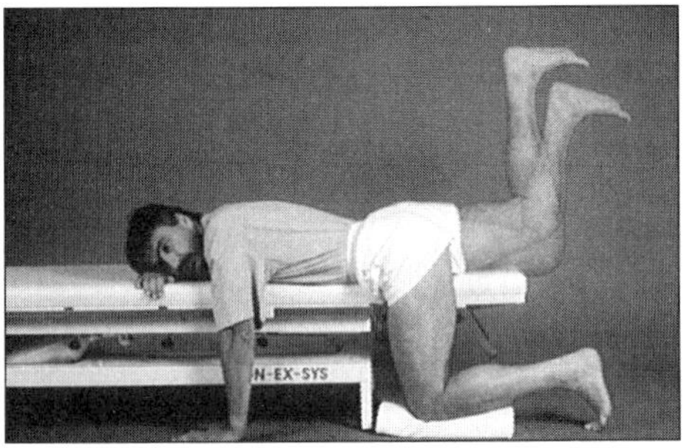

Übung: IV 17 M/K 304
(Mobilisation/Kräftigung)

Führen Sie das rechte Bein aus der Neutralnullstellung in die Hüftstreckung und zurück.

Übung: IV 17 M/K 404

Führen Sie die Übung mit dem linken Bein durch.

Funktionskreis: IV
Gelenk: Hüftgelenk
Trainingsbereich: 18

Bewegungs-richtung	Winkel-stellung	hauptsächlich beanspruchte Muskeln
Abduktion (Abspreizung)	45°	M. glutaeus medius 12,4 mkp (mittlerer Gesäßmuskel) M. rectus femoris 9,8 mkp (gerader Schenkelmuskel) M. glutaeus maximus 9,6 mkp (großer Gesäßmuskel) M. tensor fasciae latae 8,6 mkp Spanner der Oberschenkelbinde) M. glutaeus minimus 7,1 mkp (kleiner Gesäßmuskel) M. sartorius 1,9 mkp (Schneidermuskel) M. piriformis 1,6 mkp (birnenförmiger Muskel)
Adduktion (Heranführung)		M. adductor magnus 28,0 mkp (großer Oberschenkelanzieher) M. glutaeus maximus 12,5 mkp (großer Gesäßmuskel) M. adductor longus 12,2 mkp (langer Oberschenkelanzieher) M. adductor brevis 9,0 mkp (kurzer Oberschenkelanzieher) M. semimembranosus 8,4 mkp (Plattsehnenmuskel) M. iliopsoas 5,8 mkp (Hüftlendenmuskel) M. biceps femoris 5,5 mkp (zweiköpfiger Schenkelmuskel) M. semitendinosus 3,9 mkp (Halbsehnenmuskel) M. pectineus 3,7 mkp (Kammuskel) M. obturatorius externus 3,7 mkp (äußerer Hüftlochmuskel) M. gracilis 2,9 mkp Schlankmuskel) M. quadratus femoris 2,2 mkp (viereckiger Schenkelmuskel)

Da in der Neutralnullstellung sich beide Beine berühren, gibt es keine reine absolute Adduktion. Es ist allerdings eine relative Adduktion möglich, indem das Bein aus einer Abduktionsstellung herangeführt wird. Darüber hinaus ist die Adduktion als Retroversion mit Hüftstreckung und Anteversion mit Hüftbeugung möglich.

Funktionskreis: IV
Gelenk: Hüftgelenk
Trainingsbereich: 18

Bewegungsrichtung	Winkelstellung	hauptsächlich beanspruchte Muskeln
Anteversion (Vorführung mit Hüftbeugung)	30°	
Retroversion (Rückführung mit Hüftstreckung)	30°	

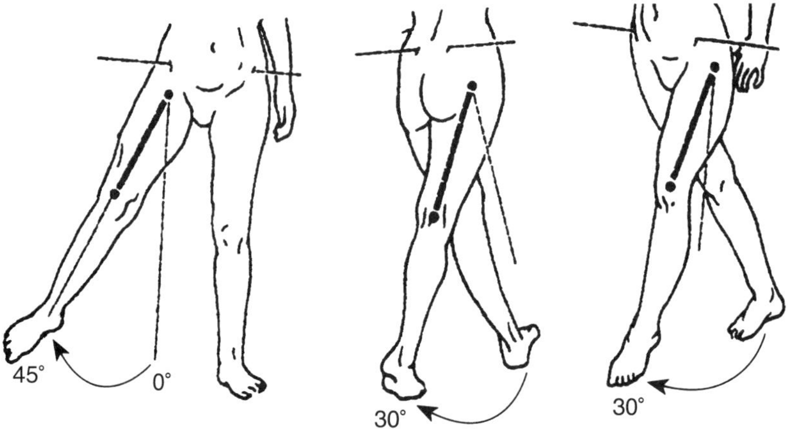

Abduktion Retroversion Anteversion

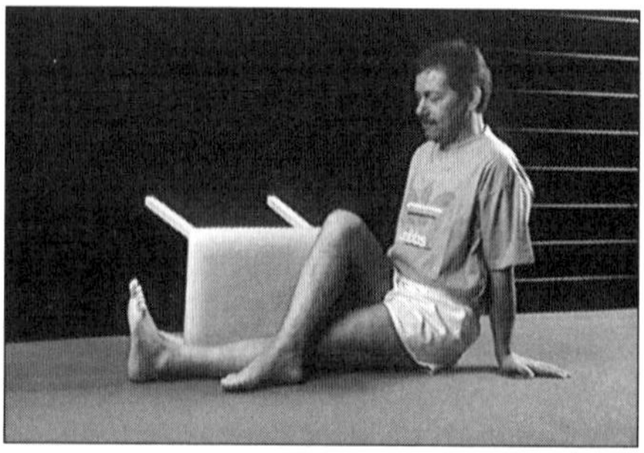

Übung: IV 18 J 101
(Isometrische Muskelanspannung)

Pressen Sie das gebeugte rechte Bein mit dem Knie unter gleichmäßigem Druck gegen den Widerstand.

↓

Stretching:
2 – 3 Sekunden Entspannung

↓

Übung: IV 18 D 101 (Dehnung)

Ziehen Sie das gebeugte rechte Bein so weit nach links, bis Sie auf der Außenseite des rechten Oberschenkels ein schmerzfreies Spannungsgefühl spüren. Verbleiben Sie in dieser Körperhaltung.

Übung: IV 18 J/D 201

Führen Sie die Übung mit dem linken Bein durch.

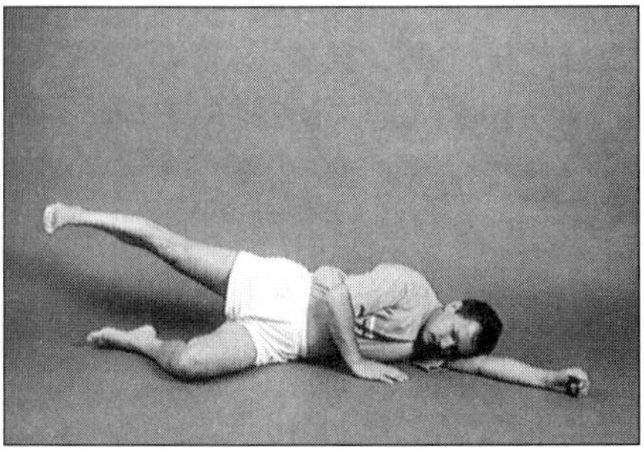

Übung: IV 18 J 102
(Isometrische Muskelanspannung)

Spreizen Sie das rechte Bein und halten Sie es in dieser Position.

Übung: IV 18 J 202

Führen Sie die Übung mit dem linken Bein durch.

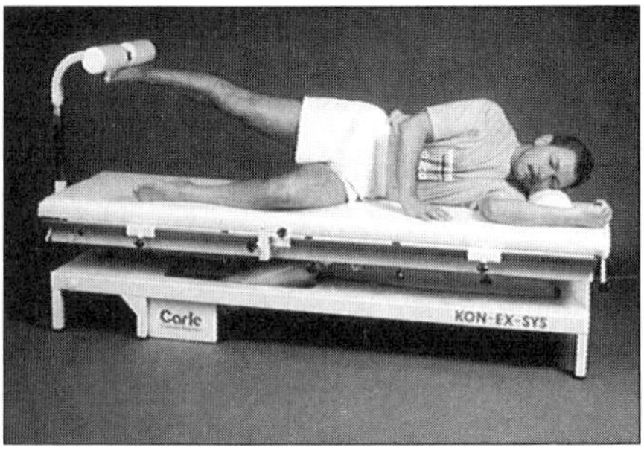

Übung: IV 18 J 103
(Isometrische Muskelanspannung)

Pressen Sie das rechte Bein unter gleichmäßigem Druck gegen den Widerstand.

Übung: IV 18 J 203

Führen Sie die Übung mit dem linken Bein durch.

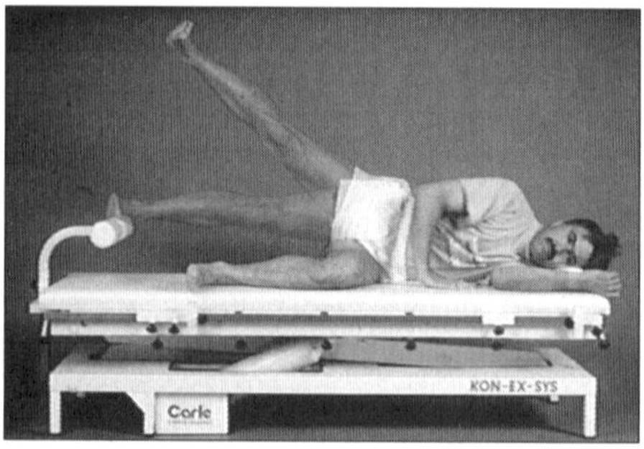

Übung: IV 18 M/K 101
(Mobilisation/Kräftigung)

Spreizen Sie das rechte Bein aus der Seitlage links nach oben und führen Sie es zum Körper zurück. Weichen Sie dabei nicht mit der Hüfte aus.

Übung: IV 18 M/K 201

Führen Sie die Übung mit dem linken Bein durch.

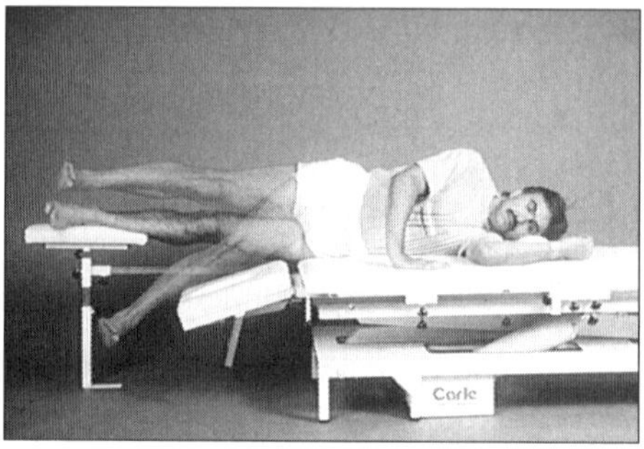

Übung: IV 18 M/K 102
(Mobilisation/Kräftigung)

Führen Sie das vorne überkreuzte rechte Bein in die Neutralnullstellung und zurück.

Übung: IV 18 M/K 202

Führen Sie die Übung mit dem linken Bein durch.

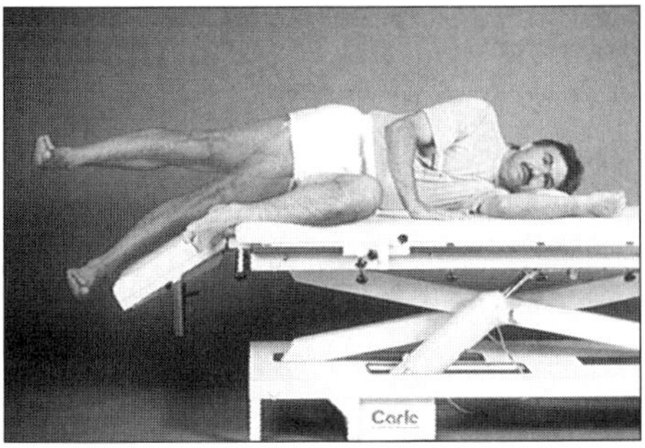

Übung: IV 18 M/K 103
(Mobilisation/Kräftigung)

Führen Sie das rechte Bein in die Neutralnullstellung und zurück.

Übung: IV 18 M/K 203

Führen Sie die Übung mit dem linken Bein durch.

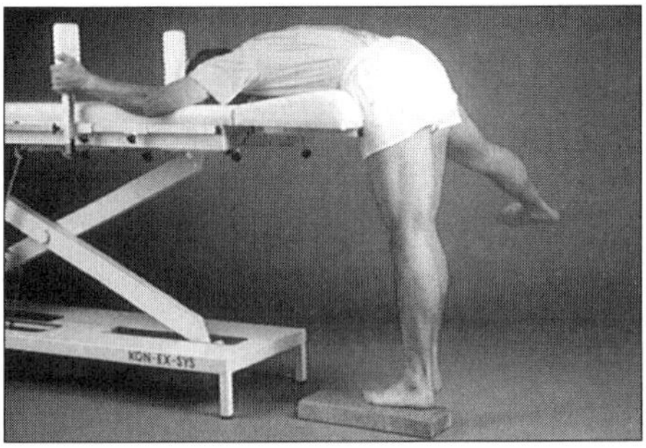

Übung: IV 18 M/K 104
(Mobilisation/Kräftigung)

Spreizen Sie das rechte Bein nach außen und führen Sie es zum Körper zurück.

Übung: IV 18 M/K 204

Führen Sie die Übung mit dem linken Bein durch.

Übung: IV 18 J 301
(Isometrische Muskelanspannung)

Pressen Sie das leicht gebeugte rechte Bein mit der Ferse unter gleichmäßigem Druck gegen den Widerstand.

↓

Stretching:
2 – 3 Sekunden Entspannung

↓

Übung: IV 18 D 301 (Dehnung)

Beugen Sie den Oberkörper soweit zur rechten Seite, bis Sie auf der Innenseite des rechten Oberschenkels ein schmerzfreies Spannungsgefühl spüren. Verbleiben Sie in dieser Körperhaltung.

Übung: IV 18 J/D 401

Führen Sie die Übung mit dem linken Bein durch.

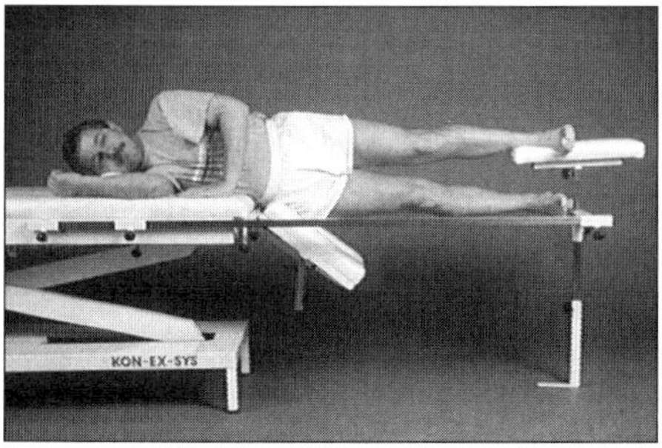

Übung: IV 18 J 302
(Isometrische Muskelanspannung)

Führen Sie das rechte Bein zum Körper hin und halten Sie es in dieser Position.

Übung: IV 18 J 402

Führen Sie die Übung mit dem linken Bein durch.

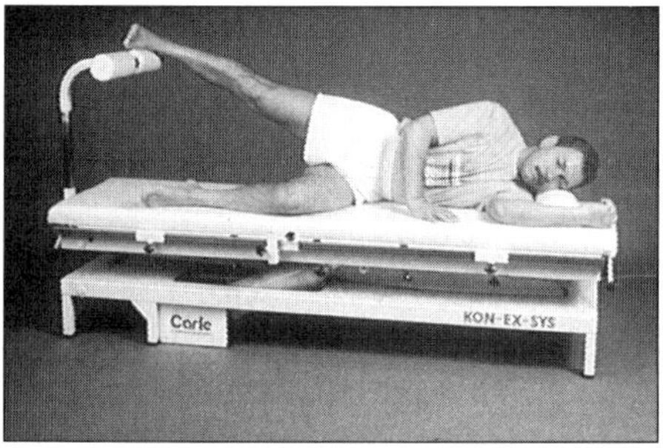

Übung: IV 18 J 303
(Isometrische Muskelanspannung)

Pressen Sie das rechte Bein unter gleichmäßigem Druck gegen den Widerstand.

Übung: IV 18 J 403

Führen Sie die Übung mit dem linken Bein durch.

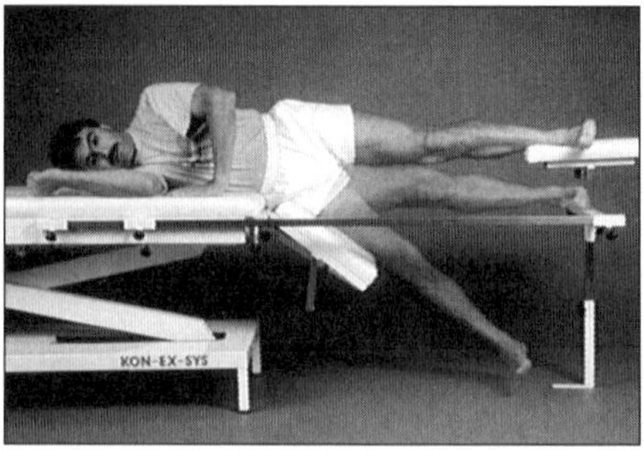

Übung: IV 18 M/K 301 (Mobilisation/Kräftigung)

Führen Sie das rechte Bein zum Körper hin und spreizen Sie es zurück.

Übung: IV 18 M/K 401

Führen Sie die Übung mit dem linken Bein durch.

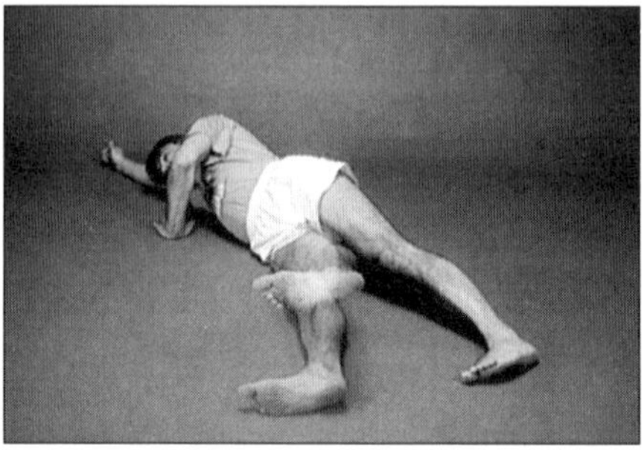

Übung: IV 18 M/K 302 (Mobilisation/Kräftigung)

Führen Sie das rechte Bein überkreuz vor den Körper und in die Ausgangslage zurück.

Übung: IV 18 M/K 402

Führen Sie die Übung mit dem linken Bein durch.

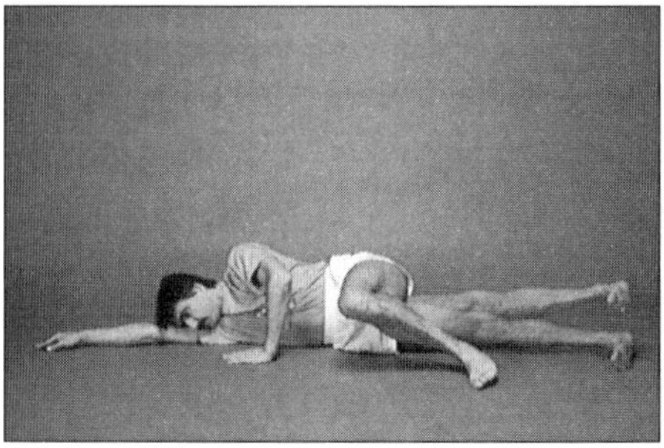

Übung: IV 18 M/K 303
(Mobilisation/Kräftigung)

Heben Sie das rechte Bein aus der Neutralnullstellung an und führen Sie es in die Ausgangslage zurück.

Übung: IV 18 M/K 403

Führen Sie die Übung mit dem linken Bein durch.

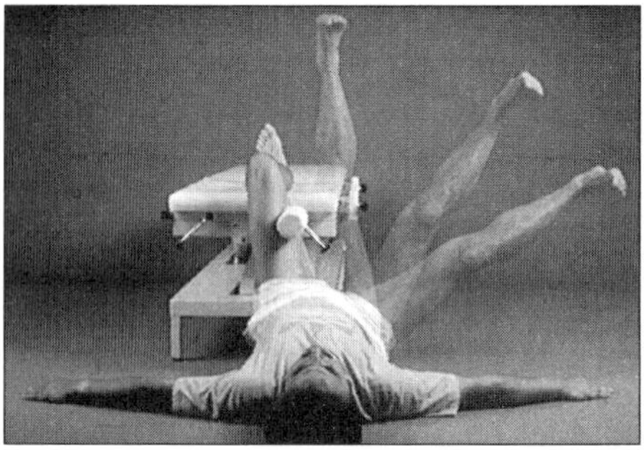

Übung: IV 18 M/K 304
(Mobilisation/Kräftigung)

Spreizen Sie das rechte Bein nach außen und führen Sie es zum Körper zurück.

Übung: IV 18 M/K 404

Führen Sie die Übung mit dem linken Bein durch.

Funktionskreis: IV
Gelenk: Hüftgelenk
Trainingsbereich: 19

Bewegungsrichtung	Winkelstellung	hauptsächlich beanspruchte Muskeln
Innenrotation (Einwärtsdrehung)	30°– 45°	M. adductor magnus (ohne Wertangabe) (großer Oberschenkelanzieher) M. adductor longus (ohne Wertangabe) (langer Oberschenkelanzieher) M. tensor fasciae latae 0,9 mkp (Spanner der Oberschenkelbinde) M. glutaeus minimus 0,8 mkp (kleiner Gesäßmuskel) M. rectus femoris 0,5 mkp (gerader Schenkelmuskel)
Außenrotation (Auswärtsdrehung)	60°	M. glutaeus maximus 9,0 mkp (großer Gesäßmuskel) M. glutaeus medius 4,2 mkp (mittlerer Gesäßmuskel) M. obturatorius externus } 2,5 mkp M. obturatorius internus } (äußerer und innerer Hüftlochmuskel) M. adductor magnus 2,2 mkp (großer Oberschenkelanzieher) M. rectus femoris 1,4 mkp (gerader Schenkelmuskel)

Die Messung erfolgt mit rechtwinklig gebeugtem Kniegelenk.

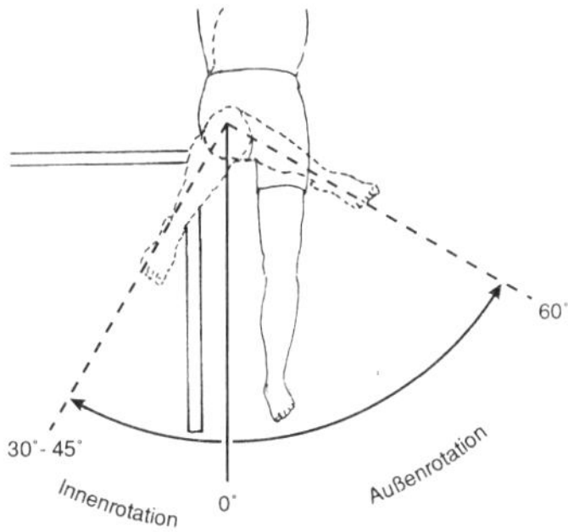

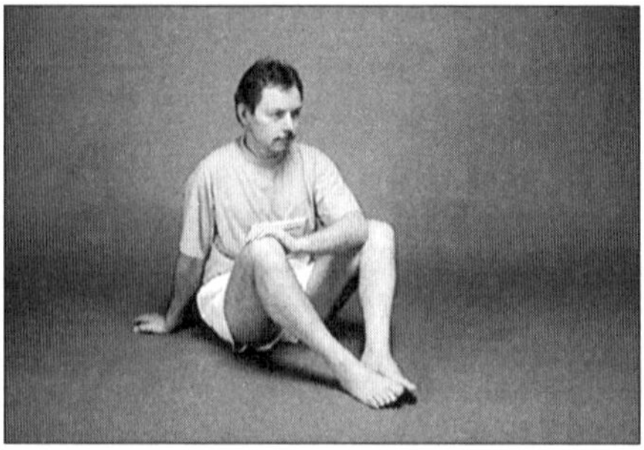

Übung: IV 19 J 101
(Isometrische Muskelanspannung)

Pressen Sie beide Knie unter gleichmäßigem Druck gegen den Widerstand des Unterarms.

↓

Stretching:
2 – 3 Sekunden Entspannung

↓

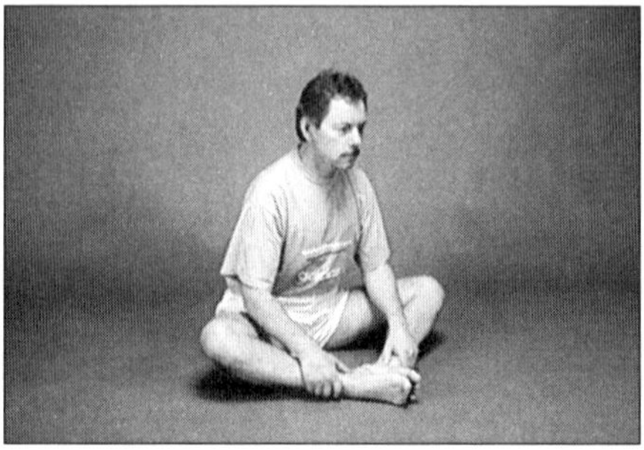

Übung: IV 19 D 101 (Dehnung)

Drücken Sie beide Knie unter gestreckter Körpervorlage soweit zum Boden, bis Sie ein schmerzfreies Spannungsgefühl auf der Innenseite der beiden Oberschenkel spüren. Verbleiben Sie in dieser Körperhaltung.

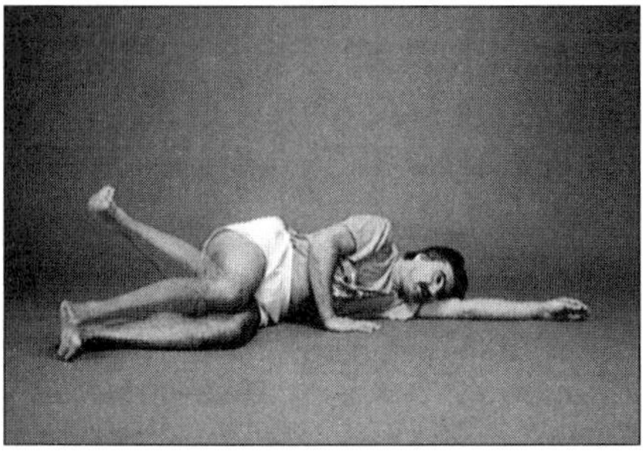

Übung: IV 19 M/K 101 (Mobilisation/Kräftigung)

Heben Sie den rechten Unterschenkel vom Boden an und führen Sie ihn in die Ausgangslage zurück.

Übung: IV 19 M/K 201

Führen Sie die Übung mit dem linken Unterschenkel durch.

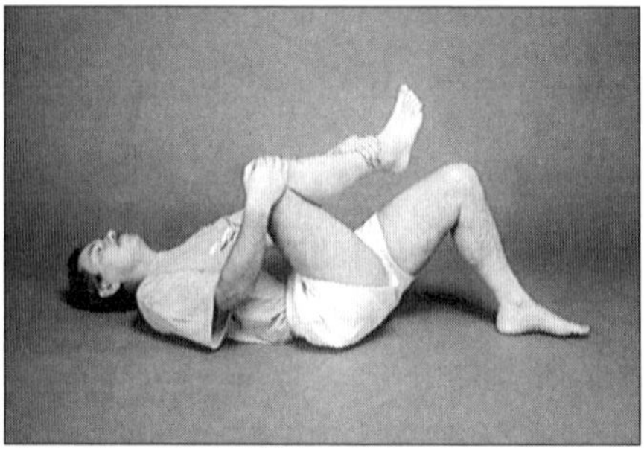

Übung: IV 19 J 301 (Isometrische Muskelanspannung)

Pressen Sie den Unterschenkel des gebeugten rechten Beines unter gleichmäßigem Druck gegen den Widerstand Ihrer Hände nach außen. Vermeiden Sie jegliche Belastung im Kniegelenk.

↓

Stretching:
2 – 3 Sekunden Entspannung

↓

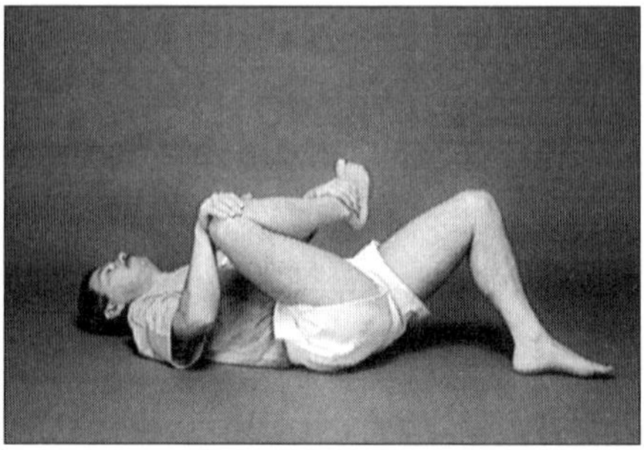

Übung: IV 19 D 301 (Dehnung)

Ziehen Sie den Unterschenkel des gebeugten rechten Beines so weit quer zur Brust, bis Sie ein schmerzfreies Spannungsgefühl auf der Außen- und Hinterseite des rechten Oberschenkels spüren. Verbleiben Sie in dieser Körperhaltung.

Übung: IV 19 J/D 401

Führen Sie die Übung mit dem linken Unterschenkel durch. ⇐

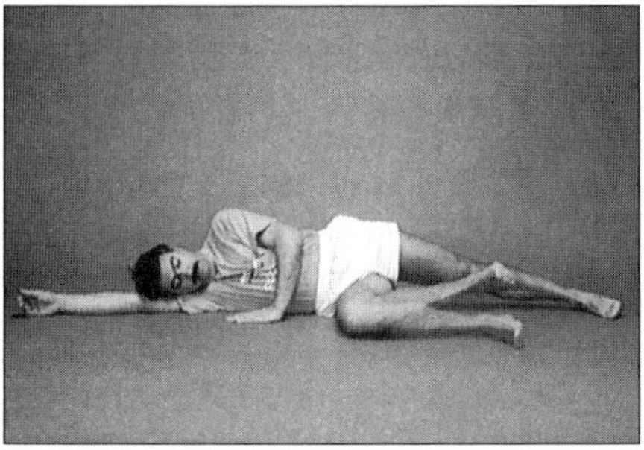

Übung: IV 19 M/K 301
(Mobilisation/Kräftigung)

Heben Sie den rechten Unterschenkel an und führen Sie ihn in die Ausgangslage zurück.

Übung: IV 19 M/K 401

Führen Sie die Übung mit dem linken Unterschenkel durch.

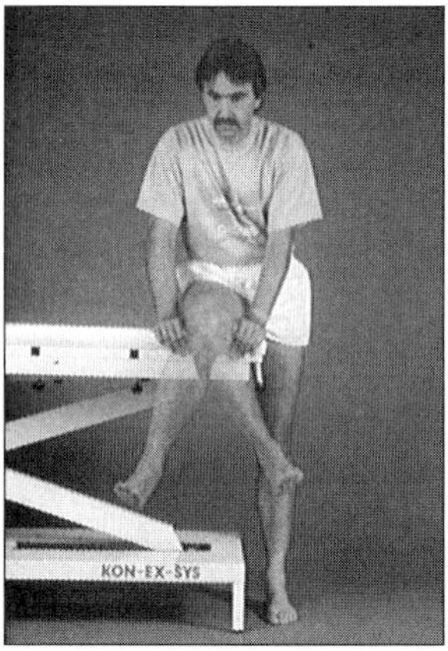

Übung: IV 19 M 001
(Mobilisation/Kräftigung)

Führen Sie den rechten, anschließend den linken Unterschenkel abwechselnd nach innen und außen.

Funktionskreis:	**IV**
Gelenk:	**Hüftgelenk**
Trainingsbereich:	**20**

Bewegungsrichtung	Winkelstellung	hauptsächlich beanspruchte Muskeln
Zirkumduktion (Umführbewegung)		vgl. Trainingsbereich 17/18

Wie bei allen Gelenken mit drei Freiheitsgraden, so setzt sich auch beim Hüftgelenk die Zirkumduktion aus um die drei Hauptachsen ausgeführten Hauptbewegungskomponenten zusammen. Bei maximaler Zirkumduktion beschreibt die Beinachse einen Kegel – den Zirkumduktionskegel –, dessen Spitze im Drehzentrum des Hüftgelenkes liegt.

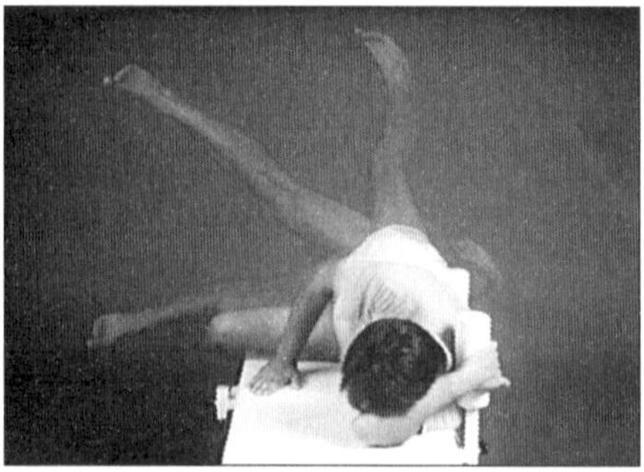

Übung: IV 20 M/K 101 (Kräftigung)

Kreisen Sie das rechte Bein mit größtmöglichem Ausschlag abwechselnd vor- und rückwärts. Der Oberkörper ist bis zur Hüfte auf einer Unterlage fixiert.

Übung: IV 20 M/K 201

Führen Sie die Übung mit dem linken Bein durch.

Funktionskreis: IV
Gelenk: Kniegelenk
Trainingsbereich: 21

Bewegungs-richtung	Winkel-stellung	hauptsächlich beanspruchte Muskeln
Flexion (Beugung bei gestrecktem Hüftgelenk)	120°	M. semimembranosus 16,8 mkp (Plattsehnenmuskel) M. semitendinosus 13,2 mkp (Halbsehnenmuskel) M. biceps femoris 10,3 mkp (zweiköpfiger Schenkelmuskel) M. gracilis 3,1 mkp (Schlankmuskel) M. sartorius 2,3 mkp (Schneidermuskel)
(bei gebeugtem Hüftgelenk)	140°	M. quadriceps femoris 142 mkp (Schenkelstrecker) M. tensor fasciae latae 0,8 mkp (Spanner der Oberschenkelbinde)

Der Unterschied zwischen beiden Beugemöglichkeiten beruht auf einer verringerten Effizienz der ischiocruralen Muskeln bei gestrecktem Hüftgelenk. Die ischiocruralen Muskeln sind aufgrund ihrer Zweigelenkigkeit und ihrer oftmals gegensätzlichen Funktionen bei ein und derselben Bewegung (hüftstreckend und kniebeugend) besonders verletzungsanfällig.

Streckung ist nur nach vorangegangener Beugung bis zur Ausgangsstellung (Neutralnullstellung) möglich.

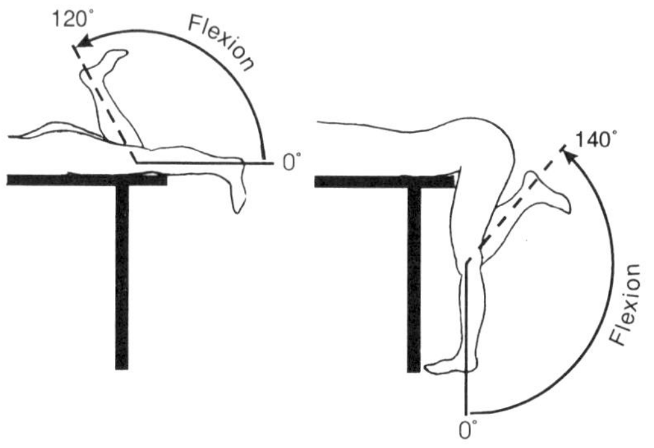

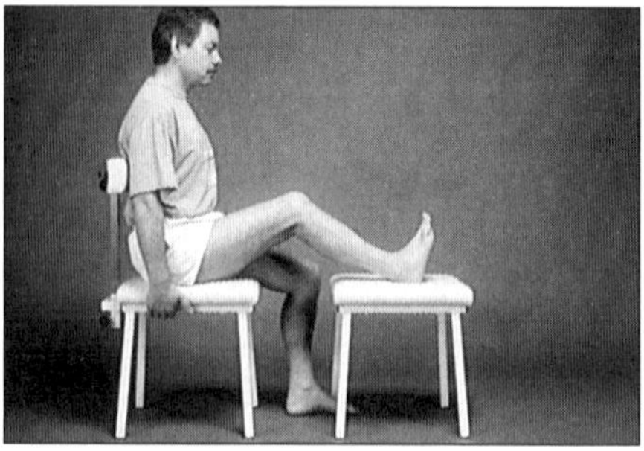

Übung: IV 21 J 101
(Isometrische Muskelanspannung)

Pressen Sie das gebeugte rechte Bein mit der Ferse unter gleichmäßigem Druck gegen den Widerstand.

Stretching:
2 – 3 Sekunden Entspannung

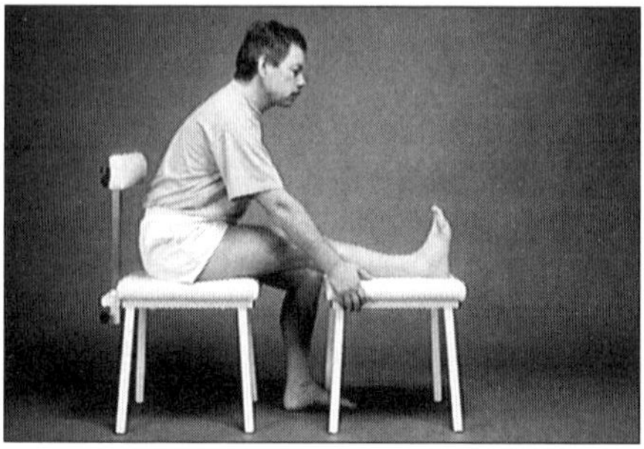

Übung: IV 21 D 101 (Dehnung)

Verlagern Sie den geraden Oberkörper soweit auf das gestreckte Bein, bis Sie ein schmerzfreies Spannungsgefühl auf der Rückseite des rechten Oberschenkels spüren. Verbleiben Sie in dieser Körperhaltung.

Übung: IV 21 J/D 201

Führen Sie die Übung mit dem linken Bein durch.

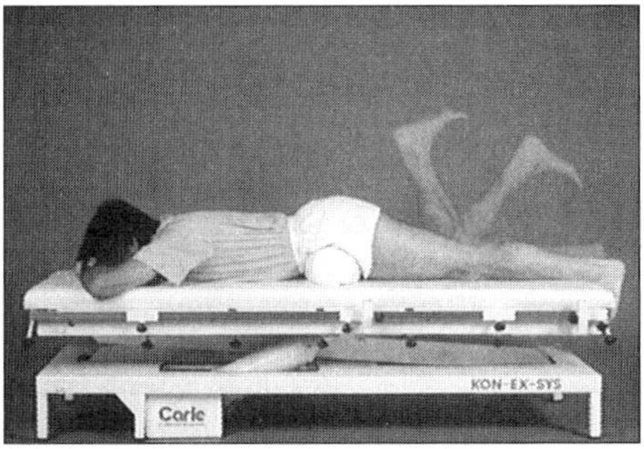

Übung: IV 21 M/K 101
(Mobilisation/Kräftigung)

Beugen und strecken Sie abwechselnd den rechten Unterschenkel.

Übung: IV 21 M/K 201

Führen Sie die Übung mit dem linken Bein durch.

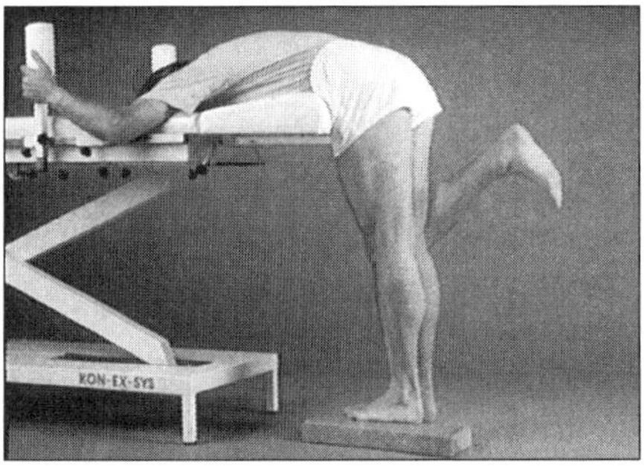

Übung: IV 21 M/K 102
(Mobilisation/Kräftigung)

Beugen und strecken Sie abwechselnd den rechten Unterschenkel.

Übung: IV 21 M/K 202

Führen Sie die Übung mit dem linken Bein durch.

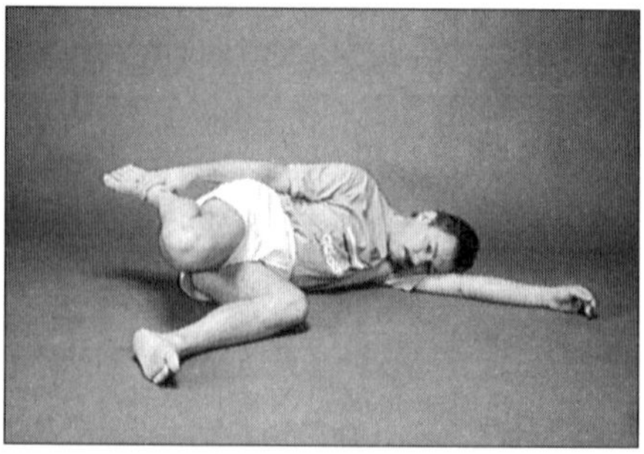

Übung: IV 21 J 301 (Isometrische Muskelanspannung)

Pressen Sie das gebeugte rechte Bein unter gleichmäßigem Druck gegen den Widerstand der rechten Hand.

↓

Stretching:
2 – 3 Sekunden Entspannung

↓

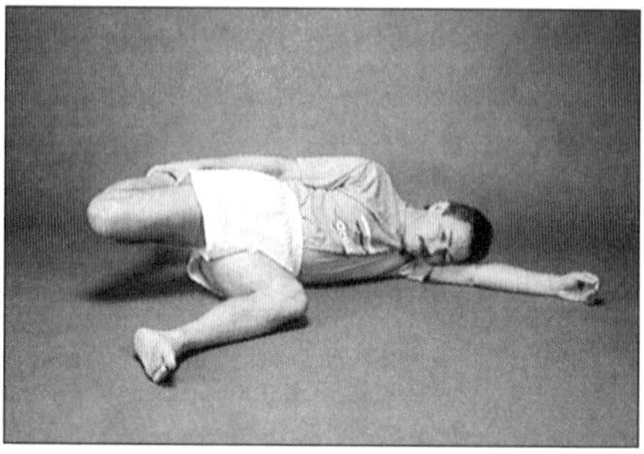

Übung: IV 21 D 301 (Dehnung)

Ziehen Sie das rechte gebeugte Bein soweit nach hinten, bis Sie ein schmerzfreies Spannungsgefühl auf der Vorderseite des rechten Oberschenkels spüren. Verbleiben Sie in dieser Körperhaltung.

Übung: IV 21 J/D 401

Führen Sie die Übung mit dem linken Bein durch.

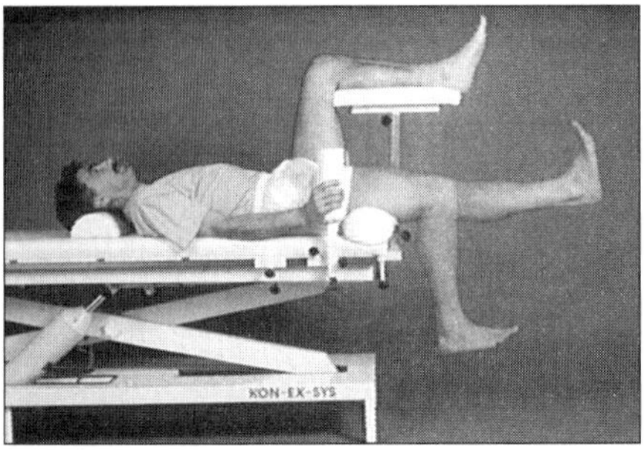

Übung: IV 21 M/K 301
(Mobilisation/Kräftigung)

Strecken und beugen Sie abwechselnd den rechten Unterschenkel.

Übung: IV 21 M/K 401

Führen Sie die Übung mit dem linken Bein durch.

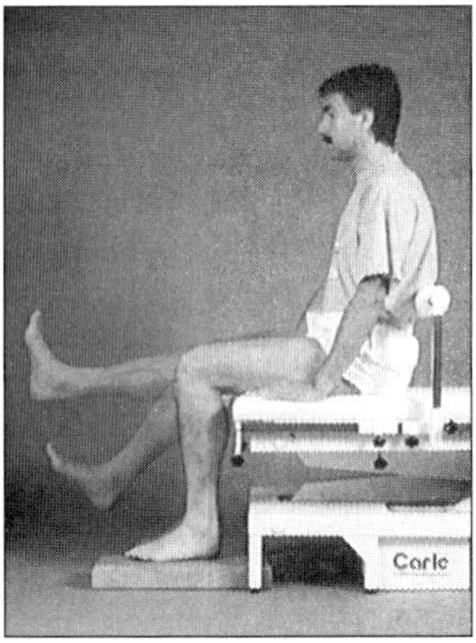

Übung: IV 21 M/K 302
(Mobilisation/Kräftigung)

Strecken und beugen Sie abwechselnd den rechten Unterschenkel.

Übung: IV 21 M/K 402

Führen Sie die Übung mit dem linken Bein durch.

Funktionskreis: IV
Gelenk: Kniegelenk
Trainingsbereich: 22

Bewegungs-richtung	Winkel-stellung	hauptsächlich beanspruchte Muskeln
Innenrotation (Einwärts-drehung)	30°	*Die Kniegelenksbeuger sind gleichzeitig auch Rotatoren.* M. semimembranosus 3,4 mkp (Plattsehnenmuskel) M. semitendinosus 0,8 mkp (Halbsehnenmuskel) M. popliteus 0,8 mkp (Kniekehlenmuskel) M. sartorius 0,6 mkp (Schneidermuskel) M. gracilis 0,4 mkp (Schlankmuskel)
Außenrotation (Auswärts-drehung)	40°	M. biceps femoris 4,9 mkp (zweiköpfiger Schenkelmuskel) M. tensor fasciae latae 0,6 mkp (Spanner der Oberschenkelbinde)

Die Drehung des Unterschenkels um seine Längsachse kann nur bei gebeugtem Kniegelenk stattfinden. Die Kniestreckung verbindet Schien- und Wadenbein zu einer festen Tragsäule.

Um die aktive Rotation zu messen, muß deshalb das Kniegelenk rechtwinklig gebeugt werden.

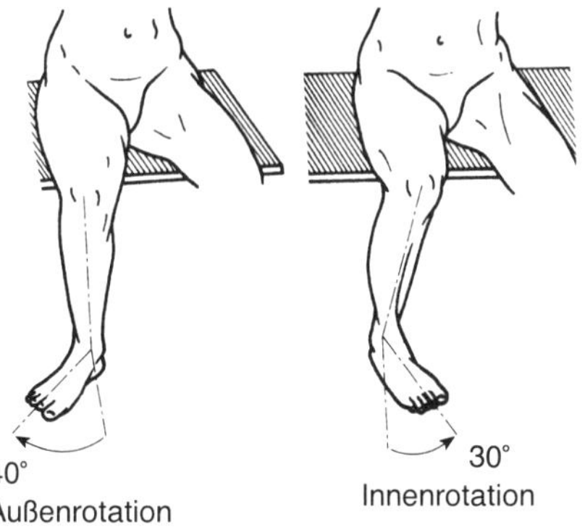

Funktionskreis: **IV**
Gelenk: **Oberes Sprunggelenk**
Trainingsbereich: **23**

Bewegungs-richtung	Winkel-stellung	hauptsächlich beanspruchte Muskeln
Plantarflexion (Beugung)	30 – 50°	M. gastrocnemius 9,0 mkp (Zwillingswadenmuskel) M. soleus 7,4 mkp (Schollenmuskel) M. flexor hallucis longus 0,9 mkp (langer Großzehenbeuger) M. flexor digitorum longus 0,4 mkp (langer Zehenbeuger) M. tibialis posterior 0,4 mkp (hinterer Schienbeinmuskel) M. peronaeus longus 0,4 mkp (langer Wadenbeinmuskel) M. peronaeus brevis 0,3 mkp (kurzer Wadenbeinmuskel)
Dorsalextension (Streckung)	10 – 20°	M. tibialis anterior 2,5 mkp (vorderer Schienbeinmuskel) M. extensor digitorum longus 0,8 mkp (langer Zehenstrecker) M. peronaeus tertius 0,5 mkp (dritter Wadenbeinmuskel) M. extensor hallucis longus 0,4 mkp (langer Großzehenstrecker)

Aus der Neutralnullstellung heraus wird im oberen Sprunggelenk dorsal extensiert, indem der Fußrücken sich der Unterschenkelvorderfläche nähert. Umgekehrt kommt es bei der Plantarflexion zu einer Entfernung des Fußrückens von der Unterschenkelvorderseite. Die Bezeichnung „Plantarflexion“ kann unter dem Gesichtspunkt, daß eine Beugung grundsätzlich ein Körperglied an den Rumpf heranführt, als unzutreffend angesehen werden.

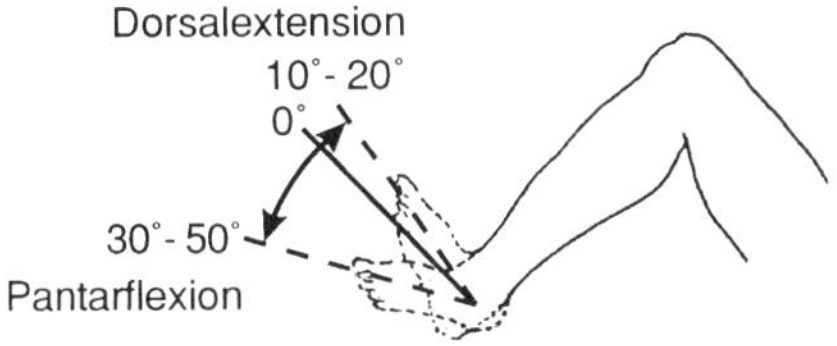

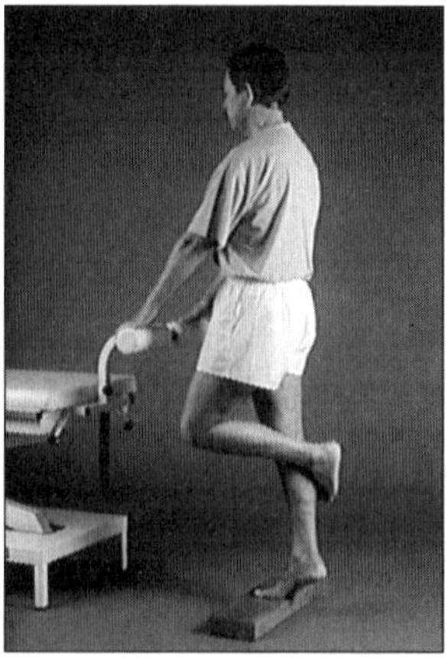

Übung: IV 23 J 101
(Isometrische Muskelanspannung)

Begeben Sie sich in den Zehenstand rechts und halten Sie diese Position.

↓

Stretching:
2 – 3 Sekunden Entspannung

↓

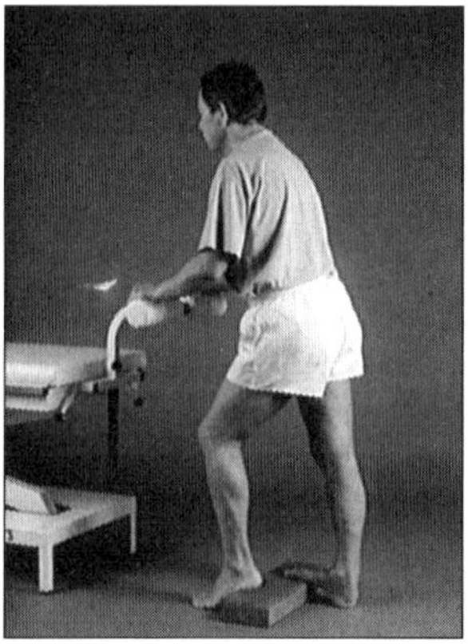

Übung: IV 23 D 101 (Dehnung)

Beugen Sie im Ausfallschritt das linke Bein soweit, bis Sie in der Wade des gestreckten rechten Beines ein schmerzfreies Spannungsgefühl spüren. Verbleiben Sie in dieser Körperhaltung.

Übung: IV 23 J/D 201

Führen Sie die Übung mit dem linken Bein durch.

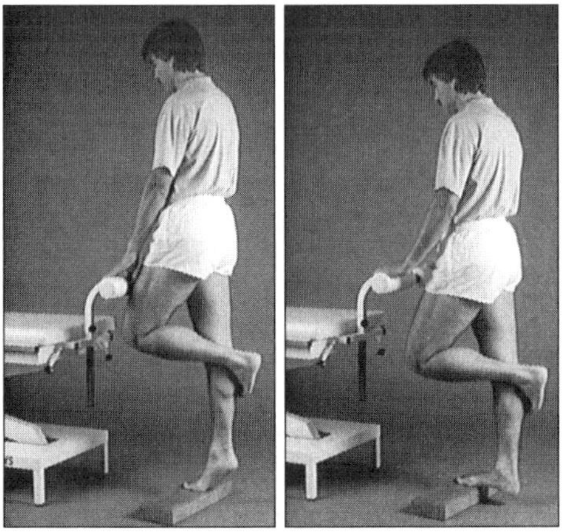

Übung: IV 23 K 101 (Kräftigung)

Heben und senken Sie abwechselnd die rechte Ferse.

Übung: IV 23 K 201

Führen Sie die Übung mit dem linken Bein durch.

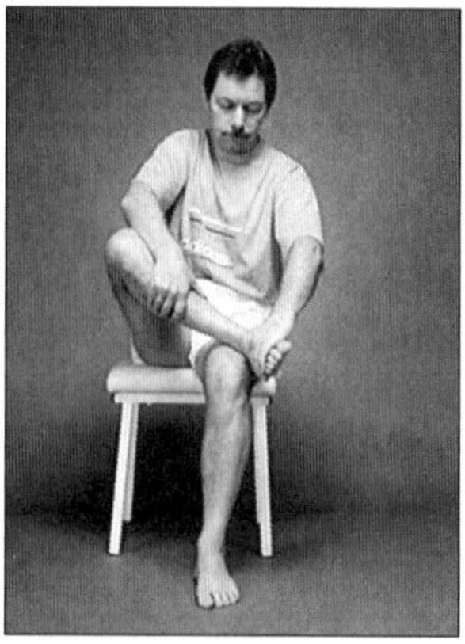

Übung: IV 23 J 301
(Isometrische Muskelanspannung)

Pressen Sie den rechten Fuß unter gleichmäßigem Druck gegen den Widerstand.

↓

Stretching:
2 – 3 Sekunden Entspannung

↓

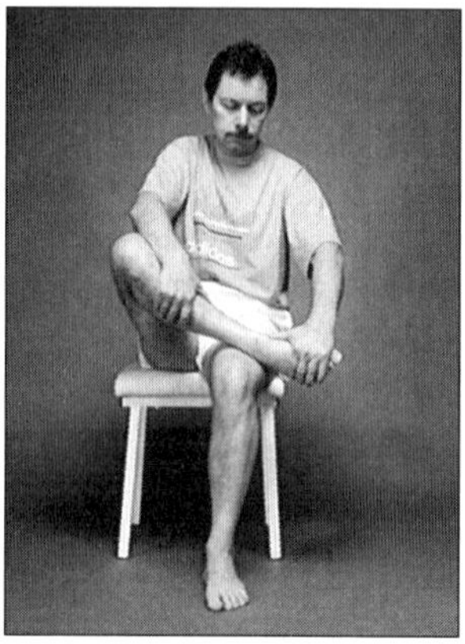

Übung: IV 23 D 301 (Dehnung)

Beugen Sie das Sprunggelenk soweit, bis Sie auf dem Fußrücken ein schmerzfreies Spannungsgefühl spüren. Achten Sie darauf, daß Fußrist und Schienbein eine gerade Linie bilden. Verbleiben Sie in dieser Körperhaltung.

Übung: IV 23 J/D 401

Führen Sie die Übung mit dem linken Bein durch.

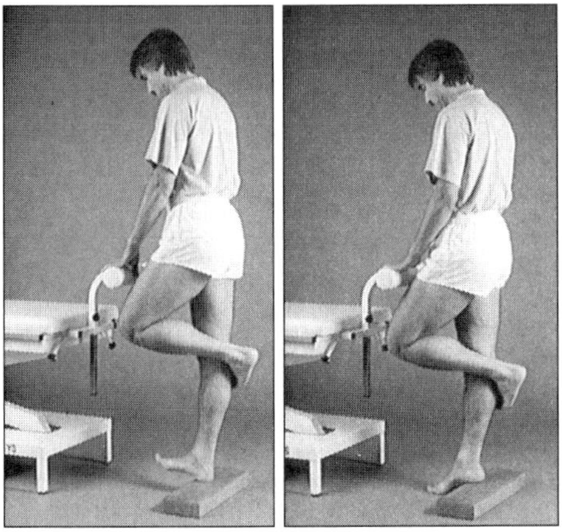

Übung: IV 23 K 301 (Kräftigung)

Heben und senken Sie abwechselnd den rechten Vorfuß.

Übung: IV 23 K 401

Führen Sie die Übung mit dem linken Bein durch. ◀IIII

9.2 Leistungsdiagnose

Wie Sie bereits im Kapitel Herz-Kreislauftraining feststellen konnten, ist ein zielgerichtetes Training mit der exakten Bestimmung der Belastbarkeit des Organismus verbunden. Für das Training des Bewegungsapparates bedeutet dies,

– die Leistungsfähigkeit der Muskulatur sowie
– die Beweglichkeit in den Gelenken

zu überprüfen, um aus den Ergebnissen Trainingsprogramme mit genau dosierten Belastungen ableiten zu können.

Die einfachste Möglichkeit einer leistungsdiagnostischen Eigenbeurteilung besteht darin, seine subjektiven Empfindungen durch ein selbstkritisches In-sich-Hineinhorchen zu ordnen.

Treten Beschwerden in bestimmten Lebenssituationen auf? Sind diese schon im Ruhezustand oder erst bei Belastung spürbar? Bei welcher körperlichen Beanspruchung machen sie sich besonders bemerkbar? Welche Körperregionen sind davon betroffen?

Bei dauerhaften Beschwerden sollte grundsätzlich ein Arzt die Ursachen feststellen. Liegen der Diagnose keine organischen Befunde zugrunde, dann kann jeder, zu jeder Zeit, unabhängig vom Alter, mit dem Training beginnen.

Bereits der Streßtest aus Kapitel I (vgl. S. 39f.) liefert wichtige – wenngleich noch subjektive – Ansatzpunkte zum Körpertraining, da er verschiedene Fragen, die sich auf die motorische Ebene beziehen, beinhaltet. Treten bei der Bewertung in bestimmten Kategorien hohe Punktzahlen auf, dann ist es ratsam, denjenigen Körperpartien, die besonders anfällig sind, beim Training auch besondere Aufmerksamkeit zu schenken.

Wohlgemerkt handelt es sich bei dem Test nur um subjektive Bewertungen des eigenen Wohlbefindens. In den seltensten Fällen ist es sinnvoll, ausschließlich einen Körperbereich separat zu trainieren. Das Funktionieren unseres Körpers als Einheit sollte auch beim Training Beachtung finden.

Weiterreichende Aussagen über die sinnvolle Gestaltung von Trainingsprogrammen erfordern deshalb genaue leistungsdiagnostische Verfahren. Meist treten als Folgen der körperlichen Untätigkeit im Bewegungsapparat muskuläre Dysbalancen und Bewegungseinschränkungen innerhalb der Gelenke auf. Wie wir bereits ausführlich beschrieben haben, sind der Schulter-, Nacken- und Hüftbereich (vgl. S. 85–90) besonders davon betroffen. Deshalb ist es ratsam, eventuelle Abweichungen von der Norm durch motorische Beweglichkeitstests frühzeitig zu erkennen, um anschließend durch gezieltes Beweglichkeitstraining korrigierend darauf einwirken zu können. Beide nachfolgenden Tests geben Vergleichswerte in Abhängigkeit zum Lebensalter an, die bei der Beurteilung der persönlichen Testergebnisse einen objektivierten Interpretationsrahmen für mögliche Einschränkungen im Bewegungsapparat liefern.

Beweglichkeitstest: Ausschultern

Testziel:
Messung der Beweglichkeit im Schultergürtel

Anwendungsbereich:
Männer und Frauen aller Altersgruppen und Leistungsniveaus

Testgeräte:
Gymnastikstab, Besenstiel o. ä., Maßband

Testanweisung:
Ihre Aufgabe ist es, einen Stab vor dem Körper zu fassen und mit beiden gestreckten Armen gleichzeitig über den Kopf hinter den Rücken zu führen. Die Übung wird so lange mit Verkleinerung der Griffweite wiederholt, bis Sie den Stab nicht mehr nach hinten bringen können, ohne die Arme bei der Übungsausführung zu beugen.

Anmerkung:
Vor der Übungsausführung müssen Sie sich gründlich vordehnen.

Meßwertaufnahme:
Gemessen wird Ihre Schulterbreite und die kleinste Griffweite. Bewertet wird die Differenz zwischen Griffweite und Schulterbreite.
Zur exakten Beurteilung der Schultergelenkbeweglichkeit siehe Tab. 30 II, S. 369.

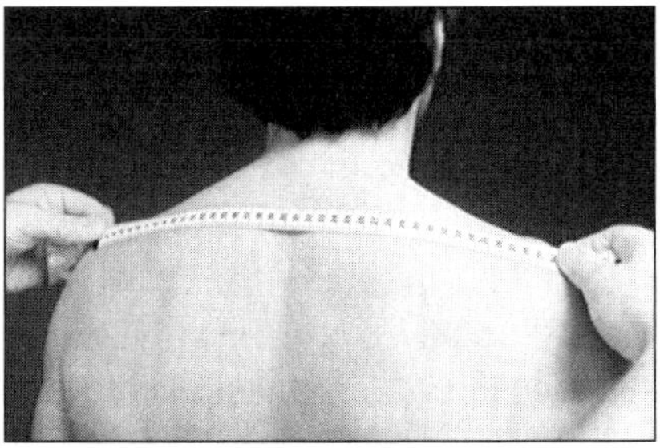

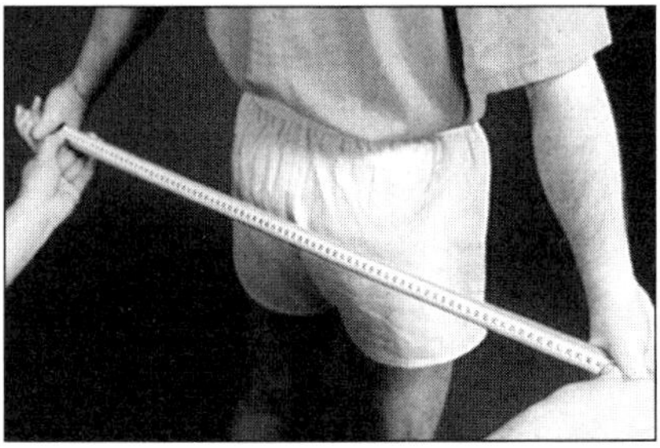

Vergleichswerte (nach *BEUKER* bei *BÖS* 1987):

Beurteilung (Skalenwerte in cm)								
Alters-	Männer				Frauen			
gruppen	20 – 29	30 – 39	40 – 49	50 – 59	20 – 29	30 – 39	40 – 49	50 – 59
sehr gut	< 36	< 42	< 47	< 56	< 26	< 33	< 38	< 43
gut	36 – 46	42 – 50	47 – 55	56 – 63	26 – 34	33 – 41	38 – 46	43 – 52
mittel	47 – 55	51 – 59	56 – 63	64 – 71	35 – 42	42 – 49	47 – 54	53 – 61
schwach	56 – 67	60 – 68	64 – 73	72 – 79	43 – 53	50 – 59	55 – 64	62 – 72
sehr schwach	> 67	> 68	> 73	> 79	> 53	> 59	> 64	> 72

Beweglichkeitstest:
Rumpfbeugen

Testziel:
Messung der Rumpfbeweglichkeit und Dehnfähigkeit der Beinmuskulatur

Anwendungsbereich:
Männer und Frauen aller Altersgruppen und Leistungsniveaus

Testgeräte:
Meßstab, Stuhl

Testanweisung:
Sie stehen auf einem Stuhl (einer Bank o. ä.), an dem nach oben und unten eine Meßskala angebracht ist. Falls nicht vorhanden, halten Sie einen auf dem Boden aufgestellten Meßstab senkrecht nach unten.
Ihre Aufgabe ist es, den Rumpf bei durchgedrückten Knien möglichst weit nach vorne zu beugen. Sie sollen dabei versuchen, mit den nach unten gestreckten Armen einen möglichst tiefen Meßpunkt auf der Meßskala zu erreichen und 2 sec zu halten.

Anmerkung:
Vor der Übungsausführung müssen Sie sich gründlich vordehnen.

Meßwertaufnahme:
Gemessen wird der Abstand von den Fingern zum Sohlenniveau (Nullpunkt der Meßskala).
Positive Werte: tiefer als Sohlenniveau,
negative Werte: höher als Sohlenniveau.
Es ist günstig, mehrere Versuche durchzuführen.

Vergleichswerte: **(nach *BEUKER* bei *BÖS* 1987):**

Beurteilung (Skalenwerte in cm)								
Altersgruppen	Männer 20 - 29	Männer 30 - 39	Männer 40 - 49	Männer 50 - 59	Frauen 20 - 29	Frauen 30 - 39	Frauen 40 - 49	Frauen 50 - 59
sehr gut	> 12	> 10	> 8	> 6	> 15	> 13	> 12	> 11
gut	9 - 12	6 - 10	3 - 8	2 - 6	12 - 15	10 - 13	10 - 12	7 - 11
mittel	5 - 8	2 - 5	0 - 2	-2 - 1	8 - 11	7 - 9	6 - 9	3 - 6
schwach	1 - 4	-2 - 1	-5 - -1	-6 - -3	4 - 7	3 - 6	2 - 5	-2 - 2
sehr schwach	< 1	< -2	< -5	< -6	< 4	< 3	< 2	< -2

Um detaillierte und umfassendere Aussagen über den Funktionszustand des Bewegungsapparates geben zu können, sind genauere Testverfahren notwendig. Hierzu haben wir die Tab. 30 zusammengestellt. Eine Selbstkontrolle kann nur Meßwertschätzungen oder subjektive Empfindungen (Schmerzsymptome, Körperseitendifferenzen etc.) liefern. Exakte Ergebnisse wird medizinisches oder sporttherapeutisches Fachpersonal mit Hilfe von goniometrischen Messungen und Insuffizienztests feststellen können.

Zur **Bewertung der Gelenkbeweglichkeit** wird die physiologische Bewegungsgrenze durch eine aktive Bewegung, die anatomische Bewegungsgrenze durch eine passive, unter Anwendung einer dem Gelenk angepaßten Kraft erreicht. Die aktiven Bewegungen führt die Testperson selbst durch. Zu beobachten sind

- Bewegungsausmaß
- Harmonie der Bewegung
- evtl. Schmerzen während oder am Ende der Bewegung.

Passive Bewegungen führt ein Untersuchungsleiter mit der Testperson durch. Hier ist zusätzlich auf

- Reibegeräusche bei der Bewegungsausführung und
- den Stopp an der Bewegungsgrenze

zu achten.

Letzter Punkt gibt wesentliche Erkenntnisse über die Ursache einer verminderten Gelenkbeweglichkeit. Ein weicher Stopp an der Bewegungsgrenze entsteht durch langsam zunehmende Anspannung der Muskeln und Sehnen. Bei diesem Ergebnis ist es ratsam, die verkürzten Muskeln zu dehnen. Endet die Bewegung abrupt durch einen ossären Widerstand, wird der Stopp als hart bezeichnet. In diesem Fall empfiehlt es sich, ebenso wie bei auftretenden Schmerzen, von einem Arzt die Ursache feststellen zu lassen.

Meßergebnisse und/oder Beobachtungen sind in der Spalte „Meßergebnis/Beobachtungen" einzutragen.

Tab. 30 I Zusammenstellung der Bewegungsrichtungen und der meßbaren Winkelstellungen der Gelenke aus Funktionskreis I

Gelenk	Trainingsbereich	Bewegungsrichtung	Testvorgang	Winkelstellung in Grad	Meßergebnis/ Beobachtungen
Obere Kopfgelenke	1	Vorwärtsbeugung Rückwärtsstreckung	S. 219–224	65° 60°	
	2	Seitwärtsneigung	S. 225–229	45° zu jeder Seite	
	3	Drehung	S. 231–235	80–90° zu jeder Seite	

Tab. 30 II Zusammenstellung der Bewegungsrichtungen und der meßbaren Winkelstellungen der Gelenke aus Funktionskreis II

Gelenk	Trainings-bereich	Bewegungs-richtung	Testvorgang	Winkelstellung in Grad	Meßergebnis/ Beobachtungen
Schulter-gelenk	5	Vorführen d. Arme Rückführen d. Arme in der Horizontalebene	S. 241–246	140° 30°	
	7	Abspreizen d. Arme, Heranführung d. Arme mit Vorführung mit Rückführung	S. 251–257	180° 30–45° gering	
	8	Beugung Streckung	S. 259–264	180° 50°	
Ellenbogen-gelenk	11	Beugung Streckung	S. 275–280	145°	
Handgelenk	13	Beugung Streckung	S. 285–290	85° 85°	

Tab. 30 III Zusammenstellung der Bewegungsrichtungen und der meßbaren Winkelstellungen der Gelenke aus Funktionskreis III

Gelenk	Trainings-bereich	Bewegungs-richtung	Testvorgang	Winkelstellung in Grad	Meßergebnis/ Beobachtungen
Wirbelsäule	14	Vorwärts-beugung Rückwärts-streckung	S. 291–301	HWS 40° BWS + LWS 105° HWS 75° BWS + LWS 60°	
	15	Seitwärts-neigung	S. 303–311	75° zu jeder Seite	
	16	Drehung	S. 313–320	HWS 45–50° BWS 35° LWS 5° gesamt: 90–95°	

Tab. 30 IV Zusammenstellung der Bewegungsrichtungen und der meßbaren Winkelstellungen der Gelenke aus Funktionskreis IV

Gelenk	Trainingsbereich	Bewegungsrichtung	Testvorgang	Winkelstellung in Grad	Meßergebnis/ Beobachtungen
Hüftgelenk	17	Beugung mit gestrecktem Knie/ mit gebeugtem Knie Streckung mit gestrecktem Knie/ mit gebeugtem Knie	S. 321–330	90° 120° 20° 30°	
	18	Abspreizung der Beine Heranführung der Beine mit Vorführung mit Rückführung	S. 331–340	45° 30° 30°	
	19	Einwärtsdrehung Auswärtsdrehung	S. 341–346	30° 60°	
Kniegelenk	21	Beugung mit gestrecktem Hüftgelenk mit gebeugtem Hüftgelenk Streckung	S. 351–356	120° 140° bis Nullstellung	
Fußgelenk	23	Beugung Streckung	S. 359–364	30–50° 10–20°	

Eine weitere Möglichkeit zur Leistungsdiagnose bieten Umfangsmessungen der Muskulatur vor Trainingsbeginn und dann in regelmäßigen Abständen während des Trainingsprozesses.

Um zu möglichst exakten Meßergebnissen zu kommen, messen Sie die Körperteile, an denen Sie zunehmen wollen, stets in angespanntem, an denen Sie abnehmen wollen, dagegen in entspanntem Zustand. Veränderungen sind nur dann objektiv festzustellen, wenn Sie immer dieselbe, am besten die dickste Stelle des Muskels (Muskelbauch) vor Trainingsbeginn auf einer Trainingskarte notieren.

Die Umfangsmessungen erlauben nur eine ungenaue Bestimmung der Veränderungen im Fettanteil der gemessenen Partie. Wollen Sie hierzu genauere Angaben, so können Sie in Verbindung mit einer sportmedizinischen Untersuchung den genauen Körperfettanteil über Hautfaltenmessungen oder die bioelektrische Methode (vgl. S. 30) vornehmen lassen.

Zur Selbstkontrolle bietet sich die Messung von Taillen- und Brustumfang an. Falls der Bauchumfang den Brustumfang übersteigt, so ist garantiert der Fettanteil zu hoch und die Lebenserwartung statistisch pro 2,5 cm Differenz um zwei Jahre verringert (*COOPER* 1986).

Zur Feststellung der Kraftausdauer-Belastbarkeit ist es sinnvoll, das Prinzip der maximalen Wiederholungszahlen anzuwenden und je nach Zielsetzung mit 60–70% davon pro Satz zu trainieren (vgl. S. 132). Notwendig ist es, den Maximaltest alle 6 bis 8 Wochen zu wiederholen, da sich mit zunehmendem Trainingszustand die Leistungsfähigkeit verbessert.

Tab. 31 Trainingskarte für individuelle Kraftausdauer-Übungen

Lfd. Nr.	Übungsbeschreibung (Code Nr.)	Gewichtsbelastung in kg	Max. Test Wiederholungen	Trainingsbelastung				Trainingsbelastung Serien × Wh.
				60%	65%	70%		
1								
2								
3								
4								
5								
6								
7								
8								
9								
10								
z. B.	II 7 MK 101/201	2	40	24	26	28		3 × 24

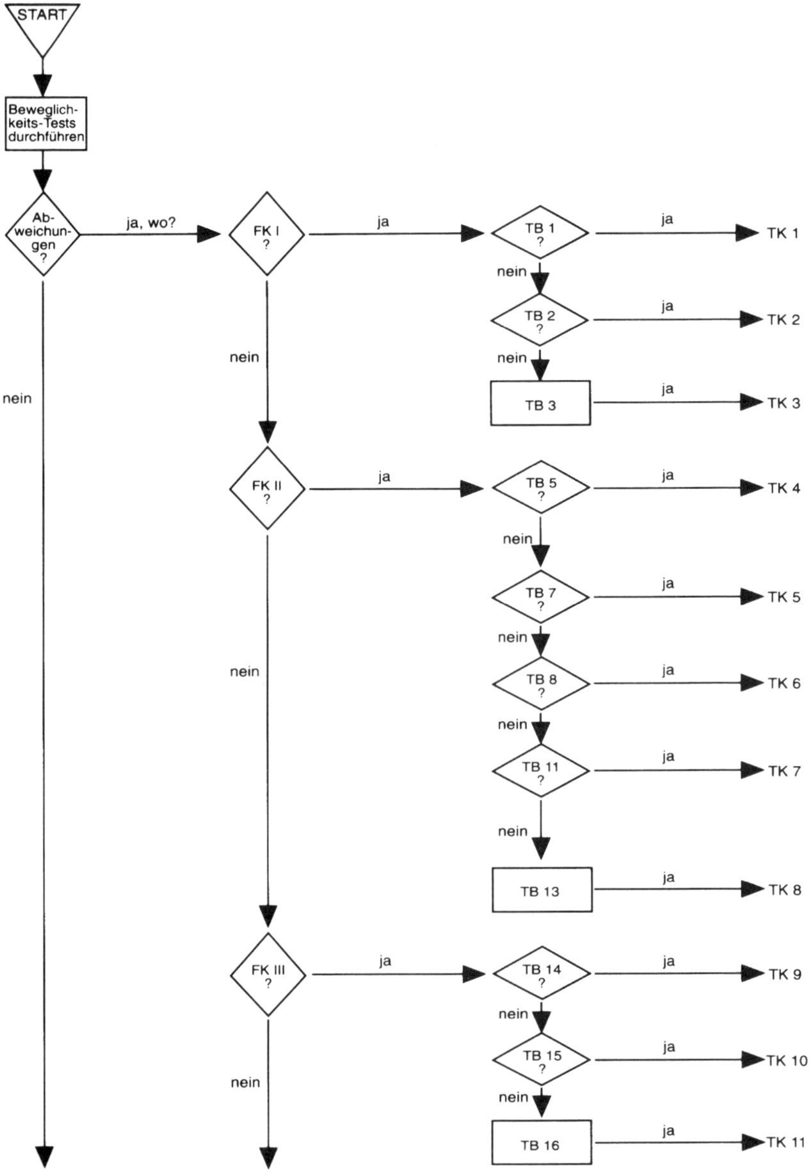

Abb. 97 Flußdiagramm zur Einordnung von Programmen nach persönlichen Trainingszielen

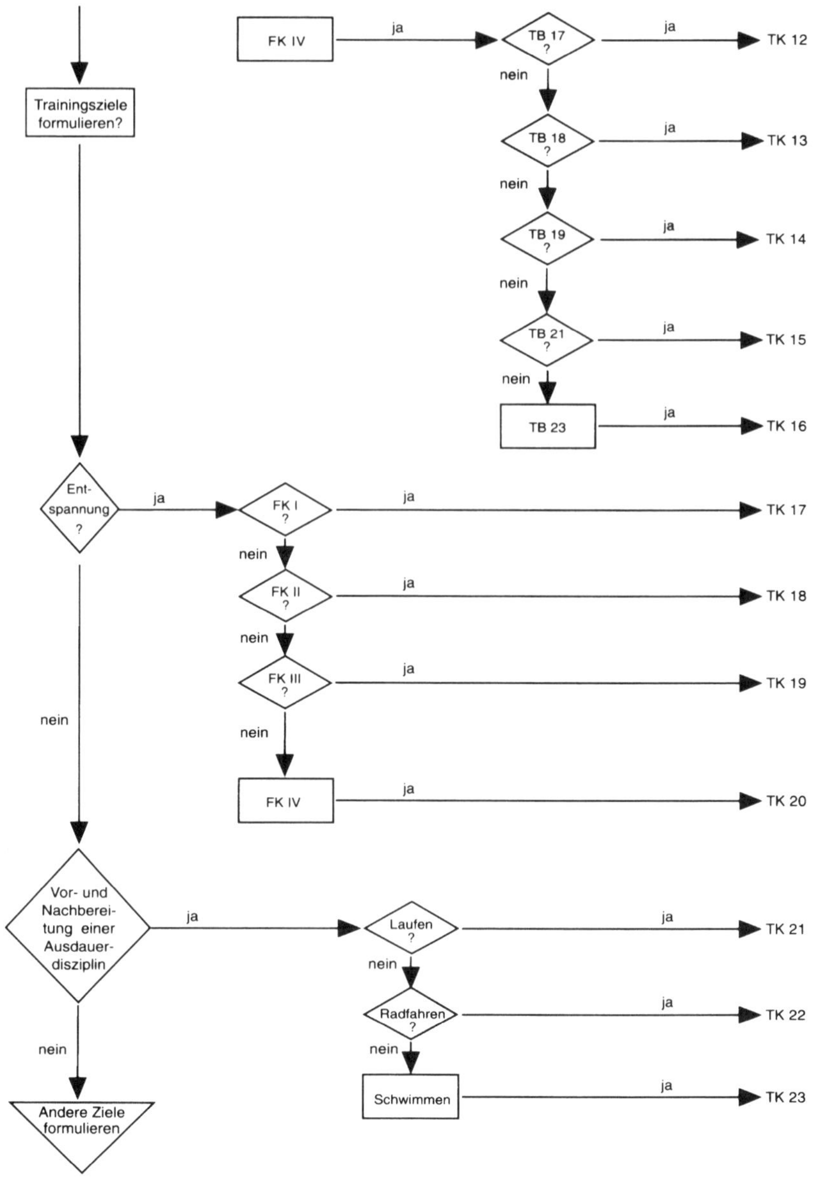

Legende: FK Funktionskreis TB Trainingsbereich TK Trainingskarte

Abb. 97 (Fortsetzung)

9.3 Trainingsprogramme / Trainingskarten

Vor Trainingsbeginn sollen Sie grundsätzlich die Beweglichkeitstests – wenn irgendwie möglich unter fachlicher Anleitung, anderenfalls durch kritische Selbstkontrolle – durchführen, um zu überprüfen, ob in bestimmten Körperregionen bereits Disharmonien vorliegen. Es ist ratsam, das Training zuerst auf jene Bereiche zu konzentrieren, wo sich die gröbsten Normabweichungen ergeben. Oftmals sind es die Stellen, die Ihnen ohnehin bereits Kummer bereiten.

Parallel dazu bietet sich die Durchführung von Trainingsprogrammen zur muskulären Entspannung an. Erst bei weitgehender muskulärer und statischer Harmonie sollten Sie weitere Trainingsziele formulieren. Wegen der besonderen Bedeutung des Ausdauertrainings ergibt sich die Notwendigkeit zur Entwicklung bzw. Anwendung von geeigneten Programmen vor und nach der Belastung.

Selbstverständlich können Sie nach persönlichem Bedarf weiterführende Ziele wie

- Verbesserung der Kraftausdauer spezieller Muskelgruppen,
- Vor- und Nachbereitung beim Golfen, Tennis oder anderen Sportarten,
- Entspannung während langer Autofahrten an Rastplätzen, im Flugzeug, während Dienstreisen im Hotel o. ä.

verfolgen und entsprechende Programme dazu entwickeln.

Das Flußdiagramm (Abb. 97) dient zur Orientierung bei der Zuordnung der Programme zu persönlichen Trainingszielen.

Wegen der möglichen Vielfalt und den individuellen Gegebenheiten geht eine umfassende Darstellung derartiger Programme über den Rahmen dieses Buches hinaus. Deshalb möchten wir an dieser Stelle auf unsere KörperManagement Seminare verweisen, wo wir seit Jahren individuelle Leistungsdiagnosen durchführen und darauf aufbauende Trainingsprogramme erstellen.

Am folgenden Fallbeispiel stellen wir statt dessen exemplarisch den Zusammenhang zwischen der Leistungsdiagnose sowie der persönlichen Zielsetzung auf den daraufhin ausgerichteten Trainingsplänen dar.

Fallbeispiel

In Gesprächen mit einem Seminarteilnehmer wird deutlich, daß er durch seine überwiegend sitzende Tätigkeit häufig über Verspannungen der Schulter-/Nackenmuskulatur klagt. Die sich anschließende leistungsdiagnostische Untersuchung weist außerdem Verkürzungen, hauptsächlich der Hüftstrecker (ischiocrurale Muskulatur) nach. Die Hüftbeuger sind zu schwach ausgeprägt. Der Proband betreibt Laufen als Ausdauertraining und kann 2 Stunden pro Woche zur Durchführung seiner Trainingsprogramme aufbringen. Es liegen keine pathologischen Befunde vor. Als übergeordnetes Ziel soll sein Training der allgemeinen Prävention dienen.

Aus den Gesprächen und Testergebnissen leitet sich ab, daß 3 verschiedene Trainingsprogramme zu entwickeln und sinnvoll über die Woche zu verteilen sind (vgl. Tab. 34, S. 387).

Programm 12

Dehn- und Kräftigungsübungen aus dem Trainingsbereich 17 mit dem Ziel zur Dehnung der ischiocruralen Muskulatur und Kräftigung der Hüftbeuger.
(Ausgleich der muskulären Disharmonie).

Programm 17/18

Stretchingübungen aus den Funktionskreisen I und II zur Entspannung der Schulter-/Nackenmuskulatur.

Programm 21

Stretchingübungen hauptsächlich aus dem Funktionskreis IV zur Vor- und Nachbereitung der Muskulatur für das Ausdauertraining Laufen.

Aus der Sammlung werden nur die geeigneten Übungen ausgesucht und für die einzelnen Programme zusammengestellt. Der Proband hat die Aufgabe, sich mit den Bewegungsabläufen und Ausführungsbestimmungen vertraut zu machen, um sie dann in der vorgegebenen Reihenfolge exakt durchführen zu können.

Die Belastungsangaben für Umfang und Intensität ergeben sich aus dem zur Verfügung stehenden zeitlichen Rahmen des Probanden und – bezogen auf die Kräftigungsübungen – aus den zuvor durchgeführten Maximaltestbelastungen.

In Koordination mit dem Terminkalender sind die Programme dann in den täglichen Ablauf zu integrieren.

Bedenken Sie: Je weniger Sie früher Ihrem Körper Beachtung geschenkt haben, desto größere Disharmonien sind zu erwarten und umso mehr Zeitaufwand ist heute erforderlich, um ein harmonisches Gleichgewicht wiederzuerlangen.

Trainingskarte Nr. 12

Sie haben festgestellt, daß

☒ die Beugung	○ des rechten
○ die Streckung	○ des linken
○ Beugung und Streckung	☒ beider Beine

im Hüftgelenk nicht den Normwerten entspricht.

Machen Sie sich zuerst mit den Bewegungsabläufen und Ausführungsbestimmungen der nachfolgenden Übungen vertraut.

Wählen Sie entsprechend Ihres Testergebnisses das nachfolgende Trainingsprogramm.

Bei Körperseitendifferenzen beginnen und enden Sie mit der Seite, auf der Sie die größeren Einschränkungen festgestellt haben (links/rechts/links oder rechts/links/rechts).

Führen Sie stets zuerst die J / D-Übungen für die eine, dann für die andere Körperseite durch. Verfahren Sie ebenso bei den M / K- und D-Übungen.

Beugung ⊖ Streckung ⊕	re	li
X	X	X
IV 17 J/D 301/401 IV 17 J/D 101/201 IV 17 J/D 301/401		1–3 Wh
IV 17 M/K 101/201 IV 17 M/K 102/202 IV 17 M/K 301/401 IV 17 M/K 302/402 IV 17 M/K 101/201 IV 17 M/K 102/202		10–20 Wh
1 bis 3 Serien / Seite		
IV 17 D 301/401 IV 17 D 101/201 IV 17 D 301/401		1–3 Wh

Streckung ⊕ Streckung ⊖	re	li
IV 17 J/D 101/201 IV 17 J/D 301/401 IV 17 J/D 101/201		1–3 Wh
IV 17 M/K 301/401 IV 17 M/K 302/402 IV 17 M/K 101/201 IV 17 M/K 102/202 IV 17 M/K 301/401 IV 17 M/K 302/402		10–20 Wh
1 bis 3 Serien / Seite		
IV 17 D 101/201 IV 17 D 301/401 IV 17 D 101/201		1–3 Wh

Beugung ⊖ Streckung ⊖	re	li
IV 17 J/D 101/201 IV 17 J/D 301/401		1–3 Wh
IV 17 M/K 101/201 IV 17 M/K 102/202 IV 17 M/K 301/401 IV 17 M/K 302/402		10–20 Wh
2 bis 4 Serien / Seite		
IV 17 D 101/201 IV 17 D 301/401		1–3 Wh

Trainingsprotokoll

Datum	J/D-Übungen		M/K-Übungen		Bemerkungen zum Training
	Anzahl der Serien	Wieder-holungen pro Übung	Anzahl der Serien	Wieder-holungen pro Übung	

Trainingskarte Nr. 17 / 18

Sie haben sich zum Ziel gesetzt, die Verspannungen / Verkrampfungen im Schulter- / Nackenbereich und den Armen zu lösen. Machen Sie sich zuerst mit den Bewegungsabläufen und Ausführungsbestimmungen der folgenden Übungen vertraut.

Führen Sie nun die abgebildeten Stretching-Übungen in der vorgegebenen Reihenfolge durch:

Beginnen Sie mit der rechten Körperseite:	II 13 J/D 101 II 13 J/D 301 II 8 J/D 101/201 II 8 J/D 301/401 II 5 J/D 101 II 5 J/D 301	1 bis 3 Wiederholungen
Nun ist die linke Körperseite an der Reihe:	II 13 J/D 201 II 13 J/D 401 II 8 J/D 101/201 II 8 J/D 301/401 II 5 J/D 201 II 5 J/D 201	
Zum Abschluß stretchen Sie die Nackenmuskulatur:	I 1 J/D 101 I 1 J/D 301 I 2 J/D 101 I 2 J/D 201	
	1 bis 3 Serien	

Trainingsprotokoll

Datum	J/D-Übungen		Bemerkungen zum Training
	Anzahl der Serien	Wiederholungen pro Übung	

Trainingskarte Nr. 21

Sie haben sich zum Ziel gesetzt, Laufen als Ausdauerdisziplin zu betreiben. Zur systematischen Vor- und Nachbereitung gehört das Stretchen derjenigen Muskelgruppen, die dabei am meisten beansprucht werden.

Machen Sie sich zuerst mit den Bewegungsabläufen und Ausführungsbestimmungen der nachfolgenden Übungen vertraut. Führen Sie die abgebildeten Stretching-Übungen in der vorgebenen Reihenfolge durch:

Beginnen Sie mit dem rechten Bein:	IV 23 J/D 101 IV 23 J/D 301 IV 21 J/D 101 IV 21 J/D 301 IV 17 J/D 101 IV 17 J/D 301	1 bis 3 Wiederholungen
Und nun kommt das linke Bein an die Reihe:	IV 23 J/D 201 IV 23 J/D 401 IV 21 J/D 201 IV 21 J/D 401 IV 17 J/D 201 IV 17 J/D 401	
Stretchen Sie nun den Oberkörper:	III 14 J/D 301 III 16 J/D 101 III 16 J/D 201	
Stretchen Sie nun den rechten Arm:	II 8 J/D 101/201 II 8 J/D 301/401 II 5 J/D 101 II 5 J/D 301	
Jetzt ist der linke Arm an der Reihe:	II 8 J/D 101/201 II 8 J/D 301/401 II 5 J/D 201 II 5 J/D 401	
	1 bis 3 Serien	

Beginnen Sie mit dem Laufprogramm und vergessen Sie nicht, nach Abschluß des Lauftrainings, die Dehnübungen mindestens einmal zu wiederholen.

Notieren Sie das Training im Protokoll des Laufprogramms (siehe Seite 162–164).

Trainingsprotokoll

Datum	J/D-Übungen		Bemerkungen zum Training
	Anzahl der Serien	Wiederholungen pro Übung	

10 Regeneration

Wir haben bereits darauf hingewiesen, daß die Regeneration nach einer körperlichen Belastung in Abhängigkeit von der Intensität und dem Trainingszustand mehrere Stunden bis Tage in Anspruch nehmen kann. Alle regenerativen Maßnahmen haben zum Ziel, die Regenerationszeit nach der Beanspruchung zu verkürzen. Wir unterscheiden bei der Regeneration zwischen aktiven und passiven Maßnahmen.

Die aktiven Maßnahmen (lockeres Auslaufen, Ausfahren, Ausschwimmen, Nachdehnen) wurden bereits in den Kapiteln über Ausdauertraining besprochen. Deshalb wollen wir uns hier auf die passiven Maßnahmen beschränken.

1. Entmüdungsbäder
2. Sauna
3. Physikalische Maßnahmen

Nach einer körperlichen Beanspruchung ist es empfehlenswert, statt der Körperreinigung unter der Dusche, sich in die warme Badewanne oder ein Entmüdungsbad zu legen.

Bereits die Römer schätzten nach ihren langen Märschen durch Europa das Überwärmungs- oder Entspannungsbad. Nach vielen Jahren erinnerte sich die Sportmedizin wieder der entschlackenden, das Nervensystem beruhigenden und entspannenden Wirkung des warmen Wassers auf den Organismus.

Der thermische Reiz von ca. 39 °C Wassertemperatur sorgt für eine Mehrdurchblutung der zuvor im Training beanspruchten Muskulatur. Unterstützend wirken leichte Bewegungen unter Wasser oder ein leichtes Ausstreichen der Extremitäten zum Herzen hin.

Noch intensivere thermische Reize liefert das Saunabad.

Der Wechselreiz zwischen der heißen, trockenen Luft in der Saunakabine und der Außentemperatur sowie das Abkühlen unter der Kaltwasserdusche oder im Schnee trainieren die Wärmeregulation und sind deshalb ausgezeichnete Mittel zur Vorbeugung gegen Erkältungskrankheiten. Weiterhin beeinflußt das Saunabad den Organismus in vielfältiger Weise. Im Einzelnen werden folgende Wirkungen erzielt:

- Erhöhung der Körpertemperatur
- Steigerung des Stoffwechsels
- die Sauerstoffaufnahme ist etwas reduziert, weil die Atmung flacher und langsamer wird
- die Geschwindigkeit des Blutflusses in den Gefäßen ist erhöht
- die Herzfrequenz steigt um etwa 50 %, das Minutenvolumen sogar um 80 %
- der Gefäßwiderstand gegen das strömende Blut erniedrigt sich in der Peripherie um über 40 %
- die Durchblutung der Herzkranzgefäße ist verbessert
- der Blutdruck kann sich normalisieren
- durch das starke Schwitzen wird dem Blut und dem Körpergewebe 0,5–2 Liter Wasser entzogen

- Schlacken- und Krankheitsstoffe werden entfernt (so ist beispielsweise beobachtet worden, daß auch über den Schweiß Milchsäure ausgeschieden wird)
- muskuläre und psychische Entspannung.

Im Verlauf der Abkühlphase kommt es zu folgenden Wirkungen:

- Beruhigung der Herzfrequenz
- Sättigung des Sauerstoffs im Blut
- Normalisierung der Körpertemperaturen
- Verengung der peripheren Blutgefäße (Gefäßtraining)
- vermehrte Nierenfunktion.

Bei regelmäßigem Saunieren stellen sich folgende Anpassungen ein:

- Hautreinigung und Anregung der Zellneubildung
- Herz- und Kreislaufstabilisierung
- Abhärtung
- Steigerung der Abwehr gegen Infekte
- Anregung des Hormonsystems (Hirnanhangdrüse, Nebennierenrinde)
- vegetative Umstimmung
- allgemeines Wohlbefinden.

Die positive Wirkung des Saunabades auf den Organismus setzt allerdings die korrekte Durchführung der Saunagänge voraus.

Bevor Sie die Schwitzkammer betreten, sollte dafür gesorgt sein, daß Darm und Blase entleert sind. Bei kalten Füßen ist ein warmes Fußbad durchzuführen. Nach der Vorreinigung betreten Sie abgetrocknet die Schwitzkammer und setzen sich die ersten 3—5 Minuten auf die unterste Stufe. Aus hygienischen Gründen ist in der Saunakabine stets ein Handtuch unterzulegen. Bei Bedarf können Sie anschließend auf die mittlere oder höchste Stufe emporsteigen.

Dort begeben Sie sich in Rückenlage und winkeln die Beine leicht an (Entspannung der Bauchmuskulatur). Nach weiteren 5 Minuten steigen Sie wieder auf die untere Stufe herab und verweilen dort in entspannter Sitzhaltung weitere 3—5 Minuten. Nach diesem Vorgang verlassen Sie die Schwitzkammer und setzen sich zur Beruhigung des Herz-Kreislauf-Systems hin.

Nach einigen Minuten begeben Sie sich, ohne vorher geduscht zu haben, in den Freiluftraum und verweilen dort so lange, bis ein leichtes Fröstelgefühl auftritt. In die Räumlichkeiten zurückgekehrt, duschen Sie sich mit leicht temperiertem Wasser ab, bevor Sie dann zum kalten Duschen übergehen oder ins kalte Tauchbecken steigen. Hier ist unbedingt auch das Hinterhaupt mit abzukühlen, da der Kältereiz sich auf das Gleichgewicht- und Atemzentrum regulierend auswirkt.

Abgetrocknet legen Sie sich in den Ruheraum. Die Nachruhezeit entspricht mindestens der Zeit eines Saunadurchgangs. 2—3 Saunagänge sind vollkommen ausreichend, um die Regeneration zu fördern.

Die Temperatur in der Schwitzkammer ist auf ca. 90° C einzustellen, und die relative Luftfeuchtigkeit sollte bei 10—15% liegen.

Der finnische Ausspruch *„In der Sauna verraucht der Zorn"* kennzeichnet deutlich, daß das Saunabaden nicht nur nach körperlicher sondern auch nach psychischer Beanspruchung die Regeneration fördert.

An oberster Stelle der physikalisch-therapeutischen Maßnahmen steht die Massage.

Perfekt appliziert dient sie nicht nur einer komplexen Regeneration, sondern darüber hinaus gleichzeitig zur Feststellung von Verhärtungen, Verspannungen und gegebenenfalls Verletzungen.

Des weiteren besteht kein Zweifel über den positiven Einfluß der Massage auf die Wiederherstellung der Leistungsfähigkeit nach physischer oder geistiger Tätigkeit.

Die Regenerationsmassage sollte so früh wie möglich nach dem Training stattfinden und nur von sorgfältig ausgebildeten Fachkräften durchgeführt werden. Steht momentan kein Therapeut zur Verfügung, so können Sie durch Anwendung spezieller Griffe Selbstmassage betreiben.

Hierzu einige Beispiele:

Dehngriff zur Behandlung der Schulter:

Die Hand liegt auf dem oberen Rand des Kapuzenmuskels fest auf und führt nach vorn gerichtet kräftig dehnende Streichungen durch.

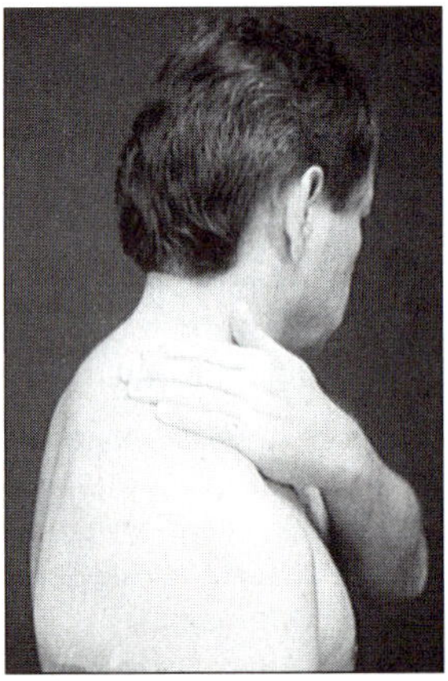

Streichung der Nackenmuskeln:

Festes Aufsetzen der drei mittleren Finger beider Hände über der rechten und linken Nackenmuskulatur. Gleichzeitig mit dem langsamen Vorbeugen des Kopfes streichen beide Hände unter kräftigem Druck zur Schulter. Nach erneuter Rückführung des Kopfes wiederholen Sie die dehnende Streichung.

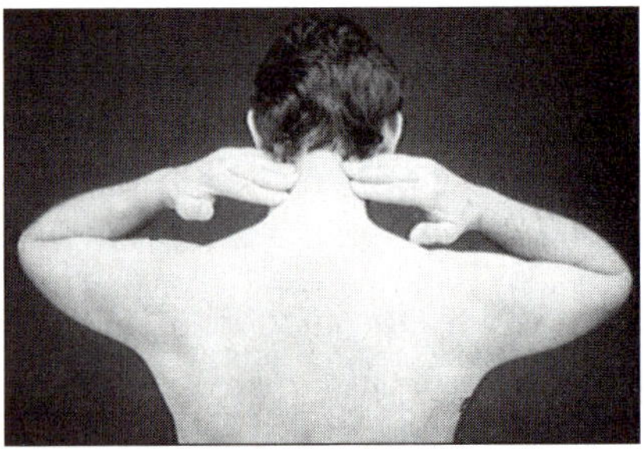

Ausstreichende Massage der Unterschenkel:

Der Massagegriff dient zur Unterstützung des Rückflusses von Blut und Lymphe. Mit abgespreizten Daumen umfassen die fest anliegenden Hände, einen möglichst großen Bezirk des Beines. Mit gleichmäßigen Bewegungen werden Streichungen in Richtung Rumpf durchgeführt. Sie arbeiten dabei Hand in Hand.

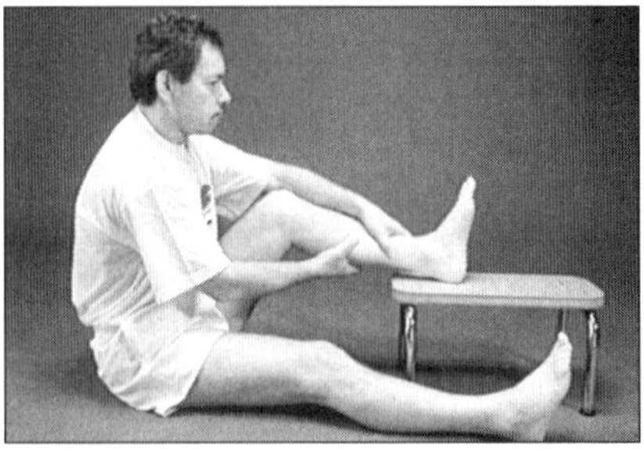

Kleine Zirkelungen in Gelenknähe:

Hier werden mit der Daumenkuppe unter kräftigem Druck in Gelenkhöhe kreisende Bewegungen vorgenommen. Anwendungsbereich: Knie-, Sprung- und Ellenbogengelenk.

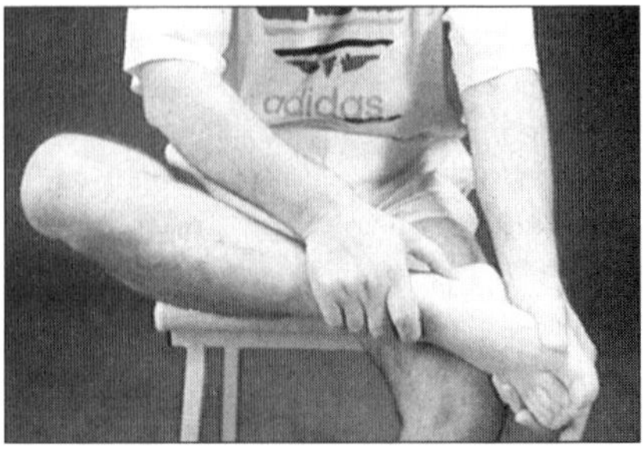

11 Verteilung der Trainingsinhalte

Die Gestaltung des Trainingsprozesses ist abhängig von der Zielsetzung, die mit den Trainingseinheiten erreicht werden soll, und von dem zeitlichen Rahmen, der für das Training vorgegeben wird. Da das Körpertraining selten nur ein einziges Ziel verfolgt und – wenn dennoch – trotzdem niemals einseitig ablaufen darf, stellt sich die Frage nach der prozentualen Verteilung der verschiedenen Trainingsinhalte in Abhängigkeit zur Zielsetzung.

Wenn das Training der **allgemeinen Prävention** dienen soll, so meinen wir, daß die zur Verfügung stehende Zeit wie folgt zu nutzen ist:

Ausdauer	50%
Kraftausdauer, Dehnung	30%
Spiele und sonstige sportliche Aktivitäten	20%

Die Betonung der Ausdauer ist als präventive Maßnahme zum Schutz vor degenerativen Herz-Kreislauf-Erkrankungen anzusehen. Das Kraftausdauertraining läßt sich im Sinne der Vorbereitung einer Ausdauerdisziplin oder eines bevorzugten Spiels, aber auch mit gezielten Übungen zur Kräftigung der Rückenmuskulatur o. ä. gestalten.

Steht das Training unter der Zielsetzung einer **Minderung von Risikofaktoren des Herz-Kreislauf-Systems,** so ist der Ausdauerkomponente noch mehr Bedeutung beizumessen. In diesem Fall empfehlen wir eine zeitliche Verteilung von

Ausdauer	75%
Kraftausdauer, Dehnung	15%
Spiele und sonstige sportliche Aktivitäten	10%

Bei **Funktionsstörungen im Halte- und Bewegungsapparat** ist der Schwerpunkt eindeutig auf Kraftausdauer und Dehnübungen zu legen. Trotzdem sollten auch hierbei Ausdauerdisziplinen nicht vollkommen entfallen. Wir raten deshalb, den zeitlichen Rahmen wie folgt zu stecken:

Kraftausdauer, Dehnung	60%
Ausdauer	25%
Spiele und sonstige sportliche Aktivitäten	15%

Diejenigen, die ihre Trainingsschwerpunkte ausschließlich im **Ausgleich von Bewegungsmangel und Spaß an der Bewegung** sehen, können für

Spiele und bevorzugte sportliche Aktivitäten	60%

ihrer dafür verfügbaren Zeit verwenden. Sie sollten jedoch trotzdem für

Ausdauer und Kraftausdauer	je 20%

einplanen, um weiterreichende Körperadaptationen im Sinn einer gesundheitlichen Vorsorge anzustreben.

Eine Trainingseinheit gliedert sich stets in drei Phasen:

1. Phase: Spezielle Vorbereitung
2. Phase: Hauptteil
3. Phase: Spezielle Nachbereitung

Während der speziellen Vorbereitung wird der Organismus auf die Belastung im Hauptteil hingeführt. Die Gestaltung dieses Teils ist abhängig von den Belastungsanforderungen während des Hauptteils. Wichtig ist, daß hier tatsächlich die Erwärmung des Körpers spezifisch geschieht und nicht jedesmal dasselbe Standardprogramm abgespult wird (vgl. S. 143–145).

Ist im Hauptteil nur ein einziger Schwerpunkt (z. B. Ausdauertraining durch Laufen) integriert, so schließt sich der speziellen Erwärmung in Form von Dehnübungen und lockerem Einlaufen das Trainingsprogramm mit vorher festgelegtem Umfang und bestimmter Intensität an.

Sollen dagegen in einer Trainingseinheit verschiedene Ziele verfolgt werden, so ist aus physiologischen Gründen die Belastungsreihenfolge nicht beliebig. Folgende Prinzipien sind zu beachten:

- Kraftausdauerübungen stehen vor Ausdauerübungen
- Dynamische sind vor statischen Kraftübungen durchzuführen
- Aktive stets vor passiven Dehnübungen anwenden und
- Ausdauertraining ist am Ende des Hauptteils einzusetzen.

Dem Hauptteil folgt die spezielle Nachbereitung mit Dehnübungen der zuvor beanspruchten Muskulatur. Diesen aktiven Übungen können sich passive Maßnahmen anschließen, wenn die Erholungsphase nach dem Training beschleunigt werden soll.

Auch bei der Verteilung der Trainingseinheiten im Wochenzyklus (vgl. Tab. 32–39) lassen sich Gestaltungsprinzipien aufstellen. Bei zwei Belastungen am Tag, sollten die Kraftausdauer- oder Dehnübungen morgens nach dem Aufstehen erfolgen. Abends dagegen bietet sich die Durchführung des Ausdauertrainings an, da dabei gleichzeitig der psychische Alltags- und Berufsstreß mit abgebaut wird. Am nächsten Tag könnte dann eine Trainingseinheit mit einem bestimmten Schwerpunkt stehen, während der 3. Tag trainingsfrei bleibt. Auch der Wechsel zwischen einem Tag mit zwei Trainingseinheiten und einem Ruhetag ist durchaus sinnvoll. Als weitere Variante ist die Abwechslung von Kraftausdauertraining und Dehnung am 1. Tag, Ausdauertraining am 2. Tag sowie einer Ruhepause am 3. Tag denkbar.

Die folgenden Rahmentrainingspläne können nur Richtlinien enthalten. Sie differenzieren zwischen den o. g. Trainingsschwerpunkten und der dabei als wünschenswert vorgeschlagenen prozentualen Verteilung verschiedener Inhalte sowie einem zeitlichen Rahmen von 2 bzw. 4 Stunden Trainingsumfang pro Woche. Die angegebenen Zeiten für die Trainingsinhalte sind je nach Zielsetzung mit Programmen zu füllen.

Eine Erweiterung der Trainingseinheiten und eine inhaltliche Variation der Ausdauerdisziplinen ist denkbar. Allerdings wird ein Unterschreiten des zeitlichen Minimalrahmens von zwei Stunden keine nennenswerten Veränderungen im Organismus bewirken.

Wenn es Ihnen gelingt, das die momentane Leistungsfähigkeit und die persönlichen Bedürfnisse berücksichtigende, individuelle Trainingsprogramm in den Terminkalender so einzuplanen und wahrzunehmen wie die beruflichen und familiären Interessen, dann ist KörperManagement ein entscheidender Schritt zum gesunden und erfolgreichen Leben.

Tab. 32 Exemplarische Trainingsplanung
Wochenzyklus: 2 Std. / Woche Zeitaufwand
Zielsetzung: allgemeine Prävention
50% = 60 min Ausdauertraining
30% = 36 min Kraftausdauertraining / Dehnung
20% = 24 min Spiele und / oder sonstige sportliche Aktivitäten

Mo	Di	Mi	Do	Fr	Sa	So
Ruhe	18 min Kraft-ausdauer / Dehnung 24 min Spiel oder sonstige sportliche Aktivitäten	20 min Dauerlauf	Ruhe	18 min Kraft-ausdauer / Dehnung 20 min Ergometrie	Ruhe	20 min Dauerlauf

Tab. 33 Exemplarische Trainingsplanung
Wochenzyklus: 4 Std. / Woche Zeitaufwand
Zielsetzung: allgemeine Prävention
50% = 120 min Ausdauertraining
30% = 72 min Kraftausdauertraining / Dehnung
20% = 48 min Spiele und / oder sonstige sportliche Aktivitäten

Mo	Di	Mi	Do	Fr	Sa	So
Ruhe	24 min Kraft-ausdauer / Dehnung 30 min Schwimmen	Ruhe	24 min Kraft-ausdauer / Dehnung 30 min Schwimmen	Ruhe	24 min Kraft-ausdauer / Dehnung 60 min Radfahren	48 min Spiele und / oder sonstige sportliche Aktivitäten

Tab. 34 Exemplarische Trainingsplanung
Wochenzyklus: 2 Std. / Woche Zeitaufwand
Zielsetzung: Minderung von Risikofaktoren des Herz-Kreislauf-Systems
75% = 90 min Ausdauertraining
15% = 18 min Kraftausdauertraining / Dehnung
10% = 12 min Spiele und / oder sonstige sportliche Aktivitäten

Mo	Di	Mi	Do	Fr	Sa	So
Ruhe	6 min Kraft-ausdauer / Dehnung 30 min Dauerlauf	Ruhe	6 min Kraft-ausdauer/ Dehnung 12 min Spiele und / oder sonstige sportliche Aktivitäten 30 min Dauerlauf	Ruhe	6 min Kraft-ausdauer / Dehnung 30 min Dauerlauf	Ruhe

Tab. 35 Exemplarische Trainingsplanung
Wochenzyklus: 4 Std. / Woche Zeitaufwand
Zielsetzung: Minderung von Risikofaktoren des Herz-Kreislauf-Systems
75% = 180 min Ausdauertraining
15% = 36 min Kraftausdauertraining / Dehnung
10% = 24 min Spiele und / oder sonstige sportliche Aktivitäten

Mo	Di	Mi	Do	Fr	Sa	So
Ruhe	12 min Kraft-ausdauer / Dehnung 30 min Dauerlauf	24 min Spiel oder sonstige sportliche Aktivitäten	12 min Kraft-ausdauer/ Dehnung 30 min Ergometrie	Ruhe	12 min Kraft-ausdauer / Dehnung 30 min Dauerlauf	90 min Radfahren

Tab. 36 Exemplarische Trainingsplanung
Wochenzyklus: 2 Std./Woche Zeitaufwand
Zielsetzung: Ausgleich von Funktionsstörungen im Bewegungsapparat
60% = 72 min Kraftausdauertraining/Dehnung
25% = 30 min Ausdauertraining
15% = 18 min Spiele und/oder sonstige sportliche Aktivitäten

Mo	Di	Mi	Do	Fr	Sa	So
Ruhe	24 min Kraft-ausdauer/ Dehnung	15 min Ergometrie	24 min Kraft-ausdauer/ Dehnung 18 min Spiele und/oder sonstige sportliche Aktivitäten	Ruhe	24 min Kraft-ausdauer/ Dehnung	15 min Ergometrie

Tab. 37 Exemplarische Trainingsplanung
Wochenzyklus: 4 Std./Woche Zeitaufwand
Zielsetzung: Ausgleich von Funktionsstörungen im Bewegungsapparat
60% = 144 min Kraftausdauertraining/Dehnung
25% = 60 min Ausdauertraining
15% = 36 min Spiele und/oder sonstige sportliche Aktivitäten

Mo	Di	Mi	Do	Fr	Sa	So
30 min Kraft-ausdauer/ Dehnung	20 min Dauerlauf	30 min Kraft-ausdauer/ Dehnung 36 min Spiele und/oder sonstige sportliche Aktivitäten	Ruhe	30 min Kraft-ausdauer/ Dehnung 20 min Ergometrie	Ruhe	54 min Kraft-ausdauer/ Dehnung 20 min Dauerlauf

Tab. 38 Exemplarische Trainingsplanung
Wochenzyklus: 2 Std. / Woche Zeitaufwand
Zielsetzung: Ausgleich von Bewegungsmangel, Spaß an der Bewegung
60 % = 72 min Spiele und bevorzugte sportliche Aktivitäten
20 % = 24 min Ausdauertraining
20 % = 24 min Kraftausdauertraining / Dehnung

Mo	Di	Mi	Do	Fr	Sa	So
Ruhe	12 min Kraft-ausdauer / Dehnung 36 min Spiel und bevorzugte sportliche Aktivitäten	12 min Dauerlauf	Ruhe	12 min Kraft-ausdauer / Dehnung 36 min Spiel und bevorzugte sportliche Aktivitäten	12 min Ergometrie	Ruhe

Tab. 39 Exemplarische Trainingsplanung
Wochenzyklus: 4 Std. / Woche Zeitaufwand
Zielsetzung: Ausgleich von Bewegungsmangel, Spaß an der Bewegung
60 % = 144 min Spiele und bevorzugte sportliche Aktivitäten
20 % = 48 min Ausdauertraining
20 % = 48 min Kraftausdauertraining / Dehnung

Mo	Di	Mi	Do	Fr	Sa	So
Ruhe	60 min Spiel und bevorzugte sportliche Aktivitäten 12 min Dauerlauf	Ruhe	24 min Kraft-ausdauer / Dehnung 24 min Spiel und bevorzugte sportliche Aktivitäten 12 min Dauerlauf	Ruhe	60 min Spiel und bevorzugte sportliche Aktivitäten	24 min Kraft-ausdauer / Dehnung 24 min Schwimmen

Literaturverzeichnis

ASSMANN, G. (Hrsg.): Fettstoffwechselstörungen und koronare Herzkrankheit, MMV Medizin Verlag, München 1988

ASSMANN, G.; GLEICHMANN, U.: Stufenmodell zur Erkennung von Hochrisikopatienten für den Herzinfarkt, Deutsches Ärzteblatt, Heft 38, Köln 1989

BLÖDORN, M.; SCHMIDT, P.: Trablaufen, Rowohlt Taschenbuchverlag, Reinbek 1977

BLUM, B.; WÖLZENMÜLLER, F.: Stretching, Sportinform Verlag, Oberhaching 1985

BLUME, D. u. a.: Das Leben Bd. 3, Klett Verlag, Stuttgart 1975

BÖS, K.: Wie leistungsfähig bin ich?, Sportinform Bd. 29, Oberhaching 1987

BRAUMANN, K.-M. u. a.: Zur Interpretation von Laktat-Leistungskurven, Zeitschrift Leistungssport 4/1987, 35—38

BRINGMANN, W.: Sport in der Prävention, Therapie und Rehabilitation, Sportmedizinische Schriftenreihe Bd. 22, Johann Ambrosius Barth Verlag, Leipzig 1985

BRUSIS, O. A.; WEBER H. (Hrsg.): Handbuch der Koronargruppenbetreuung, perimed Fachbuch-Verlagsgesellschaft, Erlangen 1980

COOPER, K. H.: Gesundheitsprogramm, Droemersche Verlagsanstalt, München 1984

COOPER, K. H.: Bewegungstraining ohne Angst, BLV Verlag, München, Wien, Zürich 1986

CORDES, J. C. u. a.: Physiotherapie, Steinkopff Verlag, Darmstadt 1987

COTTA, H. u. a. (Hrsg): Krankengymnastik, Thieme Verlag, Stuttgart, New York 1982

COTTA, H.: Sport treiben! Gesund bleiben!, Piper Verlag, München, Zürich 1988

DANIELS, L.; WORTHINGHAM, C.: Muskelfunktionsprüfung, Gustav Fischer Verlag, Stuttgart, New York 1985

DEUTSCHE GESELLSCHAFT FÜR ERNÄHRUNG: Empfehlungen für die Nährstoffzufuhr, Umschau Verlag, Frankfurt 1985

DIEM, C. J.; HESS, H.: Der Laufschuh-Ratgeber, Sportinform Verlag, Oberhaching 1986

EBERSPÄCHER, H.; RENZLAND, J.: Leistungsfähiger im Beruf durch psychologisches Bewegungstraining, Sportinform Verlag, Oberhaching 1985

FALLER, A.: Der Körper des Menschen, Thieme Verlag, Stuttgart 1969

FINDEISEN, D. G. R. u. a. (Hrsg.): Grundlagen der Sportmedizin, Johann Ambrosius Barth Verlag, Leipzig 1980

FREY, G.: Training im Schulsport, Reihe Sportwissenschaft Bd. 16, Verlag K. Hofmann, Schondorf 1981

FRISCH, H.: Programmierte Untersuchungen des Bewegungsapparats, Springer Verlag, Berlin, Heidelberg, New York 1989

GARDINER, M. D.: Grundlagen der Übungstherapie, Thieme Verlag, Stuttart 1979

GIEHRL, J.: Richtig Schwimmen, BLV Verlag, München, Wien, Zürich 1986

GIMBEL, B.: Körper machen Leute, Zeitschrift Management Wissen 9/86, 72—77

GRAFF, K. H.; PRAGER, G.: Der »Kreuzschmerz« der Leistungssportler, Zeitschrift Leistungssport 4 und 6/1986

HARRE, D.: Trainingslehre, Sportverlag, Berlin 1971

HAUSER-BISCHOF, C. u. a.: VITA-Rückenschule, Birkhäuser Verlag, Basel 1989

HEYDEN, S.: Risikofaktoren für das Herz, Boehringer Studienreihe, Mannheim 1974
HOLLMANN, W.: Form des Lebens, Zeitschrift »Der deutsche Badebetrieb«, Lübeck 6/1986, 86–91
HOLLMANN, W.: Sport als Medizin, Zeitschrift »Der deutsche Badebetrieb«, Lübeck 1/1990, 10–15
HOLLMANN, W.; HETTINGER, TH.: Sportmedizin-Arbeits- und Trainingsgrundlagen, Schattauer Verlag Stuttgart, NewYork 1980
JAKOB, E. u.a.: Die Herzfrequenz als Kenngröße der Leistungsdiagnostik und Trainingssteuerung, Zeitschrift Leistungssport 5/1988
JANSSEN, P.: Ausdauertraining, Beiträge zur Sportmedizin, Bd. 34, perimed Fachbuch-Verlagsgesellschaft, Erlangen 1989
JUNGERMANN, K.; MÖHLER, H.: Biochemie, Springer Verlag, Berlin, Heidelberg, New York 1980
KARPANDJI, J. A.: Funktionelle Anatomie der Gelenke, Bücherei des Orthopäden, Bd. 40/47/48, Enke Verlag, Stuttgart 1984/1985
KENDALL, F. P.; McCREARY, E.K.: Muskeln – Funktionen und Test, Fischer Verlag, Stuttgart, New York 1985
KNEBEL, K. P.: Funktionsgymnastik, Rowohlt Taschenbuch Verlag, Reinbek 1987
KONOPKA, P.: Radsport, BLV Verlag, München 1988
LAGERSTRØM, D.: Fit durch Schwimmen, perimed Fachbuch-Verlagsgesellschaft, Erlangen 1983
LEHRL, S.; FISCHER, B.: Selber denken macht fit, Vless-Verlag, Ebersberg 1986
LEIBOLD, G.: Risikofaktor Cholesterin, Econ Taschenbuch Verlag, Düsseldorf 1986
LETZELTER, M.: Trainingsgrundlagen, Rowohlt Taschenbuch Verlag, Reinbek 1984
LINK, K.; ALTIG, R.: Der Radsport-Ratgeber, Sportinform Verlag, Oberhaching 1987
de MARÉES, H.: Sportphysiologie, Medizin von heute Bd. 10, Tropon Werke, Hannover 1981
MARKWORTH, P.: Sportmedizin, Rowohlt Taschenbuch Verlag, Reinbek 1983
MARTIN, D.: Grundlagen der Trainingslehre, Beiträge zur Lehre und Forschung im Sport, Bd. 63/64, Verlag K. Hofmann, Schorndorf 1979
MEER, C. L.; DICKEY; TH. (Red.): Der gesunde Körper – Audauertraining, time-life-Bücher, Amsterdam 1987
MATWEJEW, L. P.: Grundlagen des sportlichen Trainings, Sportverlag, Berlin 1981
MIRAM, W.: Informationsverarbeitung, Schroedel Schulbuchverlag GmbH, Hannover 1978
PETER, B.; GERL, W.: Entspannung, Mosaik Verlag, München 1988
REINDEL, H.; ROSKAMM, H.: Herzkrankheiten, Springer 1977
ROST, R.; HECK, H.; HOLLMANN, W.: Die Fahrradergometrie in der Praxis, Broschüre der Bayer Werke, Leverkusen (1991)
ROTH, P.; THIEL, E.: Der Sport-Talent-Test, Goldmann Verlag, München 1987
SCHNEIDER, W.; SPRING, H.; TRITSCHLER, TH.: Beweglichkeit, Thieme Verlag, Stuttgart, New York 1989
SCHONERT, S.; FETT, M.: Streß nach Maß, Zeitschrift Management Wissen 9/86, 78–83

SCHULTE, K.-L. (Hrsg.): Kardiales Risiko beim Sport, Steinkopff-Verlag, Darmstadt 1991
SKINNER, S. A. (Hrsg.): Rezepte für Sport- und Bewegungstherapie, Deutscher Ärzteverlag, Köln 1989
SÖLVEBORN, S. A.: Das Buch vom Stretching, Mosaik Verlag, München 1983
SOMMER, K. (Hrsg.): Der Mensch, Verlag Volk und Wissen, Berlin (Ost) 1981
SPITZ, L.; SCHNELL, J.: Muskeln Sie sich, Bd. 1 und 2, Fa. E. Spitz, Egelsbach 1983
THEWS; MUTSCHLER; VAUPEL: Anatomie, Physiologie, Patophysiologie des Menschen, Wissenschaftliche Verlagsgesellschaft, Stuttgart 1989
TILSCHER, H.; EDER, M.: Die Rehabilitation von Wirbelsäulengestörten, Springer Verlag, Berlin, Heidelberg, New York, Tokyo 1983
TITTEL, K.; WUTSCHERK, H.: Sportanthropometrie, Sportmedizinische Schriftenreihe Bd. 6, Johann Ambrosius Barth Verlag, Leipzig 1971
VESTER, F.: Phänomen Streß, Büchergilde Gutenberg, Deutsche Verlags-Anstalt, Stuttgart 1976
VOSS, H.; HERRLINGER, R.: Taschenbuch der Anatomie Bd. 1, Gustav Fischer Verlag, Jena 1985
WASSERMAN, K.; WHIPP, B. J.: Exercise physiology in health and disease. Am. Rev. Respir. Dis., 112:219, 1975
WEBER, A.: Seelisches Wohlbefinden durch Laufen, Sportinform Verlag, Oberhaching 1986
WEINECK, J.: Sportanatomie, perimed Fachbuch-Verlagsgesellschaft, Erlangen 1986 (a)
WEINECK, J.: Optimales Training, Beiträge zur Sportmedizin, Bd. 10, perimed Fachbuch-Verlagsgesellschaft, Erlangen 1986 (b)
WESSINGHAGE, TH.: Laufen, BLV Verlag, München 1987
WIEMANN, K.: Die Muskelaktivität beim Laufen, Zeitschrift Leistungssport 4/1986, 27–31
WIRHED, R.: Sport-Anatomie und Bewegungslehre, Schattauer Verlag, Stuttgart, New York 1984
WÖLZENMÜLLER, F.: Richtig Jogging/Dauerlaufen, BLV Verlag München, Wien, Zürich 1987 (a)
WÖLZENMÜLLER, F.: Richtig Radfahren, BLV Verlag, München, Wien, Zürich 1987 (b)

Fitness

Muskeltraining
von Johannes Mende
(rororo sport 8640)

Körpertraining
von Johannes Mende
(rororo sport 8612)

Funktionsgymnastik
von Karl-Peter Knebel
(rororo sport 7628)

Allround-Fitness
von H. Gunnari / O. Evjenth / Michael B. Brady
(rororo sport 8644)

Fitnessernährung
von Michael Hamm
(rororo sport 8648)

Gymnastik
von Inge Mißmahl
(rororo sport 7044)

Aufwärmen im Sport
von Jürgen Freiwald
(rororo sport 8642)

Sportmassage
von Friedrich Schwope
(rororo sport 8625)

Sport ab 40
von Heinz Meusel
(rororo sport 8619)

Fitnessgymnastik
von Karl-Peter Knebel
(rororo sport 8636)

Fitness für Frauen
von Sabine Letuwnik / Jürgen Freiwald
(rororo sport 8681)

Fitness für Männer
von Jürgen Freiwald
(rororo sport 8687)

Fit durch Muskeltraining
von E. Trunz u. a.
(rororo sport 8611)

Ausdauergymnastik
von Erika Groos / Dorothee Rothmaier
(rororo sport 8693)

Wassergymnastik
von Karen Beigel / Andreas Brinckmann
(rororo sport 8639)

Laufen
von Herbert Jost
(rororo sport 8655)

Besser laufen
von Jack Heggie
(rororo sport 8664)

Das Fitness-Kochbuch
von M. Hamm / S. Strobel / L. Falavigna
(rororo sport 8694)

rororo sport

rororo sport wird herausgegeben von Bernd Gottwald. Ein Gesamtverzeichnis der Reihe finden Sie in der *Rowohlt Revue*. Jedes Vierteljahr neu. Kostenlos. In Ihrer Buchhandlung.

3423/1

Vermischtes

Rhythmische Sportgymnastik
von Sibylle Gienger
(rororo sport 8610)
Sibylle Gienger ist mehrfache Deutsche Meisterin in der Rhythmischen Sportgymnastik. In diesem Buch verarbeitet sie ihre praktischen Erfahrungen aus Training, Wettkampf und langjähriger Lehrtätigkeit. Im Vordergrund steht dabei die Vermittlung der Bewegungstechniken und der Grundelemente mit den verschiedenen Handgeräten.

Geräteturnen
von Eduard Friedrich / Manfred Nilsson
(rororo sport 7028)

Military
von Heinz von Opel
(rororo sport 8647)
Das Vielseitigkeitsreiten - Military - gilt als die Krone der Reiterei; Geländeritt, Springen und Dressur gehören dazu. Der Autor, erfahrener Vielseitigkeitsreiter, gibt Tips und Anregungen.
«Wer sich für Vielseitigkeitsreiten interessiert, kann von der Lektüre dieses Buches viel lernen.»
Reiner Klimke

Radsport
von Henk Zorn
(rororo sport 7618)

Sabine Letuwnik
Die 10-Minuten-Programme für eine tolle Figur:
Bodytrainer Po und Beine
(rororo sport 9409)
Bodytrainer Brust und Arme
(rororo sport 9408)
Bodytrainer Bauch, Taille, Hüfte
(rororo sport 9407)

rororo sport

Triathlon
von Bart de Ruyter
(rororo sport 8646)
Triathlon ist eine relativ neue Erscheinung in der Welt des Sports, eine Dauersportart, die Schwimmen, Radfahren und Laufen kombiniert. Das Buch zeigt, wie man als Triathlet trainieren muß, welche Techniken man beherrschen muß und wie man sich am besten einen Wettkampf einteilt, vom «Ironman» auf Hawaii bis zum Mini-Triathlon im Sportverein.

rororo sport wird herausgegeben von Bernd Gottwald. Ein Gesamtverzeichnis der Reihe finden Sie in der Rowohlt Revue. Jedes Vierteljahr neu. Kostenlos. In Ihrer Buchhandlung.

Freizeitsport und Leichtathletik

Akrobatik
von Bennie und Gerard Huisman
(rororo sport 8628)

Rock'n'Roll
von Bärbel Siemsen
(rororo sport 7639)

Jazztanz
von Inge Mißmahl
(rororo sport 7025)

Bewegungsspiele
von Andreas Brinckmann / Uwe Treeß
(rororo sport 7043)

Rhythmische Sportgymnastik
von Sibylle Gienger
(rororo sport 8610)

Bewegung von Kopf bis Fuß
Fitness für Körper und Sinne
von Dorothea Jöllenbeck
(rororo sport 8670)

Radsport
von Henk Zorn
(rororo sport 7618)

Einradfahren
von Sebastian Höher
(rororo sportbuch 8654)

Reiter-Handbuch
von Mary Gordon-Watson
(rororo sport 8613)

Military
von Heinz von Opel
(rororo sport 8647)

Bergwandern
von Gustav Harder
(rororo sportbuch 8635)

Birdie, Bully, Bananenflanke
Sportregeln und Begriffe
von Rolf Scheunig / Helmuth Poppen
(rororo sport 8669)

3426/3

rororo sport

Leichtathletik
Die offiziellen Lehrbücher des Weltleichtathletik-Verbandes IAAF
Ulrich Jonath / Rolf Krempel / Eduard Haag / Harald Müller
Band 1 Laufen
(rororo sport 8660)
Band 2 Springen
(rororo sport 8661)
Band 3 Werfen und Mehrkampf
(rororo sport 8662)

Laufen, Springen, Werfen
von G. Frey / D. Kurz / E. Hildenbrandt
(rororo sport 7616)

rororo sport wird herausgegeben von Bernd Gottwald. Ein Gesamtverzeichnis der Reihe finden Sie in der *Rowohlt Revue*. Jedes Vierteljahr neu. Kostenlos. In Ihrer Buchhandlung.